suhrkamp taschenbuch
wissenschaft 744

Alfrun von Vietinghoff-Scheel
Psychosoma-Analysen und trauma-analoge Verstehensmethode

Es gibt für Schnee keine Bleibe
(stw 744)

Aufzeichnungen eines seelischen Nacktflitzers
(stw 745)

Seht doch, wie sie leben
(stw 746)

Alfrun von Vietinghoff-Scheel

Es gibt für Schnee keine Bleibe

Trauma-analoge Literaturdeutungstheorie als Beziehungsanalyse von Text und Leser am Beispiel von Franz Kafkas »Schloß«

Suhrkamp

CIP-Titelaufnahme der Deutschen Bibliothek
Vietinghoff-Scheel, Alfrun von:
Psychosoma-Analysen und trauma-analoge Verstehensmethode /
Alfrun von Vietinghoff-Scheel. –
Frankfurt am Main :
Suhrkamp.
(Suhrkamp-Taschenbuch Wissenschaft ; ...)
ISBN 3-518-09643-5
Vietinghoff-Scheel, Alfrun von:
Es gibt für Schnee keine Bleibe. –
trauma-analoge Literaturdeutungstheorie als Beziehungsanalyse
von Text und Leser am Beispiel von Franz Kafkas »Schloß« /
Alfrun von Vietinghoff-Scheel. –
Frankfurt am Main :
Suhrkamp, 1991
(Psychosoma-Analysen und trauma-analoge Verstehensmethode /
Alfrun von Vietinghoff-Scheel)
(Suhrkamp-Taschenbuch Wissenschaft ; 744)
ISBN 3-518-28344-8
NE: 2. GT

suhrkamp taschenbuch wissenschaft 744
Erste Auflage 1991

Satz und Druck: Wagner GmbH, Nördlingen
Printed in Germany
Umschlag nach Entwürfen von
Willy Fleckhaus und Rolf Staudt

1 2 3 4 5 6 – 96 95 94 93 92 91

Inhalt

Ich widme die Arbeit meinem Analytiker,
Dr. Gerd K. Kaliwoda

Einleitung
Anlässe und Steingärten

Meine Arbeit sollte zunächst *Ich ist ein anderer* heißen. Ich verfolgte die Absicht, eine Kritik des psychoanalytischen Biographismus am Beispiel von Franz Kafkas »Schloß« zu schreiben, und glaubte, dabei ganz ohne Autorbiographie auszukommen. Mir ging es darum, das szenische Interaktionsgefüge einzig aus der Analyse der sich in der Text-Leser-Beziehung niederschlagenden Interaktionsformen zu verstehen und zu beschreiben. Ich scheiterte daran, weil ich permanent sowohl Assoziationen zu Kafkas Lebensgeschichte als auch zu meiner Lebensgeschichte unterdrückte. Meine Deutungsarbeit verlor immer wieder jede Substanz, weil ich Realität als Bedingung sowohl von Kafkas Schreiben als auch meiner Rezeption von Kafka verleugnete. Ich verwirrte mich in der Lektüre und geriet in Arbeitskrisen von selbstmörderischem Ausmaß. Dennoch gab ich die Beschäftigung mit Kafka nicht auf.

Ich nannte dann meine Arbeit *Ich ist ein anderer – Protokoll einer Leseleidenschaft* und schrieb darüber, warum Kafka nicht verstanden werden darf und was mich zugleich an seinem Schreiben faszinierte. Mir hatten Kafka-Texte immer Lust gemacht, und mein Interesse war es zu erforschen, wie die Texte wirken, so daß die Lust in Leiden umschlägt und ein Heer von Kafka-Interpreten, nicht zuletzt die psychoanalytischen Interpreten, sich nur mit dieser pervertierten Auswirkung der Texte beschäftigt. Ich meine wie Neumann, daß Kafka den Leser »verführt«[1], aber in doppelter Weise.

Ich verstehe das »Schloß« als Kafkas Darstellung von K.'s sowohl sozialem als auch narzißtischem Schicksal. K. will ins Schloß, aber er landet in Familien. Er behauptet, gräflicher Landvermesser zu sein, und wird als solcher akzeptiert: Das Schloß nimmt den »Kampf« mit ihm »lächelnd« auf und bestätigt ihn als Josef K. Aber K. kämpft zugleich um das Lächeln jedes Menschen, dem er begegnet; dadurch aber, daß er ihn immer zugleich für seine Zwecke instrumentalisiert, ist er enttäuscht, wenn er, statt »Erbitterung« zu erregen, als Mensch, Josef K., akzeptiert wird, wo er doch glaubt, sich »Anerkennung« verdienen zu müssen durch Leistung. Immer wenn K. bekommt, was er sich wünscht – und genau betrachtet bekommt er alles, was er ausspricht –, ist er sprachlos und erlebt die Erfüllung seiner Sehnsucht als Drohung.

Kafka arbeitet mit Suspense[2], indem er den Leser über die Zweideutigkeit von K.'s Selbstbehauptung ohne Selbst ausführlich informiert, bis hin zu »Lüge und List«, deren K. sich bedient. K. lügt mit der Wahrheit und scheitert »an nichts anderem als an sich selbst«, also nicht daran, daß er mißbraucht oder betrogen worden ist. K. sagt von sich selber:

»Ich sei also mißbraucht und betrogen worden? Nein, liebe Pepi, ich bin so wenig mißbraucht und betrogen worden wie du ... Ihr Zimmermädchen seid gewohnt, durch das Schlüsselloch zu spionieren, und davon behaltet ihr die Denkweise, von einer Kleinigkeit, die ihr wirklich seht, ebenso großartig wie falsch auf das Ganze zu schließen.« (»Schloß« 289)

K. fürchtet ›Ankommen als Drohung‹ und muß deshalb verlassen, was er erreicht hat. K. selber nennt es »Zimmermädchen-Perspektive«, ihn als Opfer bürokratischer Willkür, unverständlicher, undurchschaubarer Schikanen zu bezeichnen, was Interpreten bis hin zu Miller[3] tun, weil sie Kafkas Biographie mit seiner Literatur biographistisch identifizieren. K. ist aber gegen Kafka zu lesen.

Kafka beschreibt im »Schloß« den Überlebenskampf eines Aufsteigers, der immer wieder an seiner Sprachlosigkeit zu scheitern droht. Der Suspense[2] in Kafkas »Schloß«-Text besteht darin, daß er den Leser völlig über K. aufklärt, ihn damit als Mitwisser für K. einnimmt, ihn ›zu Tode rührt‹ und damit mundtot macht. Aus Scham schweigt der Leser. Kafkas Schreiben ist »betrügen ... ohne Betrug«[4]. Die doppelte Verführung von Kafkas Schreiben läßt sich auf die paradoxe Formel bringen: ›Du mußt mit mir in die ungeheuer wichtige Szenerie einsteigen! Wenn nicht, bist Du ein Verräter ... Tust du es aber, sage ich, alles Spiel, alles Theater! ...‹ Deshalb muß das »Schloß« gegen Kafka gelesen werden. Das heißt: Der Leser muß an K. als Perspektivfigur festhalten, durch die hindurch Kafka schreibt, von der abzulenken aber K.'s Beziehungsform ›Ich ist ein anderer‹ kennzeichnet. Kafka hat eine Literatur der Alltäglichkeit geschrieben, in der das Selbstverständliche das Besondere ist. Das Schloß hebt sich im Romanverlauf als Mac Guffin[5] auf, und K. kommt an, wenn der Leser die authentische Berührung mit dem Text zuläßt.

Erst das Benennen meines »Rezeptionswiderstandes«[6] führte mich zur Entdeckung von Kafkas ›Schreiben als Verschweigen‹, das die ästhetische Bearbeitung erlittener Realtraumen in der Familie im Sinne einer Gegendisqualifizierung vorführt. Jetzt begriff ich auch, daß Liebe das zutiefst verdrängte Gefühl von Kafkas Schreiben ist, und konnte nun zu meiner Lust am Text stehen. Ich begann, Kafkas Text wie eine Anamorphose mit dem erkennenden, spiegelnden Blick, der zugleich der Blick der Liebe ist, wie Starobinski sagt[7], zu erfassen. »Abstinent in Sachen Interpretation«[8] machte ich meine Existenzerfahrung am Text zum Ausgangspunkt meiner Analyse und deutete nur, was zwischen mir und dem Text Bedeutung gewann.[9] Als Leser fühlte ich mich immer wieder erregt durch die Texte und zugleich schuldig für meine Gefühle. Erst als ich begriff, daß – wie in einer Patienten-Analyse – alle Gefühle, die der Text mir macht, »Schattenmund« (vgl. M. Cardinal[10]) des Textes sind, den Kafka nur in Anspielungen zu öffnen wagte, wurde es mir möglich, mich als Teilhaber der Szene zu benennen, und ich verstand, inwiefern Kafka mit seinem ›Schreiben als Verschweigen‹ dem familialen Sprech- und Fühltabu verhaftet blieb.
Aus Scham durfte Kafka nicht körperlich sichtbar werden. Das aber induziert er mit der impliziten Affektstruktur seiner Texte *im* Leser. Ich habe meine kontrollierte traumatische Gegenübertragung am »Schloß«-Text zum Ausgangspunkt meiner vorliegenden Arbeit *Es gibt für Schnee keine Bleibe* gemacht, die ich als Abarbeitung einer Übertragungs-Gegenübertragungs-Beziehung zwischen Leser und Text begreife. Darüber hinaus stelle ich mit meiner Arbeit paradigmatisch die Beziehungsanalyse zwischen Text und Leser dar, um Literatur und Literaturverstehen als sekundäre Sozialisation auszuweisen.[11] Psychoanalytische Textinterpretation, die den Text auf die Infantilgeschichte des Autors im Sinne Freuds traum-analog zurückbindet, verfehlt Kafkas Schreiben und bleibt defizienter familialer Sozialisation im Sinne von Vergesellschaftung ohne Individuierung verhaftet. Kafka hat den »Schloß«-Text so gestaltet, daß sich *im* Leser ein »Neubuchstabieren des Körperalphabets«[12] als *außer*familiale Selbsterfahrung im Sprach-Spielraum eröffnet.
Zu der vorliegenden Arbeit und meinem Vorgehen ist folgendes zu sagen: Ausgehend von meiner traumatischen Gegenübertragung habe ich zunächst das 1. Roman-Kapitel entlang der Klirr-

punkte im Textverstehen analysiert und dabei Kafkas Darstellungsform als Teil des szenischen Beziehungsangebots des Textes am Text versprachlicht (Kapitel I: *Selbstbehauptung ohne Selbst*). Die im Text aufgefundenen traumatischen Szenen verglich ich dann mit den traumatischen Familienszenen, die Kafka im »Brief an den Vater« beschreibt, wobei mein Erkenntnisinteresse weder den Fakten noch der Pathologie, sondern der sprachlichen Beziehungsform galt. Die im »Brief« auffindbare Sprachstruktur half mir, Kafkas Schreibstruktur als Gegendisqualifizierung traumatisch-familialer Interaktionsformen im »Schloß«-Text zu begreifen. K.'s Interaktionsform ›Ich ist ein anderer‹ wurde im szenischen Romanlängsschnitt benennbar (Kapitel II: *Ich ist ein anderer*). Die Bewußtwerdung sowohl meiner durch den Text evozierten traumatischen Lebensgeschichte als auch von Kafkas traumatischer Familiengeschichte bei gleichzeitiger Rückvermittlung der traumatischen Szenen im Text mit Kafkas Darstellungsform als Beziehungslogik des Textes wurde dann Grundlage für die Analyse des »Schloß«-Textes insgesamt als trauma-analoges Verstehen szenischer Interaktionskomplexe. Der »Schloß«-Text liest sich, trauma-analog verstanden, nicht als Paradoxie, sondern als minuziöse Bewältigung traumatischer Szenen, die sich im Benennen der dialogischen Textdiagonale aufheben. Das Schloß hat keine Botschaft, es ist eine: Das Medium selber, Sprechen ist die Botschaft (Kapitel III: *Das Medium ist die Botschaft ... Sinnlichkeit als Schattenmund und Erkenntnisglück*).

Zur Darstellungsform meiner Arbeit ist anzumerken: Jedes Kapitel enthält zugleich die Deutungsarbeit am Text unter dem Aspekt der Gegenübertragung-Übertragung, der Form und des Inhalts in jeweils unterschiedlicher Akzentuierung und Reihenfolge. In einem weiteren Schritt reiht sich jeweils eine metatheoretische Reflexion auf mein Vorgehen an, um im Sinne psychoanalytischer Praxis als eines hermeneutischen Verstehens Deutungs- und Theoriearbeit auch im Rahmen von Literaturdeutung als miteinander verschränkte vorzuführen. Mit meiner Arbeit will ich vorführen, was Psychoanalyse, verstanden als sich selbst untersuchender Prozeß[13], angewandt auf die Text-Leser-Beziehung leisten kann, ohne im Sinne der Literaturwissenschaft dem Vorwurf angewandter Psychoanalyse zu erliegen.[14] Ich habe also meinen trauma-analogen Theorieansatz zu Literatur und Literaturdeutung als außerfamilialer Sozialisationserfahrung nicht als Theorieteil dem Text vorangestellt, sondern ihn als integrierten Bestandteil der Deutungsarbeit am Text entwickelt und fortgeschrieben. Mit der Einbeziehung der ästhetischen Form als Essential von Literatur in meine Deutung des »Schloß«-Textes und dem Ausweisen des Assoziationsweges, auf dem meine Deutungen entstanden sind, komme ich zwei berechtigten Forderungen der Literaturwissenschaft an eine psychoanalytische Literaturdeutungstheorie nach, die bislang aufgrund des »Realitäts-Komplexes« der sich szientistisch selbstmißverstehenden Psychoanalyse, wie ich zeigen werde, nicht eingelöst werden konnte.

Ich habe meine Arbeit in der Ich-Form geschrieben. Meine Sprache ist die dialogische Textdiagonale, die die methodische Akkordbrechung zwischen Kafka–Text–Leser artikuliert. Die nachstehende ausführliche Gliederung ist als Wegweiser in dem dialektischen Wechselspiel des Sich-selbst-Untersuchens am Text zu benutzen.

Gliederung

Kapitel 1
Selbstbehauptung ohne Selbst
Trauma-analoges Verstehen des ersten »Schloß«-Kapitels »Ankunft« entlang den Klirrpunkten im Text und in der Gegenübertragung

1. Klirrpunkt: ›kampf-lustig‹

1. Szene 7-12[1]

K. kommt spätabends im tiefverschneiten Dorf an. Vom Schloßberg ist nichts zu sehen, das große Schloß ist von Nebel und Finsternis umgeben. K. steht lange »... und blickt(e) in die scheinbare Leere empor«. Eine triste Ankunft, aber K. sieht ohne zu sehen, denn er kennt sein Ziel.

K. findet eine Bleibe im Wirtshaus auf einem Strohsack, aber am warmen Ofen. Als er sich ausweisen soll, um seinen Aufenthalt im Dorf, das zum Schloß gehört, zu rechtfertigen, tut er erst so, als wisse er von keinem Schloß. Damit verdutzt er den Leser und verärgert den Beamten, so daß dieser ihm »Landstreichermanieren« nachsagt. Dann aber behauptet er, der Landvermesser zu sein, »den der Graf hat kommen lassen«. Die Schloßbehörde, in der telefonisch seine Behauptung geprüft wird, antwortet nun in zwei widersprüchlichen Telefonaten. Zunächst: »Keine Spur von einem Landvermesser, ein gemeiner, lügnerischer Landstreicher, wahrscheinlich aber Ärgeres.« K. fürchtet, von den Bauern gelyncht zu werden, und verkriecht sich wie ein Kind unter seiner Decke. Ein zweiter Anruf bestätigt ihn dann aber als Landvermesser.

»Sonderbar, sonderbar« wirkt der Romananfang. So jedenfalls meint der Literaturwissenschaftler Politzer und fühlt sich vor große Fragen gestellt: »Lügt der Landvermesser? Spricht er die Wahrheit? An dieser Frage hängen die Deutungsmöglichkeiten des Romans. Hat das Schloß ihn berufen zum Landvermesser? Oder stellt seine Behauptung einen ›ungeheuerlichen Betrug‹ (Sokel) dar?«[2] Hatte die Kafka-Forschung 40 Jahre gebraucht, bis Sokel die Feststellung »ungeheuerlicher Betrug«[3] wagte, und Henel daraus folgerte, »daß es selbst in der Literaturwissenschaft Fortschritte gibt«[4], so wird Politzer doch wieder rückfällig. »Lügt der Landvermesser? Spricht er die Wahrheit?« fragt er, aber fraglich ist, ob K. überhaupt Landvermesser ist, nicht, daß er als solcher lügt. Nun, schauen wir den Text an, der zwar von Brod posthum herausgegeben worden ist, aber doch allen Interpreten gleichermaßen vorliegt.

Ich werde den »Schloß«-Text beim Wort nehmen, um mit meinem trauma-analogen Deutungskonzept an Kafka zu zeigen, daß psychoanalytische Literaturdeutung immer dann auf den Autor rekurriert, wenn sie eine Entschuldigung sucht, um dargestellte Realität durch ihre Theoreme zu substituieren und sie – wie ich zeigen werde – damit zu irrealisieren. Dabei versteht sich Psychoanalyse als moralische Instanz. Politzer, darin paradigmatisch für psychoanalytischen Biographismus, entschuldigt zunächst Kafka dafür, daß er Brod die Herausgabe des Textes überließ, »mit der Dämonie seines Leidens«[5] – was das wohl sein mag! –, um dann zu folgern, »viele der Zweideutigkeiten und Halbwahrheiten mögen einer Unachtsamkeit Kafkas zu verdanken sein und wären getilgt worden, hätte er sein Buch selbst zum Drucke befördert«.[6]

Ich nehme den Kafka-Text beim Wort, und zwar nicht nur, indem ich K.'s »Zweideutigkeiten und Halbwahrheiten« als Ausdruck seiner selbst ernst nehme, sondern auch, indem ich die von Kafka *gestrichenen Stellen* in meine Analyse mit einbeziehe. Ich betrachte es als Chance, Kafka bei der Herstellung seines Textes über die Schulter zu schauen, um aus Gesagtem und Verschwiegenem bzw. Korrekturen des Gedachten seine wirkungsästhetische Absicht, die gerade im Verschweigen besteht, zu rekonstruieren. Die Leerstellen als Formaspekt sind von heuristischem Wert für eine Konfrontation von Kafkas impliziter Textphantasie als Beziehungsstruktur zwischen dem Text und dem Leser und seiner expliziten »Opus-Phantasie« (v. Matt[7]). Eine solche Differenz ist nichts Kafka-Spezifisches, kann aber zu einem kritischen Verständnis sowohl des Textes als auch der »Schlüsselloch-Perspektive« (vgl. Kafka, »Schloß« S. 289) der Kafka-Forschung, insbesondere des psychoanalytischen Biographismus, beitragen.

Desgleichen betrachte ich die Tatsache, daß Kafka das »Schloß« zunächst in der Ich-Form geschrieben hat und es dann in die K.-Form umgeschrieben hat, als ein wesentliches Wirkungsmerkmal

des Textes (vgl. Cohn[8]). K. ist eine Perspektivfigur, durch die hindurch Kafka den Leser sehen läßt. Allerdings, so werden wir sehen, rückt Kafka auch von K. noch ab, wenn er zugleich die distanzierte Erzählerrolle einnimmt (vgl. Kudszus[9]).
Zurück zum »Schloß« ..., dem sonderbaren Beginn: K. behauptet, gräflicher Landvermesser zu sein, und das Schloß weist ihn zunächst als Landstreicher zurück, um ihn dann in einem zweiten Telefonat in seiner behaupteten sozialen Identität als Landvermesser zu bestätigen. Dem Augenschein nach könnte K. tatsächlich beides sein, und genaugenommen bestätigt ihn das Schloß auch in beidem. Schwarzer, der Beamte, hatte ihn wie einen Wanderer vorgefunden und dem Schloß dementsprechend beschrieben: als »... einen Mann in den Dreißigern, recht zerlumpt, auf einem Strohsack ruhig schlafend, mit einem winzigen Rucksack als Kopfkissen, einem Knotenstock in Reichweite«. So wie K. auf seine Ernennung reagiert, bleibt dann gar kein Zweifel, daß er aufgrund einer falschen Selbstdefinition im Schloß angekommen ist. Aber wenn K. lügt, spielt das Schloß mit. Das nun, wie Politzer, als »Zwielicht, das über dem Roman als ganzem walte« und »bis ans Ende ungelüftet«[10] bleibe, zu bezeichnen, heißt, sich der Textintention zu entziehen, um sie durch eine Inhaltsdeutung zu ersetzen. Das aber ist die bekannte Crux psychoanalytischer Literaturdeutung.
Hier ist der erste, wie ich es nennen werde, Klirrpunkt im Textverständnis. Den Begriff des Klirrpunkts selber entdeckte ich im szenischen Zusammenhang des 6. Kapitels »Zweites Gespräch mit der Wirtin« als Evidenz von K.'s Selbstwertstörung (siehe S. 117ff.).

»K. horchte auf. Das Schloß hatte ihn also zum Landvermesser ernannt. Das war einerseits ungünstig für ihn, denn es zeigte, daß man im Schloß alles Nötige über ihn wußte, die Kräfteverhältnisse abgewogen hatte und den Kampf lächelnd aufnahm. Es war aber andererseits auch günstig, denn es bewies, seiner Meinung nach, daß man ihn unterschätzte, und daß er mehr Freiheit haben würde, als er hätte von vornherein hoffen dürfen. Und wenn man glaubte, durch diese geistig gewiß überlegene Anerkennung seiner Landvermesserschaft ihn dauernd in Schrecken halten zu können, so täuschte man sich; es überschauerte ihn leicht, das war aber alles.«

K. erwägt nüchtern das Ergebnis seiner ersten Kontaktaufnahme mit dem Schloß. Das Auffallende daran für mich als Leser, mit dem zusammen K. laut nachdenkt, ist, daß er sein Tun von der Wirkung auf das Schloß her kalkuliert bzw. dessen Reaktionen darauf: Man sei im Bild über ihn und habe den »Kampf lächelnd« aufgenommen. Er habe sich mehr Freiheit erwirtschaftet, als zu erwarten war, wolle sich aber »durch diese geistig gewiß überlegene Anerkennung seiner Landvermesserschaft« keinesfalls dauernd schrecken lassen. K. hat sich mit »Lüge und List«, wie er es später im Text offen ausspricht [159], zum Schloß Zugang verschafft, und das Schloß spielt mit, so daß er paradoxerweise dadurch »... von allem Anfang an, ohne Winkelzüge offen Aug in Aug, der Behörde entgegentrat ...« [159]. Freilich, nicht ohne ein leises schlechtes Gewissen: »Es überschauerte ihn leicht«, so gesteht er sich und dem Leser ein.

Etwas am Text muß für die Wirkung verantwortlich sein, daß 40 Jahre lang der Kafka-Forschung nicht nur K.'s Täuschungsmanöver als solches unbemerkt blieb, sondern er sogar als Opfer bürokratischer Willkür verkannt wurde. Ich meine, daß diese Wirkung dadurch entsteht, daß Kafka den Leser rührt. Er tut das dadurch, daß sich K., von dem wir doch wissen, daß ihn sein Betrug nur leicht »überschauerte«, trotzdem wie ein Schuldiger verhält. Seine Ernennung bewirkt, daß er nun umgehend als »Herr Landvermesser« ein Gastzimmer angeboten bekommt, das er aber ablehnt, »... (er) nahm nur vom Wirt einen Schlaftrunk an, von der Wirtin ein Waschbecken mit Seife und Handtuch ...«. Er ist nun als Gast im Dorf angekommen, er nimmt den Schlaftrunk an, man entschuldigt ihn auch, und ›er wäscht seine Hände in Unschuld‹, aber er bleibt am Boden auf dem Strohsack liegen, eben doch wie ein armseliger Landstreicher. »Er schlief tief, kaum ein- zweimal von vorüberhuschenden Ratten flüchtig gestört bis zum Morgen.« Akzeptiert K. selber nicht doch sehr viel weiterreichender »die geistig gewiß überlegene Anerkennung seiner Landvermesserschaft« durch das Schloß, wenn er sie mit Gebärden der *Unterlegenheit* in seinem Verhalten beantwortet, indem er am Boden liegen bleibt? Fühlt er sich schuldig und bestraft er sich selbst, oder will Kafka nur diesen Anschein beim Leser erwecken, ihn rühren? K. selber gibt am nächsten Morgen im Gespräch mit dem Wirt zweierlei zu verstehen: Daß er wie ein »Lump« »unaufrichtig« den Mächtigen gegenüber sei, und daß er gerade von dieser »Unzuverlässigkeit des ›Herren‹«, für den er gehalten wird, »ablenken« will; er tut dies, indem er um ein Lächeln des Wirtes kämpft, wobei seine Seitenblicke aber der Wirtin gelten.

Ich möchte die Deutung des ersten Klirrpunktes im Text folgendermaßen zusammenfassen: K. kämpft nicht nur um seine soziale Anerkennung, sondern zugleich um seine narzißtische Bestätigung. Formelhaft gesagt, ist K. ›kampf-lustig‹. K. wird vom Schloß in seiner falschen Selbstdefinition, d. h. in der sozialen Identität eines Landvermessers, akzeptiert, aber für K. bedeutet dies, daß das Schloß den Kampf mit ihm »lächelnd« aufnimmt. K. kämpft zugleich wie ein schuldiges, unaufrichtiges Kind (»Lump«) um das Lächeln des Wirtes, genauer aber – wie Kafka schon vorher gezeigt hat – der Wirtin. Sie soll ihn offensichtlich in seiner Gewichtigkeit bestätigen, denn »die Ankunft eines Landvermessers war nichts Geringes«, hatte K. bei sich gedacht, und Kafka läßt K. dabei einen Seitenblick auf die Wirtin tun, die mit ihrem Körpergewicht für seine Selbsteinschätzung geradezustehen scheint: »Die Tür der Küche hatte sich geöffnet, türfüllend stand dort die mächtige Gestalt der Wirtin, auf den Fußspitzen näherte sich ihr der Wirt, um ihr zu berichten.« Kafka läßt K. nach einem ihn bestätigenden Lächeln suchen, und er findet es im Körper des Wirtes, indem er ein Lachen bei ihm bewirkt, und im Körper der »türfüllenden«, »mächtigen Gestalt« der Wirtin, die für die Wichtigkeit seiner Person einstehen soll.

Betrachten wir, wie Kafka die Wirkung von K.'s Tun auf den Leser formal gestaltet hat, so sehen wir, daß dem Sprechen eine Verschiebung auf die Gestiksprache angereiht ist, was rührend auf mich als Leser wirkt. Das Schloß akzeptiert K. als Landvermesser, obwohl es eine Lüge ist, und nimmt den Kampf mit ihm »lächelnd« auf, aber K. verhält sich als Schuldiger: Er bleibt am Boden bei den Ratten. K. kämpft um das Lächeln von Wirt und Wirtin, um an deren Körper-Sprache wie ein unaufrichtiges Kind die Entschuldigung für sein Tun ablesen zu können. Die Wirkung dieser *Zweiphasigkeit von Sprache und Gestik* ist rührend: Der lügnerische Landvermesser sucht unsere Sympathie als Kind, das sich durchschwindelt, listig zwar, aber nicht arglistig, vielmehr ›kampflustig‹.

Auf Politzers Fragen: »Lügt der Landvermesser? Spricht er die Wahrheit?«[11] möchte ich nun mit meinem Textverstehen antworten: Der Romanbeginn stellt die Eröffnung eines Kampfes zwischen K. und Schloß dar, der aber »lächelnd« aufgenommen wird. Halten wir »das Zwielicht« (Politzer) aus, in dem Kafka K. erscheinen läßt als jemanden, der sich anders erlebt als er handelt, und der seine Umwelt davon abzulenken sucht, indem er sich dafür entschuldigt. Kafka hat den Text so gestaltet, daß er mich als Leser rührt. Er erzählt eine alltägliche Geschichte, wie ich meine, die aber in ihrer Alltäglichkeit gerade ausgehalten werden muß. Vielleicht ist das so schwer, weil sie uns darin verunsichert und betrifft. Goeppert et al. sprechen von zwei Arten von »Bewältigungsversuchen« dieser Verunsicherung durch literarische Texte, wie sie gerade für die Kafka-Interpretation zutreffend sind:

»... einmal die Suche nach literaturwissenschaftlich identifizierbaren Textmerkmalen die dann einen historischen und systematischen Vergleich mit anderen literarischen Werken erlauben (partikularistische literaturwissenschaftliche Bewältigung), zum anderen die Suche nach dem ›tieferen Sinn‹, die das Werk z. B. als Demonstration der Schizophrenie unseres Alltagslebens, als Vision des Untergangs der Menschheit nach dem Atomtod, als Affirmation der Sinnlosigkeit als dem einzig noch verbliebenen Sinn interpretiert (philosophisch weltanschauliche Bewältigung).«[12]

Politzer ist ein gutes Beispiel für diese Art des Weginterpretierens von Bedeutung, die als Wirkung im Leser erfahrbar wird. Kafkas »Schloß« wird zur »Hölle der Selbstentfremdung«, »entpuppt sich als Höllenfahrt, die Fahrt eines anderen D. Faustus ...«[13]. Und Politzer mißversteht darüber hinaus Psychoanalyse als diagnostisch-psychiatrisches Instrument, »um die tiefenpsychologische Stimmigkeit von Kafkas ›Schloß‹ in sich selbst und mit der seelischen Leidensgeschichte seines Dichters zu erweisen«[14].
Ich gehe in meinem Ansatz trauma-analoger Literaturdeutung von der aktuellen Text-Leser-Beziehung aus und betrachte das, was der Text in meinem Erleben bewirkt – bislang die Rührung – nicht als Störung, sondern gerade als die Bedeutung des Textes. Fish spricht von »der Literatur im Leser«, wenn er sagt, »die Bedeutung einer Aussage ... ist ihr Erlebnis ...«[15]. Der Sinn des Textes liegt also nicht, wie auch Iser mit seiner wirkungsästhetischen Theorie der »Appellstruktur der Texte« hypostasiert[16] im Text selber, aber auch nicht nur, wie Goeppert et al. meinen, »in dem Prozeß, den der Text bei jedem einzelnen Leser bzw. Zuschauer in Gang setzt ...«[17]. Vielmehr entsteht *zwischen* Text

und Leser eine Beziehung, und diese ist Gegenstand meiner Analyse, genauso wie Lorenzer es für das psychoanalytische Dialoggeschehen beschreibt, in dem die Analysand-Analytiker-Dyade als wechselseitige Subjekt-Objekt-Verschränkung Gegenstand der Analyse ist[18]. Was war an meinem Vorgehen bis jetzt psychoanalytisch? Ich habe gedeutet, was in der Beziehung zwischen mir und dem Text Bedeutung bekommen hat (vgl. Bauriedl[19]), indem ich meinem Nichtverstehen des Textes an dem Klirrpunkt gefolgt bin. Ich habe mich nicht »ablenken« lassen von K., sondern habe in »irritiertem Verstehen«, wie Lorenzer es nennt[20], seine Ablenkung auf die Gestikebene bzw. Körpersprache als Ausdruck seiner »Interaktionsform« (Lorenzer) verstanden: Ein Aufsteiger ins Schloß schielt heimlich nach der Wirkung seiner Ankunft im Dorf und bei mir als Leser; zugleich weiß ich, daß er sich hochgeschwindelt hat, soll ihn aber wie ein Kind entschuldigen ... Ich habe für diese Deutung keine psychoanalytische Triebtheorie gebraucht. Ich habe K. empathisch begleitet auf der Suche nach einem Lächeln und dabei mein Wundern und Schmunzeln über ihn ernstgenommen. Ich verstand die Wirkung des Textes als Teil seiner Beziehungsform zu mir als Leser und habe mich mir am Text nicht entfremdet. Kafka spricht eben von »scheinbarer Leere«, in die K. emporblickte. Darunter »Vakuum« zu verstehen, wie Politzer es tut, und K. als »Vagabund ... in einem Niemandsland« zu phantasieren, der »in der innersten Region der Selbstentfremdung und des Selbstverlustes ... von einem Gefühl der Leere befallen«[21] werde, seine »Pilgerfahrt«[22] antrete, heißt nun wirklich, wie Politzer einräumt, »einer Täuschung zum Opfer fallen«[23]. Einer Täuschung zum Opfer fallen, aber nicht, weil es eine Tabuverletzung bedeutete, psychoanalytisches »Hören mit dem dritten Ohr« (Reik[24]) im Literarischen anzuwenden und damit zugleich die Grenzen des Literarischen zu überschreiten. Vielmehr mißversteht Politzer Psychoanalyse als naturwissenschaftliche Erklärungswissenschaft, und darin besteht seine Täuschung. Er muß dann auch mit seiner Analyse da enden, wo der Roman beginnt: im Nebel. Er diagnostiziert K. in psychiatrisch geschlossener Wahrnehmung (Pohlen) ohne Einbeziehung seiner Gegenübertragung am Text als »Depersonalisierter«, und das »Schloß«, wie nicht anders zu erwarten, als Produkt des Ödipus-Komplexes seines Autors: »Wenn je ein literarisches Werk auf dem Ödipus-Komplex beruht, dann ist es das ›Schloß‹«[25]. Dann

aber endet Politzer doch wieder in aller Bescheidenheit: »Es gibt keinen Universalschlüssel zu Kafkas ›Schloß‹. Von Nebeln umgeben, erhebt es sich immer noch vor den Augen des Landvermessers und seiner Leser«[26].
Politzer sitzt als Literaturwissenschaftler dem szientistischen Selbstmißverständnis von Psychoanalyse (Habermas[27]) auf, indem er psychoanalytische Theoreme zur Verhaltenserklärung an den Text anlegt und moralisch urteilt, getarnt quasi, als gäbe er ein psychiatrisches Gutachten zum Text ab. Solche Kafka-Analyse bleibt »Literaturanalyse im Dienste psychoanalytischer Didaktik«, wie Lorenzer es zutreffend bezeichnet hat[28], angewandte Psychoanalyse also ohne metatheoretische Reflexion auf ihr eigenes Vorgehen. Der Literaturwissenschaftler Beicken hat in seiner »Kritischen Einführung in die Forschung zu Kafka«[29] an Kafka vorexerzierte psychologische Deutungen in einem gesonderten Kapitel zusammengestellt. Diese Deutungen proklamieren zunächst »Multivalenz« (Seidler[30]), um den Texten dann »eine eindeutige Allegorie«[31] zu unterlegen und diese zu einer »Gesamtdeutung« des Objektes Text zu extrapolieren. Was der Psychoanalytiker Cremerius für den Freiburger Arbeitskreis von Psychoanalytikern und Germanisten als positive Zielsetzung beschreibt, nämlich »Rüstzeug« der neuesten weiter entwickelten psychoanalytischen Theorie zur Literaturdeutung bereitzustellen[32], kritisiert Goeppert – wie ich meine zu Recht – schonungslos am psychoanalytischen Biographismus als:

»... eine ebenso nutzlose wie dubiose intellektuelle Spielerei, die sich zur unreflektierten Etikettierung literarischer Texte und Autoren lediglich dem Angebot fertiger Deutungsschemata aus der Requisitenkammer psychoanalytischer Dogmen zu bedienen braucht. Das literarische Werk erscheint demnach als das naive künstlerische Produkt, als fiktive und verrätselte Welt des Unbewußten, die ihrem Wesen nach und in Wahrheit, wie die psychoanalytische Interpretation herausfindet, etwas ganz besonderes bedeutet.«[33]

Ich verstehe meinen Ansatz trauma-analoger Literaturdeutung am »Schloß« als »Beziehungsanalyse« (Bauriedl), die sich am psychoanalytischen Prozeß orientiert und nicht an psychoanalytischer Diagnostik[34]. Demzufolge gilt mein Erkenntnisinteresse auch der Beziehung und nicht der Pathologie zwischen Text und Leser[35]. Ich werde dann auch mit meiner Gegenübertragungsanalyse am »Schloß« die methodisch von psychoanalytischer Literaturdeutung zu wünschende »Explizierung des Assoziationswegs«[36] des Interpreten erbringen. Ich schreibe dabei meine Arbeit in der Ich-Form, wie auch Wolff meint, »daß psychoanalytische Interpretationen eigentlich (!) in der Ich-Form vorgelegt werden sollten ...«[37], ohne es selber zu tun. Dabei folge ich dem heute geltenden Verständnis von Gegenübertragung als »libidinöser Vorleistung« des Analytikers[38], d. h., daß »die Gegenübertragung der Übertragung vorausgeht«[39]. Der Literaturwissenschaftler Starobinski spricht davon, daß der »erkennende Blick ... gleichzeitig der Blick der Liebe«[40] sein sollte. Genau das kennzeichnet Khan für die psychoanalytische Beziehung, wenn er von »Nicht-Interpretation zugunsten der Existenzerfahrung«[41] spricht. Es geht mir darum, Kafkas »Schweigen« zu entziffern: die Affekte zwischen Text und Leser haben dabei eine »kommunikative Funktion«[42]. Sie evozieren in mir analoge und komplementäre Affekte, Vorstellungsbilder und Phantasien, die *am* Text formuliert, seine Neuformulierung als Beziehungskonvolut darstellen. Diese Affekte stoßen in meiner »Binnenwahrnehmung« (Pohlen[43]) mit spezifischen Aspekten meiner Lebensgeschichte zusammen, woraus Phantasien als Leitbilder zur Orientierung am Text resultieren. Nicht anders als es Pohlen für den psychoanalytischen Dialog beschreibt[44], ermöglicht mir erst die Formulierung meiner »Binnenwahrnehmung«, den Text zu deuten. Dabei ist für die Beziehung zum Text nicht anders als für die zum Patienten die getrennte Wahrnehmung als »Selbstgewißheit« die Voraussetzung, »um Wahrnehmungen zu machen, die aus dem Rahmen fallen, ohne Angst zu haben, selber aus dem Rahmen zu fallen«[45].

Ich folge also in meiner »Schloß«-Analyse K. in empathischem Verstehen entlang den Klirrpunkten im Text, an denen das narzißtische Übertragungsgleichgewicht gestört ist. Bei der Analyse der jeweiligen Störungen in der Gegenübertragung ist es nach Kohut bedeutsam, nicht den Inhalt der Störung anzugehen, sondern die Anlässe[46]. Das Verstehen der Auslöser der Störung in der Text-Leser-Beziehung eröffnet die Perspektive für ein Verstehen der »unbewußten Angebote« (Argelander[47]) und Erwartungen des Textes an den Leser. Ziel meiner Analyse des »Schloß«-Textes ist es, die Text-Phantasie, wie ich sie nennen werde, zu begreifen als Interaktionsform zwischen Text und Leser.

Ich stimme zwar mit Wolff darin überein, daß »die literarische

Interpretation ... weniger der psychoanalytischen Diagnostik als dem psychoanalytischen Prozeß selbst vergleichbar«[48] ist, aber insofern es mir nicht um Deutungen von Triebkonflikten des Autors geht, geht es mir auch *nicht* um *Interpretation* im Sinne von Freuds Trias: »Erinnern, Wiederholen, Durcharbeiten«[49]. Es geht mir also nicht vorrangig um Pathologie, sondern um die Deutung der Beziehung zwischen Text und Leser. Widerstandsanalyse kann allemal nur Gegenübertragungs-Widerstandsanalyse bedeuten, weil nur ich mich in der Erfahrung mit dem Text verändern kann, wenn ich die vom Text ausgehende Irritation meiner Lebensentwürfe zulasse, um sie am Text zu versprachlichen.

Auf den »Schloß«-Text bezogen folgt aus meinem metapsychologischen Deutungskonzept zunächst: Kafka rührt den Leser, aber er läßt K. gegen Textende sagen, er habe »vernachlässigen« müssen, was er hatte. Er sei nicht »mißbraucht und betrogen« worden [289]. Das zu glauben, hieße sich schmeicheln und rühren lassen. Diese Spannung also zwischen der unmittelbaren Wirkung des Textes auf den Leser, die Kafka evoziert, und ihrer Bedeutung als Ablenkung, nehme ich zunächst einmal wahr. Zu fragen ist, wovon abgelenkt wird und warum. Folgen wir K. weiter, offenen Auges, offener Sinne und in dem Bewußtsein: Kafka täuscht den Leser, aber nur, wenn dieser sich über K. täuschen läßt und damit über sich selber, um sich zu schmeicheln. K. selber spielt ein offenes Spiel und nimmt den »lächelnden« Kampf mit dem Schloß auf. Kafka verstand sein Schreiben als »betrügen ... ohne Betrug«[50]. Lassen wir uns also ein auf dieses Abenteuer, das K. zunächst als ›kampf-lustig‹ gezeigt hat und das Kafka, wie wir gesehen haben, listig eingefädelt hat.

2. Klirrpunkt: ›trüb-selig‹

2. Szene 12/13

K. tritt in den schönen Wintermorgen hinaus und begibt sich auf den Weg zum Schloß. Dabei kommt er nun erst eigentlich im Dorf an, denn erst jetzt sieht er das Ziel seiner Wanderung, das Schloß, zum ersten Mal. Dabei erlebt K. das Schloß aus der Ferne »frei und leicht«, ohne Schneelast und seinen Erwartungen entsprechend, aber im Näherkommen ist er zunehmend enttäuscht.

Erst schien es ihm »eine ausgedehnte Anlage« mit einem Turm, dann aber »ein recht elendes Städtchen« zu sein. Er erinnerte sich »flüchtig« an sein Heimatstädtchen:

»Und er verglich in Gedanken den Kirchturm der Heimat mit dem Turm dort oben. Jener Turm, bestimmt, ohne Zögern geradewegs oben sich verjüngend, breitdachig, abschließend mit roten Ziegeln, ein irdisches Gebäude – was können wir anderes bauen? – aber mit höherem Ziel als die niedrige Häusermenge und mit klarerem Ausdruck, als ihn der trübe Werktag hat. Der Turm hier oben – es war der einzig sichtbare –, der Turm eines Wohnhauses, wie es sich jetzt zeigte, vielleicht des Hauptschlosses, war ein einförmiger Rundbau, zum Teil gnädig von Efeu verdeckt, mit kleinen Fenstern, die jetzt in der Sonne aufstrahlten – etwas Irrsinniges hatte das – und einem söllerartigen Abschluß, dessen Mauerzinnen unsicher, unregelmäßig, brüchig, wie von ängstlicher oder nachlässiger Kinderhand gezeichnet, sich in den blauen Himmel zackten.«

Der Kirchturm hat Konnotationen einer bestimmten, zielbewußten sicheren Zukunft, während der Schloßturm hier Konnotationen von einförmig, klein, Sichverbergenmüssen und Kindlichkeit hat, als hätte ihn eine Kinderhand »unsicher, unregelmäßig, brüchig, ängstlich oder nachlässig« gezeichnet. Trotzdem zackt sich nun dieses enttäuschende Schloß »in den blauen Himmel«. K. vergleicht das Schloß schließlich mit einem Menschen:

»Es war, wie wenn ein *trübseliger* Hausbewohner, der gerechterweise im entlegensten Zimmer des Hauses sich hätte eingesperrt halten sollen, das Dach durchbrochen und sich erhoben hätte, um sich der Welt zu zeigen.«

Diesem Menschen nun gilt K.'s ganze Verachtung; in dieser Wirkung des Textes besteht für mich der Klirrpunkt im Textverstehen, denn er ist ein »trüb-seliger Hausbewohner«, hätte »gerechterweise« – also verdientermaßen »im entlegensten Zimmer des Hauses«, dem Keller – sich selbst »eingesperrt halten sollen«, verdient also nicht nur Strafe, sondern auch Selbstbestrafung; stattdessen hat er »das Dach durchbrochen und sich erhoben ..., um sich der Welt zu zeigen«. Welch ein Hohn! Welch eine Schande! Aber warum?

In dieser ersten Begegnung mit dem Schloß begegnen wir K.: Die Enttäuschung über den Schloßturm läßt ihn den Kirchturm der Kindheit erinnern, der dem Kind einen seligen Entwurf von Zukunft bedeutete. Wie nun diese Kindheit tatsächlich war, daß sie einer so großartigen Zukunftsperspektive bedurfte, zeigt sich in der enttäuschenden Trübheit des Schloßturmes im Jetzt. Und K., der diese Kindheit erinnert mit ihrer seligen Zukunft und die Gegenwart als trübe Vergangenheit (Kinderhand) registriert, verschmilzt nun beide zu dem Bild eines »trübseligen Hausbewohners«, der den Durchbruch wagt. Er hat es gewagt, sich über den »trüben Werktag« zu erheben, sich seinen Kindheitswunsch zu erfüllen, ist also eigentlich selig. Er hat es gewagt, sich zu zeigen, was K. aber als kindisch abtut. Er hat es gewagt, sich aus dem entlegensten Zimmer des Hauses, dem Keller, in dem er sich selbst unter Verschluß hielt, weil er es nicht anders zu verdienen glaubte, unters Dach zu begeben, um dieses zu durchbrechen und sich der Welt zu zeigen. Und darin nun, so vermute ich, muß der Wunsch der Kindheit bestanden haben: sich zu zeigen, sich zu erheben, was aber als kindisch lächerlich verworfen wurde. Der Mißachtung muß zudem eine Selbstbestrafung gefolgt sein; so verächtlich und enttäuscht wie K. ist, klingt es wie ein schallendes Hohngelächter.

Jetzt können wir rückwirkend *in szenischem Zusammenhang* verstehen, warum K. seine Ernennung zum Landvermesser nicht freudig begrüßte und sich vom Strohsack am Boden in das ihm angebotene Zimmer begeben hat: Es hätte geheißen, sichtbar zu werden als der, der zu sein er behauptete. Wenn er auch gewaltsam-listig seine Selbstbehauptung als Landvermesser durchgesetzt hatte, hatte das Schloß ihn doch immerhin akzeptiert. Er selber aber fühlt sich unwürdig, schämt sich offensichtlich, sich seiner Selbstbehauptung entsprechend zu zeigen. Ich möchte diesen szenischen Zusammenhang auf die *Formel* bringen: K.'s Weg zum Schloß beschreibt eine Selbstbehauptung ohne Selbst, und meine Vermutung ist, daß Kafkas Romanthema eben diese Selbstfindung K.'s ist, die aber u. a. an ›seliger Selbstverleugnung‹ scheitert. Denn wie der Kindheitswunsch Zukunft als »ein irdisches Gebäude« entworfen hatte, hat die Realisierung dieses Wunsches umgekehrt »etwas Irrsinniges«. So mag der »Schloß«-Roman zwar irrsinnig wirken, aber wir werden sehen, daß K. den engsten Kontakt im Dorf gerade zu demjenigen hat, der sich um die Vergabe der Holzfuhren für den Neubau eines Hauses im Dorf bewirbt [vgl. 231], »eines *irdischen* Gebäudes« zwischen Schloß und Herrenhof. K., der diesem Mann gesteht: »Ich bin für die Dauer gekommen« [227], ist an diesem Bau interessiert, denn er ringt um seine Mitbürgerschaft im Dorf, er möchte ununterscheidbar sein u. a. von eben diesem Gerstäcker, dem Fuhrmann.

Der Roman endet in einer Geste, die die Erfüllung von K.'s Wunsch andeutet: »... K. war schon im Flur und Gerstäcker hielt ihn wieder am Ärmel fest, als die Wirtin ihm nachrief ...« [297]. Diese Wirtin verlangt den Hausbau für die Parteien, die ins Schloß wollen, Gerstäcker soll den Hausbau vermitteln, und K. ist der »trübselige Hausbewohner«, der in dieses Haus einziehen will.

Halten wir fest: In K.'s Begegnung mit dem Schloß erleben wir K. in seiner phantasierten Objektbeziehung, womit Kafka uns K.'s Geschichte der Kindheit erzählt. Er erzählt sie in der selbstverborgenen Weise desjenigen, der glaubt, den Wunsch, sich zu zeigen, schon im Keim ersticken zu müssen. Es muß eine Geschichte des Elends, der Enttäuschung und des Schämens sein ... Diese Szene enthält, so meine ich, sowohl K.'s Beziehungsform im Text und damit zum Leser als auch darüber hinaus Kafkas implizite Theorie des Textes, seine Opus-Phantasie. Vorformelhaft heißt das: ›Sichzeigen als Sichverbergen‹, ›Schreiben als Verschweigen‹. Ich werde diese These weiter unten diskutieren (S. 55 ff.).

An dieser Stelle möchte ich mich zunächst darauf beschränken, K.'s phantasierte Objektbeziehung, die Kafka in K.'s Annäherung an das Schloß entwirft, szenisch zu analysieren, und zwar unter Einbeziehung von Kafkas Darstellungsform. Im Moment der Annäherung an das Schloß verkehrt sich K.'s zunächst positive Erwartung: »frei und leicht« in Enttäuschung, dann in »trübselig«. Genau betrachtet war schon die positive Erwartung Schein: »Aber oben auf dem Berg ragte alles frei und leicht empor, wenigstens *schien* es so« aus der Ferne. Nicht anders ist auch die Spaltung in gute-schöne Kinderzeit und enttäuschend-elende Gegenwart nur eine scheinbare: eine Scheinalternative, denn das Schloß ist keine schlechte Alternative des Kindheitsturmes, sondern seine Bedingung. Was heißt das? Im Moment der Annäherung an sein Ziel, Schloß, erinnert K. die Kindheit, die eine selige Zukunft versprach; aber zugleich war sie so elend, wie das Schloß jetzt (unsicher ... wie von ängstlicher oder nachlässiger Kinderhand), sonst hätte sie nicht dieses erhabenen Zukunftsentwurfs bedurft. Was also zunächst wie ein Kontrast wirkt, ist eine Spiegelung: Wie nämlich die Zukunft in der Kindheit ein seliges Versprechen darstellte, entpuppt sich umgekehrt auch die Kindheit in der Gegenwart als seliges Ver-Sprechen von Vergangenheit:

›Wenn es doch nur so gewesen wäre!‹ Diese Enttäuschung nun schlägt durch in der Verächtlichkeit, mit der K. im Moment der Annäherung an das Schloß, sein »höheres Ziel«, seinen Wunsch: sich der Welt zu zeigen, vor sich selbst entwerten muß. Seine Verachtung gilt dabei nicht dem Wunsch, sich zu zeigen, sondern der Art, ihn sich zu erfüllen: Wenn schon überhaupt ... dann nicht so!, verhöhnt er sich selbst: Mit dem Kopf durch die Wand ... wie ein Schmerzensmann, das Leid der Welt als gezackte Mauerzinnen in den Schädel gerammt ... ein Durchbruch, bei dem alles zu Bruch geht, ein selbstzerstörerischer, selbstmörderischer Durchbruch zudem ... sich der Welt zeigen, nur um den Preis schmerzlicher Lächerlichkeit ... K. steigt zum Schloß empor und nimmt seine Ankunft vorweg in einem Bild seiner selbst als »trübseliger Hausbewohner« und in einem Kommentar, der die Erfüllung seines Wunsches, sich zu zeigen, zugleich als schändlich unterlassenes Sicheingesperrthalten disqualifiziert.
Kafka hat K.'s Wunsch, sich der Welt zu zeigen, sich zu erheben, darüber hinaus durch nicht ausgesprochene, aber mitschwingende Assoziationen als ›glückloses Unterfangen‹ beschrieben. Der Hausbewohner ist »trübselig«.
Selbstverachtung ist begründet in der Sehnsucht nach dem Glück K.'s als Sichzeigen, aber der Vorstellung vom Gesehenwerden als glücklosem Unterfangen. Was also diffamiert ist, ist das Handeln, K.'s Tun, seine Annäherung: ad gredi ... Draufzugehen ... als könnte Annäherung als Aggression mißverstanden und als solche schmerzlich bestraft werden ... Bestraftwerden merkwürdigerweise aber von einem steinernen Gegenüber, dem Schloß. In K.'s Phantasien und Gefühlen auf dem Wege zum Schloß erzählt Kafka also K.'s Geschichte der Kindheit als mißglückte Annäherung, mißglückt insofern Sichzeigen heißt, das Schloß aufbrechen und dabei sowohl selber kaputtgehen als auch das Dach durchbrechen, also kaputtmachen. Kafka, so haben wir gesehen, beschreibt, indem er ausspricht und durch Auslassung von K.'s Gefühlen den Leser das Gemeinte fühlen läßt. Kafka spielt mit den Assoziationen des Lesers, er berührt ihn, ohne ihn anzufassen, ohne auszusprechen, heimlich. Ich vermute, daß Kafka in dieser Szene eine traumatische Kindheitserfahrung schildert. Halten wir aber zunächst nur fest, was Kafkas Form betrifft: Hatte Kafka den Leser zunächst gerührt, indem er von der Sprachebene auf die Gestikebene umsprang, so berührt er uns jetzt, indem er

Assoziationen *im* Leser weckt; Kafka berührt also, ohne auszusprechen. Der Leser komplettiert den Text, wenn er formuliert, was an Gefühlen durch ihn hindurchgeht. Diese verleugneten Gefühle sind die K. selbst verborgene Geschichte der Kindheit, die Kafka dem Leser erzählt. Formelhaft können wir sagen: Kafka zeigt in dieser Szene, daß K. selber schon in der Annäherung an sein Ziel, das Schloß, von der Erfüllung seines Wunsches, sich zu zeigen, abrückt, abspringt, weil er Berührung ersehnt, sie sich aber in ihrer Erfüllung nur traumatisch vorstellen kann. Das »Glück« ist eine Leerstelle im Text. In diesem Sinne beschreibt Kafka im »Schloß« K.'s Selbstbehauptung ohne Selbst, als Kampf nämlich um soziale Anerkennung, den K. verliert, weil er nicht wagt, sich als derjenige zu zeigen, der zu sein er behauptet. Ich werde zunächst mit der Analyse der folgenden Textszenen fortfahren, um dann im Rückgriff meine These zu belegen.
Ich denke, mit meinem Vorgehen am Text hinreichend belegt zu haben, was das von Politzer zwar zitierte, aber nicht praktizierte »Hören des Psychoanalytikers mit dem dritten Ohr« (Reik) meint. Ein Hinhören nämlich auf die Auslassungen und Anspielungen, die *im* Leser affektive Antwort finden. Das heißt aber gerade nicht, wie etwa Mecke meint: sich mit Kafka die Ohren vollstopfen, »damit man ... (die Texte) im Schlaf ausklügeln kann«[51]. Um den Widerspruch zu verstehen, daß Kafka über seine Texte lachen konnte, während dem Leser Hören und Sehen vergehe, will Mecke Kafka auf »die Schliche« kommen. Seine Devise lautet dabei: »Laß Kafka reden, pro und contra Kafka und höre gut zu. Das wurde das Herz meiner Methode, ihr Herzschlag hieß nicht selten Weißglut«[52]. Ich kann diese Erfahrung an Kafka nachvollziehen. Mecke läßt sich Kafka ›gefallen‹, um dann schließlich mit psychoanalytischer Triebtheorie als Schuldzuweisung ›zurückzuschlagen‹ (vgl. Miller[53]). Mecke versteht seine Weißglut nicht als Gegenübertragungsreaktion auf den Text, weil er sich einer Psychoanalyse verpflichtet fühlt, die Homosexualität überhaupt tabuisiert hat. Es wird heute kein manifest Homosexueller zur psychoanalytischen Ausbildung zugelassen (vgl. Parin[54]). In Meckes Weißglut schwingt neben unbegriffenem Haß (vgl. Winnicott[55]), Haß auf Homosexualität aus berufsständischer Skotomisierung mit, die sein Textverstehen als Selbstverständigung verdirbt.
Ich habe mich im Unterschied zu Mecke während meiner Be-

schäftigung mit Kafka lange an das gehalten, was Adorno als »erste Regel« für ein Kafka-Verständnis aufstellt: »Alles wörtlich nehmen, nichts durch Begriffe von oben her zudecken. Die Autorität Kafkas ist die von Texten. Die Treue zum Buchstaben, nicht das orientierte Verständnis wird einmal helfen«[56]. Heute meine ich, daß Kafka nur in szenischem bzw. trauma-analogem Verstehen als Teilnahme und Teilhabe (Lorenzer) am Text zu begreifen ist. Das bedeutet aber, den Text *und* mich beim Wort zu nehmen, »mit Augen hören«, wie Khan die Wahrnehmung des Analytikers beschreibt[57], wiewohl damit kein naturwissenschaftliches Beobachten gemeint ist. Es geht darum, mich an meinen Gefühlen am Text zu orientieren, indem ich sie artikuliere und so Schattenmund des Textes bin. Was mich also – nicht anders als im psychoanalytischen Prozeß – im psychoanalytischen Prozeß des Verstehens von Kafka leitet, ist nicht Kafkas Autorität der Texte, sondern die *Authentizität* der Begegnung von Ureigenem mit dem Fremden, die Unbefangenheit vor der Blöße, die Kafka berührt, ohne – wie ich zeigen konnte – Worte. Diese (Selbst-)Begegnung am Text verunsichert und »ist als Inbegriff des Fortschreitens ... Irritation«, wie Arnold »die literarische Version von Dialektik« bezeichnet[58]. Wenn ich davon ausgehe, daß – wie Bauriedl es für den psychoanalytischen Prozeß formuliert – »eine gute Beziehung dadurch gekennzeichnet ist, daß alles sein darf, was ist, daß nichts als ›böse und falsch‹ ausgeschlossen werden muß«[59], dann kann ich zwischen mir und dem Text alles zulassen, was ist: Dann kann ich mich mit meinen Gefühlen am Text schamlos zeigen, um den Text durch mich hindurch beredt zu machen.

Mecke, der die Kafka-Texte mit dem »Generalschlüssel«[60] Homosexualität öffnen zu können glaubt, indem er psychoanalytische Triebtheorie zur »Entgiftung und Enteisung Kafkas«[61] einsetzt, sagt damit sowohl etwas über sich als Psychotherapeut als auch über Psychoanalyse aus. Mecke ist als Psychotherapeut zugleich tätig als »ein Sachverständiger für regionale Polizeiämter, besonders in Vergewaltigungsfällen«[62]. Mit Gegengewalt verfolgt er in den Texten, was seinem Verständnis von Psychoanalyse als Normsetzung widersteht. Seine »Weißglut«[63] gleicht der narzißtischen Wut in der Gegenübertragung, wenn wir nicht verstehen, das aber nicht wahrhaben dürfen. Nichtverstehen im psychoanalytischen Prozeß aber heißt, *sich* nicht verstehen, nicht merken dürfen, wo der Patient uns anrührt. Nichts anderes gilt für ein psychoanalytisches Textverstehen: Dem Nichtverstehen mit einem »Generalschlüssel« zu begegnen, heiße er nun Ödipus, Homosexualität oder Schizophrenie, bedeutet, den Text diagnostisch abdichten, um sich nicht einlassen zu müssen in eine emotionale Verunsicherung, Irritation also zu meiden und damit die Spannung zwischen Text und Leser zu entdialektisieren. Mecke unterstellt, Kafka »schuf ... (einen Geheimtext) aus Scham und Angst vor der Schande ...«[64]. Ich meine, das sind gerade die Fragen, die Kafka dem Leser mit dem »Schloß«-Text stellt: ›Muß ich mich auch vor Dir schämen, wenn ich mich zeige, daß es also besser wäre, ich zeigte mich nicht oder aber so entstellt, daß Du mich nicht erkennst?‹. Das genau ist K.'s trübselige Hausbewohner-Frage. Sie bejahen, hieße die Lust verschweigen, die ich an dem »Schloß«-Text immer wieder erlebte, hieße mich verraten, indem auch ich verschweige. Mecke verrät sich im Kafkaschen Sinne, wenn er von »Weiß-Glut« spricht als »Herzschlag« seiner Methode«: Es ist der Zorn über verkannte Liebe. Ich bleibe also dabei: Mein erkennender Blick ist der der Liebe, das Erkenntnismittel meines Vorgehens am Text ist das phantasierende Denken, wie Pohlen es für den psychoanalytischen Prozeß beschrieben hat[65].

Ich fahre nun mit der Deutung am Text fort. Dabei werde ich zeigen, wie sehr Mecke Kafka mißversteht, weil er sich im Verstehensprozeß einzig als »drittes Ohr« versteht, das auf Homosexuellen-Jagd ist, statt die im Verschweigen im Text implizite Kommunikation wahrzunehmen und in Worte zu fassen. Mecke spricht zwar davon, von autistischen Kindern etwas für das Kafka-Verständnis gelernt zu haben. Aber er hört und sieht nur noch den anderen und merkt deshalb nicht, daß Kafka Gefühle methodisch abgespalten hat. Wenn man aber – anders als Mecke – unter den Gefühlen nicht nur »Homosexualität« versteht, dann hat er diese abgespaltenen Gefühle im Schweigen als kommunikative Funktion gestaltet: Schweigen im Text ist Kommunikation mit dem Leser, wie Khan es für den psychoanalytischen Prozeß beschrieben hat[66]. Bei Mecke liest sich das so: »Es ist unschwer spürbar, daß Kafka das Gefühl, das doch der Antrieb zur Darstellung gewesen sein muß, überall methodisch vom Dargestellten abgespalten hat, d. h., aus Angst bei der eigenen Person hat verbleiben lassen. Davon kommt die Kaltflächigkeit seines Stils«[67].

Mecke begreift in seiner Textanalyse seine Gegenübertragungsgefühle nicht als Ausdruck des Textes selber und nimmt deshalb auch nicht wahr, daß Kafka Gefühle *im* Leser gestaltet. Infolgedessen muß ihm Kafkas Stil als kaltflächig erscheinen, weil er selber sich der Erfahrung am Text verschließt.
Implizit geht Mecke von Psychoanalyse als einem Behandlungskonzept aus, das Freuds Patientin Anna O. treffend als »talking cure« bezeichnet hat, und das Freud aus dem therapeutischen Konzept der Katharsis entwickelt hatte. Zu diesem Es-psychologischen Konzept gehört es, daß nur mit Inhaltsdeutungen operiert wird, um Einsicht in unbewußte Triebkonflikte zu erarbeiten. Der Patient hat die Grundregel zu befolgen, alles auszusprechen, was ihm einfällt. Demzufolge wird sein Schweigen als Störfaktor, als Widerstand bei der Offenbarung ödipaler Triebinhalte verstanden. Der Analytiker soll in freischwebender Aufmerksamkeit in »Spiegel-Chirurgen-, Passivitäts-, Neutralitäts- und Abstinenzhaltung«[68] Deutungsarbeit leisten, indem er »aus verstreuten Bruchstücken von Beweismaterial allgemeine und spezifische Folgerungen über das Unbewußte des Patienten«[69] zieht. Auf Seiten des Analytikers werden Gegenübertragungsgefühle als Störfaktor im Sinne nicht analysierter blinder Flecken betrachtet[70]. Im psychoanalytischen Prozeß wie in der Interaktion Text – Leser gibt es aber zwei Kommunikationsformen: das Sprechen *und* das Schweigen. Das Schweigen ist insofern bedeutungsvoll, als es »eine objektale Beziehungsweise«[71] darstellt: Im »hörenden, aufnehmenden, teilnehmenden Schweigen«[72] entsteht ein Spielraum zwischen Analytiker und Patient wie zwischen Text und Leser, in dem die authentische Erfahrung der eigenen Affekte als Selbstfindung und Selbstrelativierung mit dem anderen möglich wird. Ich komme darauf ausführlich zurück in Kapitel III, 8.3, S. 227ff.

3. K.-Lehrer-Interaktion und die Gegenübertragungsszene Leser – Text

3.1 Klirrpunkt: ›sanftmütiger‹ – ›leut-selig‹

3. Szene 14-15
Fahren wir fort im logisch-psychologischen Verstehen des »Schloß«-Textes. Unter dem enttäuschenden ersten Eindruck von dem Schloß, aber nun auch begleitet von dem Leser, setzt K. seinen Aufstieg ins Schloß durch das verschneite Dorf fort. Auch hier gibt es eine Dorfkirche wie die erinnerte in seinem Heimatstädtchen. An der Schule trifft er auf den Lehrer, der von einem lärmenden Kinderhaufen umgeben ist. K. nimmt von weitem wahr, wie aller Augen auf den Lehrer gerichtet sind, während dieser K. »schon aus der Ferne ins Auge ... (faßt), allerdings war außer seiner Gruppe K. der einzige Mensch weit und breit«. K. scheint sich nicht sicher zu sein, ob der Lehrer ihn um seiner selbst willen wahrnimmt oder nur, weil es sonst nichts anderes auf der Straße zu sehen gibt. K. wird also vom Lehrer gesehen, und wir wissen doch, daß er sich zeigen will, aber er erwartet von vornherein Mißbilligung seines Tuns. Was tut aber K.? Er sieht sich das Schloß an und steigt zum Schloß hinauf, bewegt sich auf sein Ziel zu, ›er packt seine Wünsche beim Schwanz‹ (Picasso[73]). »›Ihr sehet das Schloß an?‹ fragte ... (der Lehrer) *sanftmütiger*, als K. erwartet hatte, aber in einem Tone, als billige er nicht, was K. tue«. K. fühlt sich vom Lehrer in seiner Enttäuschung über das Schloß erkannt, aber als wäre »sanftmütiger« zuviel an Nähe, bzw. ein Vorwurf, entfremdet er sich von seinem Gefühl und entschuldigt sich mit seiner Fremdheit am Ort. Der Lehrer verblüfft nun K., indem er ihm auf den Kopf zusagt, das Schloß gefalle ihm nicht, weil es keinem Fremden gefalle. Nun könnte K. zustimmen, aber gerade mit der »Wahrheit aller Fremden« fürchtet er, »Unwillkommenes« zu sagen. Deshalb lenkt er von sich ab auf den Lehrer, indem er fragt, ob dieser den Grafen kenne. Der Lehrer verneint und will sich abwenden. Wie um nun über beider Unkenntnis eine Gemeinsamkeit herzustellen, insistiert K. auf seiner Frage: »Wie? Sie kennen den Grafen nicht?«. Der Lehrer rechtfertigt sich, indem er – als habe K. etwas Obszönes gefragt und den Lehrer damit vor den Kindern in Zusammenhang ge-

bracht – auf französisch antwortet: »Nehmen Sie Rücksicht auf die Anwesenheit unschuldiger Kinder«. K. möchte nun gern den Lehrer besuchen, weil er sich zwischen Schloß und Bauern ein wenig verlassen fühlt, aber der Lehrer belehrt ihn: »Zwischen den Bauern und dem Schloß ist kein großer Unterschied«. Schließlich gibt der Lehrer K. seine Adresse und zieht mit dem schreienden Kinderhaufen weiter.

Eine merkwürdige Kommunikation, die von K. her in Erwartung auf Ablehnung aufgenommen und als ein Kampf geführt wird, obwohl der Lehrer ihm »sanftmütiger« begegnet war als erwartet. Wir werden später verstehen, daß K. von sich ablenken muß, gerade weil der Lehrer »sanftmütiger« ist, als er erwartet. Im Moment der Verständigung: K. ist fremd am Ort und das Schloß enttäuscht ihn, glaubt K. unwillkommen zu sein, wenn er es bestätigt, und verleugnet sich. Deshalb fragt er den Lehrer nach dem Grafen aus, wodurch dieser sich regelrecht bloßgestellt fühlt. Gefühle anzusprechen scheint etwas Obszönes zu sein, beide Partner rücken jedesmal von sich ab. Dann nimmt K. gerade seine Fremdheit zwischen Bauern und Schloß zur Begründung dafür, den Lehrer besuchen zu wollen. Jetzt wehrt aber dieser die Nähe ab, es gebe keinen großen Unterschied zwischen oben und unten. K. ergattert schließlich eine »Adressenangabe«, wenn auch keine Einladung, und ist darüber nun erst recht enttäuscht.

Szenisch betrachtet ist die Interaktion zwischen K. und Lehrer von eben der Widersprüchlichkeit geprägt, die K. in der zweiten Szene am Schloß als seinem Wunschbild vor sich selber und dem Leser offengelegt hatte. Es enthält »Repräsentanzen von Selbst und Objekt in Interaktion miteinander«[74], und zwar in widerstreitender Interaktion miteinander. Mit dieser metapsychologischen Formulierung von K.'s Wunsch habe ich die traditionelle Freudsche Vorstellung des Wunsches, dieser bestehe aus einem wunscherfüllenden Ziel und richte sich auf ein Objekt, verlassen. Ich folge vielmehr Sandlers objektpsychologischem Ansatz des Wunsches, daß »die Vorstellung von einem Ziel, das befriedigt werden soll, ... durch die Vorstellung einer *erwünschten* Interaktion ergänzt werden muß, wobei die erwünschte oder phantasierte Antwort des Objekts ebenso Teil der Wunschphantasie ist wie die Aktivität des Subjekts bei diesem Wunsch oder dieser Phantasie«[75]. Auf die Szene im »Schloß«-Text bezogen heißt das: Der trübselige Hausbewohner will sich zeigen, aber Gesehenwerden diffamiert er als ungelenken Ausbruch, weil er die Diffamierung seines Tuns durch andere antizipiert. K. kann seinem Wunschbild zufolge die wahrgenommene Sanftmut des Lehrers nicht als ein wohlwollendes Respektiertwerden in seiner Enttäuschung und Fremdheit am Ort verstehen. Er lenkt *›leut-selig‹* von sich ab, um sich zu entschuldigen, sich ›lieb-Kind‹ zu machen. Gefühle werden dadurch zur Fremdsprache und wirken obszön. Dann aber überspringt K. alle Fremdheit und fällt dem Lehrer regelrecht ins Haus. – Der Scham, sich in dem Gefühl von Enttäuschung und Fremdheit durch offenes Aussprechen bloßgestellt und schutzlos zu fühlen, korrespondiert K.'s Zudringlichkeit, so daß er sich aus Angst vor sozialer Isolierung beinahe gewaltsam Zugehörigkeit zu verschaffen versucht. Sprache stellt bloß, trennt und ist Angriff auf den Körper.

Betrachten wir nun die Form dieser Szene. Die Wirkung dieser Interaktion auf mich war verwirrend und ver-rückt: Der erfüllte narzißtische Wunsch nach Gesehenwerden durch den Lehrer aus der Ferne wird diesem als liebloser Blick unterstellt: ›Es gab ja nichts anderes außer K. zu sehen auf der Straße, also muß der Lehrer ihn wohl oder übel »ins Auge« fassen‹. K. erwartet Entwertung und duldet keine Übereinstimmung, obwohl er sie ersehnt. Ich geriet immer wieder in einen Schwindel: »Was reden die zwei eigentlich, worum geht es, wer hat recht?« Es ist ein Streit ohne ersichtlichen Grund. Das Streiten ist Schamschutz. Ich konnte nur Boden unter den Füßen gewinnen, indem ich in meinem Verstehen des Textes strikt an K. als *Perspektivfigur* festhielt, von der her Kafka die Szene gestaltet hat. Kafka hat in K. aber gerade jemanden dargestellt, der von sich ablenkt, sich seinen Gefühlen entfremdet, um im Gegenüber nach der Bestätigung seines Gefühls zu suchen: ›Ich bin enttäuscht vom Schloß, aber Du bist schuld daran, weil Du es aussprichst‹. Verstandenwerden ist für K. Bloßgestelltwerden. An K. als Perspektivfigur festhalten, heißt also, ihn im Auge behalten, entgegen seiner Tendenz zur Selbstaufhebung im anderen. K. leugnet sein Gefühl, um in den Lehrer zu dringen, dieser möge ihn aufnehmen, damit er sich in seiner Fremdheit nicht mehr schutzlos fühlen muß. Aber was schon in der Ferne mißverständlich wirkt, endet auch in der Nähe unbefriedigend: in einer »Adressenangabe«, einem Versprechen von Nähe, aber in zeitlicher Ferne. Zwischen K. und Lehrer findet ein Kampf um Existenzberechtigung statt, der eine

Begegnung unmöglich macht. Der Kampf geht schon damit an, daß der Lehrer, »ein befehlshaberischer kleiner Mann« mit einem Heer von Kindern auf K. zu rückt und diese, bei K. angekommen, »mit einem Schlag verstummen«. Es ist ein ungleicher Kampf, in dem K. sich von vornherein unterlegen zu fühlen scheint. Er versteht nicht einmal das »schnelle Sprechen« der Kinder: Als würde er selber zum Kind und deshalb von allem Anfang ein Opfer, das der Lehrer »schon aus der Ferne ins Auge gefaßt« hat. Seine Schuld steht fest; die Sanftmut des Lehrers kann seine Existenz zwar entschuldigen, aber damit seine Schuld doch nur bestätigen: ›Du bist hier unwillkommen, allein, daß Du da bist, ist ein Hindernis auf meinem Weg ...‹. K. versteht die Frage des Lehrers dann auch sofort als Angriff, den er mit einer analogen Gegenfrage: »Sie kennen den Grafen nicht?« kontert. Nun ist der Lehrer im Rechtfertigungszwang.

Erinnern wir uns, daß Kafka die Interaktion zwischen K. und Lehrer mit dem Abbrechen des Kindergeschreis eröffnet und mit seinem erneuten Aufbranden beschließt. Es wirkt, so meine ich, in gegenläufiger Weise wie ein akustisches Signal zur Öffnung der Kameralinse. Das Verstummen der Kinder gibt den Blick frei auf eine Szene von K.'s Geschichte der Kindheit: K. wird zum Kind. Ich möchte diese Gestiksprache Kafkas als *Vordialog* bezeichnen, der sowohl in visueller als auch in akustischer Sprache bestehen kann. Er ermöglicht Kafka, K.'s Vergangenheit in der Gegenwart fortlaufend mitzuerzählen, ohne daß K. sich eigentlich erinnert. Er versteht die Kindersprache nicht einmal, aber er erlebt sich unterlegen wie ein Kind. Am Ende der Szene blendet Kafka das Kindergeschrei wieder auf, und K. ist wieder allein. Thesenhaft läßt sich zur Form sagen: Kafka zeigt mit dem Vordialog, wie K. vor seiner Vergangenheit flieht, weil er sie in die Gegenwart als Erwartung überträgt und somit auf Gegenwart bewußtlos-gestisch, klischeehaft (Lorenzer in Orban[76]) reagiert.

Fassen wir die Wirkungs- und Funktionsweise des Vordialogs formelhaft zusammen: Kafka beschreibt im Vordialog aus K.'s Perspektive, wie die Kinder als Übermacht schreiend auf K. zurollen, und K. sich duckt: zum Kind wird; dabei hebt er sich sukzessive in seiner dargestellten psychischen Identität auf, indem er sich mit seinem Gegenüber identifiziert, weil er sein Gefühl verleugnet, um es dann im anderen zu verfolgen (Identifikation mit dem Aggressor). Um nicht in das von Überlebensangst angetriebene Argumentationskarussel hineinzugeraten, muß der Leser Kafkas Ablenkung von K. trotzen, K. vielmehr noch in seiner Selbstverleugnung wahrnehmen, in seiner Nichtigkeit respektieren. Denn in diesem Nichtrespektiertwerden, so vermute ich, besteht K.'s unausgesprochen erzählte Kindheitsgeschichte.

Das Gesagte gibt erste Aufschlüsse über die Zeitstruktur im »Schloß«-Roman. Ich stimme dabei weder Kudszus zu, der K.'s Zeitbewußtsein »einem fortschreitenden Gegenwartsschwund unterworfen« sieht[77], noch Mitscherlich-Nielsen, die Kafkas Darstellung als »etwas Zeitloses« im Sinne einer »permanenten Gegenwart«[78] versteht. Ich meine vielmehr, daß im »Schloß«-Text das dargestellte Sprechen Handeln ist, insofern Beziehungen entstehen. Sprechen bei Kafka ist »Wunscharbeit« und damit »Beziehungsarbeit« (Schmidbauer[79]). Kafka schreibt K.'s Sozialgeschichte in visueller Kontinuität: Er inszeniert sie mit dem Leser im Hier und Jetzt als Film mittels »Parallelmontagen« und »Zwischenbilder«, wie Jahn ausgeführt hat[80]. Dabei findet gleichzeitig im Leser affektive Realität statt, insofern er sich als Spiegel des Textes begreift. Kafka gestaltet im Leser die Affekte als unausgesprochen erzählte Geschichte von K.'s Kindheit und damit seinem Selbstverständnis. Von »Gegenwartsschwund« (Kudszus) oder »Traum« (Mitscherlich-Nielsen) zu sprechen, heißt, den Roman als Kette von Ereignissen und Fakten auf der Verhaltensebene wahrnehmen und die metakommunikative Erlebnisebene als Mitteilungsfunktion des Textes verfehlen. Eine solche Interpretation muß – paradoxerweise – gerade an ihrem positivistischen Anspruch scheitern.

Ich möchte nun diese Szene und die darauffolgende, in der K. sich wieder allein auf der verschneiten Dorfstraße auf das Schloß zubewegt, noch einmal betrachten, und zwar unter dem Gesichtspunkt meiner Gegenübertragung auf den Text. Ich hatte den szenischen Zusammenhang zwischen K.'s imaginierter Objektbeziehung und seiner Interaktionsform in der Interaktion mit dem Lehrer an dem Klirrpunkt Lehrer: ›sanftmütiger‹ – K.: ›leut-selig‹ diskutiert. Jetzt machte sich die Störung im Verstehen des Textes an dem Klirrpunkt ›ablenken‹ fest: K. hat sein Gefühl der Enttäuschung am Schloß verleugnen müssen, und »um hier nichts Unwillkommenes zu sagen«, wendete K. das Gespräch und fragte: »Sie kennen wohl den Grafen?« Diese Wendung des Gesprächs beantwortet der Lehrer auf französisch, als habe K. sich schuldig gemacht, etwas Obszönes angesprochen, ohne Rücksicht auf Dritte, nämlich die anwesenden Kinder. K. reagierte auf den Vorwurf, indem er aus der Schuld ein Recht ableitete: »K. holte daraus das Recht zu fragen: ›Könnte ich Sie, Herr Lehrer, einmal besuchen?‹« Der Lehrer lenkt nun aber von sich ab, indem er K. über den geringen Unterschied zwischen Schloß und Bauern, oben und unten, belehrt und somit K. in seiner Aufsteigerideologie in Frage stellt. Der Lehrer überläßt dann K. seine Adresse und verschwindet mit den wieder losschreienden Kindern.

3.2 Klirrpunkt: ›Strichjunge‹: Unmittelbares Zusammenspiel verkehrt sich in Leiden

K. lenkt von sich und seinen Gefühlen ab auf den Grafen, was einer Schamlosigkeit gleichkommt, deren K. sich schuldig macht. Aber bei Kafka bleiben die Gefühle Fremdsprache. K. entfremdet sich von sich, um im Lehrer nach Bekanntschaften zu suchen, was schamlos-obszön wirkt. Die sinnliche Erregung setzt sich subkutan in der Lektüre fort und macht sie zweideutig. K. steht nun wieder allein auf der Straße im Schnee und fühlt sich jetzt »zerstreut, durch das Gespräch verärgert«, müde und angegriffen. Er fühlt sich erschöpft von seiner tagelangen Wanderung ins Dorf und enttäuscht durch den Lehrer: »Es zog ihn unwiderstehlich hin, neue Bekanntschaften zu suchen, aber jede neue Bekanntschaft verstärkte seine Müdigkeit«. An diesem erneuten Klirrpunkt hatte ich nun die Phantasie: K. – ohnehin ein Zwitter aus Landstreicher und Landvermesser – sei eigentlich ein Strichjunge, der durch die Straßen streift, auf der »unwiderstehlichen« Suche nach Bekanntschaften, aber müde, weil abgeblitzt beim Lehrer, der in einem »jäh abfallenden Gäßchen« verschwunden war. Die vorausgegangene Szene in ihrer verqueren Redeweise hatte also für mich die Konnotation von ›zwei Männer mit Schwierigkeiten im Verkehr‹ gehabt. Kafka hat an dieser Stelle zum ersten Mal im Text eine Passage gestrichen. Er verschweigt uns etwas, was den Anspielungscharakter des Verbotenen noch erhöht. Ich folge zunächst meiner Lust am Text und den Ideen meines Körpers[81], um diese dann als durch die Form des Textes evozierte zu betrachten.

Diese Anspielungen und Kafkas eindringliches Sprechen erregten

mich körperlich, so daß ich mich bei K.'s weiterer Annäherung an das Schloß befriedigte. Ich schämte mich dann aber meiner Lust. Wie kann eine wissenschaftliche Arbeit mit Selbstbefriedigung zu tun haben, dachte ich und hatte Angst, wenn ich von meiner Lust spräche, zum Fall zu werden. Ich glaubte, meine Lust verschweigen zu müssen, und sie verkehrte sich in Leiden: Ich brach über Wochen die Arbeit an Kafka ab und fühlte mich als Versager. Ich verstand den Text nicht, weil ich mich nicht verstand.
Unbewußt schämte ich mich meiner Lust und konnte sie nicht als sinnliche Antwort auf den Text begreifen und folglich auch nicht für mein Textverstehen nutzen. Ich war aber auch »unaufrichtig«, weil ich mich an einem »am Überich festgemachten Bild dessen, was ein Analytiker ist«[82], orientierte. Erdheim schreibt dazu in seinem Aufsatz »Über das Lügen und die Unaufrichtigkeit des Psychoanalytikers«: »Es scheint, daß das Prestige ebenso wie die Seriosität seines Berufs die ›niedrigen‹ sexuellen Regungen zum Verschwinden bringen. Wo der Psychoanalytiker zum ›Gesetzgeber und Lehrer‹ (W. Loch) wird, kann es leicht dazu kommen, daß die Sexualität – wie das in diesen Berufen so üblich ist – von der Berufsmoral zum Verdampfen gebracht wird«[83]. Ich war noch weit davon entfernt, zu begreifen, daß es *die* Psychoanalyse gar nicht gibt. Ich paßte mich der derzeitigen Psychoanalyse an, für die »Gegenübertragung – ein Stiefkind« ist, wie Krüger-Zeul[84] es ausdrückt. Ich fürchtete den Vorwurf des Agierens und zögerte deshalb, meine Kritik an der derzeitigen Psychoanalyse offen zu vertreten. Der psychoanalytischen Ausbildung selber ist vorzuwerfen, daß Gegenübertragung ihr »Stiefkind« ist. Was sich also in der psychoanalytischen Deutung von Literatur als Biographismus niederschlägt, ist nur Ausdruck schlechter psychoanalytischer Praxis.
Wie kann ich an einem Kafka-Text Lust empfinden, wenn die psychoanalytische Kafka-Forschung sich darin einig ist, daß Kafka der Dichter des Grauens und der Selbstentfremdung ist, »Homosexueller«[85] mit »schizophrener Schläue«[86], ein »außergewöhnlich begabter Schriftsteller«, der »durch den Widerspruch zwischen der Sanftheit der Person und der Ausschweifung in grausame Phantasien« provoziere, wie Mitscherlich-Nielsen meint[87], zudem ein Narziß sei mit »perverser«[88], »masochistischer Triebentwicklung«[89], wie kann ich an dem Text eines solchen Autors Lust empfinden? Obwohl ich diese Statements von

psychoanalytischem Biographismus für verfehlt hielt, schwieg ich. Ich hatte Angst, mit diesen Diagnosen an Kafka identifiziert zu werden. Ich war aber identifiziert mit Kafka, sonst hätte ich wahrnehmen können, daß meine Lustgefühle am Text gerade der Gegenbeweis sind für ähnliche Aussagen, wie Mecke sie zur Bestätigung seines homosexuellen Verdikts über Kafka macht: »Weibliche Leser neigen denn auch weit eher dazu, Kafka mit einem Achselzucken abzutun oder Abneigung zu äußern: sie sind seiner ›unreinen Sache‹ gegenüber die *unbetroffenere* Partei«[90]. Ich war betroffen, Kafka machte mir Lust, aber ich konnte nicht dazu stehen.

Verstehendes Zusammenspiel: Meine Lust am Text und die Ideen meines Körpers

Sehen wir uns noch einmal den Text an: K. hatte seine Gefühle verleugnet, und im Lehrer zogen sie ihn wie »unwiderstehliche Bekanntschaften« an. Abermals gibt nun K. seine Lebendigkeit auf, um sie von außen als Verführung zu erleben: Er bewegt sich auf das Schloß zu, und die »festhaltende« Straße wird zum unwiderstehlichen Partner, ihr überläßt sich K., weil er erwartet, sie müsse »endlich ... zum Schloß einlenken«, aber sie ver-führt ihn, führt immer nur nah heran und »wie absichtlich bog sie ab«. Kafka beschreibt eine Verführung wider Willen, die ihre Lust außer sich hat, in einem Dritten, dem Schloß. Erst als K. sich losreißt »von der festhaltenden Straße« und damit von seinen Erwartungen, findet er seine körperliche Befriedigung abseits der Hauptstraße; jetzt ist er es, der aktiv vordringt, »... das *Heraus*ziehen der *ein*sinkenden Füße war eine schwere Arbeit, Schweiß brach ihm aus, plötzlich stand er still und konnte nicht mehr weiter«.

Kafka schreibt sinnlich-eindringlich, indem er erregende Dinge schildert und zugleich nicht schildert. Er stellt dar, wie K. verführt wird, und die dem »verleugneten Handeln«[91] implizite Erregung schrieb sich auf meinem Körper synkopisch ein:

»... die Straße nämlich, die Hauptstraße des Dorfes ... sie führte nicht ... sie führte nur ... dann aber, wie ... bog sie ab, auch wenn ... sie sich auch ... nicht entfernte, so kam sie ... auch nicht näher ...«.

Die Worte in ihren Wiederholungen und Brüchen, Annäherungen und Verdoppelungen, wirkten erotisch auf mich, und ich

nahm das Begehren in meinem Körper auf und antwortete weltvergessen den Ideen meines Körpers … wurde Schattenmund, Schamlippengeflüster … Statt aber meine Phantasie ›Strichjunge‹ und meine Selbstbefriedigung in szenischem Verstehen des Textes versprachlichen zu können, schwieg ich und brach meine Arbeit ab. Weil ich mich nicht verstand, verstand ich auch den Text nicht und gab wohl unbewußt Kafka die Schuld an meiner Lust bzw. an meiner Scham. Ich glaubte, mich für meine Gefühle rechtfertigen zu müssen, und begriff nicht, daß gerade das die mir vom Text zugewiesene Rolle im »unmittelbaren Zusammenspiel«[92] ist. Ich mußte erst dieses Schämen für meine Gefühle, meine Existenz, in meinem lebensgeschichtlichen Kontext begreifen, um meine Phantasien am Text als »eigentlicher Aus-druck des Faktischen«, wie Pohlen sagt[93], in körperlich inszeniertem Niederschlag im Dialog mit dem Text benennen zu können. Das szenische Verstehen des Textes gelang mir nicht, weil mir an diesem Punkt meine Lebensgeschichte als das Erkenntnismittel im psychoanalytischen Literaturdeutungsprozeß verborgen war. In diesem Sinne war ich als Leser dem Text gegenüber in der Patientenrolle. Um, wie Lorenzer es formuliert, zum »zu verändernden Interaktanden«[94] am Text zu werden, mußte ich zugleich die Analytikerrolle einnehmen, um das Textverstehen voranzutreiben; ich mußte also das unmittelbare Zusammenspiel im Text in Sprache begreifen. Das heißt: Ich mußte erst wahrnehmen, was ich selbst sagen kann, bevor ich im Dialog mit dem Text sagen konnte, was Kafka verschweigt.
Kafkas Darstellungs*form* gab mir den entscheidenden Wink: In dieser Textpassage taucht die erste *gestrichene Stelle* auf. In dieser gestrichenen Stelle heißt es: »… aber waren das Bekanntschaften, die er machte? Bekam er nur ein einziges offenes, herzliches Wort?« [311]. Die Gegenseitigkeit im Sprechen wünscht sich K. also, aber diesen Wunsch hat Kafka verschwiegen, als sei er etwas Obszönes. Die Wirkung der Mystifizierung der Gefühle war für mich traumatisch, bis hin zum Abbrechen der Arbeit. Ich schwieg aus Scham, weil wortlos alleingelassen mit meiner Lust. Diese Erfahrung am Text reichte in meine Lebensgeschichte hinein. Als Kind hatte ich – bildhaft gesprochen – in der einen Hand das Märchenbuch und weinte vor Ergriffenheit, während ich mich mit der anderen Hand unter der Bettdecke streichelte, um mich so meines Körpers zu versichern. Wäre jemand zur Tür

hereingekommen, wäre ich vor Beschämung durch strafende Blicke geschützt gewesen, denn ich weinte ja. Auch ich hätte damals ein »einziges offenes, herzliches Wort« gebraucht, um mich in meiner Selbstbefriedigung in einem bestätigenden Gegenüber aufgehoben zu fühlen. Stattdessen waren die grausig-ängstigenden und schaurig-schönen Märchen der ›halb-herzige‹ Kommentar meiner Lustgefühle. Sie blieben mir, um mit Balint zu sprechen, als »thrill«[95] in einer Tarnsprache verstellt (einmal ganz davon abgesehen, daß das Gegenüber ein Buch war!). Als ich in meiner Analyse diesen Zusammenhang verstehen konnte, lachte ich hell und befreit auf, glücklich, ertappt zwar, aber erlöst aus dem Panzer falscher Scham. Ohne Angst vor beschämenden Blikken konnte ich nun meine Lust am Text benennen. Jetzt entdeckte ich das spitzbübische Lachen, mit dem Kafka in der Gestiksprache K. aus einer einsam-sprachlosen »Menschenleere« und deshalb als Erschöpfung schuldhaft getarnten Weltvergessenheit auftauchen läßt: »Nun, er war ja (!) nicht verlassen, rechts und links standen Bauernhütten. Er machte einen Schneeball und warf ihn gegen ein Fenster. Gleich öffnete sich die Türe ...«. K., der Aufsteiger, von dem wir wissen, daß er sich nur auf das Schloß bezieht, besinnt sich jetzt auf sich und das Nächstliegende. Denn »zwischen den Bauern und dem Schloß ist kein großer Unterschied«, hatte der Lehrer ihm gesagt, und K. verschafft sich wie ein Kind, ein *Straßen*junge, übermütig Zutritt zu einer Bauernfamilie.
Jetzt zeigt sich auch, meine ich, wie verfehlt es gewesen wäre, mit Mecke meine Phantasie ›Strichjunge‹ auf das so naheliegende Triebtheorieraster »Homosexualität« abzuziehen. Es stellte tatsächlich eine große Versuchung dar. Nur hätte ich dann die Störung meiner Binnenwahrnehmung verleugnet und die Analyse stattdessen auf anamnestische Fakten über den Autor abgezogen. Psychoanalyse hat es aber als Beziehungsanalyse mit Erlebnissen und ihrer Gestaltung als Beziehungsform zu tun, nicht mit Fakten. Mich interessiert die Analyse der aktuellen Text-Leser-Beziehung. Deshalb fragte ich nach der Darstellungsform, um die traumatische Wirkungsweise des Schweigens im Text als unbewußtes Beziehungsangebot zu verstehen. Was Kafka in dieser Szene gestaltet, ist die traumatische Erfahrung der Unmöglichkeit von Selbstbefriedigung als selbstbefriedigender Kommunikation mit dem anderen, als gelingender Dialog. K. verleugnet vielmehr

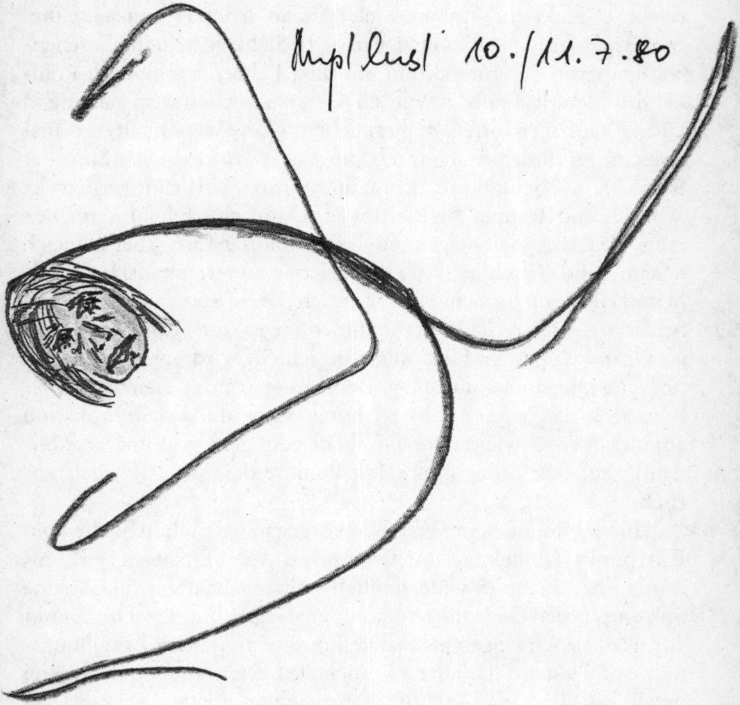
10./11.7.80

seine Gefühle im Moment des Erkanntwerdens in seiner Enttäuschung, weil er Aussprechen als ein liebloses Bloßgestelltwerden erlebt; er lenkt auf »höhere Ziele« ab, an denen er nun seine ihm fremd gewordenen Gefühle verfolgt: Sichzeigen und Gesehenwerden ist in der Interaktion mit dem Lehrer traumatisch-kränkend. Indem Kafka K.'s Wunsch nach narzißtischer Spiegelung in einem »einzigen offenen, herzlichen Wort« als Inhalt im Text streicht, strukturiert er mittels der Form im Leser den Sinn der Szene K. – Schloß als Empathiestörung. Erkanntwerden ist Wunsch und Trauma zugleich, weil K. mit einem lieblosen Blick rechnet. Kafkas Schweigen induziert im Leser Lust, aber zugleich Scham- und Schuldgefühle, die bei mir auf traumatische Kindheitsszenen von Sprachlosigkeit trafen. Diese Sprachlosigkeit und Scham ist es aber, die Kafka in dieser Szene zum Ausdruck bringt als Grund von K.'s Ablenkung von sich. Sie wird uns immer dann begegnen, wenn K. mit sich in Berührung kommt, sich dabei aber schutzlos ausgesetzt fühlt. K. bricht dann die Kommunikation ab, indem er schweigt oder einschläft oder geht, was immer zweideutig auf den Leser wirkt. Ich komme darauf ausführlich zurück.*

Wie bin ich in meinem Verstehen vorgegangen? Ich habe die vom Klirrpunkt ›ablenken‹ im Text ausgehende Phantasie: ›K. als Strichjunge suche unwiderstehlich Bekanntschaften‹, und meine Störung in der Gegenübertragung analysiert um den Drehpunkt von Kafkas Schweigen als Darstellungsform, das ein Beziehungsmoment darstellt, das aber auf mich als Leser traumatisch wirkte; meine am Text erlebte Lust hatte sich in Leiden verkehrt, in schamhaftes Verschweigen und Abbrechen der Arbeit. Erst als ich mein Verhältnis zum Text, wie ich es in unmittelbarem Zusammenspiel erlebt hatte, artikulieren konnte, hatte ich die unbewußte Identifizierung in verstehende, »bewußte Teilnahme«[96] aufgehoben und die Szene benannt. Was Lorenzer für den psychoanalytischen Prozeß sagt, gilt gleichermaßen für das Zusammenspiel zwischen Text und Leser: Das Verstehen begründet erst die unmittelbare Teilnahme und nicht umgekehrt. »Das analytische Verstehen ist deshalb genau besehen, keine *Text*analyse, sondern Artikulation des eigenen Verhältnisses zum (Mitteilung-)

* Zur Analyse der 3. Szene siehe Kapitel II, 2.1: Exkurs 1 zum »Brief«: ›Sinnlichkeit gehört auf die Straße‹.

Text des Patienten. Nicht das Verstehen bildet das Zusammenspiel, sondern die Wirklichkeit des szenischen Zusammenspiels konstituiert das Verstehen«[97]. Lorenzer führt weiter aus: »Der Weg vom szenischen Zusammenspiel über das ›Bildverstehen‹ zum ›Benennen der Szene‹ ist die Zentralachse der psychoanalytischen Technik«[98].
Auf den »Schloß«-Text bezogen heißt das, daß die von Kafka nur beschriebenen Szenen zu benennen sind[99]. K.'s Selbstbehauptung ohne Selbst, wie Kafka sie im Klirrpunkt 2 beschreibt, folgte die Szene mit dem Lehrer, in der sich selbstbefriedigende Kommunikation in gelingendem Dialog als unmöglich herausstellte (Klirrpunkt 3.1 und 3.2). In der Gegenübertragungsszene im Mitvollzug von K.'s Annäherung an das Schloß erlebte ich mich zunächst in lustvoller Selbstbefriedigung, allerdings sprachlos, ohne Selbstbewußtsein also, so daß ich aus Scham darüber schwieg. Erst die bewußte Verfügung über den Zusammenhang meiner Gefühle zum Text mit Szenen meiner Kindheit ermöglichte es mir, die drei Szenen aufeinander bezogen zu verstehen:

K. – Schloß – Lehrer – Szenen:	K.'s Selbstbehauptung ohne Selbst als schamlos erschwindelter Aufstieg, lustvoll-ermüdend, weil ohne Selbstbefriedigung ...
Gegenübertragungsszene: ›Strichjunge‹	*Selbstbefriedigung ohne Selbst*bewußtsein, weil ...
Meine Kindheitsszene:	mir ein spiegelndes Gegenüber fehlte, »ein einziges offenes, herzliches Wort« (Kafka) als »Beim-Namen-Nennen«[100] meiner Lust an mir selber. Selbsterfahrung blieb für mich mit Angstlust konnotiert.

Ich habe gedeutet, was in der Beziehung zwischen mir und dem Text Bedeutung gewonnen hat. Ich gehe also nicht, wie die psychoanalytische Literaturdeutung seit Freud, von der Analogie Traum – Tagtraum – Literatur – Kinderspiel – infantiler Wunsch des Autors aus[101] und folglich auch nicht von der der »Traumdeutung« entlehnten und an die Literatur herangetragenen Zweiteilung in manifesten und latenten Sinn. Mit der Rückführung eines offensichtlichen Sinnes in einen verborgenen setze der Psychoanalytiker, wie Starobinski kritisch gegen die biographische Methode einwendet, »eine kohärente (allzu kohärente) Abfolge von Begierden, Fixierungen, Verdrängungen und Sublimierungen«[102] an die Stelle des Werkes. Der Analytiker »beraubt das Werk seiner Realität, betrachtet es als einen Bildschirm, eine Filmleinwand, um einem Geflecht von Hypothesen Realitätscharakter zu verleihen. Nun ist das Verborgene in genauerer Definition das Implizite, d. h. das Offenkundige – das *im* Gesagten selbst enthalten ist und nicht *hinter* ihm –, das wir auf den ersten Blick nicht zu entschlüsseln vermochten. Das Verborgene ist eine Evidenz, die darauf wartet, offen dargelegt zu werden«[103].

In meinem Vorgehen am Text bin ich bisher ohne Triebdeutungen ausgekommen. Ich habe die Phantasie am Text ›Strichjunge‹ und auch die anschließende Szene, die sich als K.'s Handlungshemmung darstellt, statt sie als »Homosexualität« zu interpretieren und den Text damit traum-analog zu ›behandeln‹, aus der Erfahrung der Störung in meiner Gegenübertragung heraus analysiert. Statt projektiv zu entgleisen und auf die Infantilgeschichte des Autors abzuschwirren, habe ich ›mir selbst widerstanden‹[104]. Ich habe darauf verzichtet »... den Autor zwangsweise auf die Couch zu legen und die klassische Methode in einer ganz und gar nicht klassischen Situation anzuwenden«, wie auch Chasseguet-Smirgel kritisch gegen die biographische Methode einwendet[105]. Ich habe mich »abstinent in Sachen Interpretation« verhalten, wie Khan es für den psychoanalytischen Prozeß fordert, wenn es darum geht, dem Patienten eine »authentische Seins-Erfahrung im analytischen Milieu«[106] zu ermöglichen. Paradoxerweise ist »die Abstinenz in Sachen Interpretation«, so Khan, »die höchste Stufe der Interpretation. Ohne interpretiert zu haben, kann man sich der Interpretation nicht enthalten«[107]. Für die Text-Leser-Beziehung bedeutet demnach »Abstinenz in Sachen Interpretation«, daß der Leser den Text mit seiner authentischen Erfahrung fortschreibt, komplettiert, indem er sein »Evidenzerlebnis«[108] mit den im Text szenisch dargestellten Interaktionsmustern sprachlich benennt. Statt also zu interpretieren, indem ich den Text mit psychoanalytischen Theorien *erkläre*, deute ich ihn aus dem *kontrollierten Verstehen* meines situativen Erlebens im Textgeschehen.

Ich habe also den Klirrpunkt im Text über das Verstehen meiner Gegenübertragung und Kafkas ästhetischer Darstellungsform lesbar gemacht. Die Leerstelle im Text (das Schweigen) konnte ich mit meiner Störung in der Gegenübertragung als einer narzißtischen Traumatisierung von lustvoller Körpererfahrung durch Schweigen und ihrer Verkehrung in Leiden vermitteln. Für die Dialogsituation zwischen Text und Leser bedeutet das: *Das Medium ist die Botschaft.* Das Implizite der kränkenden und vernichtenden Erfahrung, verschwiegen zu werden in dem narzißtischen Bedürfnis, sich im Gegenüber mit der eigenen Sinnlichkeit liebevoll gespiegelt zu finden: ein offenes, herzliches Wort zu hören, ist das Verborgene im Text. Das Schweigen im Text als Kommunikation bedeutet demnach, daß Kafkas Form Beziehungsfunktion zukommt. Die Inhaltsdeutung »Homosexualität« hätte diesen Aspekt der Szene, der von weitreichender Bedeutung für das Verstehen des »Schloß«-Romans überhaupt ist, unberücksichtigt gelassen.

Die von Kafka gestrichene Stelle als das in der Interaktion zwischen Text und Leser körperlich inszenierte *Sprechverbot* ist die Analogie des in der vorausgegangenen Interaktion zwischen K. und Lehrer szenisch dargestellten *Fühlverbots.*

Aus der Analyse der »verrücktmachenden« Wirkung in der Gegenübertragung, der Scham und dem Abbrechen meiner Arbeit, verstanden als gestörte Reaktion auf den Text, möchte ich meine bisherige Deutung auf eine Formel bringen: K. will sich der Welt zeigen, aber das heißt zugleich, sie aus ihren Angeln heben. Diese Angeln sind das Sprech- und Fühlverbot. Sichzeigen heißt: Sichbenennen, ›Ich‹ sagen und damit riskieren, selbst als verrückt dazustehen oder aber die anderen verrückt zu machen, weil sie den Schutz des Schweigens brauchen, sofern sie Sprechen als Schamschutz nicht kennen.

Zwischenergebnisse

1. Die Deutung hat gezeigt, daß im Sprechen und Schweigen narzißtische Traumatisierung von Körperlichkeit geschieht. Das bedeutet, daß kein wechselseitig befriedigender Dialog stattfindet. Die an K. sichtbar werdende Interaktionsform möchte ich probehalber als ›Auf dem Sprung sein‹ charakterisieren, weil sie Nichteinigung aus narzißtischer Defizienz zur Voraussetzung und zur Folge hat. Wenn K. allein ist in Annäherung an das Schloß oder im Selbstgespräch, schlägt sich seine Ambivalenz in seinem wi-

der-sprechenden Verhalten nieder, was rührend, verächtlich, verführend, aber auch beschämend auf den Leser wirkt. In der Interaktion mit anderen findet Sprechen als Ver-sprechen bzw. Verschweigen der Gefühle im Körper des anderen seinen – unter Umständen mißverständlichen – Ausdruck, wie wir es in der 1. Szene gesehen haben. Die Wirkung auf mich als Leser ist rührend-kindlich, aber auch verrücktmachend. Sprechen und Schweigen bringen sowohl Rührung als auch Verführung bis zum Gefühl der Verirrung sowohl zum Ausdruck, als daß sie sie auch zur Antwort bekommen: Lust verkehrt sich in Scham. Ich fühlte mich im Text in Bedrohung, Wohlbehagen endet in aggressiver Nähe, Schaudern ist von einem Augenzwinkern begleitet; als Bündnispartner aufgerufen, bleibt der Leser als Ver-führter auf der Strecke; sich nicht beeindrucken zu lassen, wird zum Verrat. Um diesem traumatischen Wechselbad begegnen zu können und es als narzißtische Empathiestörung in der Beziehung Text–Leser in den Dialog mit dem Text zurückvermitteln zu können, hielt ich in meiner Analyse strikt an der Perspektivfigur K. fest und begleitete K. im Text entlang den Klirrpunkten, in denen mein Verständnis des Textes bzw. mein Selbstverständnis gestört war.

2. Vergleichen wir nun abschließend noch einmal diese Klirrpunkte im Text bzw. in meiner Gegenübertragung mit dem von Kafka szenisch dargestellten Sprechen und Schweigen als Formresultat einer Streichung und ihrer kommunikativen Funktion in der Text-Leser-Beziehung. Sowohl die Klirrpunkte im Verstehen von K. als auch die Kommunikationsweise im Sprechen bzw. Schweigen sind von Zweideutigkeit und Ambivalenz gekennzeichnet. Kafka stellt also den Leser im Verlauf des Romans vor eben die Gefühlsambivalenz, die er an K. vorführt. Dabei lassen sich die Klirrpunkte und das Verstehen des Lesers entlang einer Achse verfolgen, die ich als *traumatische Trasse im Text* bezeichnen möchte. Sie besteht in K.'s Erleben von Sprechen und Verstandenwerden als Bloßgestelltwerden bzw. Schuldigwerden.

1: K. wird vom Schloß als Landvermesser ernannt, fühlt sich aber schuldig und bleibt am Boden liegen: ›kampf-lustig‹.

2: K. phantasiert die Erfüllung seines Wunsches: sich zu zeigen zugleich als traumatisches Mißlingen und entwertet sich selbstverächtlich: ›trüb-selig‹.

3: K. erlebt den Lehrer ›sanftmütiger‹ als erwartet, aber als er sich in seiner Enttäuschung erkannt fühlt, muß er von sich ›leutselig‹ ablenken und verwirrt die Kommunikation als ›lieb-Kind‹, so daß er sich dann im anderen nachläuft, weil er den anderen zu seiner narzißtischen Selbstbefriedigung braucht, sein Bedürfnis aber als schuldhaft disqualifiziert, was sich im Leser als die Phantasie ›Strichjunge‹ niederschlägt.

Kafka inszeniert also entlang der traumatischen Trasse von Scham und Schuld K.'s Selbstmißverständnis von Sprechen und Verstandenwerden als Bloßgestelltwerden bzw. Schuldigwerden, indem er immer nur eine Seite des Beziehungsangebotes wahrnimmt, die traumatische. K. läuft vor etwas weg, das ihm in seinen gegenwärtigen Beziehungen mit dem Schloß und im Dorf aufgrund seiner Erwartung allemal begegnen muß. Denn er reagiert immer schon, bevor er eine Erfahrung gemacht hat. Da er mit Schuldzuweisung rechnet, lenkt er immer bei Annäherung von sich ab. Demzufolge sagt er, wenn er ›Ich‹ meint: »... Du aber auch!« (1. Klirrpunkt). Und wenn er ›Ich nicht‹ meint: »... Du aber auch nicht!« (3. Klirrpunkt ›ablenken‹). Oder aber er verleugnet sich ganz – wie wir in der Szene zwischen K. und Schloß sahen, was dann irritierend wirkt: ›Ich‹ bzw. ›Ich nicht‹ sind dann Leerstellen im Text, und was übrigbleibt ist »... Du aber auch!« oder »... Du aber auch nicht!«. D. h., der andere ist an K.'s Gefühlen schuld, so wie ich als Leser an meiner Lust schuldig wurde. Ich komme weiter unten auf K.'s Sprechstruktur sowohl im intraszenischen als auch im interszenischen Zusammenhang detailliert zurück und werde zeigen, wie sie in szenischen Interaktionen hergestellt wird (s. K.-Herrenhofwirtin-Szene). Es wird evident, daß K. Erkanntwerden ersehnt, da er sich aber ungeschützt fühlt, mißversteht und selbstverächtlich entwertet.

3. K.'s Zerrissenheit gestaltet Kafka in der Interaktion zwischen Text und Leser, indem er mit den Erwartungen des Lesers spielt. Sprechen ist zugleich Ver-sprechen: List (1. Szene), Wunsch ist Entwertung und Verachtung (2. Szene) oder aber Sprechen ist Verschweigen von Sinnlichkeit, um Erregung subkutan in Anspielungen ›zu Wort kommen zu lassen‹, was dann aber als schamlos erlebt wird (3. Szene). Kafka stellt den *Leser* ebenfalls vor die *traumatische Trasse* von Scham und Schuld: Läßt er eine Konfrontation seiner mit denen an K. dargestellten Lebensentwürfen zu und hört auf »das Gespräch unter den Worten« [232] oder fühlt er sich in seiner Existenzberechtigung angegriffen und

reagiert – wie K. – mit Entschuldigung und Gegenangriff? Die Frage, die der »Schloß«-Text also an den Leser stellt, heißt: Läßt er eine Verunsicherung seiner sprachlichen und nichtsprachlichen Interaktionsformen am Text zu, stellt er sich der vom Text evozierten narzißtischen Traumatisierung, um die Kränkungen und Verleugnungen von Gefühlen an sich selber körperlich zu begreifen und zu benennen? Oder versperrt er sich dieser Irritation am Text und antwortet mit textexternen Meinungen und »Weltbildern« (Watzlawick[109])? Turk meint, Kafka erfülle die Erwartung des Lesers, die auf eine Durchbrechung des Erwartungshorizontes gehe, indem er sie auf eine sublime Weise nicht erfülle. Kafka selber versteht sein Schreiben als »betrügen ... ohne Betrug«[110]. So wie Kafka K. immer wieder vor die Wahl stellt, wahrzunehmen, was ist, oder aber sich seiner Erwartung entsprechend zu verhalten, stellt er auch den Leser vor die Wahl: Entweder K.'s List, etwa in der 1. Szene moralisch zu brandmarken bzw. zu entschuldigen (wie Politzer es tut: K. lüge, aber er sei ja »Depersonalisierter«, also entschuldigt, womit K. aber im Schuldzusammenhang bleibt); entweder läßt sich der Leser also vom Text eine normierende Rolle überstülpen oder er wird zum Mitspieler im Text und versteht K.'s falsche Prämissen: K. glaubt um seine »Lebensluft« [154] »kämpfen« zu müssen und bei Verstandenwerden sich und den anderen »vernachlässigen« [289] zu müssen, weil er »Zustimmung« auffaßt als Bestätigung von »Wertlosem« [vgl. 35].

4. Die traumatische Trasse im Text verstehen, heißt demnach für mich als Leser, K. begleiten und mich selbst im Texterleben zu relativieren, indem ich die Beziehungsspannung aushalte, um sie als Kafkas Gestaltung von K.'s gleichzeitigem Erleben von Vergangenheit in der Gegenwart zu erfassen. Ich werde nach den Bedingungen der dargestellten Interaktionsformen fragen, die Kafka im Text als in sozialer Interaktion hergestellte entfaltet hat. Demzufolge frage ich zunächst im weiteren Vorgehen nach Szenen zwischen K. und Lehrer, in der Annahme, daß die dargestellten Interaktionen weiteren Aufschluß über Sprechen und Schweigen als narzißtische Traumatisierung von Körperlichkeit geben können. Die *Leithypothese* aus meiner bisherigen Beziehungsanalyse am Text ist: *Das Medium ist die Botschaft*, das bedeutet, daß das Sprechen bzw. Schweigen K.'s Wunsch nach Beziehung darstellt bzw. die strukturellen Bedingungen der von Kafka insze-

nierten Text-Leser-Beziehung als traumatische Interaktionsform kennzeichnet. Ich möchte K.'s traumatische Interaktionsform zunächst auf die *Vorformel* bringen: ›Auf dem Sprung sein‹. Im Verstehensprozeß des Romans werden wir sehen, daß es K.'s narzißtischer Wunsch ist, sich weltvergessen zu zeigen, zu reden und wahrgenommen zu werden als Mensch, erkannt zu werden von einem Menschen [vgl. 84) und »standzuhalten« [51], »ein Wort über sich zu hören« [66]. Sich selbstmißverstehend glaubt K. aber, um ein Lächeln *kämpfen* zu müssen. K.'s Beziehungsform gleicht einer Selbstbehauptung ohne Selbst, die Nicht-Einigung aus narzißtischer Defizienz zur Voraussetzung und zur Folge hat. Kommunikation heißt, ›Auf dem Sprung sein‹, denn Sprechen bedeutet fast ausnahmslos: Angriff auf den Körper bzw. Verteidigung seiner Grenzen; offene Worte setzt es im Romangeschehen wie Keulenschläge, die K. paradoxerweise begrüßt. Schweigen hingegen bedeutet List und Verführung, Lust, die in Schuld überführt wird. K. sucht zwar offene, herzliche Worte, Sprechen als Berührung im Sinne gegenseitiger sinnlicher Bestätigung und Respektierung im Dialog, flieht dann aber paradoxerweise davor. Wir werden sehen, daß und warum K. Zustimmung gerade als Bestätigung seiner Wertlosigkeit mißverstehen muß.

4. Traumatische Szene 1: ›Gefühl des Sieges‹ – ›ärgerlicher Blick‹

4. Szene 32
In der Szene zwischen K. und Lehrer haben Sprechen und Schweigen den Charakter narzißtischer Kränkungen, bzw. erwartet K. dies und wappnet sich dagegen, indem er von sich ablenkt. Gefühle werden deshalb mystifiziert, so daß die Kommunikation den Eindruck eines Schlagabtausches ohne ersichtlichen Grund macht. Zugleich ist Kafkas Sprache als solche sinnlich erregend, nur daß ich als Leser meinen Lustgefühlen quasi schutzlos ausgesetzt war. Diese traumatische Erfahrung am Text machte ich nun zum Wegweiser, um die Szenen zunächst in irritiertem Verstehen in einer Wie-Deutung zu vergleichen und dann in trauma-analogem Verstehen fortzufahren, um Verstehen und Zusammenspiel am Text miteinander zu vermitteln.

Wir haben in der 2. Szene erfahren, daß K. enttäuscht ist vom Schloß, aber als der Lehrer es in der 3. Szene ausspricht: »Das Schloß gefällt Euch nicht?« leugnet K. es, um nichts »Unwillkommenes zu sagen«. Wir haben auch in der 2. Szene gesehen, daß zwischen damals und heute kein großer Unterschied blieb, das enttäuschte Kind hatte sich eine Zukunft ersehnt, die K. nun als Gegenwart, als er auf das Schloß zugeht, enttäuschend findet: Nur daß er es immerhin ist, der im Begriff steht, seinen Wunsch, sich der Welt zu zeigen, zu verwirklichen. K. ist zwar enttäuscht vom Schloß, aber es geht ihm eben auch nicht nur ums Schloß. »Wäre es K. nur auf die Besichtigung angekommen, dann wäre es schade um die lange Wanderung gewesen und er hätte vernünftiger gehandelt, wieder einmal die alte Heimat zu besuchen, wo er schon so lange nicht gewesen war.« Es geht ihm um *sich*, nicht um das Schloß, und K. spricht das offen aus: Er fühle sich »schon jetzt ein wenig verlassen«, denn »zu den Bauern gehöre ich nicht und ins Schloß wohl auch nicht«. Der Lehrer antwortet: »zwischen den Bauern und dem Schloß ist kein großer Unterschied«. Das bedeutet nun aber soviel wie: ›Gleichviel, wo Du Dich hinbegibst, Du wirst Dich verlassen fühlen, wenn Du glaubst, daß Deine Existenz von Deinem sozialen Status abhängt‹. K. versteht den Lehrer aber nicht. Er will ihn besuchen, weil er den anderen braucht, aber er verfehlt sich selbst dabei und fühlt sich – wie es später im Text heißt – gedemütigt [vgl. 87, 91]. Warum das so ist und warum Kafka an dieser Stelle zudem K.'s Wunsch, »ein offenes, herzliches Wort« zu hören, verschwiegen bzw. gestrichen hat, beantwortet uns eine Szene zwischen K. und Lehrer im 2. Kapitel des Romans. Sie stellt eine traumatische Kindheitsszene dar, in der sich K. von einem Lehrer in seinem »Gefühl des Sieges« im wahrsten Sinne des Wortes ausgesetzt und vernichtet gefühlt hatte.

In der Heimat hatte es neben der Kirche den Friedhof gegeben, umgeben von einer hohen Mauer. Diese versuchten die Kinder zu besteigen: »Nicht Neugier trieb sie dazu, der Friedhof hatte vor ihnen kein Geheimnis mehr. Durch seine kleine Gittertür waren sie schon oft hineingekommen, nur die glatte, hohe Mauer wollten sie bezwingen«. Und es gelingt K., voller Stolz erklettert er sie und blickt mit dem »Gefühl dieses Sieges« in der Weite umher.

Traumatische Szene 1: ›Gefühl des Sieges‹ – ›ärgerlicher Blick‹
»An einem Vormittag – der stille, leere Platz war von Licht überflutet, wann hatte K. ihn je früher oder später so gesehen? – gelang es ihm überraschend leicht; an einer Stelle, wo er schon oft abgewiesen worden war, erkletterte er, eine kleine Fahne zwischen den Zähnen, die Mauer im ersten Anlauf. Noch rieselte Geröll unter ihm ab, schon war er oben. Er rammte die Fahne ein, der Wind spannte das Tuch, er blickte hinunter und in die Runde, auch über die Schulter hinweg, auf die in der Erde versinkenden Kreuze; niemand war jetzt und hier größer als er. Zufällig kam dann der Lehrer vorüber, trieb K. mit einem ärgerlichen Blick hinab«.

Wir spüren den Freudentaumel des Jungen, der sich mit dem Gefühl des Eroberers der Welt zeigt, um sich in tobenden Beifallsstürmen bestätigt zu fühlen: ›Wir sehen Dich dort oben, ja, Du bist der Größte, der Schönste ...‹. Statt dessen erlebt K. eine ungeheure narzißtische Kränkung durch den vorbeikommenden Lehrer. Mit »einem ärgerlichen Blick« läßt dieser ihn abblitzen. Diese narzißtische Wunde schreibt sich zudem in K.'s Körper ein: Beim Absprung von der Mauer verletzt er sich das Knie. K.'s traumatisches Kindheitserlebnis bestand also in der narzißtischen Kränkung, im Moment der Freude und des Hochgefühls an sich selber vom Lehrer wie ein Ärgernis betrachtet und wortlos (hin-)abgetrieben zu werden. Betrachten wir diese Szene nun in trauma-analogem Verstehen, schauen wir uns noch einmal die 2. Szene zwischen K. und dem Schloß an, die ich als K.'s imaginierte Objektbeziehung bezeichnet hatte, und die ich auf die Vorformel gebracht hatte: ›Sichzeigen als Sichverbergen‹. K.'s Schloßbesteigung wird jetzt verstehbar aus K.'s Gefühl des Sieges heraus, aber sie findet zugleich statt unter der seelischen Hypothek der erlittenen narzißtischen Traumatisierung auf der Mauer, also in gebrochener Freude: »trüb-selig«. Die 2. Szene als Schloßbesteigung ist demnach trauma-analog zu verstehen als eine genaue Umkehrung der Mauerbesteigung. K. nähert sich dem Schloß und nimmt es aus der Ferne »frei und leicht« emporragend wahr – so wie er sich auf der Mauer gefühlt hatte. Es entspricht seinen Erwartungen. K. nähert sich nun aber dem Schloß mit ärgerlichem Blick – wie der Lehrer damals, der ihm die narzißtische Wunde seines Selbstwertgefühls zugefügt hatte – K. vernichtet selber in der Annäherung an sein Ziel sein »Gefühl des Sieges«. Schließlich sieht er in dem Schloßturm den »trübseligen

Hausbewohner«, der sich zwar der Welt zeigen will – darin ist K. dem Jungen von damals treu geblieben –, aber es ist kein fröhlicher Exhibitionismus mehr. *K.'s traumatische Interaktionsform* läßt sich folgendermaßen kennzeichnen: K. ist ›heute‹ zugleich der Junge und der Lehrer von damals. Er zeigt sich, aber er disqualifiziert sein Tun, wertet sich also in seinem Wunsch nach Lebendigkeit zugleich selber ab. Wir werden sehen, daß er sich im Roman als jemand darstellt, der sich wünscht, gesehen zu werden, sich das aber nicht in einer befriedigenden Interaktion mit anderen vorstellen kann, weil er glaubt, nur »Erbitterung erregen« zu können bzw. »Anerkennung verdienen«, um ein Lächeln »kämpfen« zu müssen. Die narzißtische Traumatisierung seiner körperlichen Existenz durch den ärgerlichen Blick des Lehrers in der Kindheitsszene mit dem Lehrer schildert K.'s Erfahrung, sich für seine Existenz schuldig fühlen zu müssen: Wenn er sich zeigt, läßt man ihn fallen; er versucht also, um seine Existenzberechtigung zu kämpfen, indem er sich zeigt und zugleich tarnt, indem er beispielsweise spricht und zugleich seine Gefühle verleugnet, also verschweigt (vgl. 3. Szene). Bekommt er dann, vom Schloß etwa, was er sich wünscht: die Anerkennung seiner Landvermesserschaft beispielsweise, erlebt er das nur als Bestätigung seiner Schuld und bleibt wie ein Landstreicher am Boden liegen.

Halten wir also fest: K. existiert unter der Prämisse des »ärgerlichen Blicks« und schaut sich und die anderen auch so an. Jetzt verstehen wir auch, warum er erstaunt ist, daß der Lehrer in der 3. Szene »sanftmütiger«, als er erwartet hat, ihn schon aus der Ferne »ins Auge faßt«. Er muß mit dem niederschmetternden Blick gerechnet haben und verhält sich auch dementsprechend, indem er sofort von sich ablenkt, sich also abwertet. Wir verstehen jetzt auch besser, warum K. seine Enttäuschung am Schloß nicht zugeben konnte: Es würde für ihn bedeutet haben, dem Lehrer gegenüber abermals sein »Gefühl des Sieges« zu verraten, indem er nur von Trübsinnigem gesprochen hätte, nicht aber von der Seligkeit, im Dorf angekommen zu sein und die (Mauer-) Schloßbesteigung abermals zu wagen, wenn auch mit gemischten Gefühlen.

Betrachten wir die Szene mit dem Lehrer und die anschließende gestrichene Stelle in der 3. Szene unter dem Aspekt von K.'s Kindheitstrauma, dann hat Kafka in dem Verschweigen eben dieses traumatische Kindheitserlebnis: sich zu zeigen und wortlos abzublitzen, dargestellt, indem er es mich als Leser fühlen läßt. Genauso wie K. auf der Mauer, hatte ich mich in meiner Lust schutzlos ausgesetzt gefühlt. Lust und Freude an der eigenen Körperlichkeit darf der traumatischen Erfahrung zufolge nur heimlich stattfinden, weil nicht mit ihrer wohlwollenden Bestätigung durch andere – also auch nicht den Leser – gerechnet werden kann. Da meine Kindheitserfahrungen ebenso traumatisch waren, konnte ich meine Lust nur in Leiden tarnen und die Arbeit abbrechen: Abspringen also wie K. von der Mauer, in Vorwegnahme ärgerlicher, ablehnender Blicke. Erst als ich mich anders begreifen konnte, begriff ich K.'s Sprechen und mich in der Interaktion mit dem Text. Die Vorformel zu K.'s traumatischer Interaktionsform, die ich als ›Auf dem Sprung sein‹ gekennzeichnet hatte, läßt sich jetzt inhaltlich genauer beschreiben: Im Moment der Berührung mit sich selbst ›springt K. ab‹, um von sich abzulenken, wohl aus der Angst des Kindes, sich in seiner Lust schutzlos, d.h. sprachlos, ausgeliefert fühlen zu müssen und abzublitzen.

Später im Text wird K. wegen seiner Unwissenheit über die Dorf- und Schloßverhältnisse als »Blindschleiche« bezeichnet werden, und sein Wunsch, sich seinem Vorgesetzten Klamm zeigen und ihn sprechen zu wollen, wird als Ungeheuerlichkeit zunichte und lächerlich gemacht, denn dieser gleiche einem »Adler« [vgl. 54]. Nun strahlt aber eine Blindschleiche besonders schön, wenn Sonne auf sie fällt. Bei Berührung hingegen wirft sie sofort ihren Schwanz ab. Was K.'s Interaktionsform also kennzeichnet, ist die anonymisierte Lust an sich selber. Das heißt: Im Moment, wo K. ›seine Wünsche beim Schwanz packt‹ (Picasso), im Moment also des Erkannt- und Berührtwerdens, des Sichtbarwerdens, springt er von sich ab, so wie eine Blindschleiche ihren Schwanz abwirft und flieht. Kafka spricht mit keinem Wort von diesen Konnotationen einer Blindschleiche, vielmehr verführt er den Leser dazu, zu glauben, die Blindschleiche habe etwas mit Blindheit und Unwissenheit zu tun. Kafka evoziert mit seiner Darstellungsform durch Auslassungen und Anspielungen *im* Leser die verschwiegenen Bedeutungen. Diese zu benennen, komplettiert erst den Text.

Fassen wir nun die Ergebnisse der Analyse der traumatischen Szene 1 sowohl metapsychologisch auf mein Deutungskonzept, als auch inhaltlich auf das Romanverständnis bezogen zusammen. Ich möchte meinen psychoanalytischen Deutungsansatz an Kafka als trauma-analog bezeichnen. Der »Schloß«-Roman ist u. a. an diesem narzißtischen Trauma von K.'s Mauerbesteigung entlang zu lesen. Kafka gestaltet an K. eine Beziehungsform, die als strukturelle Empathiestörung im Textverstehen auf den Leser durchschlägt als implizite Affektstruktur des Textes. Es gibt kein Verständigtsein zwischen Text und Leser, weil Verstandenwerden nur heißen kann, Schuldigsein, Bloßgestelltwerden. Deshalb halte ich an K. als Perspektivfigur fest und deute die Klirrpunkte als *Auslöser* einer Störung des narzißtischen Gegenübertragungsgleichgewichts und nur in zweiter Linie in ihrer inhaltlichen Bedeutung. Im Schweigen aber, ›im Sprung‹, findet heimlich Selbstbefriedigung statt. Der Absprung, ursprünglich die Folge narzißtischer Entwertung aus der Nichtachtung des anderen, ist zur Prophylaxe gegen künftige Kränkung und Beschämung geworden, die gar nicht erfolgen muß. Der Lehrer z. B. begegnet K. zunächst »sanftmütiger« als K. erwartet hat. Das Romanverständnis muß *in* diesen Klirrpunkten ansetzen, zwischen wahrer und falscher Selbstbehauptung also, denn im Moment der Ablenkung war K. er selber, aber im Moment des Ankommens ist er der andere – heute wie damals –, der, der er glaubt, sein zu sollen.

Springen wir also nicht mit, aber seien wir mit K. ›Auf dem Sprung‹, um zu verstehen, warum er abspringt, aber auch, warum er Ankommen als »Drohung« erlebt, »... denn auch schmerzlich war der Klang – die Erfüllung dessen, wonach es (das Herz) sich unsicher sehnte« [20]. Trauma-analoges Textverstehen heißt Begreifen der strukturellen Empathiestörung im Text als Niederschlag von K.'s Interaktionsform ›Auf dem Sprung sein‹.

Es wäre also naheliegend, den »Schloß«-Roman als Geschichte des Aufsteigers K. auf dem Hintergrund seiner traumatischen Kryptogeschichte zu verstehen, d. h. als narzißtisches Schicksal. Kafka gestaltet aber darüber hinaus zugleich, *wie* K. in aktuellen Szenen traumatisierender Realität begegnet, und zwar in der Familie. Kafka führt zum einen K. als narzißtisch traumatisierte Figur vor, die sich an den traumatischen Klirrpunkten ›selbst im Weg steht‹ und Realität nur verzerrt wahrnimmt, weil sie immer ›Auf dem Sprung ist‹. Zum anderen aber führt Kafka auch Interaktionszusammenhänge vor als Aktualgeschehen des Romans, die aufzeigen, *wie* narzißtische Traumatisierung in defizienten Interaktionen hergestellt wird, so daß K.'s traumatische Interaktionsform auch berechtigte Schutzfunktion hat, nämlich gegen den narzißtischen Mißbrauch als »Glücksbringer« der Familie. Thesenhaft läßt sich aus K.'s traumatischer Interaktionsform ›Auf dem Sprung sein‹ für das Verständnis des »Schloß«-Romans sagen: Im »Schloß« beschreibt Kafka an K.'s Sozialgeschichte Sozialisation als Vergesellschaftung ohne Individuierung im Sinne ›Schwarzer Pädagogik‹ in der Familie. Statt um *Be*ziehungen als wechselseitige Bestätigung in sprachlicher Verständigung miteinander, geht es um *Er*ziehung, wie Kafka es auch in dem »Brief an den Vater« als seine Erfahrung in der Familie beschreibt. Die Glücksgestörtheit des einzelnen besteht dann in der Zurichtung von Sinnlichkeit und Körperlichkeit zwischen den Polen des Verbots der Selbstbefriedigung und des Gebotes des Altruismus.*

5. K.-Familie-Interaktion und Gegenübertragung Text – Leser

5.1 Traumatische Szene 2: ›wegwerfend‹ – ›verworfen‹

5. Szene 15-18

Begeben wir uns zurück in die fortlaufenden Szenen des 1. Kapitels des Romans, um mit der Kenntnis von K.'s traumatischer Kindheitserfahrung, dem Wissen um seine narzißtische Kränkbarkeit also, den Text weiter entlang den Klirrpunkten zu betrachten. K. steht im Schnee, gescheitert in der einsamen Annäherung an das Schloß: »Schweiß brach ihm aus, plötzlich stand er still und konnte nicht mehr weiter«. Wie ein Kind wirft er einen Schneeball gegen ein Fenster und »... gleich öffnete sich die Tür – die erste sich öffnende Türe während seines Weges durch das Dorf –«. Dem alten Bauern sagt er schlicht, was er will und wie ihm zumute ist: »Darf ich ein wenig zu Euch kommen? ... ich bin sehr müde«. Und K. findet umstandslos Einlaß. K. hatte sich in Kälte, Schnee und Eis und ›voller Sehnsucht, die sich nicht

* Zur Analyse der traumatischen Szene 1 siehe Kapitel II, 2.2: Exkurs 2 zum »Brief«: Kafkas Pawlatsche-Trauma und die Form als Verschleppung des Subjekts.

weiß‹, dem Schloß genähert und bricht nun ab. Er »taumelt« in eine rauchige, dämmrige Bauernstube, prall von Sinnlichkeit und Wärme. Kindergeschrei empfängt ihn. Wieder leitet Kafka die Szene akustisch mit dem *Vordialog* ›Kindergeschrei‹ ein, um es über der sich öffnenden Szene auszublenden und mit Beendigung der Szene die »wie toll lärmenden Kinder« wieder aufzublenden. Also abermals eine Szene, in der K. zum Kind wird? Ja, aber nicht nur K.

K. hatte sich mit seinem Bedürfnis Auszuruhen Einlaß verschafft; als er nun gefragt wird, wer er ist, antwortet er, indem er sich verantwortet, wie wir wissen – mit seiner vermeintlichen Identität –, wenn er sagt:

»›Ich bin der gräfliche Landvermesser‹, sagte K. und suchte sich vor den noch immer Unsichtbaren zu verantworten. ›Ach, es ist der Landvermesser‹, sagte eine weibliche Stimme und nun folgte eine vollkommene Stille. ›Ihr kennt mich?‹ fragte K. ›Gewiß‹, sagte noch kurz die gleiche Stimme. Daß man K. kannte, schien ihn nicht zu empfehlen.‹«

Klirrpunkt: ›scheinbar‹

Hier stockte abermals mein Verstehen. Ich fühlte mich merkwürdig gelähmt und gehemmt. Ich suchte also, was am Text diese Wirkung ausgelöst haben kann, um zu verstehen, wozu sie dient. Hatte K. zuvor (3. Szene) das Verstummen der Kinder als Respekt vor dem Lehrer gedeutet, was diesem gefallen mochte: »... diese plötzliche Stille als Vorbereitung für seine Worte mochte wohl dem Lehrer gefallen ...«, so deutet er die »vollkommene Stille« auf sich bezogen als Ablehnung und Mißfallen. Mag K. also zwar die Stille der Kinder gefallen, in seiner lügnerischen Selbstbehauptung scheint er sich selbst suspekt zu sein. Selbstverachtung ist spürbar: »Daß man K. kannte, schien ihn nicht zu empfehlen«. Ich werde zum Mitwisser seiner List, die ich zugleich als Schutzbehauptung des Kindes entschuldigen soll. Ich soll also wissen, aber schweigen. Warum schämt sich K., sich auch in der Stube als Herr K. vorzustellen, der »sehr müde« ist und gern ein wenig ausruhen will? Seine Existenz scheint ihm immer in Frage zu stehen als zu verantwortende. Von der traumatischen Erfahrung auf der Mauer ist uns das Kind verständlich, von dem wir wissen, daß es auf der Mauer im Moment seiner Freude zutiefst beschämt wurde. Das Gefühl der Lähmung mag also die Scham sein, mit der K. sich in die Familie begibt, aber glaubt, seine Existenz als Mensch verantworten zu müssen. Zugleich teile ich mit meinem Schweigen K.'s verschämte Teilnahme an der sinnlichen Fülle der Szene, die voller Überraschungen ist.

In der einen Ecke wäscht eine Frau Wäsche. In der anderen Ecke baden zwei Männer in einem dampfenden »Holzschaff, so groß, wie K. noch nie eines gesehen hatte – es hatte den Umfang von zwei Betten –«. Und es gibt noch eine dritte Ecke, die K. besonders anzieht:

Klirrpunkt: ›ein Schein wie von Seide‹

»Aber noch überraschender, ohne daß man genau wußte, worin das Überraschende bestand, war die rechte Ecke. Aus einer großen Lücke, der einzigen in der Stubenrückwand, kam dort, wohl vom Hof her, bleiches Schneelicht und gab dem Kleid einer Frau, die tief in der Ecke in einem hohen Lehnstuhl müde fast lag, einen Schein wie von Seide. Sie trug einen Säugling an der Brust. Um sie herum spielten ein paar Kinder, Bauernkinder, wie zu sehen war. Sie aber schien nicht zu ihnen zu gehören, freilich, Krankheit und Müdigkeit macht auch Bauern fein«.

Mit einer weiten Geste weist einer der Männer K. einen Platz auf einer Truhe an, und K. kann sich gesegnet und zugehörig fühlen, denn der Mann zeigt »mit der einen Hand über den Rand des Kübels auf eine Truhe hin und bespritzt(e) dabei K. mit warmem Wasser das ganze Gesicht«. Die Szene ist sinnlich und lebendig, aber K.'s Augenmerk gilt der Frau, die eher leblos wirkt und die er fasziniert anschaut, zugleich aber auch verächtlich: »freilich, ...«. K. schaut diese Frau an, die gerade nicht zugehörig zu sein scheint. Mit dem Trennenden ist K. identifiziert:

»Die Frau beim Waschtrog, blond, in jugendlicher Fülle, sang leise bei der Arbeit, die Männer im Bad stampften und drehten sich, die Kinder wollten sich ihnen nähern, wurden aber durch mächtige Wasserspritzer, die auch K. nicht verschonten, immer wieder zurückgetrieben, die Frau im Lehnstuhl lag wie leblos, nicht einmal auf das Kind an ihrer Brust blickte sie hinab, sondern unbestimmt in die Höhe«.

In die Betrachtung dieses »sich nicht verändernden, schönen, traurigen Bildes« versunken, schläft K. ein, den Kopf an die Schulter des Alten neben ihm gelehnt. Dann wird er geweckt, und die Männer, jetzt zwei gestandene Mannsleute, sagen ihm, daß er nicht bleiben könne, man kenne keine Gastfreundlichkeit, denn, »wir brauchen keine Gäste«. K. wundert sich nicht, er fragt nicht, warum das so ist, im Gegenteil, er begrüßt die Offenheit.

Traumatische Szene 2: ›wegwerfend‹ – ›verworfen‹
»Ein wenig erfrischt vom Schlaf, ein wenig hellhöriger als früher, freute sich K. über die offenen Worte. Er bewegte sich freier, stützte seinen Stock einmal hier, einmal dort auf, näherte sich der Frau im Lehnstuhl, war übrigens auch der körperlich Größte im Zimmer ... Und unerwartet für jedermann kehrte sich K. förmlich in einem Sprunge um und stand vor der Frau. Aus müden, blauen Augen blickte sie K. an, ein seidenes, durchsichtiges Kopftuch reichte ihr bis in die Mitte der Stirn hinab, der Säugling schlief an ihrer Brust. ›Wer bist Du?‹ fragte K. Wegwerfend – es war undeutlich, ob die Verächtlichkeit K. oder ihrer eigenen Antwort galt – sagte sie: ›Ein Mädchen aus dem Schloß‹«.

Die Männer setzen K. dann »schweigend« vor die Tür. »Der Alte freute sich über irgendetwas dabei und klatschte in die Hände. Auch die Wäscherin lachte bei den plötzlich wie toll lärmenden Kindern.«
In dieser Szene, die mit K.'s keckem Schneeball beginnt und mich in der Gegenübertragung als Mitwisser seiner List und Scham wie gehemmt und gelähmt fühlen ließ, wird K. zunächst – wie ein Kind – als stummer Teilhaber der ausgelassenen Kindlichkeit der Männer im Bad akzeptiert. K. ist aber absorbiert von dem schönen-traurigen Standbild der Mutter. Als er ausgeschlafen hat, weisen ihm die zwei Männer die Türe: »Wir brauchen keine Gäste«. »Förmlich in einem Sprunge« zeigt sich K. nun – ohne Scham – vor dieser Frau, so wie er sich fühlt: als »der körperlich Größte im Zimmer«. Diese Frau nun antwortet ihm auf seine Frage: »Wer bist Du?« »wegwerfend«, wobei unklar ist, ob sie K. verachtet oder sich selber. Ich verstand diese Szene trauma-analog: Sie gleicht der Szene von dem erlittenen Trauma auf der Mauer und ergänzt sie noch, indem sie die Bedingungen von narzißtischer Traumatisierung des Kindes durch eine Mutter darstellt, die sich selber als wertlos erlebt und wegwirft. Obwohl ich den Text verstand, konnte ich das Verstandene aber nicht formulieren. Ich fühlte mich gelähmt und niedergeschlagen.
Ich habe an dieser Stelle eine große Verwirrung erlebt; ich habe immer wieder versucht zu benennen, was ich sah und fühlte, war aber zugleich blockiert, hatte eine totale Hemmung, mich auszudrücken, weinte vor Verzweiflung und fühlte mich als Versager.
Adorno spricht davon, Kafka sei »die Schrift gewordene Turandot«. Kafka störe »... das kontemplative Verhältnis von Text und Leser von Grund auf« ..., der Leser werde zum »Opfer«, weil

Kafka »seine Affekte derart aufrühre ..., daß er fürchten muß, das Erzählte käme auf ihn los, wie Lokomotiven aufs Publikum in der jüngsten, dreidimensionalen Filmtechnik. Solche aggressive physische Nähe unterbindet die Gewohnheit des Lesers, mit Figuren der Romane sich zu identifizieren ... (Kafka) ist die Schrift gewordene Turandot. Wer es merkt und nicht vorzieht, fortzulaufen, muß seinen Kopf hinhalten oder vielmehr versuchen, mit dem Kopf die Wand einzurennen, auf die Gefahr hin, daß es ihm nicht besser ergeht, als den Vorgängern. Anstatt abzuschrecken, steigert ihr Los, wie im Märchen der Anreiz. Solange das Wort nicht gefunden ist, bleibt der Leser schuldig«[111]. – Was ist nun das Tödliche in dieser Szene? Ich war in der Gegenübertragung zu dem Kind geworden, das übermütig einen Schneeball in die Fensterscheibe wirft, das müde zwar, aber glücklich nach Hause kommt. Vor der kalten und blicklos versteinerten Mutter aber versinkt es in greisenhaften Schlaf. Ausgeschlafen hört es zwar den unverständlichen Hausverweis, setzt aber zu einem Verzweiflungssprung an, um diese Frau doch noch aus ihrer Leblosigkeit hochzureißen. Vergeblich. Jetzt wirkt aber der Hausverweis wie eine berechtigte Strafe für Zudringlichkeit. Was zwischen Kind und Mutter selbstverständlich wäre – daß das Kind sich voller Stolz in seiner körperlichen Größe vor der Mutter zeigt und diese es lustvoll-wohlwollend wahrnimmt –, wirkt zwischen K. als Mann und dieser abgehoben-blicklosen Frau wie ein obszöner Hausfriedensbruch, als begehre K. die Frau des Gastgebers nach altem Gastrecht, was hier im Dorf aber nicht gilt, wie man ihm gerade mitgeteilt hat: »Wir brauchen keine Gäste«. Das heißt soviel wie, wir fürchten keine Feinde und müssen sie deshalb auch nicht mit unseren Frauen beschwichtigen.

Wie in der traumatischen Szene 1 zeigt sich K. also in seiner Körperlichkeit und blitzt ab, wird vor die Tür gesetzt, als sei das die Antwort auf sein »Gefühl des Sieges«. Zudem antwortet die Frau auf die Frage, *wer sie ist, ver-rückt* mit *woher* sie ist, einer Ortsangabe also. Wir erinnern uns an K.'s Enttäuschung, als der Lehrer, statt K. einzuladen, ihn mit einer »Adressenangabe« abspeiste. Diese Ortsangabe der Frau nun lautet aber: aus dem Schloß. Wir werden sehen, daß K. die Frage nach dem Schloß, wie es später im Text Frieda gegenüber heißt, als »ein Mittel gegen ... Hochmut« [40] einsetzt. Wenn K. sich enttäuscht und gedemütigt fühlt, stellt er dem Peiniger diese Frage, die dieser

verneinen muß, was ihn beschämt, so daß er die vermeintliche Überlegenheit K. gegenüber einbüßt, abstürzt also ›vom hohen Roß‹, so wie K. von der Mauer in seinem Siegesgefühl. K. rächt sich für die erlittene narzißtische Entwertung durch Gegendisqualifizierung des anderen und zieht daraus narzißtischen Gewinn. Beziehungen sind nur als Kampf vorstellbar. Daß K. die »wegwerfende« Antwort der Frau sowohl auf sich als auch auf deren Selbstverächtlichkeit bezieht, läßt ihn zugleich Verworfener und Verwerfender sein. Damit aber gerät die Szene für den Leser zum Vexierbild. So wie in der traumatischen Szene 1 (K.'s Mauerbesteigung) und in der traumatischen 2. Szene (K. – Schloß) hebt K. sich im Moment des Sichzeigens unter dem *wegwerfenden* Blick im Gegenüber auf, um so der narzißtischen Kränkung zu entgehen. Er identifiziert sich mit dem Aggressor und wird zum Verfolger seiner selbst, erlebt sich *›verworfen‹*; mit dem Aggressor verständigt er sich dann und kündigt dem Leser ein Verständigtsein auf. Das aber war die schmerzlich erlittene Störung in meiner Gegenübertragung am Text: das unvermittelte Abblitzen im Moment des Verstehens von K.'s Schmerz.
Kudszus hat die Wirkung, die der Wechsel von der Perspektivfigur K. zur Erzählerperspektive erzeugt, als unheimlich beschrieben[112]. Ich meine darüber hinaus, daß das Unheimliche und Schmerzliche des Kafka-Textes weitaus häufiger durch K.'s Perspektivwechsel entsteht, und zwar dann, wenn es Kafka gelungen ist, den Leser von K. abzulenken. Beide Male aber fügt Kafka dem Leser durch seine Form das szenisch dargestellte, aber symbolisch nicht benannte Leiden zu. Während Kafka K. »mit dem einhüllenden Schnee allein« auf der Straße zu sich sagen läßt: »Gelegenheit zu einer kleinen Verzweiflung ... wenn ich nur zufällig, nicht absichtlich hier stünde«, ist es am Leser, aus K.'s Selbstverachtung den Schmerz herauszuhören.
Freud meinte zur Wirkung des Unheimlichen, »unheimlich ist irgendwie eine Art von heimlich«[113]. Er sah zwar klar den Zusammenhang zwischen dem unheimlichen Kindheitserleben von Einsamkeit, Stille und Dunkelheit und der Phase primär-narzißtischer Ungeschiedenheit, deutete diesen Sachverhalt dann aber als ödipale Kastrationsangst. Nichts anderes tut Adorno, wenn er die schmerzlich zweischneidige, vexierbildhaft-verzerrende Erfahrung in der Gegenübertragung ausschließlich als »Schrift gewordene Turandot« bezeichnet und damit als Triebschuld deutet.

Ich habe die unheimliche, lähmende und sprachlos machende Wirkung der Szene bis hin zu K.'s Wechsel in die Perspektive des ihn mit seinem wegwerfenden Blick tödlich vernichtenden Gegenübers in meiner Gegenübertragung als narzißtisch-traumatisierend erlebt: Ich hatte mich klein und ohnmächtig gefühlt, niedergeschlagen von dieser leblos-stummen Mutter und niedergeschmettert von ihrem Blick; zugleich war ich sprachlos vor Scham über die wahrgenommene Hilflosigkeit und Wertlosigkeit der Mutter. Ich ertrug ihre Selbstverachtung nicht und fühlte mich schuldig daran, ein Versager. Ich erlitt in der Gegenübertragung die Hemmung, die von dieser leblosen, traurig-schönen Mutter auf K. ausging, als er sich »förmlich in einem Sprunge« vor der Vernichtung durch Mißachtung rettet. Ich war in dieser Szene zutiefst befangen, weil sie in meine Lebensgeschichte hineinragte, was ich aber nicht merkte. Heute kann ich darüber sprechen:

- Ich habe eine Mutter erlebt, der ihr Leben so wenig wert war, daß sie sich mit mir als Säugling aus dem Luftschutzkeller in den ungeschützten Garten hinausschicken ließ, weil die Leute so nervös waren und fürchteten, mein Weinen könnte alle noch nervöser machen ...
- Ich habe eine Mutter erlebt, die sich verbieten ließ, mich weiterhin im Kinderheim zu besuchen, weil ich immer schrie, wenn sie fortging und mit meinem Schreien die anderen Kinder ansteckte ...
- Ich habe eine Mutter erlebt, die wegen der ersten roten Kirschen am Baum, die fort waren, weil eines der Kinder (oder aber Vögel?) sie gestohlen hatten, eine Gerichtsverhandlung führte, die so beschämend war, daß ich die Untat gestand, ohne sie begangen zu haben ...
- Ich habe eine Mutter gehabt, die mir sagte: »Du kannst von Glück sagen, daß ich dich überhaupt durchgebracht habe!« ...
- Ich habe meine Mutter unendlich geliebt, sie war ein traurigschönes Bild, auf das ich immer wartete und das nicht mit mir sprach, so daß ich mich darin nicht wiedererkennen konnte ...
- Ich habe meine Mutter unendlich geliebt, wie sie in Pelzmantel und Stiefeln auf meinen Skiern den Abhang hinunter fuhr ... da war ich stolz auf sie ...
- Ich habe meine Mutter immer verstanden und entschuldigt, sie tat doch alles für ihre Kinder, sie opferte sich: sie pfiff uns

sogar traurige Lieder, weil man ihr gesagt hatte, sie müsse fröhlich sein, das sei sie ihren Kindern schuldig ...
- Ich habe eine Mutter gehabt, die artig war und ich wollte sie darin übertreffen und großartig sein, damit sie mich eines Tages doch noch wahrnimmt ...

In der traumatischen Szene 2 im Kafka-Text erlebte ich meine traumatische Kindheit und reagierte darauf mit tiefer Verzweiflung und selbstzerstörerischer Wut, ich weinte und schwieg aus Scham, ich hungerte mich aus, weil ich mich schuldig fühlte an meiner Existenz.
Ich werde im anschließenden Kapitel zeigen, daß auch Kafka aus Scham schwieg, weil er glaubte, an seiner Existenz schuldig zu sein, was er im »Brief an den Vater« vergeblich zu entschuldigen versucht. Ich werde zeigen, inwiefern Kafka im »Schloß«-Text eigene Kindheitstraumen ästhetisch gestaltet hat, und zwar als aktiv bewältigte, allerdings unter den traumatischen Interaktionsbedingungen familialer Sozialisation, was zugleich die Crux seines ›Schreibens als Verschweigen‹ kennzeichnet.
Zu fragen ist am »Schloß«-Text also nicht nach dem »Wort«, um sich von Schuld loszusprechen – wie Adorno meint –, sondern nach dem Grund von K.'s Scham, bzw. woher seine Prämisse über die Schuldhaftigkeit seiner Existenz rührt. Darüber aber erfahren wir gerade in der vorliegenden Szene des narzißtischen Traumas Genaueres. Voraussetzung war allerdings, daß ich an K. als Perspektivfigur festhielt, um mein Erleben dialogisch mit der an ihm dargestellten Interaktionsform zurückvermitteln zu können. Denn es hieße der Gefahr erliegen, die Gegenübertragung mit dem Text zu verwechseln, wollte ich mich, wie Adorno, mit der Feststellung, Kafka sei »die Schrift gewordene Turandot«, begnügen.
Tatsächlich spaltet Kafka die Gefühle auf den Leser als Hilfs-Ich ab, so daß *die implizite Affektstruktur des Textes sich im Leser abbildet.* Kafka hat gerade nicht die Gefühle bei der eigenen Person belassen, was Mecke ihm »als Giftmischerei«[114] unterstellt. Ich meine, daß Kafka trotzdem nicht »die Schrift gewordene Turandot« ist, sondern er stellt eben mit K. die Fragen: ›Bin ich tödlich, wenn ich mich zeige?‹, und aus Angst vor dem wegwerfenden Blick des Lesers, seiner Scham, verschweigt Kafka K.'s Schmerz, abermals – wie auf der Mauer – wortlos abzublitzen. In

der Text-Leser-Beziehung konnte ich in dem Schweigen und der Sprachlosigkeit die Gefühle der Lähmung und Versteinerung bis hin zur Unfähigkeit, mich auszudrücken, spüren. Was bei Kafka-Texten als »aggressive physische Nähe«[115] erlebbar wird, ist der ›Sprung‹, mit dem Kafka K. von sich in die Verfolgerperspektive ablenken läßt, so daß dem Leser im Verschweigen von K.'s Betroffenheit das verleugnete Trauma des mit seinen Gefühlen alleingelassenen Kindes körperlich – in sprachloser Gewalt – eingeschrieben wird. Dieser ›Sprung‹ ist zugleich die Selbst-Rettung unter dem (vermeintlich) verachtenden Blick des anderen, wenn der Leser K. nicht aus den Augen verliert, ihn also verstehend begleitet. An diesem Punkt besteht der Fokus der Textphantasie also in der Ambivalenzspaltung: ›entweder ich oder du‹, d. h.: Sichzeigen als Selbstmord, insofern das Gegenüber das Gesehene nicht verkraftet und – sich wegwerfend – K. verwirft, tötet; K. rettet sich aber, indem er selbst zum anderen wird, sich also selbst aufhebt, sich verleugnet.

Wenn Adorno meint, der Leser werde schuldig, dann nimmt er die von Kafka im Leser induzierte Empathiestörung des Schämens über die eigene Körperlichkeit nicht als impliziten Ausdruck des Textes wahr. K. muß eben aus seiner falschen Prämisse heraus, für seine Existenz schuldig zu werden, im Moment sinnlich-körperlicher Kränkung abspringen, und zwar, um die sich selbstverachtende Mutter durch sein Schweigen zu schonen. Kafka macht das dem Leser mit seiner Darstellungsform in der Interaktion zwischen Text und Leser erfahrbar, u. a. im Schweigen, in Vexierbildern, Doppeldeutigkeit, Zweischneidigkeit und Anspielungen.

Zurück zum trauma-analogen Verstehen des Textes: Die Interaktion zwischen K. und der Frau gleicht K.'s traumatischer Kindheitserfahrung auf der Mauer mit dem Lehrer und stellt eine Erweiterung der Szene dar, insofern der Grund für die Lieblosigkeit benannt wird: die Ungeliebtheit der Mutter, die sich selber für wertlos halten und verwerfen muß. K. springt wie ein Kind auf die Mutter zu, zeigt sich ihr stolz in seiner Körperlichkeit, aber sie reagiert aus eigener Selbstmißachtung heraus mit emotionalem Rückzug. Was Adorno an Kafka-Texten als »aggressive physische Nähe« bezeichnet, ist also zu verstehen als die Verzweiflung des Kindes, dessen Annäherung aus Liebe als Aggression zurückgewiesen wurde und das sich nun fast gewaltsam, »förmlich in

einem Sprunge«, zu behaupten sucht. Für das Kind bedeutet die wegwerfende Antwort auf seinen fröhlichen Exhibitionismus, mit dem Kostbarsten, was es hat, seiner Liebe und seiner Verehrung für die Mutter, von dieser »verworfen« zu werden, als stünde es wie ein Bettler mit leeren Händen da. Darüber hinaus muß das Kind seine kostbaren Gefühle nicht nur als wertlos, sondern auch als existenzbedrohend für die Mutter erleben; es muß Sorge tragen, die Mutter nicht mit seiner Zärtlichkeit zu ängstigen und deshalb abgelehnt zu werden. Es wird seine Liebe als Selbstverachtung und Verachtung tarnen, nur um die schmerzliche Scham, die Enttäuschung, nicht fühlen zu müssen, von der Mutter mit einem einzigen Blick verworfen werden zu können [vgl. 116].
Unter der trauma-analogen Leseweise des Textes werden die Klirrpunkte in der 5. Szene jetzt sinnfällig. Sowohl die Selbstverachtung, mit der K. die Stille und »Daß man ihn kannte« vermerkt, als auch die Verachtung, mit der er die Frau wahrnimmt: »Freilich, Krankheit und Müdigkeit macht auch Bauern fein«, drücken K.'s Sehnsucht aus, in dieser Familie willkommen zu sein, aber auch die vorweggenommene Enttäuschung seines Wunsches. Ich fühlte in meiner Gegenübertragung die Lähmung und Scham. K. schützt sich mit der falschen Selbstbehauptung, »gräflicher Landvermesser« zu sein, weil ein Abblitzen in dieser Identität ihn nicht wirklich treffen kann. Später im Text wird sich zeigen, daß K. die Frage nach dem Schloß als »Mittel gegen ... Hochmut« einsetzt, so wie ihm umgekehrt in der Szene mit dem Lehrer die Ablenkung auf den Grafen als Gegenangriff zur Ablenkung von seiner Enttäuschung als Bloßstellung gedient hatte. Müde wird K. in der Familie akzeptiert, aber nicht mehr, als er sich lebendig zeigt. Die Verächtlichkeit der Mutter ist Selbstverachtung und Verachtung zugleich und macht ihn zum Verworfenen, zum Außenseiter. K. wird unter Hohngelächter auf die Straße gesetzt und setzt draußen seinen Kampf um Selbstbehauptung als Annäherung an das Schloß fort. Eine Selbstbehauptung aber ohne Selbst, wie ich es weiter oben auf eine Vorformel gebracht hatte. Wir können jetzt ergänzen: eine Selbstbehauptung ohne Selbst, weil K. sich selber nicht lieben und achten kann.

5.2 Klirrpunkt: ›Ankommen als Drohung‹

20

Der letzte Klirrpunkt im 1. Kapitel »Ankunft« des »Schloß«-Romans hebt sich nun fast von selber auf. Nach trauma-analogem Verstehen des Textes und dem Verstehen meiner traumatischen Gegenübertragung verwundert es mich nicht mehr, daß K. sich davor fürchtet, im Schloß anzukommen.

»Das Schloß dort oben, merkwürdig dunkel schon, das K. heute noch zu erreichen gehofft hatte, entfernte sich wieder. Als sollte ihm aber doch noch zum vorläufigen Abschied ein Zeichen gegeben werden, erklang dort ein Glockenton, fröhlich beschwingt, eine Glocke, die wenigstens einen Augenblick lang das Herz erbeben ließ, so, als drohe ihm – denn auch schmerzlich war der Klang – die Erfüllung dessen, wonach er sich unsicher sehnte. Aber bald verstummte diese große Glocke und wurde von einem schwachen, eintönigen Glöckchen abgelöst, vielleicht noch oben, vielleicht aber schon im Dorf. Dieses Geklingel paßte freilich besser zu der langsamen Fahrt und dem jämmerlichen, aber unerbittlichen Fuhrmann«.

Hier erinnert Kafka in dem begleitenden Vordialog des Glokkentons und seiner Verkehrung in das Geklingel eines »eintönigen Glöckchens« an den Kirchturm seiner Kindheit und den Schloßturm hier im Dorf: War im Näherkommen an das Schloß die Freude in Enttäuschung umgeschlagen, so verebbt diese, als K. sich wieder entfernt, in einem schmerzlich-jämmerlichen Ton. Das ist der vordialogische Ausdruck der sprachlos erlittenen Enttäuschung. Aus Angst vor Enttäuschung darf K. gar nicht ankommen, denn Ankommen hieße für ihn die Wiederholung des Traumas: Abblitzen, Bloßgestelltwerden in schmerzlicher Beschämung im Moment seiner Freude und seines körperlichen Glücksgefühls, seines »Gefühls des Sieges«. Die Enttäuschung in der traumatischen Kindheitsszene auf der Mauer wie in der Szene mit der Mutter besteht darin, im Moment körperlich-lustvoller Erregung sich alleingelassen zu fühlen; statt den anderen miterregen zu können, reagiert dieser verunsichert und verwirrt, mit »ärgerlichem Blick« oder »wegwerfend«, weil er Annäherung als Aggression mißversteht, weil er sich vor Liebe fürchten muß. Weil für K. Ankommen Ertapptsein in seinem seelischen

Schmerz bedeuten würde, Beschämung, ist er fast erleichtert, die Fahrt zum Schloß fürs erste abzubrechen.*

Ergebnisse

Fassen wir nun zunächst die in der Analyse des 1. Kapitels des »Schloß«-Romans unter Einbeziehung von K.'s traumatischem Kindheitserlebnis auf der Mauer gemachten Erfahrungen am Text zusammen, um diese dann im Kapitel II mit Kafkas Realtraumen, wie er sie im »Brief an den Vater« beschrieben hat, zu vergleichen und in Kapitel III im weiteren trauma-analogen Verstehen des »Schloß«-Textes nutzbar zu machen.

1. K. kämpft um seine soziale Anerkennung im Schloß und gewinnt diesen Kampf: Er wird als Landvermesser bestätigt, und das Schloß nimmt den Kampf mit ihm »lächelnd« auf.
2. Aber zugleich kämpft er um mehr: seine narzißtische Anerkennung, seine Selbstbestätigung durch ein Lächeln.
3. Thema des Romans ist K.'s Selbstfindung, die er als Kampf mißversteht, weil er sich in seiner Existenz nicht selbstverständlich ist.
4. Weil K. die traumatische Erfahrung als Kind auf der Mauer machte, im Moment des Glücksgefühls und der Freude an sich selber vom anderen wie ein Ärgernis wortlos vertrieben zu werden, ist er ›Auf dem Sprung‹. Er springt in Interaktionen mit anderen, aber auch im Selbstgespräch, im Moment der Berührung mit sich selber, ab. K. ist wie eine Blindschleiche: wundervoll glänzend in der Sonne, aber bei Berührung, im Moment, »wo er seine Wünsche beim Schwanz packt« (Picasso), wirft er seinen Schwanz ab und flieht.
5. Der Roman beschreibt also K.'s Schloßbesteigung als *Selbstbehauptung ohne Selbst*, die Nicht-Einigung aus narzißtischer Defizienz zur Voraussetzung und zur Folge hat. Kafka beschreibt aber nicht nur K.'s Geschichte aus traumatischer Kindheitserfahrung heraus, sondern zugleich begegnet K. im Dorf traumatisierender Realität in der Familie, die seine Tarnung als notwendigen Selbstschutz bestätigt. K. hat kein

* Zur Analyse der traumatischen Szene 2 siehe Kapitel II, 2.3: Exkurs 3 zum »Brief«: »Ich sage ja natürlich nicht, ...«.

Selbstbewußtsein, weil er keine Achtung erfuhr, denn die Frau – Mutter war sich selbst wertlos und verachtete sich.

6. K.'s Beziehungsform läßt sich auf die paradoxe Formel bringen: K. will sich der Welt zeigen – aber weil das bedeuten würde, sie aus ihren Angeln zu heben, das Sprech- und Fühlverbot familialer Sozialisation zu durchbrechen und damit zu riskieren, entweder selber als verrückt dazustehen oder aber den anderen verrückt zu machen – verstellt er sich. *K. zeigt sich als ein Bettler, dessen Selbstbewußtsein darin besteht, mit dem Schild »Außenseiter« um Almosen zu bitten.*
7. Im »Schloß«-Roman beschreibt Kafka K.'s *Annäherung* an das Schloß als Selbstfindung. Paradoxerweise darf K. nicht ankommen, weil das Selbstmord hieße, insofern er glaubt, sich im Sinne des anderen, der sich nichts wert ist, aufheben zu müssen, um ihn vor sich zu schonen. Während die Berührungen zum Schloß nur »scheinbare« bleiben (Brief-, Telefon-, Botenvermittlungen) bekommt K. vom Schloß, was er sich wünscht: Aufmunterung. Im Dorf kämpft K. um »etwas lebendigst Nahes, für sich selbst«, und dabei lernt er etwas über das »völlig unübersichtliche, trübe, fremdartige Leben« [58] und über sich. Er erlebt, daß um ein Lächeln nicht gekämpft werden muß. Er macht sinnlich-körperliche Erfahrungen und verliert die Angst vor dem »selbstmörderischen Glück« [254].
8. In trauma-analogem Verstehen des sich selbst untersuchenden psychoanalytischen Prozesses der Text-Leser-Beziehung wurde mir K.'s Selbstfindung zur Existenzerfahrung (Khan). Kafka hat K.'s traumatische Interaktionsform: ›Sichzeigen als Sichverbergen‹, weil der verwerfende, ärgerliche Blick schon im Handlungsentwurf antizipiert wird, gestaltet in der Form seiner Textdarstellung. Kafka hat Angst zur Methode gemacht, sein ›Schreiben *ist* Verschweigen‹. Das Verbalisieren der impliziten Affektstruktur der Text-Leser-Beziehung bedeutet, Schattenmund sein, um mit Kafka im Rezeptionsgeschehen die narzißtische Traumatisierung als Verleugnung der Gefühle aufzuheben und der Irritation des Schämens durch offenes Aussprechen zu begegnen. Formelhaft läßt sich sagen, daß Kafka den Leser vor die Frage stellt: »Flüchten oder Standhalten?« (Richter[117]). Es gibt kein Lösungswort für Kafka. Ich kann nur die Bedeutungen in mir lebendig werden

lassen und sie benennen, indem ich mich selbst in Beziehung zum Text erlebe. Bauriedl spricht für den Analytiker davon, daß er wie der Künstler »seinen Part« spielen müsse. Ich meine, daß das auch für mich in der ›konzertierten Aktion‹ mit dem Text gilt: »Wie ein Musiker, der gleichzeitig seine Partner hören und selbst spielen muß, so ist es für den Analytiker unabdingbar, gleichzeitig, und d. h. getrennt voneinander, die ›Stimme‹ des Analysanden und seine eigene wahrzunehmen. Jeder Ton eines Musikers kann, bezogen auf die anderen Spieler, vollkommen falsch sein, obwohl er für sich alleine gesehen vielleicht ganz richtig spielt, wenn er z. B. einen Takt zu früh oder zu spät einsetzt«[118]. Dabei muß ich das Gefühl für die Stimmigkeit der Beziehung zum Text gegen wechselseitige Manipulationsgefahren wachhalten[119] in kontrollierter Gegenübertragungsanalyse. Indem ich am Text »meinen Part« spiele, findet zugleich *Komposition im Moment*, wie ich es nennen möchte, statt. Dabei begreife ich Kafkas Form nicht wie Neumann etwa als »Denklogik«, sondern als Beziehungslogik, als Interaktionsform (Lorenzer). Kafkas Sprechen ist Verschweigen. *Im Hören auf den Vordialog*, wie ich zeigen werde, findet *ein »Neubuchstabieren des Körperalphabets«*[120] *entlang der traumatischen Trasse von Scham und Schuld sowohl im Text als auch im Leser statt.*

9. *Trauma-analoges Verstehen des Textes heißt* demnach, auf psychoanalytische Triebdeutungen verzichten, um *dargestellte traumatisierende Realität im eigenen Erleben zu entpathologisieren* und damit die von Kafka durch Verschweigen induzierte »Elternschonung« (Miller[121]) beredt zu machen.
10. Trauma-analoges Verstehen des Textes bedeutet, das »Schloß« und damit die eigene Erfahrung für uns wirklicher zu machen, statt psychoanalytische Theorie zu verwirklichen.

Kapitel II
Ich ist ein anderer
Trauma-analoger Strukturvergleich: »Brief an den Vater« und »Das Schloß«

Ich werde im folgenden Kapitel zunächst meinen trauma-analogen Ansatz als Beziehungsanalyse von Text und Leser im metatheoretischen Kontext darstellen (1.). Dann werde ich meinen Ansatz in einer vergleichenden Analyse der traumatischen Szenen im »Schloß«-Text mit Kafkas Realtraumen und ihrer Beziehungsform, wie sie sich im »Brief an den Vater« aufzeigen lassen, vorführen und methodisch gegen psychoanalytischen Biographismus abgrenzen (2.), um in einem weiteren Deutungsschritt K.'s Interaktionsform im »Schloß«-Text als in szenischer Interaktion hergestellte auf den Begriff zu bringen (3.). So wie ich mich in der Analyse des ersten Romankapitels an den Klirrpunkten aus dem Text – meiner Gegenübertragung folgend – herausbewegt habe und die Störung in mir szenisch hinterfragte, also versuchte, die Bedingungen meines Rezeptionswiderstands als meine Scham, mein Zögern, zu verstehen und zu benennen, so werde ich im folgenden Kapitel von Kafka her die produktionsästhetischen Voraussetzungen seines Schreibens betrachten und mich damit abermals aus dem »Schloß«-Text hinausbegeben. Mit dem Wissen sowohl um die produktionsästhetischen Voraussetzungen des Autors als auch dem Selbstbewußtsein meiner rezeptionsästhetischen Bedingungen als Leser werde ich mich dann in Kapitel III erneut der Erfahrung am »Schloß«-Text aussetzen und ihre Protokollierung fortschreiben.

1. Der »Realitäts-Komplex« der Psychoanalyse: traum-analoge versus trauma-analoge Literaturdeutungstheorie

Starobinski hat vom »literarischen Komplex« der Psychoanalyse[122] gesprochen und meint damit, Kunst müsse von Psychoanalyse abgewehrt werden, weil Psychoanalyse ursprünglich selber aus ihr hervorgegangen sei: aus der Ödipus-Sage, aus dem Narziß-Mythos. In Ergänzung dazu bezeichnet Goeppert das Gegenübertragungsproblem der Literaturwissenschaft als »psychoanalytischen Komplex«, der ein spezifisch therapeutischer Komplex der Literaturwissenschaft sei[123]. Das Werk werde als unbewußter Familienroman des Autors begriffen und als Fall analysiert. Da aber die psychoanalytischen Interpretationsschemata – was Starobinski habe nachweisen können – selber aus Mythologien stammten, perpetuiere, so Goeppert, psychoanalytische Literaturdeutung »die Mythologisierung des dichterischen Textes«[123]. Was Starobinski und Goeppert als »literarischen Komplex« der Psychoanalyse bzw. als »therapeutischen Komplex« der Literaturwissenschaft im jeweiligen Umgang mit der Literatur kritisieren, fußt auf dem metatheoretischen Selbstmißverständnis von Psychoanalyse als naturwissenschaftlicher Erklärungswissenschaft (Habermas). Diesem Selbstmißverständnis der Psychoanalyse ist der, wie ich ihn nennen möchte, »Realitäts-Komplex« der Psychoanalyse inhärent, der aus ihrer ihr unbewußten »Schwarzen Pädagogik«[124] heraus zu verstehen ist. Was heißt das? Psychoanalyse wird betrieben als biographische Faktensicherung, sei es am Patienten, sei es am Autor, indem an Ereigniskonstellationen hypothetische Triebkonstellationen verifiziert werden. Paradoxerweise vernichtet eine so in Anwendung gebrachte Psychoanalyse Realität, indem sie sie als Beweismaterial ihrer Theorie benutzt. Darüber hinaus hat nun Miller gezeigt, daß Freud zunächst die schockierenden Funde real erlittener Traumatisierungen des Kindes durch den narzißtischen Mißbrauch der Eltern machte, die er dann zu deren Schonung glaubte kollektiv verleugnen zu müssen, indem er sie als »Ausgeburt der kindlichen Triebphantasie«[125], als Ödipus-Komplex, literarisierte. Ich möchte das Gesagte in einer ersten metapsychologischen These zu meinem psychoanalytischen Deutungskonzept von Literatur zusammenfassen: Was in psychoanalytischer Literaturdeutung als Ersetzung der Texte durch psychoanalytische Theoreme durchschlägt, ist der »Realitäts-Komplex« der Psychoanalyse. Psychoanalyse muß nicht nur Literatur abwehren, weil sie ursprünglich selber aus ihr hervorgegangen ist, sondern vielmehr, weil sie in Literatur der Realität begegnet, die sie aus ihrer verleugnenden Haltung gegenüber Realtraumen heraus irrealisieren muß.

Der Verleugnung von Realerleben als Triebphantasie im psychoanalytischen Prozeß korrespondiert ein psychoanalytisches Verständnis von Literatur als Traum und Verhüllungsstrategie von infantilen Triebwünschen[126] und von Literaturerleben als Anspruch auf Schonung durch verhüllende Formgebung (vgl. u. a. Holland, Schönau[127]). Miller hat mit ihrer umfassenden Kritik der psychoanalytischen Triebtheorie als Realitätsverleugnung frühkindlicher narzißtischer Traumatisierungen beschrieben, wie Psychoanalyse durch »die Trias Elternschonung, Triebdeutungen, Zudecken des Traumas«[128] sowohl Träume als auch Literatur als infantile Triebwunscherfüllung deutet und sie somit um ihre mitteilende Funktion bringt[129]. Im psychoanalytischen Verständnis von Literatur finden wir dann, daß Kafkas Werk als »Traumkunst«[130] interpretiert wird. Mitscherlich-Nielsen schreibt zu Kafka: »Es ist wahr, Kafkas Dichtungen sind alogisch und zeitlos wie Träume, wenn sie auch eher an Alpträume erinnern«[131].
Mein Anspruch ist es, eine trauma-analoge Deutung des »Schloß«-Textes als Analyse der aktuellen Text-Leser-Beziehung vorzulegen, die den Text mit den dargestellten Traumen als Realität versteht, indem sie ihn aus der szenisch dargestellten Interaktionsform und ihrem Niederschlag in der ästhetischen Form als Existenzerfahrung – und zwar sowohl des Autors als auch des Lesers – begreifbar macht. Dabei erweitere ich mein trauma-analoges Verstehen des »Schloß«-Textes, wie ich es in Kapitel 1 vorgestellt habe, um die Analyse von Kafkas *Realtraumen* und der *traumatischen Interaktionsformen*, wie Kafka sie in dem »Brief an den Vater« beschrieben hat, was metatheoretische Konsequenzen hat. Entgegen traditioneller psychoanalytischer Literaturdeutung verstehe ich Kafkas Texte nicht als Traum, sondern als ästhetische Bewältigung von Realtraumen, die Kafka in *szenischen Interaktionen* vorgeführt hat, die dem Leser unmittelbar am Text erfahrbar machen, unter welchen gewaltsamen Bedingungen K.'s traumatische Interaktionsformen im Familienkontext hergestellt wurden. Mit meinem trauma-analogen Ansatz werde ich zugleich zeigen, daß ein psychoanalytisches Verständnis der Text-Leser-Beziehung ein gleichzeitiges Verstehen dargestellten *Inhalts und* seiner ästhetischen *Form* bedeutet. Daraus ergibt sich sowohl eine *Kritik des psychoanalytischen Biographismus*, insofern er einseitig-inhaltliche Interpretationen im Sinne psychoanalytischer Triebtheorie ist, als auch eine *kritische Ergänzung literaturwis-*

senschaftlichen Vorgehens, insofern es in einseitig formaler Interpretation von Kafka-Texten besteht. Zum einen werde ich mich paradigmatisch mit den Arbeiten von Mitscherlich-Nielsen, Mecke und Tiefenbrun auseinandersetzen, um daran die Crux psychoanalytischer Selbstrechtfertigung an Literatur als Folge ihres metatheoretischen »Realitäts-Komplexes« zu diskutieren. Ich werde mich aber auch kritisch gegen Millers Arbeit über Kafka abgrenzen. Zwar hat sie als erste Autorin den Zusammenhang von Kafkas Realtraumen und seinen Werken hervorgehoben, aber insofern sie Autor und Werk ungebrochen identifiziert, verfährt sie metatheoretisch unhinterfragt in den Gleisen des psychoanalytischen Biographismus und kommt zu krassen Mißverständnissen des »Schloß«-Textes. Miller ignoriert gerade den Aspekt *aktiver* Traumbewältigung, der in Kafkas *ästhetischer Gestaltung* besteht, was ich aus der Beziehungsanalyse Text-Leser-Interaktion herausarbeiten werde. Zum anderen werde ich mich mit meinem trauma-analogen Ansatz als gleichzeitiger Form-Inhaltsanalyse kritisch mit literaturwissenschaftlichen Arbeiten zu Kafka auseinandersetzen (u. a. Neumann, Cohn, Kudszus), die die Form einseitig als Kafkas Denklogik verstehen und damit ihren Beziehungsaspekt als Ausdruck des Textes verfehlen. Mit meiner trauma-analogen Beziehungsanalyse des »Schloß«-Textes will ich also die »Affektlogik« (Ciompi[132]) nachvollziehen und benennen.

2. Trauma-analoger Vergleich des »Brief an den Vater« und der traumatischen Szenen 1 und 2 im »Schloß«-Roman

In meiner bisherigen Deutung des »Schloß«-Textes habe ich aus den traumatischen Szenen 1 und 2 und der Analyse der traumatischen Gegenübertragung sowie der Darstellungsform des Textes K.'s traumatische Interaktionsform formelhaft als ›Auf dem Sprung sein‹ gekennzeichnet. Dabei habe ich gedeutet, was in der aktuellen Text-Leser-Beziehung *Be*deutung gewonnen hat. Im Gegensatz zum psychoanalytischen Biographismus habe ich auf Triebdeutungen, bezogen auf den Autor und dessen Infantilgeschichte, verzichtet. Vielmehr habe ich die Störungen im Textverstehen aus ihren Anlässen heraus zu begreifen versucht. Mein Interesse galt dabei dem Verständnis der dargestellten *Text-Le-*

ser-Beziehung und nicht der Pathologie. Dieser bin ich immer nur insofern nachgegangen, als sie das Textverständnis störte, und zwar als Störung des narzißtischen Gegenübertragungsgleichgewichtes.

Aus der Erfahrung der im 1. Kapitel dargestellten Sprechstruktur des Textes, die entweder in einer Vergewaltigung durch Entwertung oder aber in der Gewalt durch Schweigen besteht, meine ich nun, daß die dargestellten Traumen im Text auf Kafkas Realtraumen in der Familie zurückgehen, wie sie Kafka in dem »Brief an den Vater« beschrieben hat und wie sie zugleich in der Darstellungsform des »Briefes« ihre ästhetische Gestaltung gefunden haben. Diese, so meine ich, ist die den »Schloß«-Text bestimmende Form als Beziehungsform zwischen Text und Leser. Ich verfolge die *Arbeitshypothese*, daß der »Schloß«-Text einen aktiven Bewältigungsversuch von Kafkas Realtraumen darstellt, der aber seine Grenze darin hat, daß Kafka den durch Disqualifizierung seiner Existenz erlittenen traumatischen Interaktionsformen zu entkommen suchte, indem er sie als Gegendisqualifizierung gestaltete. Mit seinem ›Schreiben als Verschweigen‹ aber blieb Kafka dem familialen Kampf um Existenzberechtigung verhaftet. Kafkas Schreiben blieb Gegenangriff statt lustvolle Selbstdarstellung diesseits tabuisierter Sinnlichkeit. Kafka läßt K. mit der Wahrheit lügen, um selber anonym zu bleiben.

2.1 Exkurs 1 zum »Brief«: ›Sinnlichkeit gehört auf die Straße‹

Ich machte nun die traumatische Erfahrung in der 3. Szene K. – Lehrer, mich mit meiner Lust schutzlos ausgesetzt zu fühlen, so daß ich sie verleugnete und schwieg und meine Arbeit abbrach, zum Wegweiser meines Verstehens.

Ich gehe dabei von der Annahme aus: Wenn der Text in traumatischer Weise in meine Lebensgeschichte hineinragte, wird Kafka ihn aus eigenen traumatischen Erfahrungen heraus gestaltet haben. Ich ließ mich zudem von Kafkas Bemerkung leiten, die er im Frühjahr 1922 zur Zeit seiner Arbeit am »Schloß« machte: »Das Schreiben versagt sich mir. Daher Plan der selbstbiographischen Untersuchungen. Nicht Biographie, sondern Untersuchung und Auffindung möglichst kleiner Bestandteile«[133]. Meine *Arbeitshypothese* lautet also: In meiner Gegenübertragung hat Kafka durch seine Darstellungsform aufgrund einer gestrichenen Stelle im »Schweigen« eigene traumatische Körpererfahrung kommuniziert, über die zu schreiben sich ihm versagte. Sie mußte existentiell sein, denn der »Schloß«-Roman ist gerade gekennzeichnet von diesen Unterbrechungen und Auslassungen, die verrücktmachend und verwirrend wirken. Ich stimme aber nicht mit Autoren wie Kudszus[134] oder Kreis[135] überein, die Kafkas Texte als Double-bind-Botschaften verstehen, also als Paradoxien. Ich meine auch nicht, wie Goodman[136], daß K. sich »in endlosen, aber stets systemgebundenen Spiralen der Verzerrung« drehe. Denn meine Erfahrung am Text hat mich gelehrt, daß mit meiner *kontrollierten* Gegenübertragung auch das schwindelerregende Gefühl des Verschmolzenseins mit dem Text aufhört. Sobald ich mich am Text selbstbewußt erleben und benennen konnte, gelang es mir auch, K. als Perspektivfigur wahrzunehmen, und damit hatte ich Boden – Text – unter den Füßen. Kudszus folgert daraus, daß Kafka gesagt habe, sein Schreiben sei ihm »das Wichtigste auf Erden, wie etwa einem Irrsinnigen sein Wahn« (Kafka[137]), daß Kafkas Schreiben selber wahnhaft und paradox in seiner Struktur sei: »Die Double-bind-Struktur des ›Wahns‹ wird im ›Schreiben‹ Kafkas unmittelbar beschworen ...«[138]. Meine These ist nun, daß Kafkas Schreiben *scheinparadox* ist. Kafka geht es um die ästhetische Gestaltung von Realtraumen und ihre wie auch immer verzerrte Bewältigung. So beschreibt Kafka im »Brief an den Vater« zwar die paradoxe Kommunikation in seiner Familie, aber sein Schreiben selber stellt gerade den Versuch dar, darüber zu metakommunizieren. Kafkas Schreiben als solches, so meine ich, hat metakommunikative Funktion. Die Kommunikationssituation zwischen Text und Leser, das Sprechen als Bedingung von intersubjektiver Verständigung überhaupt ist das Thema des »Schloß«-Romans. Die verwirrende und verrücktmachende Wirkung ist also als Teil der an K. dargestellten Struktur zu begreifen, deren Entstehung Kafka in szenischen Interaktionen vorführt, die der Leser aber aufheben kann, wenn er seine Gefühle und Erfahrungen mit dem Text artikuliert.

Im »Brief an den Vater« fand ich Antwort auf meine Vermutung, daß Kafka im »Schloß« eigene traumatische Erfahrungen gestaltet, ohne sie explizit zu benennen, so daß er, wie er es selber nennt, »selbstbiographische Untersuchung« betreibt, »als Auffindung möglichst kleiner Bestandteile« (Kafka). Und der kleinste

Bestandteil, um den es in der Szene K. – Lehrer ging, war die im Schweigen kommunizierte Selbstbefriedigung, die sich in Leiden verkehrt hatte, weil auch ich meine Gefühle nicht kannte.
Im »Brief an den Vater«[139] tritt Kafka den Beweis seiner Furcht vor dem Vater an, indem er versucht, mit dessen traumatisierender Sprachgewalt schriftlich abzurechnen. Er bleibt aber in der Form einer Gegendisqualifikation des Vaters stecken, weil er seine Existenz und seine Gefühle zu entschuldigen versucht. Damit wiederholt Kafka, wogegen er angetreten ist: Er möchte die Schuldzuweisung des Vaters, er habe mit seiner »Kälte, Fremdheit und Undankbarkeit« die schlechte Beziehung zwischen beiden verursacht, zurückweisen; aber indem Kafka sich entschuldigt, bleibt er in der Rolle des Angeklagten, der sich verteidigt – Gefühle aber bedürfen keiner Rechtfertigung. Kafka erliegt im Verhältnis zum Vater einem Selbstmißverständnis, von dem er sich schreibend zwar befreit hat, aber ohne ein Selbstbewußtsein davon zu haben. Hierin sehe ich den Klirrpunkt in Kafkas Selbstverständnis und seiner »Opus-Phantasie« (v. Matt), der für seine verwirrende Schreibweise verantwortlich ist.
Kafka beschreibt im »Brief«, wie er dem tyrannischen Einfluß der väterlichen Erziehung durch Flucht zu entkommen versuchte. Der Vater regierte »mit Kraft, Lärm und Jähzorn« von seinem »Lehnstuhl (aus) die Welt«. »Du bekamst für mich das Rätselhafte, das alle Tyrannen haben, deren Recht auf ihrer Person, nicht auf dem Denken begründet ist«. Kafka fühlte sich in seinem Denken belastet durch das »absprechende Urteil« des Vaters. Der Vater entwertete den Jungen in »jedem eigenen kleinen Unternehmen der Kinderzeit. Man mußte nur über irgendeine Sache glücklich sein, von ihr erfüllt sein, nach Hause kommen und es aussprechen und die Antwort war ein ironisches Seufzen, ein Kopfschütteln, ein Fingerklopfen auf dem Tisch ... (der Vater fuhr) ohne Rücksicht auf mein Gefühl und Achtung vor meinem Urteil mit Beschimpfung, Verleumdung, Entwürdigung (dazwischen)«. Kafka verlernte dann dem sprachgewaltigen Vater gegenüber das Sprechen und »verlor das Vertrauen zum eigenen Tun«. Kafka verfolgt mit dem »Brief«, wie gesagt, das paradoxe Unterfangen, dem Vater die Furcht vor ihm beweisen zu wollen, um diesem damit aber vorzurechnen, daß er, der »immerfort Richter zu sein behauptete, (in Wahrheit) ebenso schwache und verblendete Partei« in der Familienhetzjagd war.

In diesem Argumentationskarussell heißt es dann:

»Ich wiederhole zum zehntenmal: ich wäre wahrscheinlich auch sonst ein menschenscheuer, ängstlicher Mensch geworden, aber von da ist noch ein langer, dunkler Weg dorthin, wohin ich wirklich gekommen bin. (Bisher habe ich in diesem Brief verhältnismäßig weniges absichtlich verschwiegen, jetzt und später werde ich aber einiges verschweigen müssen, was – vor Dir und mir einzugestehen, mir noch zu schwer ist. Ich sage das deshalb, damit Du, wenn das Gesamtbild hier und da etwas undeutlich werden sollte, nicht glaubst, daß Mangel an Beweisen daran schuld ist, es sind vielmehr Beweise da, die das Bild unerträglich krass machen könnten. Es ist nicht leicht, darin eine Mitte zu finden.) Hier genügt es übrigens, an Früheres zu erinnern: ich hatte vor Dir das Selbstvertrauen verloren, dafür ein grenzenloses Schuldbewußtsein eingetauscht. (In Erinnerung an diese Grenzenlosigkeit schrieb ich von jemandem einmal richtig: ›Er fürchtet, die Scham werde ihn noch überleben.‹)«. (B.143)

Diese Stelle im »Brief« ist nun paradigmatisch sowohl für Kafkas Selbstverständnis als auch für sein Schreiben und seine Opus-Phantasie, als Vorstellung von dem Sinn seines Schreibens und folglich seiner Wirkung. Das Wesentliche sagt Kafka dem Vater zweimal in Klammern: Daß er nämlich »einiges« ›draußen‹ lassen, d.h. absichtlich verschweigen werde, und daß er das aus Scham tue. Der Vater soll wissen, daß an der Undeutlichkeit des Gesamtbildes von Kafkas Rede nicht der »Mangel an Beweisen« schuld ist, es sind vielmehr Beweise da, »die das Bild unerträglich krass machen könnten«. Kafka belegt seine Behauptung, daß er dem Vater gegenüber sein Selbstvertrauen verloren und gegen ein grenzenloses *Schuldbewußtsein* eingetauscht habe, indem er sich aus dem familialen Kontext der Vater-Sohn-Beziehung hinausbegibt und als Autor den letzten Satz seines »Prozeß«-Romans zitiert: »›Wie ein Hund!‹ sagte er, es war, als sollte die *Scham* ihn überleben« (Prozeß[140]). Was Kafka also in Beziehung zum Vater als Schuldbewußtsein bezeichnet, hat er im literarischen Werk als Scham bezeichnet. Ich meine nun, daß das genau die *traumatische Trasse* ist, die Kafkas Schreiben kennzeichnet: *Scham und Schuld.* Zwischen Scham und Schuld hat Kafka K. im »Schloß«-Roman den Kampf verleugneter Sinnlichkeit ausfechten lassen als Selbstbehauptung ohne Selbst, wie ich es weiter oben nannte. Weil Kafka sich in seiner sinnlichen Existenz für schuldig hält, schweigt er dem Vater gegenüber in dem Moment, wo er von seiner eigenen Sinnlichkeit und Sexualität sprechen will. Als Autor hat Kafka dann seine Angst vor dem Sprechen zur Methode gemacht: Das sind die gestrichenen Stellen im Text, wo Kafka K. aus Scham seine Körperlichkeit verschweigen läßt, weil er glaubt, daran schuldig zu werden. Die Wirkung dieser Leerstellen ist dann aber das *undeutliche* Bild, das verwirrt. In der Gegenübertragung erlebte ich eben diese im Schweigen kommunizierte Spannung zwischen Scham und Schuld traumatisch, d. h.: als körperliche Lust und zugleich narzißtische Selbstentwertung. Sich Zeigen im Sprechen ist implizite Textphantasie und explizites Thema des Romans, z. B. der Amalia-Szene, der Bürgel-Szene und der Aktenverteilung, worauf ich in Kapitel III zurückkommen werde.

Daß es bei Kafka nicht um ödipale Triebschuld geht, sondern um eine narzißtische Schamproblematik, konnte Kafka für sich im »Prozeß«-Roman klar benennen. Benjamin hat darauf hingewiesen, daß die Scham Kafkas »stärkste Gebärde« sei. Die Scham, die eine intime Reaktion des Menschen sei, sei zugleich eine gesellschaftlich anspruchsvolle. »Scham ist nicht nur Scham vor den anderen, sondern kann auch Scham für sie sein«[141]. Obwohl Kafka im »Brief« gerade auch die narzißtische Bedürftigkeit des Vaters offenlegt und damit beider narzißtische Problematik anspricht, also beider Scham berührt, machte er es mit seinem Schuldgeständnis den psychoanalytischen Interpreten leicht, sein Schreiben »ödipal« mißzuverstehen (vgl. u. a. Politzer[2], Rattner[142]). Kafka beschreibt also sowohl im »Brief« als auch im »Schloß« das Sprechen in der Familie als traumatisierenden Anschlag auf Körperlichkeit, so daß Sinnlichkeit als Vorwurf erlebt wurde, dem Kafka aus Scham schweigend zu entfliehen versuchte, was er dann im »Schloß« an K. ästhetisch gestaltet und dadurch zu bewältigen versucht hat, daß er sich aus Scham vor dem Leser und für den Leser schreibend zugleich verbirgt.

In einer weiteren Stelle im »Brief« beschreibt Kafka, wie er als Jugendlicher bei einem Spaziergang *auf der Straße* mit Vater und Mutter über seine Sexualität sprach. Er machte den Eltern Vorwürfe, »daß sich erst die Mitschüler (seiner) hatten annehmen müssen«, weil sie ihn nicht aufgeklärt hatten. Der Vater gab nun dem 16jährigen einen Rat, wie er »ohne Gefahr diese Dinge werde betreiben können«, nämlich ins Puff zu gehen.

»Vielleicht hatte ich gerade eine solche Antwort hervorlocken wollen, die entsprach ja der Lüsternheit des mit Fleisch und anderen guten Dingen überfütterten, körperlich untätigen, mit sich ewig beschäftigten Kindes, aber doch war meine äußerliche Scham dadurch so verletzt, oder ich glaubte, sie müsse so verletzt sein, daß ich gegen meinen Willen nicht mehr mit Dir darüber sprechen konnte und hochmütig frech das Gespräch abbrach.« (B 154)

Kafka meint zwar, daß die Antwort des Vaters »etwas niederwerfend Offenes« hatte, fühlte sich aber vom Vater, der als Ehemann außerhalb seines Rates »ein reiner Mann« blieb, in den Schmutz geworfen und gedemütigt.

»Und eben Du stießest mich, so als wäre ich dazu bestimmt, mit ein *paar offenen Worten* in den Schmutz hinunter. Bestand die Welt also nur aus mir und Dir, eine Vorstellung, die mir sehr nahe lag, dann endete also mit Dir diese Reinheit der Welt, mit mir begann kraft Deines Rates der Schmutz. An sich war es ja unverständlich, daß Du mich so verurteiltest, nur alte Schuld und tiefe Verachtung Deinerseits konnten mir das erklären und damit war ich also wieder in meinem innersten Wesen angefaßt und zwar sehr hart.« (B 155)

Kafka beschreibt die Traumatisierung von Körperlichkeit durch ›niederwerfende Offenheit‹, durch Sprechen, das einen schamlosen Angriff als lieblose Bloßstellung des Körpers bedeutete. Kafka brach das Gespräch mit dem Vater ab. Erinnern wir uns an den »Schloß«-Text. Dort hieß die gestrichene Stelle, K. habe sich »ein einziges offenes, herzliches Wort« vom Lehrer gewünscht. Kafka aber ließ den Lehrer schweigen und fortgehen. Sprechen hatte, das war in der Kommunikation zwischen Lehrer und K. deutlich geworden, die Qualität eines Anschlags auf den Körper, einer narzißtischen Entwertung, die K. schweigend zu vermeiden suchte, indem er von sich ablenkte. Das Schweigen aber wirkte gleichzeitig verwirrend, obszön und lustvoll auf mich als Leser: Ich hatte zu K. die Phantasie ›Strichjunge‹, und der Text machte mir Lust, so daß ich mich selbst befriedigte, mich aber schuldig fühlte. So wie Kafka mit dem Vater erlebte, daß ›Sinnlichkeit auf die Straße gehört‹, erlebte ich mich in meiner Lust sprachlos ausgesetzt, exkommuniziert. – Kafka beschreibt nun im »Brief« eine weitere traumatische Szene mit dem Vater und der Mutter, in der gerade das Schweigen der Mutter bedeutungsvoll wurde, weil es mit widersprüchlichem Handeln verbunden war. Der Vater hatte auf den Heiratsversuch des 36jährigen Kafka abermals respektlosdemütigend mit Worten losgeschlagen. Es gebe andere Möglichkeiten, statt »gleich eine Beliebige zu heiraten«, nur weil sie »irgendeine ausgesuchte Bluse« angehabt habe. Der Vater werde, wenn Kafka sich fürchte, ihn selbst mit ins Puff begleiten.

»Du sprachst ausführlicher und deutlicher, aber ich kann mich an die Einzelheiten nicht mehr erinnern, vielleicht wurde mir auch ein wenig nebelhaft vor den Augen, fast interessierte mich mehr die Mutter, wie sie, zwar vollständig mit Dir einverstanden, immerhin etwas vom Tisch nahm und damit aus dem Zimmer ging. Tiefer gedemütigt hast Du mich mit Worten wohl kaum und deutlicher Deine Verachtung gezeigt.« (B 155)

Demütigte der Vater aber gerade mit seinen niederschmetternd-offenen Worten, weil er empfindungslos war »für Leid und Schande«, die er damit zufügte – zumal der Vater von Kafkas »Rettungsversuchen in anderen Richtungen« nichts wußte –, so verunsicherte ihn die schweigende Antwort der Mutter und ihr Verlassen des Zimmers erst recht. Diese Zweischneidigkeit und Zweideutigkeit begegnet uns nun im »Schloß«-Text. Lust verkehrte sich in Leiden, weil Kafkas Verschweigen von K.'s Wunsch nach »einem einzigen offenen, herzlichen Wort« zwar Lust machte, diese aber als Suche nach »unwiderstehlichen Bekanntschaften« *auf der Straße* obszön und verworfen auf mich wirkte, ich assoziierte ›Strichjunge‹. Im »Brief« deutet Kafka seine homosexuellen »Rettungsversuche« an. Ich hatte aber Lust an mir selber. Selbstbefriedigung also überhaupt gerät im Schweigen in Verruf, Sinnlichkeit wird aus Scham verschwiegen und moralisch als Schuld verworfen.
Aus Kafkas eigener traumatischer Erfahrung von Sprechen als Bloßstellung und Selbstentwertung und zweischneidigem Schweigen als Zustimmung, die aber Trennung und Verlassenwerden zur Folge hat, kommuniziert Kafka mit seiner Darstellungsform (gestrichene Stelle) im »Schweigen« also dem Leser die verleugneten Gefühle, für die er aus Scham nicht verantwortlich zeichnet. Der ästhetische Genuß des Textes als sinnliche Selbstbefriedigung, der mir im wahrsten Sinne »die Irritationen bis zum ›Vorwurf‹ und bis zum ›Schämen‹ nicht ersparte«[143], ermöglichte es mir dann aber, meine Gegenübertragung zu verstehen und durch die »Abstinenz in Sachen Interpretation«[66] den »Schloß«-Text als ästhetische Gestaltung von Kafkas traumatischer Erfahrung zu begreifen. Meine Existenzerfahrung am Text kann ich

nun auf den Begriff bringen: Das Thema des »Schloß«-Romans ist das selbstbefriedigende Sprechen im gelingenden Dialog mit dem anderen. K. will sich zeigen, aber er tut es, indem er sich aus Scham zugleich verbirgt, und Kafka gestaltet K.'s narzißtische Interaktionsstruktur, indem er K.'s Sichzeigen als Sichverbergen aus Scham *im* Leser als heimliche Lust evoziert.
Subkutan erfährt der Leser am eigenen Leibe also Kafkas Textphantasie, wenn er, wie Khan es für die Selbsterfahrung im therapeutischen Prozeß fordert, »Mit Augen hört«[57]. Sinnlichkeit ist sprachlich exkommuniziert und findet im Körper des anderen, des Lesers, statt, was dieser erst in sprachliche Symbolisierung einholen muß, um so Kafkas Schreiben, das ›halbseiden‹ wirken kann, zu enttraumatisieren und szenisch zu komplettieren. Diese heimliche Lust zu veröffentlichen, bedeutet, den ästhetischen Genuß als Körpererfahrung am Text zu konkretisieren.
Sinnliche Berührung findet im »Schloß«-Roman hauptsächlich ›Zwischen Tür und Angel‹, draußen, ›Auf der Straße‹, im Dunkeln und heimlich bzw. überfallartig statt. Die Straße ist der anonyme Raum, in dem K. körperliche Bewegung und emotionale Erregung erleben kann. Die öffentliche Straße bietet Schutz vor unverhoffter Intimität und Berührung, die K. aber unbenannt zweideutig läßt. Die Straße selber hat für K. anthromorphe Züge von jemandem, der ihn mutwillig festhält und hindert oder aber gerade besinnungslos fortreißt, was Kafka durch Zeitdehnung bzw. Zeitraffung darstellt (siehe K. – Barnabas, »Schloß«, S. 30-32). Kafka beschreibt, ohne zu benennen.
Mit seiner Sprache regt Kafka durch Anspielungen und Auslassungen zu sexuellen Phantasien an. Im 1. Kapitel phantasierte ich K. als Strichjungen, der sich zu flüchtigem Verkehr auf der Straße anbietet, bzw. wurde die Straße zum Partner, der zu bedingungsloser Befriedigung bereitsteht. Die Straße als Ort anonymisierter Sinnlichkeit hat eine perverse Faszination, an der Kafka den Leser zwar beteiligt, worüber zu sprechen aber obszön wäre.
Auftakt von sinnlicher Berührung im »Schloß«-Text ist häufig ein Schrei, der die sprachlose Gewalt von Begierde und die wortlose Antwort des Erschreckens signalisiert. Siehe dazu im Roman u. a.: K.'s Schrei, als der Gehilfe nachts neben ihm liegt, K.'s »größter Schrecken« [123]; K.'s Aufschrei nach Barnabas [137]; Amalias Schrei aus Scham und ihr Schweigen als Bestrafung der Familie und als Selbstbestrafung [183 ff.]; Bürgels »leichter

Schrei«, als K. in sein Zimmer eindringt [243 ff.]. Im Moment, wo K. »sein Verlangen nachdrücklich stellen könnte« [37] – wie mit der Herrenhof-Wirtin –, ist K. sprachlos und schweigt oder er schläft ein. In den Momenten unkontrollierten Gefühlsausdrucks aber wechselt Kafka aus der K.- in die Erzähler-Perspektive und stört als Beobachter zynisch K.'s Begegnung mit sich selbst (siehe dazu Kapitel III, 5.4).

2.2 Exkurs 2 zum »Brief«: Kafkas Pawlatsche-Trauma und die Verschleppung des Subjekts als Darstellungsform

Im »Brief« beschreibt sich Kafka als ängstliches Kind, das aber lenkbar gewesen wäre, wie er meint, durch »ein freundliches Wort, ein stilles Bei-der-Hand-Nehmen, einen guten Blick ...«. Stattdessen aber *erzog* der Vater Kafka.

»Ich hätte ein wenig Aufmunterung, ein wenig Freundlichkeit, ein wenig Offenhalten meines Weges gebraucht, stattdessen verstelltest Du mir ihn, in der guten Absicht freilich, daß ich einen anderen Weg gehen sollte, aber dazu taugte ich nicht. Du muntertest mich z. B. auf, wenn ich gut salutierte und marschierte, aber ich war kein künftiger Soldat, oder Du muntertest mich auf, wenn ich kräftig essen oder sogar Bier trinken konnte oder wenn ich unverstandene Lieder nachsingen und Deine Lieblingsredensarten Dir nachplappern konnte, aber nichts davon gehörte zu meiner Zukunft. Und es ist bezeichnend, daß Du selbst heute mich nur dann eigentlich in etwas aufmunterst, wenn Du selbst in Mitleidenschaft gezogen bist, wenn es sich um Dein Selbstgefühl handelt, das ich verletze (z. B. durch meine Heiratsabsicht) ...« (B 123)

Kafka erwähnt nun ein »Erziehungsmittel« des Vaters, der ohnehin dadurch, daß er immer im Geschäft war, dem Kind unheimlich und fremd blieb:

»Direkt erinnere ich mich an einen Vorfall aus den ersten Jahren. Du erinnerst Dich vielleicht auch daran. Ich winselte einmal in der Nacht immerfort um Wasser, gewiß nicht aus Durst, sondern wahrscheinlich teils um zu ärgern, teils um mich zu unterhalten. Nachdem einige starke Drohungen nicht geholfen hatten, nahmst Du mich aus dem Bett, trugst mich auf die Pawlatsche und ließest mich dort allein vor der geschlossenen Tür ein Weilchen im Hemd stehen. Ich will nicht sagen, daß das unrichtig war, vielleicht war damals die Nachtruhe auf andere Weise wirklich nicht zu verschaffen, ich will aber damit Deine Erziehungsmittel und ihre Wirkung auf mich charakterisieren. Ich war damals nachher wohl schon folgsam, aber ich hatte einen inneren Schaden davon. Das für mich Selbstverständliche des sinnlosen Ums-Wasser-Bittens und das außerordentlich Schreckliche des Hinausgetragenwerdens konnte ich meiner Natur nach niemals in die richtige Verbindung bringen. Noch nach Jahren litt ich unter der quälenden Vorstellung, daß der riesige Mann, mein Vater, die letzte Instanz, fast ohne Grund kommen und mich in der Nacht aus dem Bett auf die Pawlatsche tragen konnte und daß ich also ein solches Nichts für ihn war.« (B 122/23)

Was Kafka hier beschreibt als sein, wie ich es nennen möchte, Pawlatsche-Trauma ist die Folge der totalen Einfühlungsstörung des Vaters in die narzißtischen Bedürfnisse des Kindes. Das sinnlose Um-Wasser-Bitten, das noch als nächtliche Störung der Eltern den deutlichen Appellcharakter hat: ›Habt Ihr mich vergessen, ich bin doch auch noch da!‹ wurde mit einer Exkommunizierung des Körpers beantwortet. Der Vater eliminierte den Jungen: setzte ihn als ›ein Nichts im Hemd‹ vor die Tür nach draußen. Dort mag das Kind weiter gewinselt haben. Paßt nicht dazu Kafkas Schlußsatz des Prozeß-Romans: »Wie ein Hund!« sagte er, es war, als sollte die Scham ihn überleben« (P 194)?
Für meine »Schloß«-Betrachtung ist es nun wichtig, *wie* Kafka diese narzißtische Kränkung beschreibt, d. h., *wie* er sie ästhetisch gestaltet hat. Im Unterschied zu Binder etwa, der »die Pawlatsche-Episode als typisches Modell für den Verlauf väterlicher Erziehungsmaßnahmen in den präödipalen Phasen«[144] versteht, interessiert mich das Realtrauma, insofern es produktionsästhetische Folgen für Kafkas Schreiben hat.
Zweifellos bestehen beide Traumen: das Pawlatsche- wie das Mauer-Trauma der traumatischen Szene 1 im »Schloß«-Text darin, daß der Wunsch, sich zu zeigen, gesehen zu werden, Gehör zu finden, im Echo des anderen seine Existenz gespiegelt und aufgehoben zu fühlen, zunichte wird. Im »Schloß« war das Echo des Lehrers »ein ärgerlicher Blick«, in Kafkas Kinderszene das wortlose Hinausgesetztwerden auf die Pawlatsche. Statt nun aber voller Empörung zu sein, schreibt Kafka dem Vater: »*Ich will nicht sagen, daß das unrichtig war,* vielleicht war damals die Nachtruhe auf andere Weise wirklich nicht zu schaffen ...«. Das heißt: Kafka beschreibt das Erlebnis, indem er es von der Warte der Eltern aus beurteilt und ihnen Recht gibt. Aber nur scheinbar: denn rhetorisch getarnt in der doppelten Verneinung verurteilt er tatsächlich den Vater. Kafka sagt selber dazu: »Das war

damals ein kleiner Anfang nur, aber dieses mich oft beherrschende *Gefühl der Nichtigkeit* (ein in anderer Hinsicht allerdings auch *edles und fruchtbares Gefühl*) stammt vielfach von Deinem Einfluß«. Das aber ist ein für Kafka typisches Sprechen: Der wortlosen Verschleppung des Kinderkörpers auf die Pawlatsche korrespondiert in Kafkas Schreiben die, wie ich es nennen werde, Verschleppung des Subjekts: die Flucht in Klammern, Nebensätze und Verneinung. Sprechen ist Reden über ..., Argumentieren und Rechtfertigen, um körperliche Berührung zu vermeiden.

In ›seliger Selbstverleugnung‹, so haben wir im »Schloß«-Text gesehen, hebt K. sich im anderen auf. Erinnern wir uns an die 1. Szene des Textes: K. hat sich als Landvermesser dem Schloß gegenüber behauptet, aber die Insignien des Gastes akzeptiert er nur teilweise. Wie wenn er von der Pawlatsche wieder hereingeholt worden wäre, akzeptiert er zwar den Schlaftrunk (das Glas Wasser!), nicht aber das angebotene Gästezimmer. K. bleibt am Boden auf seinem Schlafsack bei den Ratten. Als wäre er nur in dieser Lage vor weiteren Niederlagen gefeit, unterworfen muß er Unterwerfung nicht mehr fürchten. Meine *These* ist nun: Kafka bewältigt ästhetisch die erlittene narzißtische Traumatisierung von Körperlichkeit in der sprachlichen Interaktionsform als Verschleppung des Subjekts in doppelter Verneinung, als Selbst-Verleugnung in der Rede des anderen und damit als Mystifizierung der Gefühle in uneigentlichem Sprechen. In einem Brief schreibt Kafka: »Meine Selbstverurteilung hat zwei Ansichten, einmal ist sie Wahrheit ..., dann aber ist die Selbstverurteilung auch Methode«[145]. Von der Interaktionsstruktur des Pawlatsche-Traumas bleibt erhalten: die einseitige Verfügung eines sich aber verbergenden Subjekts über das Objekt, ohne wechselseitige Verständigung im Dialog. Schreibend wiederholt Kafka als aktive ästhetische Bewältigung seines Traumas in sprachlicher Verfügung, was ihm passiv in sprachloser Vergewaltigung geschehen ist. Der Vater als Subjekt der Szene ist getilgt, vernichtet, wie er das Kind zunichte machte – damals. Im »Schloß«-Text werden wir sehen, daß der Beamte Klamm, vor dem K. sich zeigen will, derjenige ist, der aus Scham sprachlos und verborgen bleibt.

Daß Kafka im »Schloß«-Roman dieses Pawlatsche-Trauma aktiv ästhetisch gestaltet hat, zeigt sich auch in der 2. Szene als der Gestaltung von K.'s imaginierter Objektbeziehung. In der Annäherung an das Schloß hatte K. sich an den Kirchturm seines Heimatstädtchens erinnert. Der Schloßturm verkam ihm unter der seligen Kindheitsperspektive zum brüchigen und elenden Steinhaufen. Tatsächlich aber sind damals und heute nur eine Scheinalternative, denn das Schloß stellt sich nicht als schlechte Alternative, sondern als Bedingung des Kinderwunsches heraus. Im Moment der Annäherung an sein Ziel, das Schloß, erinnert K. die Kindheit, die eine selige Zukunft versprach; aber zugleich war sie elend wie das Schloß jetzt, sonst hätte sie nicht dieses erhabenen Zukunftsentwurfs bedurft. Lesen wir noch einmal im Text, *wie* K. das Schloß aus der Nähe wahrnimmt, nämlich wie das geängstigte, auf die Pawlatsche ausgesetzte Kind:

»Der Turm hier oben – es war der einzig sichtbare –, der Turm eines Wohnhauses, wie es sich jetzt zeigte, vielleicht des Hauptschlosses, war ein einförmiger Rundbau, zum Teil gnädig von Efeu verdeckt, mit kleinen Fenstern, die jetzt in der Sonne aufstrahlten – etwas Irrsinniges hatte das –, und einem *söllerartigen* Abschluß, dessen Mauerzinnen unsicher, unregelmäßig, brüchig, wie von *ängstlicher oder nachlässiger Kinderhand* gezeichnet, sich in den blauen Himmel zackten«.

Nun heißt Söller soviel wie Pawlatsche: ein balkonartiger Durchgang. Das Schloß also enttäuscht K., weil es in seiner Schäbigkeit an die Armseligkeit seiner Kindheit erinnert, der zu entkommen der »trübselige Hausbewohner« sich mit seinem Durchbruchversuch gerade wünscht. – Es gibt eine von Kafka gestrichene Variante des Romanbeginns. Dort bekommt K. als Gast »das Fürstenzimmer« zugewiesen. »Den *Balkon* bitte ich nicht zu betreten«, sagte der Wirt, als der Gast, nachdem er hier aus dem Fenster in die Nacht hinausgesehen hatte, sich der Glastüre näherte. »Der Tragbalken ist ein wenig brüchig geworden« [301]. Kafka hat also K. in der vorliegenden Fassung des Romans entsprechend seiner narzißtischen Traumatisierung mit seinem »Gefühl der Nichtigkeit« als »auch edle(m) und fruchtbare(m) Gefühl« ausgestattet: K. wird von draußen reingeholt und als Gast akzeptiert; K. bleibt aber klein und nichtig, beansprucht nicht das Gästezimmer mit brüchigem Balkon. Im Schloß aber gewahrt er dann eben die Pawlatsche (söllerartiger Abschluß) und reagiert mit Verachtung für den »trübseligen Hausbewohner«: K. sieht im Schloß den »trübseligen Hausbewohner«, der das Dach durchbricht, um sich der Welt zu zeigen, und verhöhnt in ihm das wegen seines »sinnlosen Um-Wasser-Bittens« exkommunizierte Kind.

Kafka gestaltet in K. denjenigen, der die traumatisierten Gefühle des Kindes exkommunizieren muß; nun ist er es, der aktiv mit Verachtung straft, was er passiv als Vernichtung zum Nichts erlitten hat. Kafkas »Selbstheilungsversuch« (Beck[146]) durch Schreiben besteht darin, erlittene Selbstverurteilung als Darstellungsmethode zu funktionalisieren. Kafka spielt mit der Wahrheit. Wir werden im Romanverlauf sehen, daß sich K. immer dann, wenn er akzeptiert wird, selber exkommuniziert und geht, weil ja das Angenommenwerden gerade an den narzißtischen Schmerz der Beschämung von damals rührt. Was Kafka als »edles und fruchtbares Gefühl der Nichtigkeit« bezeichnet, ist K. zur Schutzbehauptung geworden gegen die Scham, wenn er sich zeigt, in sprachlosem Raum zunichte zu werden. In der traumatischen Szene mit dem Lehrer geschieht K. eben im Moment seines selbstbefriedigenden Glücks auf der Mauer diese wortlose Vernichtung, und im Text heißt es, daß sich K. »dieses Gefühl des Sieges« bewahrt habe, trotz der Verletzung, die er sich beim Absprung von der Mauer zugezogen hatte. Die narzißtische Wunde in seinem Selbstwertgefühl durch das wortlose Abblitzen beim Lehrer fand also ihre körperliche Einschreibung als Leiden. Leiden aber, und zwar durch Vergessenwerden im selbstlosen Sprechen des anderen, schützt K. paradoxerweise vor Scham. K. wird sich immer wieder zeigen wollen, sprechen wollen, aus Scham dann aber, weil er sich schutzlos-sprachlos ausgesetzt fühlt, von sich auf andere ablenken, die dann im Reden über ihre leidvolle Vergangenheit K. vergessen. Die erlittene Traumatisierung durch sprachlose Uneinfühlsamkeit findet im »Schloß«-Roman im Reden über Leiden und Sorgen als verdinglichtem Sprechen der anderen ihre Bewältigung. Solange nämlich die anderen über sich reden, können sie K. mit ihrer Rede nicht verletzen, wiewohl K. dann mit seinem Wunsch, sich zu zeigen, zu sprechen, nur in seiner Negation: als Zuhörer und Zuschauer sichtbar wird. In K.'s ›seliger Selbstverleugnung‹ gestaltet Kafka sein Pawlatsche-Trauma: K. zeigt sich, indem er sich verbirgt. In der Sprechstruktur der doppelten Verneinung aber bleibt K. sichtbar als ›Störfaktor‹ in der Rede der anderen. Der Leser muß also an K. als Perspektivfigur festhalten, denn Kafka schreibt gegen K., er verschleppt in seiner Darstellungsform das Subjekt. K. hebt sich scheinbar auf; tatsächlich stellt Kafka ihn in der Spiegelung im Leiden anderer dar. Das Hören ist im »Schloß«-Roman der

Grund des Sprechens. K. macht die anderen sprechen, damit der Leser ihn »Mit Augen hört« (Khan) als im Schweigen zu Wort kommendes Kind. Das Codewort, mit dem Kafka K.'s drohende Wirklichkeitsvernichtung in der Rede des anderen über ihn anzeigt, ist ›scheinbar‹. Ich komme darauf in Kapitel III in der szenischen Analyse zurück.

2.3 Exkurs 3 zum »Brief«: »Ich sage ja natürlich nicht, ...«

Kafka versuchte sich dem Vater gegenüber von der Schuld freizusprechen, an der schlechten Beziehung zum Vater allein schuldig zu sein. Vielmehr habe es dem Vater an Wärme gefehlt, die er sich dann von den Kindern erhofft habe, ohne sie allerdings wirklich annehmen zu können. So wenig wie er die Kinder in ihrem narzißtischen Bedürfnis nach Achtung und Respekt wahrnehmen konnte, achtete oder respektierte er sich auch selber. Im »Brief« heißt es:

»Irgendeine Ahnung dessen, was ich sagen will, hast Du merkwürdigerweise. So hast Du mir z. B. vor kurzem gesagt: ›Ich habe Dich immer gern gehabt, wenn ich auch äußerlich nicht so zu Dir war, wie andere Väter zu sein pflegen, eben deshalb, weil ich mich nicht verstellen kann wie andere.‹ ... *Ich sage ja natürlich nicht, daß ich das, was ich bin, nur durch Deine Einwirkung geworden bin. Das wäre sehr übertrieben (und ich neige sogar zu dieser Übertreibung).* Es ist sehr leicht möglich, daß ich, selbst wenn ich ganz frei von Deinem Einfluß aufgewachsen wäre, doch kein Mensch nach Deinem Herzen hätte werden können. Ich wäre wahrscheinlich doch ein schwächlicher, ängstlicher, zögernder, unruhiger Mensch geworden, weder Robert Kafka, noch Karl-Hermann, aber doch ganz anders, als ich wirklich bin, und wir hätten uns ausgezeichnet miteinander vertragen können. Ich wäre glücklich gewesen, Dich als Freund, als Chef, als Onkel, als Großvater, ja selbst (wenn auch schon zögernder) als Schwiegervater zu haben. Nur eben als Vater warst Du zu stark für mich, besonders da meine Brüder klein starben, die Schwestern erst lange nachher kamen, ich also den ersten Stoß ganz allein aushalten mußte, dazu war ich viel zu schwach.« (B 120)

In einem tieferen Sinn sagt der Vater wohl die Wahrheit: Da er sich selbst nicht achten und lieben konnte, konnte er auch den Sohn nicht lieben, er konnte seine Gefühle demzufolge auch nicht ausdrücken. Es dennoch zu tun, wäre Verstellung gewesen. Und was der Vater aus narzißtischer Defizienz nicht konnte, kann auch Kafka nicht. Seine Schreibweise zeigt abermals, daß er über sich und seine Gefühle nur in Klammern sprechen kann, in der doppelten Verneinung und darüber hinaus in einer ver-rückten Weise. Er sagt nicht, was er meint, weil das eine Übertreibung sein könnte, zu der er aber neigt, was er dann im Nebensatz kundtut. Die traumatischen Erfahrungen vom Tod der Brüder handelt er zudem im Nebensatz ab bzw. als Leerstelle, weil schon ihre Geburt traumatische Auswirkungen für ihn hatte. Was sagt Kafka dem Vater eigentlich in dieser uneigentlichen, wolkigen Redeweise? Er sagt dem Vater, daß dessen Stärke niederschmetternd für den Jungen war, tödlich, die zwei kleineren Brüder seien sogar gestorben. Und Kafka selber hätte alles lieber gehabt, nur nicht diesen Vater. Indem Kafka sich als Subjekt in der Verneinung und in Klammern verkrümelt, entschuldigt er den Vater, um ihn tatsächlich anzuklagen, aus der zweiten Reihe quasi, schamhaft und hinterlistig zugleich. Ich möchte Kafkas Redeweise als Taschenspielertrick bezeichnen: Die Aussage wird zwar negiert, aber erhalten, allerdings in entstellter Form. Die Leerstelle aber, von der ich meine, daß der Text sie enthält, ist die Rolle der Mutter in dieser ungeschützten, tödlichen Familienszenerie.

Kafka spricht an mehreren Stellen im »Brief« von seiner Beziehung zur Mutter. Das Auffallende ist, daß er dann von sich immer als von »man« spricht, und es wird deutlich, warum:

»*Man* konnte bei ihr zwar immer Schutz finden, doch nur in Beziehung zu Dir. Zu sehr liebte sie Dich und war Dir zu sehr treu ergeben, als daß sie in dem Kampf des Kindes eine selbständige geistige Macht für die Dauer hätte sein können. Ein richtiger Instinkt des Kindes übrigens, denn die Mutter wurde Dir mit den Jahren immer noch enger verbunden; während sie immer, was sie selbst betraf, ihre Selbständigkeit in kleinsten Grenzen schön und zart und ohne Dich jemals wesentlich zu kränken, bewahrte, nahm sie doch mit den Jahren immer vollständiger, mehr im Gefühl als im Verstand, Deine Urteile und Verurteilungen hinsichtlich der Kinder blindlings über, besonders in dem allerdings schweren Fall der Ottla. Freilich muß *man* immer im Gedächtnis behalten, wie quälend und bis zum letzten aufreibend die Stellung der Mutter in der Familie war. Sie hat sich im Geschäft, im Haushalt geplagt, alle Krankheiten der Familie doppelt mitgelitten, aber die Krönung alles dessen war das, was sie in ihrer Zwischenstellung zwischen uns und Dir gelitten hat. Du bist immer liebend und rücksichtsvoll zu ihr gewesen, aber in dieser Hinsicht hast Du sie ganz genauso wenig geschont, wie wir sie geschont haben. Rücksichtslos haben wir auf sie eingehämmert, Du von Deiner Seite, wir von unserer. Es war eine Ablenkung, *man* dachte an nichts Böses, *man* dachte nur an den Kampf, den Du mit uns, den wir mit Dir führten, und auf der Mutter tobten wir uns aus.« (B. 138)

Die Mutter war in der Beziehung zu Kafka nicht als eigenständige Person ansprechbar, sie konnte nicht »Ich« sagen, so daß das Kind sich als »Ich« erfahren hätte. Sie war zwischen Vater und Kindern ein Körper, auf dem sie ihren Kampf um Überlebensberechtigung austrugen. »Natürlich hätte die Mutter das alles nicht ertragen können, wenn sie nicht aus der Liebe zu uns allen und aus dem Glück dieser Liebe die Kraft zum Ertragen genommen hätte« (B 139). Kafka sieht die Dulderrolle der Mutter aber nicht nur positiv. Vielmehr habe sie mit ihrem Gutsein und ihrer Fürbitte den Jungen nur heimlich geschützt, tatsächlich aber mit ihrer Güte als »lichtscheues Wesen« festgehalten. Dadurch, daß sie sich als Person dem Vater gegenüber nicht abgrenzen konnte, trieb sie den Sohn bei aller Liebe immer wieder in dessen »Kreis« zurück.

»Es ist wahr, daß die Mutter grenzenlos gut zu mir war, aber alles das stand für mich in Beziehung zu Dir, also in keiner guten Beziehung. Die Mutter hatte unbewußt die Rolle eines *Treibers in der Jagd*. Wenn schon Deine Erziehung in irgendeinem unwahrscheinlichen Fall mich durch Erzeugung von Trotz, Abneigung oder gar Haß auf eigene Füße hätte stellen können, so glich das die Mutter durch Gutsein, durch vernünftiges Reden (sie war im Wirrwarr der Kindheit das Urbild der Vernunft), durch Fürbitte wieder aus, und ich war wieder in Deinen Kreis zurückgetrieben, aus dem ich sonst vielleicht, Dir und mir zum Vorteil, ausgebrochen wäre. Oder es war so, daß es zu keiner eigentlichen Versöhnung kam, daß die Mutter mich vor Dir bloß im Geheimen schützte, mir im Geheimen etwas gab, etwas erlaubte, dann war ich wieder vor Dir das lichtscheue Wesen, der Betrüger, der Schuldbewußte, der wegen seiner Nichtigkeit selbst zu dem, was er für sein Recht hielt, nur auf Schleichwegen kommen konnte. Natürlich gewöhnte ich mich dann, auf diesen Wegen auch das zu suchen, worauf ich, selbst meiner Meinung nach, kein Recht hatte. Das war wieder Vergrößerung des Schuldbewußtseins.« (B 133)

Kafka hat in der traumatischen Szene 2 im »Schloß« das Standbild einer selbst-losen Mutter gezeichnet, vor dem K. in Schlaf versinkt. Der andere Teil der Szene: Die zwei ausgelassen wie Kinder im Holzschaff tobenden Männer aber sind zu verstehen als die zwei Brüder, deren Geburt ihn die Zuwendung der Mutter kostete und deren Tod dann abermals traumatisch wirken mußte. Kafka erwähnt allerdings nur den Tod der Brüder und auch nur im Nebensatz. Ich komme hierauf weiter unten ausführlich im Zusammenhang mit Mitscherlich-Nielsens triebdynamischer Deutung dieser traumatischen Erfahrung von Kafka zurück. K. nimmt die Szene zunächst als Zuschauer wahr, an die Schulter des Alten gelehnt, also geschützt. Die Männer verweisen ihn dann des Hauses, und ›in einem Sprung‹ versucht K., den Blick der Mutter doch noch auf sich zu ziehen. Er zeigt sich in seiner körperlichen Größe, und sie antwortet ihm, wie wir wissen, wegwerfend. In dieser Selbstverachtung kann K. sich wieder nicht – genauso wenig wie mit dem Lehrer – in seinem Gefühl, »körperlich der Größte zu sein«, bestätigt finden, er gleitet ab und wird zum Nichts, das »man« ungehindert vor die Tür setzt (wie das Kind im Pawlatsche-Trauma).

Das Traumatische dieser Szene ist, daß die Frau sich nicht benennen kann, weil sie sich nicht liebt, sondern verachtet, und K. damit namenloses Objekt bleibt, Körper, der sprachlos traktiert wird, um dann, wie wir im Romanverlauf sehen werden, im steinernen Gegenüber: Schloß, nach seinem Namen zu suchen. Wir werden erfahren, daß K. immer wieder zu »man« wird, weil er sich zwar zeigen, aber nicht benennen kann. Die Frauen im Schloß sucht K. als Fürsprecher, die ihn tatsächlich aber entmündigen, weil sie ihn für ihre narzißtischen Zwecke als Spiegel mißbrauchen und ihn damit zugleich in seiner Körperlichkeit und Männlichkeit entwerten.

2.4 Die Verschleppung des Subjekts als Kafkas Darstellungsform, aber: »Mit Augen hören«

Fassen wir die Exkurse zum »Brief« in trauma-analogem Verstehen im Vergleich mit der Analyse der zwei traumatischen Szenen im »Schloß« zusammen. Was Kafka im »Brief« als unerfüllten Wunsch des Kindes an den Vater formuliert hat: »ein freundliches Wort (1), ein stilles Bei-der-Hand-Nehmen (3), ein guter Blick (2)« sind die von Kafka im »Schloß«-Text gestalteten traumatischen Klirrpunkte, die seinen im »Brief« benannten Realtraumen entsprechen. Im »Schloß«-Text fallen Kindheitswünsche und Traumen zusammen. 1: In der traumatischen Szene 1 zwischen K. und Lehrer hat Kafka den Wunsch nach »einem einzigen offenen, herzlichen Wort« gestrichen, was im Schweigen traumatisch auf mich wirkte – so wie Kafka im Gespräch mit den Eltern das fehlende herzliche Wort als niederschmetternde Entwertung seiner Sinnlichkeit erlebte (Exkurs 1: ›Sinnlichkeit gehört auf die Straße‹). 2: In der traumatischen Szene 2 auf der Mauer mit dem Lehrer spiegelte der Lehrer K. gerade nicht mit einem »guten Blick«, sondern verwarf ihn wortlos mit einem »ärgerlichen Blick« – so wie Kafka als Kind-Körper auf die Pawlatsche hinausgestellt worden war und sich als Nichts fühlen mußte (Exkurs 2: ›Pawlatsche-Trauma‹). 3: In der traumatischen Familienszene ist K. zwar zunächst an die Schulter des Alten gelehnt, was ihn gegen die für ihn blicklose Mutter schützt, dann aber ist K. der verwerfenden Antwort der Mutter schutzlos ausgeliefert, und der Alte verlacht K., als er wie ein Nichts vor die Tür gesetzt wird – so wie der Vater seine Liebe dem Sohn nicht sagen konnte, weil er ihn nur auf sich bezogen liebte, sich selber aber nicht lieben, d. h., sich nicht benennen konnte. Nur als Mensch nach dem Herzen des Vaters hätte Kafka des Vaters Liebe gewinnen können, das aber hätte Selbstaufhebung geheißen: ›Nur wenn Du wie ich bist, bist Du mir recht‹ – also: ›Wenn Du nicht Du bist‹. Anders gesagt, läßt sich die Interaktionsform zwischen Vater und Sohn auf die paradoxe Aufforderungsformel bringen: »Liebe mich! Fürchte mich nicht!«, was allemal das unerfüllbare Gebot impliziert: *»Sei, der Du nicht bist!«*. Kafka erlebte den Vater als tödlich, weil er dem Sohn als eigenständiger Person keinen Raum ließ. Im »Schloß«-Text gestaltet Kafka diese Interaktionsform, die ich als ›vampiristisches Zweieck‹ benennen will, aber mit Frauen – so wie auch Kafkas Mutter nicht »Ich« sagen konnte, wiederholt Kafka das in seiner Darstellungsform, der K.-Form (Exkurs 5: »Man fragte dann die Mutter ...«, Kapitel III, 5.2.1), wobei seine unausgesprochene Frage lautet: »Darf ich Ich sein?«

Ich habe diese Interaktionsform zwischen K. und den Frauen: Frieda, Brückenhof-Wirtin, Pepi, in drei Kapiteln ausgeführt und sie jeweils als paradoxe Beziehungsangebote formelhaft charakterisiert. Kapitel III, 3.: K. – Frieda: ›Laß mich Dich besitzen und ich will Dein Sklave sein und mich von Dir befreien!‹; Kapitel III, 3.2: K. – Brückenhof-Wirtin: ›Friß Vogel oder stirb!‹; Kapitel III, 10.1: K. – Pepi: K.'s Interaktionsform ›Vernachlässigen‹ stellt sich als Folge und Bedingung des ›Minimisiertwerdens zur Sonne des anderen‹ dar.

Wie das Gespräch zwischen Vater und Kafka-Sohn auf dem Körper der stummen Mutter als Prellbock stattfand (siehe Exkurs 5, Kapitel III, 5.2.1) und den Sprecher zu ›man‹ anonymisierte, und wie der Kinderkörper als Spielball zwischen Vater und Mutter fungiert (siehe Exkurs 4, Kapitel III, 3.3.1), genauso benutzt K. im »Schloß« die Frauenkörper als »Machtmittel«, um über sie zu Klamm zu gelangen. Er will sie als Fürsprecher für seine Zwecke funktionalisieren und wird dabei unversehens von ihnen zum Kind entwürdigt, zum leutseligen Zuhörer ihrer vergilbten Liebesgeschichten.

Ich möchte die Exkurse 1, 2 und 3 zum »Brief« in Codeworten zusammenfassen:

Exkurs 1:	›Sinnlichkeit gehört auf die Straße‹	– ›halbseiden‹
Exkurs 2:	Kafkas Pawlatsche-Trauma und die Form als Verschleppung des Subjekts	– ›scheinbar‹
Exkurs 3:	»Ich sage ja natürlich nicht, ...«	– ›man‹
Exkurs 4:	»... Ich zerreisse Dich wie einen Fisch!«	– ›nebendran‹
Exkurs 5:	»Man fragte dann die Mutter ...«	– ›als ob‹

(Zu den Exkursen 4 und 5 siehe meine Ausführungen im szenischen Zusammenhang der Romananalyse S. 128/9 und S. 186/7). Der Nenner der traumatischen Erfahrungen, die Kafka im »Brief an den Vater« beschreibt, und wie er sie dann ästhetisch im »Schloß«-Text gestaltet hat, ist das lieblose und sprachlose Traktieren von Körperlichkeit, die Verdinglichung von Sinnlichkeit als Verschleppung und damit Anonymisierung des Subjekts zu ›man‹, der gegenseitige narzißtische Mißbrauch in ›als-ob-Beziehungen‹. Sprechen ist Losschlagen auf den Körper: Seine Bloßstellung bzw. sein Totschweigen oder aber körperliche Bedürfnisse werden in Anspielungen und Auslassungen als pervers denunziert und der Phantasie des anderen als ›halbseiden‹ überantwortet (1). Sichzeigen hat tödliche Folgen: die wortlose Verschleppung des Körpers als Verschleppung des Subjekts in der klinisch-deskriptiven Rede des anderen über ihn, die ›scheinbar‹ Fürsprache ist, tatsächlich aber Entmündigung zum Kind (2). Berührung ist trügerisch und kann in Verhöhnung umschlagen, weil ›man‹ sich nicht der sprachlich-definitorischen Verfügung des anderen über einen entziehen kann, solange ›man‹ sich nicht an den eigenen Gefühlen orientieren kann (3).

Die verrücktmachende Wirkung der Texte geht demnach auf Kafkas ver-rücktes Sprechen zurück, das einen Versuch darstellt, der erfahrenen Traumatisierung von Körperlichkeit in der Familie, die durch Sprachlosigkeit im Sinne von Dialogunfähigkeit geschah, dennoch einen Namen zu geben. Kafka inszeniert im »Schloß«-Text K. als jemanden, der lügt und verschweigt, aber in seiner Körpersprache erkennbar ist. »Mit Augen hören« (Khan) ermöglicht es mir als Leser, die Klirrpunkte im Textverständnis als Codeworte zu verstehen, in denen sowohl die traumatischen Szenen als auch die ursprünglichen narzißtischen Wünsche und Körperbedürfnisse anklingen. Adorno sprach davon, daß Kafka »... das geschichtliche Verhältnis von Begriff und Gestus spiegelbildlich ...« verkehrt habe: »Der Gestus ist das ›So ist es‹; die Sprache, deren Konfiguration die Wahrheit sein soll, als zerbrochene, die Unwahrheit«[147]. Es reicht nun aber nicht, zu sagen, K. lüge und die Gestiksprache sei das »So ist es«. Vielmehr ist die traumatische Trasse von Scham und Schuld im Sprachlich-Symbolischen die zwischen Sprache als Lüge und List (Verschweigen) *und* Gestus *und* Form. Die Klirrpunkte sind Traumen und Wünsche zugleich, und an K.'s Reaktionen bzw. der Gegenübertragung im Leser wird ihre *jeweilige* Bedeutung ablesbar, hörbar, fühlbar. Ich halte deshalb Binders Auflistung von Kafkas Gestik und Mimik aus Lebenszeugnissen und literarischem Werk, um seine Erzählhaltung als durch subjektive Wahrnehmung motivierte zu erweisen, für unzureichend, weil sie bloße Faktensammlung bleibt[148]. Die Bedeutung von Sprache und Gestik bei Kafka aber entsteht, das will ich zeigen, *im* Leser: Im trauma-analogen Verstehen des Textes erschließen sich die Klirrpunkte als Relikte von traumatischen Szenen, wenn der Leser zum Mitspieler im Text wird, zum Spiegel, um an sich selber den verschütteten Sinn der Szenen zu begreifen. Kafkas ›Schreiben als Verschweigen‹ und Verschleppung des Subjekts findet im Leser, der sich am Text benennt, seine Sprache als »Neubuchstabieren des Körperalphabets« (Pohlen).

Das Festhalten an der Realität der narzißtischen Traumen als Scharniere der Motivation von Kafkas Schreiben wie auch der ästhetischen Gestalt des »Schloß«-Textes selber ermöglicht es mir, im Realwerden am Text die Wirkung des Textes zu begrei-

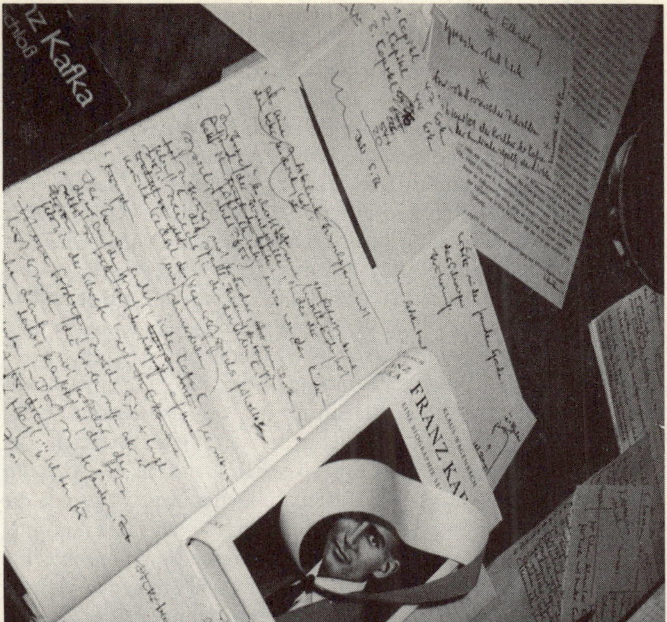
z Kafka
FRANZ KA

fen. Kafka verdoppelt nicht Realität, indem er sie etwa kritisiert, sondern stellt sie mit den Mitteln der Realität: seiner traumatischen Realitätserfahrung dar und damit in Frage. Er schreibt selbstbiographische Untersuchungen. Im Bestreben, seine paradoxen Erfahrungen in der Familie zu enthüllen, ver-stellt er sie: Die Texte erhalten dadurch metakommunikative Funktionen, die Sprechen selber thematisieren. Kafkas Schreiben ist *scheinparadox:* Kafka gestaltet die Bewältigung der Traumen, weil er aber in den sprachlichen Interaktionsmustern familialer Paradoxien befangen bleibt, ist die Wirkung seiner Texte oft zynisch. Kafkas Schreiben ist scheinparadox, obwohl es oft paradox wirkt und im Sinne von Beziehungsfallen den Leser schmerzlich gefangen nehmen kann. Zur logischen Paradoxie aber fehlt, wie ich meine, neben der vorhandenen Selbstbezogenheit und Widersprüchlichkeit im Text gerade die Zirkelhaftigkeit als drittes Kriterium für eine logische Paradoxie[149]. Vielmehr zeigt ein Vergleich der »Schloß«-Struktur mit dem Möbiusschen Band als Beispiel für einen circulus vitiosus, daß die verschlungenen Kanten gerade die traumatischen Klirrpunkte sind, an denen zwar die Handlung umschlägt, aber nicht, wie Adorno meinte, in »die schlechte Unendlichkeit«, in »Monotonie«[150]. Die verschlungenen Kanten entfalten sich nämlich, wenn ich den Text trauma-analog lese, als szenisch fortlaufende Textphantasie. In trauma-analogem Verstehen entrollen sich die verschlungenen Kanten und der Text wird sinnlich-beredt. Meine *These* zum »Schloß«-Text ist: Kafka gestaltet im wiederholten Durchlaufen der traumatischen Szenen deren minuziöse Veränderung. Neumann kennzeichnet Kafkas Darstellungsform als »gleitendes Paradox« und meint damit, seine spezifische Denklogik bestehe in Umkehrung und Ablenkung von gewohntem Denken[151]. Neumann beschreibt aber damit gerade Kafkas Form als scheinparadox. Ich meine, daß Kafkas Form Beziehungslogik ist, denn Kafka selber schreibt über sein Denken, daß es »gefühlsmäßig durchdrungen (sei). Alles fühlte sich als Gedanke, selbst im Unbestimmtesten« (Kafka). Die von Neumann bezeichnete Umkehrung und Ablenkung aber haben bei Kafka ihre Beziehungslogik in der Bewältigung der traumatischen Szenen. Diese werden umgekehrt, d. h., in Gegendisqualifikation entstellt, um von den ursprünglichen Interaktionspartnern der traumatischen Szenen abzulenken. Wie ich im Vergleich zwischen dem im »Brief« dargestellten Traumen, ihrer Sprachform

und den traumatischen Szenen im »Schloß« gezeigt habe, besteht in der doppelten Verneinung, im Sprechen in Klammern und Nebensätzen, Kafkas ›ja ... aber und überhaupt!‹ – Rede-Struktur als Verschleppung des Subjekts. Emotionale Betroffenheit (... ja) muß argumentativ widerlegt werden (... aber), und in einem Sprung (und überhaupt!) lenkt K. auf sein Gegenüber ab, um am anderen vorwurfsvoll zu benennen, was er an sich selber aus Scham und Angst, schuldig zu werden, nicht zu benennen wagt: seine Gefühle. Erst K.'s Scheitern an der Namenlosigkeit der anderen als deren Selbstverachtung und Scham läßt ihn sich selber schrittweise näherkommen. Meine *These* zum »Schloß«-Roman ist, daß Kafka »im Gespräch unter den Worten« [232], im Gestischen, die Bewältigung seiner traumatischen Kindheitserfahrung bzw. die Erfüllung seiner Kindheitswünsche ästhetisch gestaltet hat. Im wiederholten Durchlaufen der traumatischen Szenen formuliert Kafka an K. ihre minuziöse Veränderung. So bewältigt K. das Trauma mit dem Lehrer: Er erfährt das herzliche, offene Wort »Du« [146]; K. bekommt von Barnabas, dem Schloßboten, einen guten Blick, ein Lächeln, und erlebt mit ihm Berührung als »Auszeichnung« [119]; am Romanende hält Gerstäcker, der Fuhrmann, K. am Ärmel fest [297], während K. der Wirtin gegenüber sich benennen kann und damit das familiale, ›vampiristische Zweieck‹ aufhebt, das ich auf die paradoxe Formel ›Sei, der Du nicht bist!‹ gebracht habe [s. S. 94].
Kafka hat *›eine kleine Literatur‹* geschrieben. Deleuze und Guattari meinen damit, Kafka habe die Sprache aus ihrem bloß signifikanten Gebrauch als Träger ödipaler Strukturen befreit, indem er Sprache rein »intensiv« benutze[152], um das Verlangen »als unbegrenzte(n) Fortgang, Prozeß«[153] zu deterritorialisieren. »Die Sprache langsam, schrittweise in die Wüste führen. Die Syntax zum Schreiben benutzen, dem Schrei eine Syntax geben«[154], das sei, so Deleuze und Guattari, Kafkas Anliegen. Nein. Kafka hat eine Literatur der Alltäglichkeit geschrieben als selbstbiographische Untersuchung zur »Auffindung möglichst kleiner Bestandteile« (Kafka) und, wie ich ergänzen möchte, traumatischer Kindheitserfahrung als mißglückter Einfädelung von Körpererfahrung in symbolisch vermittelter Interaktion. Kafka ringt um die Sprache, um vorsprachliche Erfahrung mit dem Leser als Gegenüber zur Sprache zu bringen. Er gestaltet in kleinen Handlungen, kleinen Gesten und Klangspuren verschüttete Sinnlichkeit, Kose-

worte unter der Kotsprache. Was Deleuze und Guattari als »wuchernde Serien«, »Blöcke«, »Intensitäten«, »Verkettungen« etc. feiern, ist Kafkas unablässiger Wunsch, instrumentalisierte Sinnlichkeit an räumlicher Erfahrung gespiegelt zu beleben. Deleuze und Guattari fetischisieren an Kafka, was dieser gerade als Leiden an verdinglichter Körperlichkeit gestaltet hat. Sie brauchen Kafka als Kronzeugen für ihre Schizo-Analyse kapitalistischer Strukturen und totalisieren damit die in Kafka-Texten dargestellten räumlichen Strukturen. Damit verdoppeln sie aber nur Kafkas Darstellungsform der Verschleppung des Subjekts. Sie nehmen nur die Räume wahr, ohne auf die darin von Kafka als K.'s Selbstfindung inszenierte sprachliche Spurensicherung am Körper des anderen und des Lesers zu hören. Ich verstehe also unter Kafkas ›kleiner Literatur‹ K.'s Kindwerden bzw. Tierwerden, das ich aber nicht als »Schizo-Clownerie«, wie Deleuze und Guattari es tun, begreife, um es damit als »Kindlichkeitsmanierismus«[155] zu psychiatrisieren. Ich komme darauf ausführlich in Kapitel III im Zusammenhang mit der Hans-Szene zurück (6.4).
Vielmehr höre und sehe ich »im Gespräch unter den Worten« auf K.'s Körpersprache bzw. seine Seitenblicke auf die Körpersprache der anderen als den Vordialog seiner Sprachlosigkeit in sozialen Beziehungen. Thema des »Schloß«-Romans ist meiner Ansicht nach die Befreiung der Gefühle aus sprachloser Ohnmacht und damit ihr Neubuchstabieren in der außerfamilialen Beziehung zum Leser, insofern Sprechen/Schreiben/Lesen Gefühle macht, also Körperlichkeit schafft.

2.5 Kafka unter traum-analoger Perspektive: ›artig – bösartig – großartig‹

Mitscherlich-Nielsen geht in ihrer Arbeit über Kafka von dem Widerspruch zwischen »der Sanftheit der Person und der Ausschweifung in grausame Phantasien« aus, wobei sie Kafkas Dichtungen von vornherein als »alogisch und zeitlos wie Träume«, und zwar »Alpträume«, versteht[131]. Mitscherlich-Nielsen beantwortet nun die Frage, »inwiefern individuelle und kollektiv typische Traumen auf den Lebenslauf Kafkas und die Entwicklung seiner Begabung Einfluß haben«[87], indem sie mit der klassischen psychoanalytischen Deutungsmethode an Kafka und seine Eltern

›herangeht‹. Rangell beschreibt diese klassische Haltung des Analytikers als »teilnehmender Beobachter« folgendermaßen: »Er sitzt an der Grenze wie ein Linienrichter beim Tischtennis-Match, so daß er zum Patienten sagen kann, das ist das, was Du jetzt tust, hier ist ein Impuls, hier eine Abwehr, hier ist ein Widerstand ...«[156]. Mitscherlich-Nielsen nimmt nun zwar Kafka gegenüber die Rolle des Linienrichters ein, aber im Sinne des von Miller kritisierten ›Schwarze-Pädagogik-Impetus‹ der Psychoanalyse, d. h., »quod licet Jovi non licet bovi«. Was Mitscherlich-Nielsen bei Kafkas Mutter und Vater als deren Realtraumatisierung aus psychoanalytischen Kenntnissen von Direktbeobachtungen an Kindern beschreibt und ihnen als *artig* und Elternliebe nachsieht, deutet sie bei Kafka als aggressiven Triebkonflikt und als Schuld des *bösartigen* Kindes, um ihm seine Literatur dann allerdings als *großartig* nachzusehen. Psychoanalyse verstanden als biologistisches Triebkonzept schreibt familiale Beziehungen als Ambivalenzspaltung fest: Eltern – gut / Kinder – böse; Kunst hingegen fungiert als kollektive Wiedergutmachung und Verhüllung von Triebkonflikten der Familie in gesellschaftlich-pädagogischer Absicht.
Mitscherlich-Nielsen bringt den »Brief an den Vater« auf die Formel »sadomasochistische Beziehung«[157] zwischen Vater und Sohn. Hören wir hin, wie Mitscherlich-Nielsen dem Kafka-Vater-Laios »als brutale Herabsetzung« des Sohnes attestiert, was sie Kafka-Ödipus als »symbolischen Vatermord«, der ihm »aggressive Triebbefriedigung«[158] gestatte, ankreidet. Was einerseits als Elternliebe unbestritten positiv bleibt, bleibt andererseits als Ambivalenz des Kindes unbestritten negativ und schuldhaft.

»Seine sadomasochistische Beziehung zum Vater, die sich mit großem, leicht zu verletzendem Stolz verband, seine Neigung, eigene Bedürfnisse auf den Vater zu projizieren, kommen darin klar zum Ausdruck. In dem ›Brief‹ gewinnt man dennoch den Eindruck, daß dieser Vater diesem Sohn in keiner Weise gewachsen war. Auf die massiven und brutalen Herabsetzungen durch den Vater antwortete Kafka mit einer subtilen treffsicheren Gegenanklage, die einem symbolischen Vatermord gleichkommt. Nur indem er sich zugleich zum Erniedrigten und Beleidigten und zum Hilf- und Wertlosen machte, konnte Kafka sich solche aggressiven Triebbefriedigungen gestatten. *Faktisch scheinen ihn beide Eltern auf ihre Weise sehr geliebt zu haben*«[158]. (Unterstreichungen von mir, A.v.V.-S.)

Kafkas Vater, Hermann Kafka, hatte sich aus tschechisch-jüdischem Provinzproletariat zum Prager Geschäftsmann emporgearbeitet. Er heiratete eine Brauerstochter, Julie Löwy, aus wohlhabendem deutsch-jüdischem Provinzbürgertum. Beide Eltern arbeiteten im Geschäft, und der soziale Aufstieg stand im Mittelpunkt ihres Selbstverständnisses. Die Eltern wechselten in Kafkas ersten Lebensjahren mindestens viermal die Wohnung, um Geschäftslokal und Wohnung den Etappen ihres sozialen Aufstiegs äußerlich sichtbar anzupassen. Kafka wurde im wesentlichen von einer Köchin und Hauspersonal erzogen. Er war das älteste von sechs Kindern. Nach ihm wurden zwei Brüder geboren, die aber mit eineinhalb bzw. sechs Monaten starben.

Während Kafka im »Brief« nur den Tod der Brüder als traumatisch erwähnt, weil er dadurch der niederschmetternden Vitalität des Vaters allein ausgeliefert blieb, betont nun Mitscherlich-Nielsen als erste Autorin die Bedeutung, die die Geburt der zwei Brüder für den zwei- bzw. fünfjährigen Kafka gehabt haben mag. Die traumatische Bedeutung des Todes der Brüder erklärt Mitscherlich-Nielsen dann aber für Kafka als Folge kollektiv verstehbarer »Todeswünsche gegenüber Rivalen, die ihm die Aufmerksamkeit der Mutter frühzeitig entzogen«[159] haben. Für Kafkas Mutter hingegen versteht Mitscherlich-Nielsen den Tod der kleinen Söhne als »besondere seelische Belastung« auf dem Hintergrund ihrer frühen traumatischen Verlusterlebnisse.

Julie Kafka »hatte im Alter von drei Jahren ihre Mutter durch Typhus und mit vier Jahren ihre Großmutter durch Selbstmord verloren. Eine Trauerarbeit, die schließlich zur Heilung der seelischen Wunde führt, die der Tod der nächsten Bezugsperson hinterläßt, vermag ein Kind in diesem Alter noch nicht zu leisten. Untergründig bildet sich nach solchen Verlusten – so haben es Untersuchungen von Martha Wolfenstein (1966) ergeben – oft die kindliche Vorstellung: wenn ich nur so lieb und brav bin, wie meine Eltern es von mir erwarten, werden sie wieder zu mir zurückkommen. Als zweitältestes Kind und einziges Mädchen neben fünf Brüdern hatte Kafkas Mutter frühzeitig Mutterpflichten übernehmen müssen. Der unbewußte psychische Zwang, lieb sein zu müssen, um die verstorbene Mutter zur Rückkehr zu bewegen, hat sich durch diese Konstellation wahrscheinlich noch verstärkt. Man kann annehmen, daß dies einer der Gründe dafür gewesen ist, daß sie sich später der tyrannischen Liebesansprüche ihres Ehemannes kaum erwehren konnte. Da Hermann Kafka seine Frau total für sich beanspruchte, wird er ihr nach dem Verlust der beiden Söhne kaum eine angemessene Trauerarbeit, einen zeitweiligen Rückzug auf sich selbst und ihren Kummer, ermöglicht haben.«[160]

Mitscherlich-Nielsen sieht also in den Realtraumen der Mutter den Grund für deren Artigkeit im Sinne mütterlicher Pflichterfüllung und duldender Unterwerfung unter den tyrannischen Mann. Nun war wohl auch Kafka im Alter von zwei bzw. fünf Jahren zu eigentlicher Trauerarbeit nicht fähig. Der Tod der Brüder, der von einem depressiven Rückzug der Mutter begleitet war, wirkte traumatisierend auf ihn, so daß er eine frühe narzißtische Störung erlitt. Mitscherlich-Nielsen sieht darin zwar »den Beginn seiner späteren psychischen Störung, seiner Trennungsängste, Kontaktstörungen, Todessehnsüchte und Selbstentfremdung«[161], aber letztlich erklärt sie die gestörte Mutter-Kind-Beziehung als Folge von Kafkas aggressivem Triebkonflikt. Der von Kafka selber im »Brief« beschriebene Zusammenhang zwischen dem Schweigen der Mutter und ihrer Rolle als »Treiber in der Jagd« zum Vater hin entgeht Mitscherlich-Nielsen. Was sie bei der Mutter als Folge des Traumas, als »Zwang, lieb sein zu müssen«, begreift, der dann in der sozialen Aufgabe als ›gute Mutter und fügsame Ehefrau‹ kanalisiert wurde, erklärt sie bei Kafka als Grund seiner »masochistischen«[161], »perversen Triebentwicklung«[88], die sich als narzißtische Persönlichkeitsstörung bezeichnen lasse[88]. Die Schuldgefühle aus den kollektiv erklärten aggressiven Todeswünschen gegen die Brüder und, wie Mitscherlich-Nielsen dann ergänzt, »später gegenüber dem Vater«[88], haben für Mitscherlich-Nielsen aber keine reale Basis mehr, sondern sind ödipale Triebwünsche und -phantasien. Mitscherlich-Nielsen literarisiert dann auch unversehens Franz Kafka zu Franz K.:

»Franz K. wird – wie jedes kleine Kind – Todeswünsche gegenüber Rivalen, die ihm die Aufmerksamkeit der Mutter frühzeitig entzogen, gehegt haben. Wenn solche Wünsche Wirklichkeit werden, und Franz erlebte den Tod seiner beiden Brüder, tragen sie oft zu dauerhaften untergründigen Schuldgefühlen bei. Schuldgefühle, die sich auf einsehbare, reale Ursachen nicht (!) zurückführen lassen, spielen in Kafkas Leben und in seinem Werk eine hervorragende Rolle. Es soll nochmals daran erinnert werden, daß seine Mutter durch eigene kindliche Verlusterlebnisse vorbelastet war. Man kann daraus folgern, daß sie Schwierigkeiten hatte, den Tod der beiden Brüder zu verarbeiten. Die Identifikation mit der Mutter – er selber wird schwanger, gebiert Werke – die wir als Folge des zeitweiligen emotionellen Verlustes der trauerabwehrenden depressiven Mutter ansehen, bedeutete auch die Verinnerlichung der mütterlichen Depression.«[159]

Mitscherlich-Nielsen trennt also die sprachlich-symbolisch vermittelte traumatische Interaktion zwischen Mutter und Kafka auf, indem sie die Bedeutung der Realtraumen für die Mutter als traumatische Realität bestehen läßt, während sie sie an Kafka zum Trieberleben irrealisiert. Sein Schreiben begreift sie dann allerdings als Mutter-Kind-Interaktion, in der die verinnerlichte mütterliche Depression als »Ausschweifung in grausame Phantasien«[87] zur Sprache komme. Mitscherlich-Nielsen versteht demzufolge Kafkas Werk als Abwehr von »angsterregenden Triebwünschen«[78] und nicht – wie ich es am Text nachweise – als ästhetischen Reparationsversuch der tödlichen Erfahrungen narzißtischer Traumatisierung von Körperlichkeit im Sinne einer szenisch-gestalterischen Abarbeitung. Mitscherlich-Nielsen hatte die ursprüngliche Rundfunk-Fassung ihrer Arbeit über Kafka (1976) »Sehnsucht nach Selbstzerstörung?« genannt. Das Zerstörerische der über Sprechen bis hin zum Schweigen vermittelten tragisch-lieblosen Beziehung mit der Mutter, aber auch dem Vater, wie Kafka es im »Brief« als Realität in seiner Familie dokumentiert hat, wird ihm als fraglos-schuldhaftes Verhalten nachgewiesen. Ich meine, daß sich in diesem triebtheoretischen Verständnis von Kafka ein metapsychologisches Verständnis von Psychoanalyse niederschlägt, das gesellschaftliches Sozialisationsgeschehen als Triebgeschehen in moralischen Schuldkategorien am Verhalten des einzelnen vermißt, ohne auf seine objektiven Bedingungen in sprachlich-symbolischen Interaktionen zu reflektieren. In einem solchen Verständnis von Psychoanalyse wird Literatur zu einem ausgestanzten Sprachreservat stilisiert, in dem Sprechen abermals von seiner mitteilenden Funktion isoliert betrachtet wird als Phantasie und Traum, als sublimiertes Triebgeschehen, das dann – gerade wegen seiner Pathologie – von pädagogischem Nutzen ist. Die von Miller kritisch gegen die traditionelle Psychoanalyse gewandte Trias »Elternschonung-Triebdeutung-Zudecken des Traumas« (vgl. 128) stellt sich an Kafka dar als Eltern: artig – Kafka---Kind: bösartig (neurotisch) – Kafka---Literatur: großartig. Hierin aber sehe ich den »Realitätskomplex« der Psychoanalyse als Abwehrpsychologie.

Statt die Beziehung zum Text zuzulassen, sich von Autor und Text verführen zu lassen (vgl. Morgenthaler zur Verführung im psychoanalytischen Prozeß[162]), wird der konflikthaften Spannung zum Text ausgewichen, indem der Analytiker eine bestimmte familiale Rolle übernimmt. Die Aktualisierung eines »drohenden« Übertragungskonflikts zwischen Text und Leser wird von einer sich positivistisch krankheitszentriert verhaltenden Psychoanalyse rationalistisch abgewehrt. Genauer betrachtet benutzt Mitscherlich-Nielsen in ihrem Aufsatz Kafka als Vorwand für eine metapsychologische Auseinandersetzung mit Kernbergs und Kohuts Narzißmuskonzept, also eigentlich für die metapsychologische Debatte über Psychoanalyse als Konfliktpsycholoie versus Psychologie des Selbst. Auf den Begriff gebracht heißt das, Mitscherlich-Nielsen geht es um die Frage, ob Kafkas narzißtische Neurose im Sinne Kohuts aufgrund eines narzißtischen Defizits an narzißtischer Spiegelung durch die Eltern entstanden ist und als Selbststörung zu verstehen ist, oder aber aus schweren objektbezogenen Aggressionskonflikten, wie Kernberg den pathologischen Narzißmus versteht. Während Mitscherlich-Nielsen mit White [163, 164] und Kernberg übereinstimmt und Kafkas Narzißmus demzufolge als »perverse Triebentwicklung«[88] diagnostiziert und damit die Eltern entschuldigt, vertrete ich die Auffassung, daß sowohl Kafkas Beziehungsstörung, wie er sie im »Brief« in ihrer Entstehung im familialen Kontext dargestellt hat, als auch die an K. im »Schloß«-Text gestaltete Beziehungsstörung eine narzißtisch-traumatische Störung des Selbst ist. In der Beziehungsanalyse am Text schlägt sich diese Störung als Empathiestörung nieder, der ich begegne, indem ich, wie bei der analytischen Behandlung einer Grundstörung (Balint) deute, was zwischen mir und dem Text Bedeutung gewinnt. Ich lasse den Text in der Beziehung zu mir real werden, um die dargestellte erlittene Traumatisierung als Beziehungsstörung zu verstehen. Ich gehe mit Kohut davon aus, daß Aggressivität als Folge mangelnder Einfühlung, also nicht als ein primärer Grundtrieb des Menschen zu verstehen ist[165], und halte deshalb mit Searles die Liebe für das intensivste und zugleich aufgrund der Traumatisierung von Körperlichkeit am tiefsten verdrängte Gefühl im Text[166].

2.6 Trauma-analoges Textverstehen als Beziehungsanalyse

In meinem trauma-analogen Literaturdeutungskonzept gehe ich also nicht vom psychischen Determinismus aus und folglich nicht von der traditionellen psychoanalytischen Konfliktpsychologie, vielmehr von einer Psychologie des Selbst. Wie der Literaturwissenschaftler Starobinski meine ich, daß »der erkennende Blick gleichzeitig der Blick der Liebe«[40] ist, was meiner Deutung des »Schloß«-Textes den Namen gibt, um die an K. dargestellte Glücksstörung als tragische Störung des Selbst zu begreifen. Dabei folge ich Kohut allerdings nur in seinem Verständnis der psychoanalytischen Haltung als eines empathischen Verstehens, nicht aber in seiner metapsychologischen Konzeptualisierung der Psychologie des Selbst, die, wie Schafer gezeigt hat, einer mechanistisch-naturwissenschaftlichen Theorie von Psychoanalyse mit anthropomorphen Zügen verhaftet bleibt[167]. Die »Seele« des seelischen Apparates ist aber, so Schafer, »die Projektion des klinischen Psychoanalytikers von sich selbst auf das Modell der Psyche. Der Kliniker besteht zu Recht darauf, daß er in der Handlung verbleibt. Er ist es, den man nicht verdrängen kann. In Wirklichkeit betrachtet er sich niemals als Apparat oder seine Arbeit als die resultierende von Kräften oder als Ensemble von Funktionen«[168]. Kurz gesagt: »In der Psychoanalyse sind die Wörter das Verständnis«[169]. Der Analytiker also, der in seinen Deutungen Impulse, Abwehr, Ängste etc. als metapsychologische Termini zu den Subjekten seines Tuns erhebt – wie Rangell – wird zum Komplizen des Handlung gerade aus pathologischen Gründen heraus verleugnenden Patienten[170]. – Für eine psychoanalytische Literaturdeutungstheorie heißt das, daß ich den Text als Handlungsentwurf auf mich beziehe und folglich meine Deutungen in der Beziehungsanalyse von Text und Leser in einer »Handlungssprache« (Schafer) ausdrücke.

An Kafkas Text habe ich meine Sprache gefunden als Komposition im Moment des Mitvollzugs. Wie in der Patientenanalyse ist meine am »Schloß«-Text entwickelte Sprache eine Sprache des Bildes, der Metapher, des pars pro toto, des Symbols und der Ganzheit. In meiner Kommunikation mit dem Text spreche ich analogisch auf Kafkas Weltbilder an[170a]. Ich lasse mich auf ein sprachlich-szenisches Zusammenspiel in ›konzertierter Aktion‹ mit dem Text ein, um meine Selbsterfahrung am Text als Relativierung meiner lebenspraktischen Vorannahmen (Lorenzer) zu benennen. Meine Sprache sind die freundlicheren Worte für Kafkas ›Schreiben als Verschweigen‹.

Im Gegensatz zur Psychoanalyse als Abwehrpsychologie, die dem Text wie einem »Gegenstands«-Panorama (Lorenzer[171]) als unbeteiligter Beobachter beschreibend entgegentritt, habe ich das Spielerische meiner Allmachtsphantasien ernst genommen, um den Ernst der Störung zwischen mir und dem Text dann spielerisch formulieren zu können. Über meine Selbstbefriedigung am Text fand ich Zugang zum Text. Seit ich meine Lust am Text, d. h. meine eigene polymorph perverse Struktur am Text spielerisch realisieren konnte, geschah etwas Erstaunliches: Ich fühlte mich unvermutet in einen affektiven Dialog mit dem Text einbezogen. In empathischer Reziprozität zwischen mir und dem Text (vgl. Wolf: »Empathische Resonanz ist reziproke Resonanz«[172]) stellte ich verwundert fest, daß ich meine Gefühle nicht mehr als pervers erlebte. Ich begann nun spielerisch meine Sprache im Text aufzufinden und zu sprechen, und fühlte mich selbst dabei lebendig, ohne einen Zweck zu verfolgen, ohne mit dem Text projektiv verschmolzen zu sein. Indem ich aussprach, was ich erlebte, geschah Psychotherapie zwischen mir und dem Text, Psychotherapie in dem Sinne, wie Winnicott sie versteht und wie ich sie in meiner psychoanalytischen Arbeit mit Patienten praktiziere:

»Psychotherapie geschieht dort, wo zwei Bereiche des Spielens sich überschneiden: der des Patienten und der des Therapeuten. Psychotherapie hat mit zwei Menschen zu tun, die miteinander spielen. Hieraus folgt, daß die Arbeit des Therapeuten dort, wo Spiel nicht möglich ist, darauf ausgerichtet ist, den Patienten aus einem Zustand, in dem er nicht spielen kann, in einen Zustand zu bringen, in dem er zu spielen imstande ist.«[173]

Zwischen mir und dem Text entstand lebendiger Kontakt als Sprach-Spielraum. Dieses Sprachspiel bezeichnet den potentiellen Raum (vgl. Winnicott[174]) im Schnittpunkt zweier Spielbereiche (vgl. Winnicott[175]): dem von Kafka, realisiert in seinem Text, und dem von mir, realisiert in meiner empathischen Haltung zum Text. In diesem Spannungsfeld konnte ich benennen, was der Text für mich bedeutet, und somit eine *dialogische Textdiagonale* zwischen Kafka und mir als Leser, dem »Schloß«-Text und ›meinem Part‹ herstellen.

Es gelang mir in meiner Sprache am Text, was Lorenzer als »die Freisetzung des szenischen Verstehens gegen die Übermacht des vergegenständlichten Denkens«[176] bezeichnet. In einem »Prozeß, der dadurch fortschreitet, daß er sich selbst untersucht« (so Bauriedls präzise Definition des psychoanalytischen Verfahrens[177]), versprachlichte ich das Verhältnis zwischen mir und dem Text. Indem ich mein Zusammenspiel mit dem Text schrittweise Gestalt werden ließ[178], veröffentlichte ich mich als verstehender Mitspieler im Text. »Evidenz (...) (war dabei) das Siegel des analytischen Fortschritts«[179]. Psychoanalyse als sich selbst untersuchender Prozeß bedeutet meinem Verständnis nach eine ständige Relativierung, Differenzierung und damit Erweiterung des eigenen Standpunkts, eine lustvolle, selbstbefriedigende, aber auch ängstigende Grenzüberschreitung sowohl lebenspraktischer als auch theoretischer Vorannahmen.

Kohut fordert vom kreativ forschenden Wissenschaftler, daß er sich zweierlei bewußt hält: »Begriffe und Theorien einer Wissenschaft seien im Fluß und Kennzeichen einer lebendigen Wissenschaft sei eine gewisse Ambiguität von Definitionen und Formulierungen«, und gleichzeitig müsse »eine Wissenschaft ihre Begriffe so exakt wie möglich definieren«[180]. Ich hoffe mit meinem Ansatz trauma-analoger Literaturdeutungstheorie diesen dialektisch-sich-selber-relativierenden Prozeß von Sprachfindung und Begriffsrelativierung nachvollziehbar am literarischen Gegenstand zu demonstrieren.

Meine Sprache bildet den psychoanalytischen Prozeß des »Sich-selbst-Untersuchens« (Bauriedl[181]) in Beziehung zum »Schloß«-Text nach und veröffentlicht damit »Selbstdarstellung als Tateinheit von Publizieren und Verallgemeinern«, wie Sloterdijk[182] die Logik der künstlerischen Repräsentation treffend kennzeichnet, und wie sie nicht anders für den kreativen Rezeptionsprozeß gilt. Ich verzichte auf einen Außenstandpunkt, denn ich interpretiere, indem ich sage, »was dies oder jenes für *mich* bedeutet«[183]. Die Objektivität der psychoanalytischen Methode ist als »dialektische Intersubjektivität«[184] zu verstehen: Ich bin an meiner Sprache in Relation zu Kafkas Sprache zu erkennen und relativierbar.

Die Begriffe meines trauma-analogen Verfahrens gewann ich aus der unmittelbaren Versprachlichung meines sinnlichen Zusammenspiels mit dem Text, dem Bildverstehen und dem Benennen der Szenen. Begriffe wie *Klirrpunkt ... gestischer und akustischer Vordialog* als Codeworte der *Kosesprache* unter der *Kotsprache ... transvestitischer Mechanismus*, der K.'s Verkleiden seiner Gefühle in der verdinglichten Sprache des anderen über ihn offenlegt ... Begriffe wie *traumatische Trasse von Scham und Schuld*, auf der Kafka K. ›Auf dem Sprung‹ sein läßt, weil er in seiner ›Selbstbehauptung ohne Selbst‹ befangen ist und dem Leser damit die *Irritation von Schämen bis hin zum Vorwurf* körperlich

einschreibt, solange dieser nicht im Texterleben *authentisch* ist und *K. als Perspektivfigur* begreift, durch die hindurch Kafka den dialektischen Prozeß minuziöser Bewältigung erlittener narzißtischer Traumatisierung nachvollziehbar gestaltet ... diese Begriffe entfaltete ich am Text. Meine Sprache ist die *dialogische Textdiagonale*, die Kafkas im Text an K. vorgeführte *methodische Akkordbrechung* versinnbildlicht. Ich benenne im szenischen Zusammenhang, warum Kafka mit seinem ›Schreiben als Verschweigen‹ sich selbst anonymisiert. Meine Sprache, das bin ich, wie ich in der dialektischen Auseinandersetzung mit Kafka lustvoll-schamlos »Ich« sagen lernte. In paradoxen Formeln und Vor-Bildern wie ›Selbstbehauptung ohne Selbst‹, ›Ich ist ein anderer‹, ›Laß mich Dich besitzen und ich will Dein Sklave sein und mich von Dir befreien!‹, und Bildern wie: ›K. zeigt sich als Bettler, dessen Selbstbewußtsein darin besteht, mit dem Schild »Außenseiter« um Almosen zu bitten‹, versuchte ich sprachlich zu erfassen, was der »Schloß«-Text für mich bedeutet: das Drehbuch für einen Stummfilm, den Kafka *im* Leser als Affektlogik inszeniert. Als Leser bin ich Zuschauer, Mitspieler und Regisseur in einem.
Mit meiner Sprache riskiere ich von seiten der Literaturwissenschaft den Vorwurf des Psychologisierens, denn – wohl aus Angst vor der relativierenden Infragestellung von Person und Aussage – verurteilt sie die Einbeziehung des erkundenden Subjekts in den hermeneutischen Erkenntnisvorgang. Es geht mir aber darum, im Sinne Freuds mit meiner Arbeit »der Natur des Gegenstands« Text zu entsprechen. Freud als Arzt hatte festgestellt, daß die psychotherapeutischen Krankengeschichten, die er schrieb, eher wie »Novellen« zu lesen sind als wie medizinische Diagnosen. Er vertrat sein Schreiben selbstbewußt gegen das herrschende naturwissenschaftliche Wissenschaftsideal der Medizin, weil die »Natur des Gegenstands« eine »Darstellung ..., wie man sie vom Dichter zu erhalten gewöhnt ist: ›Novellen‹«, verlange. Lorenzer ergänzt Freud: »›Novellen‹, Erzählungen-, *Sprachwerk*, so können wir allgemeiner sagen«[185]. Denn Psychoanalyse sei eine »Sprachoperation«[186]. Damit bleibt Lorenzer aber, der kritisch gegen den Szientismus der Psychoanalyse und damit gegen die Medizinalisierung der Psychoanalyse[187] als »Dienstmagd der Psychiatrie« (Freud) antritt, szientistisch verhaftet, wenn er Psychoanalyse zwar als kritisch-hermeneutische Wissenschaft, aber als *Operation* mit dem Messer Sprache definiert.

Ich begreife meine Deutungsarbeit am »Schloß«-Text als Sprachwerk, das als Beziehungsanalyse von Text und Leser den an Literatur praktizierten psychoanalytischen Prozeß dokumentiert. Ich will damit am Beispiel vom Umgang mit Literatur die Kunst der seit Freud in Vergessenheit geratenen Darstellung von Therapie in Fall*geschichten* gegenstandsgerecht fortschreiben (vgl. Dahmer[188]). Ich berichte so aufrichtig wie möglich darüber (vgl. Erdheim[189]), was ich mit dem Kafka-Text erlebt habe, was zwischen mir und dem Text der Fall ist: Ich schreibe das *Protokoll meiner Lese-Leidenschaft.* Die aufrichtige Selbstdarstellung des Therapeuten ist nun aber in der psychoanalytischen Praxis der Falldarstellungen keinesfalls üblich. Das Benennen der Gegenübertragung wird allzu leichtfertig als Agieren diffamiert, weil die Gegenübertragung zwar Gegenstand theoretischer Auseinandersetzung, ansonsten aber »Stiefkind« sowohl der psychoanalytischen Ausbildung als auch ihrer Praxis ist. Schafer fordert »Eine neue Sprache für die Psychoanalyse«[190], eine »Handlungssprache«, in der die Gefühle selber als Handeln benannt werden. Bauriedl stellt fest, daß die Falldarstellungen nicht davon berichten, was Analytiker und Patient in der therapeutischen Situation miteinander erlebten, sondern: »Die Darstellung folgt dem Schema der Verhaltensdarstellung, so daß oft auch die Phantasien und Einfälle des Patienten und die Interventionen des Therapeuten in Form einer Berichterstattung über ein Sprechverhalten wiedergegeben werden«[191]. Verhalten bzw. Sprechverhalten werden unter dem Aspekt von »richtig« und »falsch« zur Beurteilung vorgeführt, die Verschulung der Sinnlichkeit ist im Rahmen der gegenwärtigen psychoanalytischen Ausbildung und Praxis perfekt.

Der Vorwurf des Psychologismus von seiten der Literaturwissenschaft trifft mich aber ebenso wenig wie der des Agierens von seiten der Psychoanalyse, weil ich mit meiner Arbeit und Sprache bewußt zur Debatte stellen will, was zwischen mir und dem Text Bedeutung hat. Gerade an der »Transparenz« meiner Arbeit bin ich zu messen und zu relativieren. Sontag als Literatur- und Kunstkritikerin fordert »Transparenz« sowohl von Kunst als auch von ihrer Kritik. »Transparenz meint die Erfahrung der Leuchtkraft des Gegenstands selbst, der Dinge in ihrem Sosein«[192]. Die gängige literaturwissenschaftliche Interpretation sei »die Rache des Intellekts an der Kunst«, eine »Massenvergewaltigung«[193] durch methodische Ansätze. So sei auch Kafka dieser

Rache zum Opfer gefallen u. a. durch soziologische, religiöse, aber auch psychoanalytische Interpreten.
Literatur ist aber kein »klinisches Kunstwerk«, wie Moser am Beispiel von Handke meint. Mit dem Akzent auf der Beziehungsanalyse zwischen Text und Leser, statt auf Psychodiagnostik, widerspreche ich auch Mosers Vorstellung, Psychoanalyse könnte eine Lesehilfe für in Literatur zur Darstellung gebrachte Pathologie sein. Moser meint, es gäbe in der modernen Literatur

»... keinen fröhlichen Exhibitionismus, keine fröhliche Selbstdarstellung mehr. Der verzweifelte Mut, von sich selbst zu sprechen, führt zu einem Sprechen über die eigene Erkrankung. Das bedeutet, daß sich die Psychoanalyse aber nicht mehr nur verschämt solchen Werken nähern müßte, so als griffe sie sich einen Anteil der modernen Literatur quasi aus einem illegitimen Blickwinkel heraus, sondern sie böte eine Art notwendiger Lesehilfe bei der Entzifferung einer allgemeinen Gefährdung des Subjekts. Dem universellen Begriff der Entfremdung, der im ökonomischen und sozialphilosophischen Bereich am weitesten öffentlich entschleiert scheint, würde also das andere Extrem einer Entzifferung der Entfremdung im Innersten des Subjekts nachgeliefert, die weit ins Pathologische reicht und gleichwohl sehr verbreitet scheint.«[194]

Ich meine, daß der »Schloß«-Text mehr ist und anderes als »ein klinisches Kunstwerk«[195]. Mich interessiert an Kafkas Literatur der unter der Selbstnegation als verleugnetem Handeln: ›Ich ist ein anderer‹ an K. zur Darstellung gebrachte Beziehungswunsch zum Leser hin. Ich verstehe Literaturarbeit als Beziehungsarbeit, d. h. als Handlungsentwurf. So wenig wie eine Patientenanalyse in der Diagnosefindung besteht, so daß sich der Analytiker mit seinem Patienten über Hysterie, Borderline-Störung, narzißtische Neurose etc. einigte, so wenig kann es in einem psychoanalytischen Verständnis von Text vorrangig um die – zweifellos immer auch – dargestellte Pathologie gehen. So wie ich den psychoanalytischen Prozeß als Selbstfindung und Selbstrelativierung zweier Menschen: als ›Ein-Sich-Begreifen-am-anderen-im-miteinander-Sprechen-als-Selbst-Konstituierung-mit-dem-anderen‹ verstehe, verstehe ich auch Literaturdeutung als Selbstrelativierung, und zwar des Lesers, am Text. Ich meine, daß dieser Selbstrelativierung des Lesers, am Text der Selbstheilungsversuch des Autors im Prozeß der Herstellung von Literatur komplementär ist. Kafkas Texte auf eine Diagnose bringen, hieße deshalb in Kafkas Tarnsprache als negativer Selbstliebe verbleiben, statt die Schamschranke seines Schreibens zu durchbrechen und mich als Leser in meiner lustvollen Selbsterfahrung im Text zu benennen. Sollte ich dennoch K.'s Wunsch: sich zu zeigen und im Gesehenwerden durch den anderen erkannt zu werden, diagnostizieren, so würde ich als Frau ihm sagen: »Sie sind ein Mann.«

3. K.'s Interaktionsform ›Nebendran-Sehen-und-Sprechen‹ und die Struktur des »Schloß«-Textes als ›Ich ist ein anderer‹

3.1 K.'s Interaktionsform ›Nebendran-Sehen-und-Sprechen‹

Meine These ist, daß Kafka im »Schloß«-Roman die Struktur einer traumatischen Selbststörung gestaltet hat, die durchaus Kafkas Störung gleichen mag. Mich interessiert aber weder Kafkas Pathologie noch der pathologische Aspekt dieser Struktur als solcher. Es geht mir vielmehr um die *Beziehungsanalyse* am Text als *Sprachuntersuchung* szenisch dargestellter Interaktionen im Rahmen von Literatur als außerfamilialer Sozialisationsagentur Leser-Text.

Betrachten wir zunächst noch einmal in trauma-analogem Verstehen die im »Schloß«-Text dargestellten traumatischen Szenen 1 und 2 unter dem Aspekt, *wie* in szenischen Zusammenhängen »objektiv bedingte Beziehungsstrukturen«[196] in K. ihren Niederschlag als sprachlich-symbolische Kommunikationssymbole[197], als K.'s Interaktionsform, finden. Dieser werde ich dann in der *formalen* Gestaltung des Textes nachfragen, um die *Text-Leser-Beziehung* als *Interaktionsform* des Romans offenzulegen.

Bei der Mauerbesteigung als Kind hatte K. eine kleine Fahne in die Mauer gerammt als Zeichen seines Sieges. Dieses Zeichen muß seinen traumatischen Absturz überdauert haben, während er mit seinem Siegesgefühl keine Spur im Lehrer hinterlassen, ihn nicht mit seiner Freude erregen konnte. Dieser hatte K.'s Glück keines Wortes gewürdigt, sondern ihn mit einem »ärgerlichen Blick« von der Mauer vertrieben. Ich stimme zwar mit Sebald darin überein, daß es »Vulgärpsychologie« wäre, »das Einrammen des Fähnchens und dessen gestrafftes Tuch ... als ein eindeutiges orgastisches Symbol«[198] zu interpretieren. Ich meine aber, daß K.'s Lebendigkeit nicht dadurch widerlegt ist, daß er sich auf der Friedhofsmauer befindet und der Friedhof »die kurzlebige Befangenheit im eigenen Glück« überdauere[198]. Was wäre das auch für eine Lebendigkeit, seine Potenz in eine Friedhofsmauer einzurammen? Im Gegensatz zu Sebald gehe ich in meiner Deutung der traumatischen Szene 1 von einem Verständnis von Psychoanalyse aus, das Naturgeschehen und Sozialgeschehen in sprachlicher Vermittlung als Sozialisationsgeschehen betrachtet[199]. Sebald hingegen schreibt sowohl die traumatische Szene 1 zwischen K. und Lehrer als auch die traumatische Szene 2 zwischen K. und der Frau fest als Ausdruck kollektiver Naturgesetze entsprechend Freuds spekulativer Alterslehre von der »Identität von Lebens- und Todestrieb«[198]. Er führt die Thanatos-Hypothese dann auch nicht zufällig zur Erklärung des Mauer-Traumas an und gibt uns mit der Paraphrasierung von Freuds Theorie zugleich Aufschluß über die Plombenfunktion psychoanalytischer Triebkonzepte in Konfrontation mit literarisch zur Debatte gestellter traumatischer Realität. Freuds Eros- und Thanatos-Konzept passe »zur Erläuterung dieser Episode und des Kontextes ...« (die Mauer war eine Friedhofsmauer gewesen), da Freud beide Triebe für »konservativ hält, insofern sie beide darauf bedacht seien, dem *Zustand nicht nur der seelischen, sondern auch der körperlichen Individuation zu entkommen,* um Zugang zu schaffen zu jener schmerzlosen Existenz, die jenseits des Geburtstraumas gelegen ist«[198]. Sebald versteht nun aber die Szene 2 mit der Frau »als Wiedergeburtsszene im Hause Lasemann«[200], was implizit eine Wiederholung des Geburtstraumas bedeutete, also gerade der Schmerzerfahrung, was Sebald aber entgangen zu sein scheint. Ihm geht es ja im Sinne Freuds um eine Entindividualisierung traumatischer Schmerzerfahrung, um einer »schmerzlosen Existenz willen«, die dann freilich auch dem spezifischen sozialen Kontext der Interaktionspartner enthoben ist und sich einzig am »Realitätsprinzip«[198] bemißt. Die sukzessive Wirklichkeitsvernichtung von K.s traumatischer Mauerbesteigung liest sich bei Sebald folgendermaßen:

»Was die Vulgärpsychologie, auf das Einrammen des Fähnchens und dessen gestrafftes Tuch verweisend, so gern interpretiert als ein eindeutig orgastisches Symbol, das die Überwindung des Todes durch die Kraft des Lebens bezeichnet, ist selbst in der Erinnerung K.'s nicht weniger als eindeutig. Vielmehr wird der kurze Augenblick des Triumphes, da dem über seine Schulter blickenden Knaben die Kreuze in der Erde zu versinken scheinen, gewertet als der Ausdruck kurzlebiger Befangenheit im eigenen Glück, – der Friedhof besteht ja doch weiter, und gleich kommt auch der Lehrer, Vertreter des Realitätsprinzips, und bringt durch seinen bloßen Blick das ganze Kartenhaus zum Einstürzen.«[198]

Sinnlich-körperliche Traumatisierung, die K. *in der Interaktion* mit dem Lehrer durch dessen ärgerlichen Blick als wortlose Mißachtung und Entwertung widerfuhr, deutet Sebald mit einem biologistischen Verständnis von Psychoanalyse. Zunächst scheint Sebald K.'s selbstbefriedigendes Glück gegen »Vulgärpsychologie« verteidigen zu wollen, aber nur, um es dann zynisch als »Ausdruck kurzlebiger Befangenheit im eigenen Glück« an den Lehrer als Vertreter des »Realitätsprinzips« zum Abschuß frei zu geben. Sozialgeschehen als narzißtische Traumatisierung verdunstet bei Sebald in Metaphysik: *Traumatisierte Sinnlichkeit,* wie Kafka sie als in konkreten szenischen Interaktionen hergestellte vorführt, pervertiert Sebald unter dem psychoanalytischen Gesichtspunkt des Todestriebes als »kollektiver Bildungsmechanik«[201] in *Sinnlosigkeit* des menschlichen Lebens überhaupt. Demzufolge interpretiert Sebald auch den »Schloß«-Roman insgesamt als Allegorie von Thanatos, Tod und Teufel und als K.'s messianische Suche nach Geborgenheit in der »spirituellen Tradition der Ahnen«[202]. Schmerzliche Realitätserfahrung als Körpererfahrung, wie Kafka sie darstellt, wird zu spiritueller Vergangenheit als Tradition bzw. perspektivloser Zukunft abstrahiert. Bartosch bemerkt kritisch zu Freuds Todestriebhypothese im Rahmen des psychoanalytischen Selbstverständnisses:

»Der Vorwurf kann Freud nicht erspart bleiben: den Todestrieb brauchen wir nur, wenn wir das Individuum als nach hinten, zur Geburt zu abgeschlossen sehen und wir die Tradition und die Entwicklung, in der sie steht, beginnend bei den interkommunikativen Prozessen der Familie außer Acht lassen.
Einen Todestrieb zu behaupten, ist vom narzißtischen Standpunkt aus auch erträglicher als zugeben zu müssen, daß unsere eigene Größe so klein ist, daß der Abfall unserer progressiven Taten von solcher Mächtigkeit ist. Von daher scheint der Todestrieb denselben Stellenwert zu haben wie der Teufel in der christlichen Religion.
Die Pauschalerklärung, ich bin machtlos, ist leichter abzugeben als die konkreten Punkte des Mißlingens unserer Größe zu beschreiben.«[203]

Hören wir aber hin, was Kafka in der traumatischen Szene I schreibt, um K.'s Interaktionsform ›Nebendran-Sehen-und-Sprechen‹ am Text zu erarbeiten.

K. »erkletterte, *eine kleine Fahne zwischen den Zähnen,* die Mauer im ersten Anlauf«.

Die Fahne ist das Sprachsymbol seiner Handlung als dinggewordener Ausdruck seines sprachlos gebliebenen Gefühls des Sieges:

»...er rammte die Fahne ein, der Wind spannte das *Tuch,* er blickte hinunter und in der Runde, auch über die Schulter hinweg, auf die in der Erde versinkenden Kreuze; niemand war jetzt und hier größer als er.«

K. ist in seiner narzißtischen Freude allein mit der Fahne im Wind, seine Gefühle bleiben quasi Naturgewalten, sie finden keinen Namen in der Beziehung zu einem anderen Menschen. Statt einer Einigungssituation zwischen K. und dem Lehrer über die Freude an lustvoller Selbstdarstellung, schreibt sich K. diese Szene als Interaktionsform ohne Gegenüber ein. Wir wissen aus der Analyse des »Briefes«, daß die Scham des Vaters der Grund dieser »inkonsistenten Praxisfigur« (Lorenzer) ist. In der K. – Bürgel-Szene und in der Aktenverteilung im 3. Teil des Romans wird K. dann über eben diese Scham der mächtigen Beamten aufgeklärt werden (s. Kapitel III, 8.). Anders gesagt, die Angst des Lehrers aus narzißtischer Scham schreibt sich K. als Traumatisierung von Körperlichkeit als »Mater«[204] ein. Statt sein Glück als »sozialisierter Narzißmus«[205] mit dem anderen erfahren zu können, entzieht sich der Lehrer K. als ihn spiegelnder Partner, so daß K. sich beim Absprung von der Mauer verletzte. Statt eines »einzigen offenen, herzlichen Wortes« wiederfährt K. die Ablehnung seiner Sinnlichkeit durch einen ärgerlichen Blick. Freude wird mit narzißtischem Schmerz, Scham und Verwundung konnotiert. Die Szene findet ihre sprachliche Symbolisierung als *K. – Ding-Szene,* als Interaktion ohne Partner. *Fahne* steht also für die Szene: K. – Gefühl des Sieges = ärgerlicher Blick = Verwundung. Wir werden in der trauma-analogen Analyse des Romangeschehens finden, daß Fahne als Substitut der Szene, als Ding, zum Träger von K.'s Interaktionsbeziehungen wird. Der erlittene Mangel an einfühlender Gegenseitigkeit wird als K.'s Einfühlungsstörung in den Interaktionen sichtbar, insofern er gerade Unbelebtes: das Schloß, Wind und Wetter als belebt wahrnimmt, Menschen aber wie mechanisch-leblose Dinge behandelt[206].

Auch in der traumatischen Szene 2 zwischen K. und der Frau in der Familie spielt ein Tuch bzw. spielen Kleider eine wichtige Rolle als Interaktionsträger. Auch hier erfährt K. in seiner narzißtischen Selbstdarstellung eine »wegwerfende« Antwort. K. springt die Frau »förmlich« an, aber sie ist in ihrer Leblosigkeit gar nicht zu erschüttern: »... aus den blauen Augen blickte sie K. an, ein seidenes, durchsichtiges Kopf*tuch* reichte ihr bis in die Mitte der Stirn hinab, der Säugling schlief an ihrer Brust«. K. vermag in seiner traumatischen Angst nicht zu unterscheiden, ob die Verächtlichkeit der Frau ihm oder ihrer eigenen Antwort gilt. Jedenfalls antwortet die Frau in ›verschleierter‹ Form, die ihrem verhangenen Blick entspricht und die Qualität eines Urteilsspruchs von Justitia hat: Auf die Frage, wer sie ist, erwidert sie: woher sie ist, aus dem Schloß, und zwar ein Mädchen ohne Eigenname: ein Raum also, ein Körper.
K. wird diesem ›Schein wie von Seide‹ ihrer Kleider als einem Glücksversprechen nachlaufen, das sich immer wieder als leerer Schein herausstellt. Gerade aber bei dieser sprachlosen Frau wird K. Hilfe suchen. Er kämpft später um sie, wie um »seine *Lebensluft*«, so wie er auf der Mauer sein Glücksgefühl im Spiel des *Windes* körperlich fühlen konnte: »... der Wind spannte das Tuch«. Das Tuch steht für die Szene: K. – Gefühl, der Größte zu sein = wegwerfende Antwort = Schloß = Körper ohne Name. Im Text werden wir häufig finden, wie ›Tuch‹ als Kopftuch, Halstuch, Schultertuch, Tischtuch und Kleider, aber eben auch als Schloß für K.'s Verlangen stehen, gesehen zu werden in seiner körperlichen Schönheit; aber das Versprechen entpuppt sich dann ›als Schein wie von Seide‹ und K. bleibt »verworfen« als ›man‹ zurück. Sehnsucht aber macht süchtig. Wir werden sehen, wie K. paradoxerweise bemüht sein wird, als »das bittere Kraut«, wie er zu Hause wegen seiner Heilwirkung genannt wurde, gerade dieser Frau helfen zu wollen, um deren Hilfe er doch kämpft wie um seine Lebensluft.
K. erlebte nicht die Einfädelung seiner narzißtischen Bedürfnisse in Sprache mit anderen, die ihn in seinem Sinne gespiegelt und begleitet hätten, »denn, (so heißt es später im Text) das habe die Mutter am liebsten, wenn *man* ohne ausdrücklichen Befehl ihre Wünsche erfüllt« [140]. Die wortlosen Wünsche der Mutter sind Befehl. Mit der Brückenhof-Wirtin wird K. Sprechen erleben als Instrumentalisierung des Körpers, als Zurichtung durch »mütter-

liche Reden«, als Erschütterung »durch Bitten und Drohung«, so daß K. Sprechen geängstigt wahrnimmt als »böses, böses Wetter« und sich dieser Gewalt des Sprechens als Verhören und Aushorchen, als Angriff auf den Körper und als seine Vernichtung in Schuldkategorien verweigern wird, indem er schweigt. Aber der Preis für dieses Schweigen ist die Verwirrung von K.'s Gefühlen bis hin zur Anonymisierung als ›man‹ und des anderen zur Naturgewalt: »intrigante Natur«, »Wind«:

»... schließlich wußte *man* nicht, ob *man* standgehalten oder nachgegeben hatte. Eine *intrigante Natur* (die Wirtin), *scheinbar* sinnlos arbeitend wie der *Wind*, nach fernen, fremden Aufträgen, in die *man* nie Einsicht bekam.« [114]

Die Nicht-Einfädelung seiner Gefühle in Sprache beläßt K. in unbeholfener Körperlichkeit, in der er außen, im anderen, zu finden sucht, was ihm innen als seine Gefühle ›Fremdsprache‹ geblieben ist. Er jagt dem Augenschein seiner Gefühle in anderen Personen nach. In der traumatischen Trasse von Scham und Schuld springt er schutzsuchend, das Tuch suchend, auf Personen an, wenn er in ihnen die Worte für seine Gefühle vermutet, weil er Anzeichen davon an ihnen gewahr wird. Er versucht dann, »das Geheimnis mit... Umarmungen an sich zu reißen« [317]. Das Codewort im Text für K.'s Suche ist »scheinbar«, und der »Schein wie von Seide«, den er an den Kleidern der Frau wahrnimmt, ist das Versprechen von etwas. »Die scheinbare Leere« verführt ihn und entpuppt sich immer wieder als leerer Schein. Findet K. andererseits das Geheimnis und andere benennen es, kann er es nicht fühlen und hält es für einen Irrtum des anderen. Als Amalia ihm sagt, Olga, ihre Schwester, liebe ihn, blüht K. auf in der Wahrnehmung dieser lächelnden Botschaft, aber er verwahrt sie wie einen Schatz, mit dem er dann in der Beziehung zu Olga nicht ›zu wuchern‹ vermag:

»K. war überzeugt, daß sich Olga irre. Amalia lächelte und dieses Lächeln, obwohl es traurig war, erhellte das düster zusammengezogene Gesicht, machte die Stummheit sprechend, machte die Fremdheit vertraut, war die Preisgabe eines Geheimnisses, die Preisgabe eines bisher gehüteten Besitzes, der zwar wieder zurückgenommen werden konnte, aber niemals mehr ganz.« [161]

K. wird mit Olga Stunden am Ofen sitzen, aber statt daß beide miteinander über ihre Beziehung sprechen, ihre Wünsche, sprechen sie *über* die Vergangenheit der Familie und arbeiten Glücksbringerstrategien zu deren sozialer Ehrenrettung aus. Glück kann in befriedigender Beziehung nicht stattfinden, weil im Planspiel ›Sprechen‹ Handeln als Realität erst entworfen wird. Sprechen selber in seiner Tragfähigkeit als metakommunikative Funktion ist das Thema des »Schloß«-Romans als der von Kafka dargestellte Bewältigungsversuch erlebter Traumatisierung von Körperlichkeit durch Sprechen als Vergewaltigung bzw. Schweigen als sprachlose Gewalt. Daß K. »sozial sprachlos« (Kaliwoda) ist, stellt Kafka dadurch dar, daß er K. sich selber und anderen wie ein Raubtier, eine Katze bzw. ein Kind vorkommen läßt. Tierwerden bzw. Kindwerden stellt die inhaltliche Substanz der traumatischen Trasse von Scham und Schuld dar. Ich werde dem im folgenden nachgehen, um daran K.'s Interaktionsform zu präzisieren.

3.1.1 K.'s Tierwerden

K. versucht, instrumentell-verfügend, die Welt an sich zu reißen. So wie er sich in den beiden traumatischen Szenen als Ding, als ›man‹ erleben mußte, als namenloser Körper – wie Kafka im Pawlatsche-Trauma – sagt ihm eine der Wirtinnen auch ungeniert: »Sie sind nichts. Leider aber sind Sie doch etwas, ein Fremder...«. K. geht mit Menschen, insbesondere aber mit Frauen um wie mit Dingen, er hat zu ihnen »kein anderes Gefühl ... als das des Besitzers« und erzwingt durch Berührung mit ihnen Einvernehmen und Vertraulichkeit. Weil er sich in seiner Existenz nicht sicher fühlt, nicht wirklich ist, muß er den anderen haben, besitzen, um ›wer zu sein‹. Seine Beziehungen sind über Dinge vermittelt. Es fragt sich also im Kampf um das Überleben immer nur, wer zum Ding wird, d.h.: unterliegt. Wie ein »Raubtier« überfällt K. die Menschen, erschleicht sich ihre Nähe, um sie sich oder aber sich ihnen zu unterwerfen. K. unterwirft sich blindlings Friedas vermeintlich zukunftsträchtigem Blick, um sie sich dann als »Machtmittel« [313] zu unterwerfen, das er wieder verwirft, als sie sich als untauglich für seine Zwecke herausstellt (siehe Kapitel III, 3.1). Codeworte im Vordialog sind Schreie bzw. das Kindergeschrei und Glockentöne. Wenn sich die anderen für K. als untauglich herausstellen, wirft er sie weg. Oder K. »lauert« einzig darauf, daß er nicht aus der Wärme vertrieben wird, selbst, wenn er dann allein zurückbleibt. Aus Angst, hinausgeworfen zu werden, verleugnet K. seine sinnliche Wahrnehmung, macht sich ›lieb-Kind‹. So wird K. sich kindlich-lustvoll am »Aufbruch im Hühnerstall«, wie Kafka die morgendliche Aktenverteilung in den Beamtengängen genannt hat, beteiligt fühlen und sichtbar werden, aber er wird sich dann, ohne Widerworte, von der Herrenhof-Wirtin die Schamhaftigkeit der Beamten als seine Schuld und Respektlosigkeit einreden lassen. Statt sich wie eine »Nachtmotte« vor dem aufbrechenden Tag zu verbergen, habe er sich schamlos, ohne »das Gefühl der schweren Ungehörigkeit« in den Gängen herumgetrieben, sich gesättigt, »wie ein Tier auf der Weide« (siehe Kapitel III, 9.).

Kafka beschreibt an K. die Tragik eines Menschen, »der an nichts anderem als an sich selbst scheitert« [256]. Für jemanden wie K., der sich im Gefühl der Freude und des Glücks nicht durch andere Menschen geschützt fühlen konnte, ist das Glück selber »selbstmörderisch«, wie Bürgel sagt. In dem Moment der Berührung mit sich selber, und d. h. seiner möglichen Selbstverwirklichung in der Kommunikation mit anderen, schweigt K. über sich. K. ist in tragischer Weise, wie Kohut es nennt, glücksgestört[207] aufgrund der erlittenen Traumatisierung seiner körperlich-sinnlichen Existenz, so daß er aus Scham nicht »Ich« sagen kann.

Kafka beschreibt in zwei Szenen, einer am Anfang (s. Kapitel III, 2.2 K.'s Seitenblicke) und einer am Ende des Romans zwischen K. und der Herrenhof-Wirtin (s. Kapitel III, 9.4 und 10.3), wie diese traumatische Interaktionsform sich aufgrund, wie ich es nennen möchte, des *transvestitischen Mechanismus* herstellt. Der gestische Vordialog von K.s Seitenblicken bzw. seinem Beiseitesprechen wird hier intraszenisch zum Thema, so daß ich ihn auf den Begriff bringen kann. K. hatte während der Aktenverteilung zwar dem »strengen« Blick des Dieners standhalten können, so daß ihm ein stückweit die Bewältigung des Traumas mit dem Lehrer auf der Mauer geglückt war und er sich lustvoll in dem Getriebe der Beamten tummelte. Der »Empfindlichkeit« der Wirtin aber unterwirft er sich, indem er ihr im Hinblick auf seine Gefühle das Sagen überläßt und das Gespräch auf ihre Kleider ablenkt. Er duckt sich »lauernd«, ›Auf dem Sprung‹ wie eine Katze. K. ist nun aber nicht – wie in der traumatischen Szene mit der Frau – ›Auf dem Sprung‹, um sich »als der körperlich Größte« zu zeigen, selbst wenn er abermals eine wegwerfende Antwort bekäme, sondern um sie und sich zu schützen, indem er seinen Blick auf ihre Kleider ablenkt. Zwar »erregt« K. sie auch dann noch, aber nur als vermeintlich betrunkener »Lümmel«, der dann in der Schankstube übernachten darf. Die Wirtin läßt ihm noch »irgendein Kissen hinwerfen«, was beinahe wie eine Kußhand wirken mag. Im Text heißt es:

»Lauernd sah er, zusammengekrümmt auf dem Faß, die beiden an, bis die Wirtin in ihrer ungewöhnlichen Empfindlichkeit, die K. längst aufgefallen war, plötzlich beiseite trat und – wahrscheinlich hatte sie mit dem Wirt schon von anderen Dingen gesprochen –, ausrief: ›Wie er mich ansieht! Schick ihn doch endlich fort!‹ K. aber, die Gelegenheit ergreifend, und nun völlig, fast bis zur Gleichgültigkeit, davon überzeugt, daß er bleiben werde, sagte: ›Ich sehe Dich nicht an, nur Dein Kleid.‹ – ›Warum mein Kleid?‹ fragte die Wirtin erregt. K. zuckte die Achseln.« [270]

Statt eines unmittelbaren Kontaktes im Sinne sprachlicher Berührung und Wahrnehmung entsteht aus Rücksicht auf Empfindlichkeit und Scham eine über Kleider und Kissen vermittelte Interaktion zwischen K. und der Wirtin, wobei sich K. wie ein Tier duckt. In dieser, wie ich es nennen möchte, *Kotsprache*, in der gemeinsames Fühlen als verrücktes Sprechen vereitelt, verkleidet wird, ist K. dann vor Hinauswurf und Verwerfung geschützt. Ich möchte K.'s Interaktionsform auf die Formel bringen: ›*Neben-dran-Sehen-und-Sprechen*‹.

Kafka gestaltet K.'s ›selige Selbstverleugnung‹ als transvestitischen Mechanismus im Sinne *negativer Selbstliebe*. Wir werden im Romanverlauf immer wieder erleben, wie K. sich aus Angst vor narzißtischen Kränkungen in den Kleidern der anderen, deren Gefühlen, verbirgt. Seine traumatische Scham verkehrt er dadurch in die Liebe zum Widerspruch gegen sich selbst. Im Bruch, in der Störung, im Sprung läßt Kafka K. ihn selber sein. Umfassender betrachtet ist dann der ästhetische Ausdruck des von Kafka gestalteten transvestitischen Mechanismus die *Verschleppung des Subjekts*. Auf dem Körper der Frauen, in deren Kleidern, läßt Kafka K.'s Kampf um narzißtische Anerkennung toben – wie in Kafkas Realerleben der Kampf in der Familie auf dem sprachlosen Körper der Mutter tobte (siehe dazu Exkurs 5 zum »Brief«: »Man fragte dann die Mutter ...«, Kapitel III, 5.2.1).

3.1.2 K.'s Kindwerden

Kafka stellt K. dar als jemanden, an dem der Leser irre werden kann, wenn er sich von ihm ablenken läßt. K. begleiten und als Perspektivfigur wahrnehmen, heißt deshalb, sich immer zugleich selbst benennen, sehend schamlos sein, sich selbst das Tuch von den Augen nehmen – (wie K. es später für Barnabas fordern wird, siehe S. 207ff.) und standhalten, um K.'s Fluchtlinien zu begreifen als die traumatische Interaktionsform, die er selber als »Vernachlässigen« bezeichnet. K.'s Interaktionsform »Vernachlässigen« ist nun zu verstehen als Folge von Vernachlässigtwordensein, wie wir aus den traumatischen Szenen erfahren konnten, was Kafka K. aber nicht in dieser Weise bewußt sein läßt. K. meint vielmehr, er habe nicht ins Schloß kommen können, weil er »zu lärmend, zu kindisch, zu unerfahren« statt sachlich gekämpft habe, so daß er »durch Weinen, durch Kratzen, durch Zerren ... (sich angestellt habe) wie ein Kind ..., (das) am *Tischtuch* zerrt, aber nichts gewinnt, sondern nur die ganze Pracht herunterwirft, und sie sich für immer unerreichbar macht« [292]. In diesem Selbstbild wird deutlich, daß K. sich aus der Perspektive von Erwachsenen sieht, die zu Recht das Kind zurückweisen, das ihnen mutwillig ihre Pracht zu zerstören scheint. K. spricht nicht für sich, vielmehr verurteilt er sich und damit das Kind in sich im Namen der anderen und verteidigt deren Pracht gegen sein ›schamloses‹ Begehren. K. sieht sich ganz so verächtlich, wie er in der 2. Szene das Bild eines »trübseligen Hausbewohners« gesehen hatte, der, um sich der Welt zu zeigen, das Dach durchbrochen hat. K. hatte dort das Schloß wahrgenommen, als etwas »Irrsinniges«, mit »einem *söllerartigen* Abschluß, dessen Mauerzinnen unsicher, unregelmäßig, brüchig, wie von ängstlicher oder *nachlässiger Kinderhand* gezeichnet, sich in den blauen Himmel zackten«. Die nachlässige Kinderhand verursacht also beide Male nur Unfug und Ärger. K. trägt – wie die Frau in der traumatischen Szene 2 – das Tuch nahezu vor den Augen, so daß er sich selber fast nicht sieht. Das Tuch steht hier für die traumatische Szene, sich zeigen zu wollen, aber nur vermittelt über Dinge in Berührung zu anderen kommen zu dürfen, weil sie sich aus Selbstmißachtung oder Verachtung das Kind vom Leibe halten müssen. K. müßte eigentlich vor den Bruchstücken der Geschichte der anderen kapitulieren, verwirft aber sich selber. Sich Zeigen, Sprechen heißt Schuldigwerden, schamlos am Tisch der anderen Platz nehmen und mit seinen körperlichen Bedürfnissen sichtbar werden. Kafka führt K.'s Sozialgeschichte vor als Vergesellschaftung des Körpers, des Kindes, ohne sinnliche Lust an sich selber, ohne Selbstliebe, weil es keine Achtung gibt, kein Miteinandersprechen als wechselseitige Berührung.

Kafka selber schweigt über die erlittene Gewalt, die ein Kind weinen, kratzen, zerren läßt, wenn es sich unverstanden und ausgesperrt fühlt. In der Gegenübertragung wurde mir diese sprachlose Gewalt immer wieder in traumatischer Weise fühlbar. So hatte ich mich mit meiner Lust ausgesetzt gefühlt, weil Kafka durch Anspielungen sinnlich erregt, aber dann wortlos allein läßt. Meine Selbstbefriedigung schlug in Beschämung um, so daß ich die Arbeit abbrach und schwieg. *Meine These ist nun, daß Kafka dem Leser mit seiner formalen Darstellung als Vernachlässigung einschreibt, was K. durch Vernachlässigung als Traumatisierung von Körperlichkeit erlitten hat.* Kafkas Schreiben ist Verschweigen, ist Schonen der Eltern, die das Kind vernachlässigten. Wenn K. sich so versteht, daß er vernachlässigen muß, aus Beziehungen fliehen muß, sobald er bekommt, was er will, z. B. Frieda, ohne daß Kafka dem Leser signalisiert, daß K. aus den erlittenen Traumatisierungen heraus gar nicht anders kann, *dann schreibt Kafka zugleich gegen K.* Kafkas Schweigen hat eine doppelte Bedeutung: Es ist zu verstehen als die dem Leser unmittelbar nachfühlbar gemachte körperliche Gewalt in familialer Interaktion – wie wir es in den traumatischen Szenen 1 und 2 gesehen haben – aber auch als Kafkas zumindest partielle Parteinahme für die Eltern und damit deren Schonung. Das könnte der Grund für Kafkas Fragmenthaftigkeit sein, von der Politzer spricht: »So blieb sein Werk denn auf halbem Weg zwischen Selbsterkenntnis und Selbstflucht Fragment«[208]. Ich meine im Gegensatz zu Miller, daß Kafka keinesfalls nur »mit dem Opfer als Subjekt des Leidens identifiziert ist«[209]. Ich komme darauf weiter unten zurück (siehe S. 233 f.). Kafka stellt an K. eine Interaktionsform dar, die ich als K.-Ding-Interaktionsform gekennzeichnet habe: In traumatischen Szenen fehlte ein lebendiges Gegenüber, so daß sie als verdinglichter Ausdruck der traumatisch verleugneten Gefühle ihren Niederschlag als »Mater« (Orban) fanden. Deshalb sieht sich K. auch als das vernachlässigte, mutwillige Kind, das an der Tischdecke zerrt und die Pracht der anderen gefährdet. Es fehlen in Kafkas Darstellung die Partner der Szene: ›die da oben bei Tische sitzen und es sich gutgehen lassen und das Kind da unten vernachlässigen, es weinen, zerren und kratzen lassen, ohne zu verstehen, daß es ihnen nicht die Pracht streitig machen will, sondern gesehen und wahrgenommen werden, geachtet werden will, und zwar als Mensch, nicht als Tier‹. Das ist es aber, was ›die da oben‹ in ihrer Pracht nicht vermögen: Sie mißbrauchen das Kind als ihren narzißtischen Spiegel, ohne sich von dem Kind als wohlwollend spiegelnder Partner brauchen zu lassen. Mit seinen narzißtischen Bedürfnissen, sich vom anderen sowohl bewundern zu lassen als auch den anderen bewundern zu dürfen, ohne daß dieser beschämt ausweicht und wegschaut, stellt die Herrenhof-Wirtin K. bloß, indem sie ihn zum Bösewicht und Spielverderber stempelt:

»Ich ziele nur darauf ab, mich schön zu kleiden, und du bist entweder ein Narr oder ein Kind oder ein sehr böser, gefährlicher Mensch. Geh, nun geh schon!«

So wie Kafka K.'s Tierwerden intraszenisch thematisiert, thematisiert er auch K.'s Kindwerden intraszenisch, und zwar im 8. Kapitel »Warten auf Klamm«. (Ich komme in der Analyse des Romans darauf zurück, siehe S. 157-160). K. ersehnt zwar Berührung als »Auszeichnung«, muß sie aber schon in der Vorstellung einer Begegnung mit Klamm als »Störung« zerstören. Mit Barnabas kann er das Schöne zwar erleben, nicht aber benennen. Um sich aus unbefriedigender Realität wegzuphantasieren, kann er sich dann befriedigende Selbstdarstellung vor Klamm vorstellen. Was für K. unvorstellbar bleibt, ist die selbstbefriedigende Gemeinsamkeit im Sprechen mit dem anderen. Wie in den traumatischen Szenen 1 und 2 bleibt der Dialog gestörte ›Einwegkommunikation‹.

»Deshalb bemühte sich aber K., alles erträglich zu finden, was ihm auch gar nicht so schwer war, weil er in Gedanken mit Barnabas wanderte und seine Botschaft Wort für Wort wiederholte, aber nicht so, wie er sie Barnabas übergeben hatte, sondern so, wie er glaubte, daß sie vor Klamm erklingen werde.« [121]

3.2 ›Ich ist ein anderer‹: Die narzißtische Struktur des »Schloß«-Romans

So wie Kafka im »Brief« die wechselseitige narzißtische Defizienz von Vater und Sohn und Mutter beschreibt, ist auch im »Schloß« die narzißtische Defizienz ubiquitär. Als sprachlich vermittelte Interaktionsstruktur des Textes möchte ich sie auf die Formel bringen: ›Ich ist ein anderer‹. Gerade die mächtigen Beamten, unter ihnen auch K.'s Vorgesetzter Klamm, sind sprachlose Körper, sie schämen sich vor dem Gesehenwerden wie Kinder, nicht anders also als K., das erfahren wir in der K.-Bürgel-Szene. So wenig wie K. können auch die Frauen bzw. die Männer und Beamten im Schloß »Ich« sagen. Wie bei K. findet immer eine Verschleppung des Subjekts der Aussage statt. Entweder, indem nur über Medien verkehrt wird: über Telefone, Briefe, Botschaften, Fotos, oder aber, indem der Sprecher sich medial über den anderen und somit als Ankläger bzw. als Verfolger der eigenen Gefühle im anderen äußert. K. sagt »Ich«, indem er »...Du aber auch!« sagt; K. sagt »Ich nicht«, indem er »...Du aber auch nicht!« sagt, oder aber K. läßt gleich den anderen für sich sprechen, indem er ihn dazu bringt, »Du aber auch!« bzw. »...Du aber auch nicht!« zu sagen. K. macht sich dann selbst zunichte als Zuhörer der selbstlosen Rede des anderen über dessen Leiden. Die Selbstanklage des anderen dient K. zur Tarnung seiner Kränkbarkeit – wie ich es weiter oben als Folge des Pawlatsche-Traumas im Sinne von Kafkas Instrumentalisierung des Gefühls der Nichtigkeit als edel und fruchtbar ausgeführt habe. Der Ubiquität der narzißtischen Bedürftigkeit der Figuren im »Schloß« korrespondiert ihre Hilflosigkeit, in der sie sich aber als Helfer *für andere* tarnen. Der Altruismus entpuppt sich dann als Mißbrauch des anderen, weil kein Wechselspiel von Geben und Nehmen gedacht werden kann. Es gibt kein »Ich *und* Du«, nur ein »entweder Ich *oder* Du«.

Die Wirkung der Verschleppung des Subjekts als Interaktionsstruktur ›Ich ist ein anderer‹ habe ich im Zusammenhang mit der traumatischen Szene 2 als schmerzlich erlebt und beschrieben. Sie ist ver-rückt und verrücktmachend. Die Interaktionen haben pseudokommunikativen Charakter, sie stellen eine Als-ob-Kommunikation dar. Wie K. sich immer von dem »Schein wie von Seide« der Kleider und Gefühle der anderen verführen läßt und

dabei zu ›man‹ wird, entpuppt sich der Schein als leerer Schein, als ›scheinbar‹. Ich habe die Wirkung dieser Klirrpunkte im 1. Romankapitel analysiert. Die Wirkung dieser Verführung durch den »Schein wie von Seide« ist verrückt, und zwar sowohl irremachend und hämisch als auch irritierend zwischen den Spannungspolen von ›wegwerfend – verworfen‹, also ›halb-seiden‹. Die Unterbrechungen im Text wirken erotisch. Die Lust der Lektüre an Kafkas »Schloß«-Text kommt gerade aus den Brüchen der »antipathischen Codes«[210]: Das Erhabene der Beamten-Schloß-Geschäfte und das Triviale der Kinder-Tier-Geschäftigkeit stoßen aufeinander bzw. spiegeln sich aneinander. Nicht zufällig begegnen uns dann auch die Beamten in der Aktenverteilung in ähnlicher Verkleidung – wie die Frau in der traumatischen Szene 2.
Im »Schloß«-Text heißt es:

»Das Interesse an der Sache war ringsherum sehr groß, überall wisperte es, kaum eine Tür war ruhig und oben an der Wandbrüstung verfolgten merkwürdigerweise mit *Tüchern fast gänzlich vermummte Gesichter,* die überdies kein Weilchen lang ruhig an ihrer Stelle blieben, alle Vorgänge.« [261]

Wir erfahren dann auch, »amtliche Entscheidungen sind scheu wie junge Mädchen«. K. träumt später im Bett mit Bürgel den Beamten als griechischen Gott und Mädchen. »Dieser griechische Gott piepste wie ein Mädchen, das gekitzelt wird«. Im Leser entsteht bei der »Schloß«-Lektüre *anamorphotisch* eine polymorph-ungezwungene Welt (siehe dazu die Anamorphose »Die schlafende Venus wird von Amor enthüllt«, S. 226). Pervers ist aber nichts mehr, weil alles seine Pervertierung im Sinne des Realitätsprinzips schon hinter sich hat. Aus Scham ist Lust schon in Schuld verkehrt. Das zeigen die beiden traumatischen Szenen 1 und 2 als Strukturlegung der narzißtischen Defizienz in K.
Es kann im »Schloß« nur darum gehen, die Gefühle zuzulassen und zu benennen; das bedeutet aber, Kafkas Entwurf von Sinnlichkeit aus den Angeln des familialen Fühl- und Sprechtabus zu heben.

3.3 Die Darstellungsform des Textes als Beziehungsform

Fassen wir also die Codeworte im Text zusammen und begreifen wir sie als K.'s Ding-Beziehung, hinter denen die traumatischen Szenen stehen als szenische Interaktionen, die auf Matern aufruhen: Interaktionen also ohne narzißtisch spiegelndes Gegenüber, in denen K. vernachlässigt bzw. narzißtisch mißbraucht wurde, d. h. sprachlos traktiert wurde als Körper: Kind bzw. Tier, so daß seine Gefühle Körpersprache bzw. Atmosphäre geblieben sind. Triebe blieben Natur ohne Gegenüber, weil Individuierung in sprachlich vermittelter Interaktion mit dem anderen verfehlt wurde. Codeworte als der dinggewordene Ausdruck von K.'s sprachlos gebliebenen Gefühlen in der traumatischen Trasse zwischen Scham und Schuld: Kind und Tier, sind: Fahne – Tuch – Kleider – Kissen – Schloß; Feuer – Wärme – Kälte – Schnee – Stein – warmes Wasser – Getränk; Kindergeschrei – Schreie – Stimme – Glocke. Kafka inszeniert den Text, indem er die Codeworte als Vordialog anklingen läßt, als Kosesprache unter der Kotsprache, die ich im Zusammenhang mit den Exkursen zum »Brief« auf die Nenner ›halbseiden‹, ›scheinbar‹, ›man‹, ›nebendran‹ und ›als ob‹ gebracht habe (S. 95). Die Kotsprache wirkt zweischneidig, erregend und lieblos-zynisch auf mich als Leser.

Thesenhaft läßt sich sagen, daß das »Schloß« K.'s narzißtische traumatische Interaktionsform ›Ich ist ein anderer‹ darstellt als Suche nach »einem freundlichen Wort, einem stillen Bei-der-Hand-Nehmen, einem guten Blick«, Kafkas Kindheitswünschen, wie er sie im »Brief« bezeichnet hat. Aus der beschriebenen Traumatisierung von Körperlichkeit, die sich K. als Matern einschrieben, erlebt er gerade die Erfüllung seiner Wünsche traumatisch. Weil Erkanntwerden und Verstandenwerden an den seelischen Schmerz der Ablehnung erinnern und Übereinstimmung gerade beschämt, schlägt Wunscherfüllung K. abermals in die Flucht. Die Befriedigung gebenden Koseworte schlummern deshalb häufig unter der Kotsprache, weil sie in ihrer Entstellung vor dem seelischen Schmerz der erlittenen Kränkung schützen können. Das ist der Grund für Kafkas ver-rückte Schreibweise, die sich dem Leser als Empathiestörung mitteilt. Der ›Sprung‹ im Verstehen geht aber nicht, wie Schaufelberger meint, ins Anonyme: ins »Unzugänglich-Übermächtige«[211] oder ins »Religiöse«[212], sondern hat im Leser, wenn er an K. als Perspektivfigur festhält, sein konkret sinnliches Gegenüber, den Adressaten, den Kafka K. im Text suchen läßt, den er aber aus seiner Traumatisierung heraus gerade nicht unmittelbar finden darf. Voraussetzung dafür ist das trauma-analoge Verstehen der an K. dargestellten Interaktionsform zwischen Leser und Text als ›Ich ist ein anderer‹.

Was Schaufelberger losgelöst von K.'s Interaktionsform ›Ich ist ein anderer‹ – ›Nebendran-Sehen-und-Sprechen‹ – ›Vernachlässigen‹ als Kafkas »unvermittelt reihendes Verfahren« kennzeichnet, stellt tatsächlich *nacheinander* dar, was als narzißtische Spiegelungen *aneinander* zu betrachten ist; d. h., die Spiegelungen sind Antworten *aufeinander*, nur ›nebendran‹ gesprochen. In dieser ver-rückten Weise hat Kafka bis in die Romanstruktur hinein K.'s szenisch dargestellte Interaktionsform zugleich als Strukturprinzip des Textes gestaltet. So wie K. in den traumatischen Szenen keine Partner fand, so daß er sich mit seinem Glücksgefühl nicht im Sprechen mit dem anderen aufgehoben fühlen konnte, findet K. zumeist auch in den Szenen keine unmittelbare Beantwortung seiner narzißtischen Wünsche, weil er selber »sozial sprachlos« ist. Die Folge der Mystifizierung seiner Gefühle ist, daß K.'s sinnliche Praxis sich in einen Prozeß verwandelt, in eine unpersönliche Ereigniskette. Trauma-analog verstanden geben die Szenen aber Antwort, wenn ich sie als aneinander gespiegelte begreife, als Brechungen an den traumatischen Klirrpunkten.

Die an K. in den szenischen Zusammenhängen dargestellte Interaktionsform des ›Nebendran-Sehens-und-Sprechens‹ strukturiert auch interszenisch den Text. Anders gesagt, die Textphantasie verläuft asynchron zum erzählten Inhalt. Was Schaufelberger als Reihung versteht und als Kafkas »magische Dialektik bezeichnet, die durch rhythmische Wiederholung die Angst bannen solle«[213], indem Kafka »in einer Flut von parallelen Aussagen Erwartung auf Erwartung häuft, und immer tiefer in den saugenden Wirbel ihrer Unerfülltheit hineinzerrt«[213], beschreibt nur, so meine ich, das Gegenübertragungsgefühl des Schwindels und der Verwirrung, wenn K. als Perspektivfigur vernachlässigt wurde und Kafka dem Leser damit die Gewalt antut, die einem Kind widerfuhr, das immer wieder vernachlässigt, durch wortlose Blicke vernichtet wurde. *Diese Gegenübertragung muß aber am Text versprachlicht werden,* wie ich es in Kapitel 1 an der Analyse meiner Gegenübertragung vorgeführt habe. Die Darstellungsform ist

Teil der Interaktionsform zwischen Text und Leser. Ich verstehe daher die von Schaufelberger als Form isoliert betrachtete »magische Dialektik« als Teil der Beziehungsform des Textes: K. muß ›vernachlässigen‹, indem er sich aus der belebten in die unbelebte Natur rettet, weil er damit der traumatischen Erfahrung, wortlos mit einem Blick verworfen zu sein, abzublitzen, aus Scham prophylaktisch begegnet. Kafkas Form ist K.'s strukturgewordene narzißtisch-defiziente Interaktionsform. K. wahrzunehmen und an ihm als Perspektivfigur festzuhalten, mit ihm ›Auf dem Sprung zu sein‹, ohne von ihm abzuspringen, half mir, den »Schloß«-Text zu verstehen als Reparationsversuch eben dieses Traumas, aber unter den Bedingungen traumatisch-gestörter familialer Interaktionsformen.

3.3.1 Exkurs 4 zum »Brief«: »Ich zerreisse Dich wie einen Fisch!...«

Ich meine also, daß Kafka die an K. dargestellte Selbstbehauptung ohne Selbst in der ästhetischen Form als entstellte negative Selbstliebe bearbeitet. Die schmerzhafte Verunsicherung des Lesers an Kafka-Texten als narzißtische Bedrohung des Selbst zwischen Lust und Ironie, Schadenfreude und Schmerz, läßt sich gut mit zwei Szenen im »Brief« belegen. Kafka beschreibt seine konkretsinnliche Erfahrung als Kind in der Treibjagd zwischen Mutter und Vater in der Kotsprache, die dann auch im »Schloß«-Text gesprochen wird:

»Schrecklich war mir zum Beispiel dieses: ›Ich zerreiße Dich wie einen Fisch‹, trotzdem ich ja wußte, daß dem nichts Schlimmes nachfolgte (als kleines Kind wußte ich das allerdings nicht), aber es entsprach fast meinen Vorstellungen von Deiner Macht, daß Du auch das imstande wärest. Schrecklich war es auch, wenn Du schreiend um den Tisch herumliefst, um *einen* zu fassen, *offenbar* gar nicht fassen wolltest, aber doch so tatest und die Mutter *einen* schließlich *scheinbar* rettete. Wieder hatte *man* einmal, so *schien* es dem Kind, das Leben durch Deine Gnade behalten, und trug es als Dein unverdientes Geschenk weiter.« (B. 129/130)

An einer anderen Stelle im »Brief« schreibt Kafka:

»Es ist auch wahr, daß Du mich kaum einmal wirklich geschlagen hast, aber das Schreien, das Rotwerden Deines Gesichts, das eilige Losmachen der Hosenträger, ihr Bereitliegen auf der Stuhllehne war für mich fast ärger. Es ist, wie wenn *einer* gehenkt werden soll. Wird er wirklich gehenkt, dann ist er tot und es ist alles vorüber. Wenn er aber alle Vorbereitungen zum Gehenktwerden miterleben muß und erst wenn ihm die Schlinge vor dem Gesicht hängt, von seiner Begnadigung erfährt, so kann er sein Leben lang daran zu leiden haben.« (B. 134/5)

Das immer wieder in seiner narzißtischen Scham verletzte und gedemütigte Kind spricht aus Kafka, wenn er am Körper des Lesers mittels seiner Form seine Grenzerfahrungen bis hin zum Tierwerden inszeniert, um gerade in der Entstellung K.'s Selbst zu retten: ›Im Sprung‹, ›Nebendran‹ ist K. er selber, deshalb muß der Leser mittun, ohne sich zu vergessen. Der Leser muß verstehen, warum Kafka nicht verstanden werden will. Kafkas Liebe zum Widerspruch gegen sich selbst ist als seine Form der Selbstliebe zu begreifen. An K. stellt Kafka deshalb dar, daß dieser sich zeigt als ein Bettler, dessen Selbstbewußtsein darin besteht, mit dem Schild »Außenseiter« um Almosen zu bitten.

3.4 Die Darstellungsform des Textes als Beziehungsform Text – Leser: Die Kosesprache unter der Kotsprache

An K. als Perspektivfigur festhaltend und davon ausgehend, daß sich die Textphantasie »K. will sich der Welt zeigen« im Dialog oder im Vordialog Ausdruck verschafft, wenn ich zugleich die Klirrpunkte in trauma-analogem Verständnis entstöre, konnte ich den Text angstfrei begreifen. Jetzt konnte ich sowohl meine Lust wahrnehmen als auch das Grauen und die Gewalt, die Kafka mit den Brüchen und dem Schweigen dem Leser antut. Jetzt konnte ich das Schämen aushalten und Kafkas Ironie auch, wie er im »Brief« schreibt, »als ein Fest der Bosheit und der Schadenfreude« (B 130) verstehen, ohne sie aber wie Deleuze und Guattari als »Schizo-Clownerie« zu stilisieren[152]. Statt in übersinnliche Gefilde (Schaufelberger) oder unterirdische Rhizome (Deleuze-Guattari) mich abgetrieben zu fühlen, verstehe ich Kafkas Text als ein Beziehungsgeflecht von Sprechen und Verschweigen aus Angst und Lust zugleich. Das Medium aber ist die Botschaft: Sprechen ist die Botschaft zwischen Text und Leser, zwischen Kafka und mir. Dieses Sprechen ist zu verstehen aus Kafkas familial erlittener Anonymisierung, hat aber als ihre literarische Gestaltung metakommunikative Funktion und stellt insofern eine außerfamiliale Auseinandersetzung mit der Gegenstandswelt als sekundäre Sprachfindung dar[214].

Interessanterweise bringen Autoren wie Mecke und Tiefenbrun, die beide von einem biologistischen Psychoanalyseverständnis ausgehen, die Codeworte Wärme bzw. Kälte (Mecke) und Nahrung, Schnaps, Wunde, Musik, Weg und Straße (Tiefenbrun) auf Homosexualität. Beide Autoren listen unter triebtheoretischer Perspektive als Merkmalskatalog in den Texten auf, was sie dann Kafka als Diagnose zuschreiben. Kafka stellt hingegen die *Herstellung* narzißtisch-defizienter Struktur im Sozialisationsgeschehen als Vergesellschaftung ohne Individuierung, ohne »Dialog« (Spitz) in der Familie dar. Unter der triebtheoretischen Perspektive bleibt aber diese szenische Beschreibung wechselseitiger Bedingungen von Dialog- bzw. Objektbeziehungsfähigkeit außer Acht. Mit dem Akzent auf der Triebdynamik des Autors wird das literarisch Dargestellte zum Gegenstand, der am Autor extern verfolgt und abgehandelt wird: Indem der Autor mit dem Dargestellten identifiziert wird, wird gerade die in szenischen Interaktionen dargestellte Infragestellung von Scham und Schuld wieder zum Schuldspruch am einzelnen verkehrt. Sprechen selber und damit Körperlichkeit, die Kafka schreibend aus der Tabuzone Familie zu befreien suchte, werden wieder unter heterosexuellen Normen familialisiert. Miller spricht zu Recht von der »Schwarzen Pädagogik« der Psychoanalyse, die die real erlittenen narzißtischen Traumen als pathologisches Verhalten verfolge[53].

Eine biologistisch sich selbst mißverstehende Psychoanalyse verfehlt mit ihrer zeichenhaften Sprache die von Kafka dargestellte Sinnlichkeit unter der Kotsprache, die nur seine Tarnsprache ist. Solchen Interpretationsversuchen bleibt Kafkas »Schloß«-Text dann ein Schrecknis und Rätsel, aufgespannt zwischen dem »unendlich trostlosen Blick des fünfjährigen Knaben«[198] Kafka auf einem Atelierfoto und »der Schrift gewordenen Turandot«[111]. Interpreten, die wie Sebald mit dem Stichwort »Thanatos« und dem Stichwortgeber »Handwörterbuch des Deutschen Aberglaubens«, oder wie Mecke mit dem Stichwort »Homosexualität«, oder wie Mitscherlich-Nielsen mit dem Stichwort »kollektive Traumen als Narzißmus, begriffen als früher Aggressionskonflikt mit den Eltern«, Kafka monokausal, ja überhaupt kausal zu entschlüsseln versuchen, bleiben die Texte letztlich verschlossen. Allen gemeinsam ist, daß sie sich wie unbeteiligte Naturwissenschaftler über ihr Objekt beugen und Kafka dann abweisenden Stil attestieren. Sebald beginnt seine Arbeit mit dem Satz: »Rätselhaft ist die steinglatte Fläche des Kafkaschen Werkes geblieben, was immer die Interpreten aus seiner Tiefe geschürft haben«[215]. Mecke tobt in »Weißglut« über die »Kaltflächigkeit an (Kafkas) Stil«[61]. Politzer sieht am Ende seiner Interpretation das »Schloß« nach wie vor »von Nebeln umgeben«[26]: »Vor der Multivalenz des Geheimnisses, das über dem Schloß waltet, hebt sich jede Schuldfrage von selber auf. Wo weder K. noch seine Antagonisten recht behalten, tritt Ironie ihren Rechtsanspruch an«[215a]. Psychoanalyse also an Kafka in Einsatz gebracht als Abwehrpsychologie kommt zu dem Ergebnis, daß Kafkas Texte dunkel sind und unverständlich, aber große Literatur einer »besonders ausdrucksfähigen« und »hochempfindsamen Persönlichkeit«[131]. Ich will noch einmal wiederholen, was Mitscherlich-Nielsen dazu sagt: »Viele Leser Franz Kafkas haben seine Texte als eigenartig ›entrückt‹ empfunden, als Beschreibung einer Welt, die zugleich genau dargestellt ist und seltsam fern bleibt. *Wäre* Kafka nicht ein außergewöhnlich befähigter Schriftsteller, *würde* er nicht Bilder und Beschreibungsweisen für Vorgänge finden, die viele dunkel in sich selber spüren, *würde* man wahrscheinlich vor seinen Texten mit ihren Schilderungen von Grausamkeit, Qual und Verlassenheit zurückschrecken«[78].

Mit meinem trauma-analogen Literaturdeutungsansatz möchte ich am Beispiel des »Schloß«-Textes zeigen, daß Kafka keinesfalls dunkel ist, wenn ich an K. als Perspektivfigur festhalte und die an K. dargestellte traumatische Interaktionsform des ›Nebendran-Sehens-und-Sprechens‹ als Form des Textes und zugleich als Beziehungsform zwischen Text und Leser, begreife und sprachlich benenne. Statt als Interpret einen »Rechtsanspruch« an Literatur zu erheben, d. h., dem Text zu unterstellen, was dieser zu sein hat, gehe ich von dem aus, was zwischen mir und dem Text Bedeutung gewinnt. In szenischem Verstehen gelingt eine Entmystifizierung der Gefühle, die Kafka als in den traumatischen Szenen hergestellte beschreibt. Die Interaktionspartner der traumatischen Szene benennen heißt aber, die Elternschonung aufheben. Sie war für Kafka wegen seiner familialen Traumatisierung notwendiger und auch verstehbarer Selbstschutz, stellt zugleich aber seine Begrenzung dar. Es sind die Klirrpunkte im Text, an denen Kafka aus eigener Scham K. nicht »Ich« sagen läßt.

Goeppert betont, daß die Versuche einer objektivierenden Bewältigung von Texten »als Ausweichmanöver gegenüber der primären Beunruhigung durch den Text«[12] angesehen werden müssen, insofern sie »außerhalb der Kommunikationssituation Text–Leser in einer objektivierenden, d. h., die eigene Person als Störfaktor außer acht lassenden Einstellung gegenüber dem Text« bestehen. Ich denke zwar, daß jedem Interpreten seine Art des Ausweichens vor der Beunruhigung durch den Text zusteht. Die Gültigkeit solcher Interpretationen allerdings, die außerhalb der Text-Leser-Beziehung sich in »Weltbildern« (Watzlawick) verselbständigen, halte ich für begrenzt. Diese Interpretationen geben vielmehr ungewollt Auskunft über die Beziehung Text–Leser: Wo die Interpreten den Text mittels psychoanalytischer Theoreme als Plomben gegen ihr Erleben abdichten, hat dieser seine Klirrpunkte, die aus der Beziehungsebene in die Verhaltens-Faktenebene pervertiert werden. Aus dem Ist-Zustand zwischen Text und Leser wird ein Soll-Zustand manipulativ hypostasiert. Statt dem Text gegenüber eine fragende Haltung einzunehmen, werden theoretische Feststellungen getroffen. Der Analytiker in der psychoanalytischen Behandlung aber folgt seinem Nichtverstehen, um die unbewußten Phantasien des Patienten in die gemeinsame bewußte Praxis zwischen Analytiker und Patient zu heben. Mein Anliegen am »Schloß«-Text ist es demnach, nach der, wie ich es nennen möchte, Text-Phantasie zu fragen und diese aus der in der Kotsprache verborgenen Kosesprache herauszuhören. Die Text-Phantasie findet in den Klirrpunkten im Verstehensprozeß ihren Ausdruck. Es gibt Codeworte im Text, die ihn wie Indizien der in den narzißtisch-traumatischen Szenen erlittenen Schmerzen als verleugnete Gefühle und Wünsche durchklirren, um K.'s Sinnlichkeit im Sinne einer emotionalen Erfahrung im Leser anzuzeigen. Diese Codeworte kennzeichnen zumeist eine Gefühlsspaltung, deren Ansprechen K. Angst machen würde, die Kafka aber durch Verschweigen im Leser induziert. Mit meiner nachfolgenden trauma-analogen Analyse des »Schloß«-Romans will ich »das Gespräch unter den Worten« versprachlichen.

Kapitel III
Das Medium ist die Botschaft ...
Sinnlichkeit als Schattenmund und Erkenntnisglück
Trauma-analoge Analyse des »Schloß«-Romans

1. K. – Schloß

1.1 K.'s Beziehung zum Schloß

Telefon-Szene 24
Ich fahre nun mit der Analyse des »Schloß«-Textes fort, und zwar mit dem 2. Kapitel und K.'s zweitem Telefonat mit dem Schloß. Hören wir in den Text, K. telefoniert:

»Aus der Hörmuschel kam ein Summen, wie K. es sonst beim Telefonieren nie gehört hatte. Es war, wie wenn sich aus dem Summen zahlloser kindlicher Stimmen – aber auch dieses Summen war keines, sondern war Gesang fernster, allerfernster Stimmen –, wie wenn sich aus diesem Summen in einer geradezu unmöglichen Weise eine einzige hohe, aber starke Stimme bilde, die an das Ohr schlug, wie wenn sie forderte, tiefer einzudringen als nur in das armselige Gehör. K. horchte, ohne zu telefonieren, den linken Arm hatte er auf das Telefonpult gestützt und horchte so.«

K. phantasiert sich aus der »Hörmuschel« ein Meeresrauschen, das ihn an die Ufer der eigenen Kindheit trägt, so wie das Rauschen, das wir aus einer Muschel hören, das Rauschen des eigenen Blutes ist, der eigenen Lebensgeschichte. K. lauscht dem Summen, aus dem sich Stimmen zu Gesang und wieder zu einer einzigen Stimme formen, die eindringlich wie eine Sturzwelle ans Ohr schlägt. Sebald, der das »Schloß« als Allegorie von »Thanatos« interpretiert, meint, K. vernähme aus dem Telefon »das nämliche elysäische Summen, das einen als Kind – und wer erinnert sich nicht dessen? – auf den Spaziergängen entlang der Telegrafenlinie so *trübselig* stimmte«[216]. Die eigene Kindheitserfahrung, die Sebald als kollektiv gültige hypostasiert, beschreibt eine trübselige Stimmung. Ich habe dieses Sirren anders erlebt. Sebald benutzt die gleichen Worte für sein Kindheitserlebnis: trübselig, mit denen Kafka in der 2. Szene des 1. Romankapitels von dem »trübseligen Hausbewohner« gesprochen hat, der das Dach durchbrochen hat, um sich der Welt zu zeigen. Ich habe dieses Sirren der Telefone und Telefonmasten immer als ein fernes Versprechen gemocht, auf das ich gern hörte, ein Lispeln und Flirren, das sich im Körper fortsetzt, wellenförmig, sanft und eindringlich zugleich. Ich erlebte diese Szene mit K. – anders als Sebald – als lustvolles Versprechen ferner Sehnsucht nach Sprechen und Gehörtwerden unter vielen, zugleich aber unterscheidbar als eine Stimme, ein Name... Ich... Du.

Bedingung für K.'s weltvergessenes Hören ist, so erfahren wir im Text, abermals das fehlende lebendige Gegenüber. Szenisch vorausgegangen ist eine Ablehnung durch das Schloß, K. dürfe »niemals« ins Schloß kommen; K. heilt also phantasierend ein ›Abblitzen‹. Er belebt das Schloß mit Kindheitsstimmen, wobei er aber das eigene Gehör als »armselig« verachtet. Die Traumaerfahrung klingt an: Abblitzen durch Selbstentwertung zu verschmerzen, so daß der Leidtragende nicht mehr am anderen leidet, sondern an sich selber. Dadurch bleibt die Illusion erhalten, die Ablehnung durch richtiges Verhalten eines Tages doch noch rückgängig machen zu können. Der Preis für diese Illusion ist das Unglück an sich selber. Daß K. aber im Kontakt mit dem Schloß mit sich in Berührung gekommen ist, bestätigt eine spätere Auskunft des Dorfvorstehers über die nur »scheinbaren Berührungen« mit dem Schloß, das Telefon sei eigentlich eine Art »Musikautomat«. Wirklich ist demnach nur K.'s eigenes Erleben: »Nun ist aber dieses Rauschen und dieser Gesang das einzig Richtige und Vertrauenswerte, das uns die hiesigen Telefone übermitteln, alles andere ist trügerisch«. K. erinnert aufmunternde Stimmen der Kindheit, die aber auch schmerzlich sind. Er empfängt diese Stimmen, aber er findet nicht Gehör, denn der Kontakt ist fernmündlich und das Gegenüber aus Stein. In K.'s Selbstgespräch steht das Schloß als Stimme für die schmerzliche Erfahrung fehlender Gegenseitigkeit in der Kindheit, die sich als K.'s imaginierte Objektbeziehung in stereotyper Enttäuschung eingeschrieben hat.

K. – Schloß 96
Wie K. in dieser Telefonszene horchend in dem Gegenüber versinkt, verliert er sich auch in einer anderen Szene, als er auf das Schloß zugeht, indem er sehend zugleich hört.

»Das Schloß, dessen Umrisse sich schon aufzulösen begannen, lag still wie immer, niemals noch hatte K. dort das geringste Zeichen von Leben gesehen, vielleicht war es gar nicht möglich, aus dieser Ferne etwas zu erkennen und doch verlangten es die *Augen* und wollten *die Stille* nicht dulden. Wenn K. das Schloß ansah, so war es ihm manchmal, als beobachtete er jemanden, der ruhig dasitze und vor sich hinsehe, nicht etwa in Gedanken verloren und dadurch gegen alles abgeschlossen, sondern frei und unbekümmert, so als sei er allein und niemand beobachte ihn, und doch mußte er merken, daß er beobachtet wurde, aber es rührte nicht im geringsten an seiner Ruhe, und wirklich – *man* wußte nicht, war es Ursache oder Folge –, die Blicke des Beobachters konnten sich nicht festhalten und glitten ab.« [96]

Kafka hat K.'s eindringlichen Wunsch nach sinnlicher Spiegelung im Gegenüber ausgedrückt, indem er K. sehend hören läßt. Ich habe meinen trauma-analogen Verstehenssatz am »Schloß«-Text weiter oben als »Mit Augen hören« (Khan) charakterisiert. Damit folge ich K.'s Spuren sprachlosen Wünschens. Die traumatische Erfahrung, Luft zu sein, nicht gesehen zu werden und deshalb nichts zu sein, bestimmt K.'s Erwartungen als Beziehungsentwurf mit dem Schloß. Er ersehnt Befriedigung, kann sie aber nicht ausdenken, weil er sich im anderen nur als Nichts vorstellen kann. Was K. einerseits wie selbstverständlich anmutet, daß ihm das Schloß wie jemand dazusitzen scheint, der »frei und unbekümmert« einfach da ist, stellt für ihn andererseits gerade die traumatische Erfahrung dar: ignoriert zu werden, den anderen mit seiner Existenz nicht berühren zu können und deshalb zu ›man‹ anonymisiert zu werden. K., der sich als Kind nicht im Blick des Lehrers und der Frau mit seinem »Gefühl des Sieges« aufgehoben fühlen konnte, der kein »einziges offenes, herzliches Wort« hörte, gleitet also auch am Schloß als vorgestelltem Gegenüber ohne konkret-sichtbare Reaktion auf sich ab. Weil K. in sich keine Selbstgewißheit hat, erlebt er Nichtgesehenwerden – wie damals – als Abblitzen und folglich Nichtsein.
Sebald nimmt wieder die *szenischen* Zusammenhänge im Text nicht wahr, sondern kommentiert diesmal K.'s Selbsterfahrung in Kontakt mit dem Schloß mit der eigenen »trübseligen« Stimmung

als Kind auf Spaziergängen unter Telegrafenlinien. Die im Text an K. dargestellte Sinnlichkeit, die ich als »Neubuchstabieren des Körperalphabets« (Pohlen) verstehe, darf Sebald nicht zur Kenntnis nehmen, genausowenig wie Mecke, der im Zusammenhang mit dieser Szene vom »Kinderstimmengesang des Teufels«[86] spricht. Sebald meint dann auch, es gebe im »Schloß«-Roman keine Entwicklung. So wie für Politzer, der K. die psychiatrische Diagnose »Depersonalisierter« zuschreibt, ist auch für Sebald über K. schon in den ersten vier Zeilen des Romans alles gesagt: Als K. nämlich auf der Holzbrücke zwischen Dorf und Landstraße steht und zum Schloß in »die scheinbare Leere« hinaufblickt. Denn, so Sebald, schon da gleiche K. »den armen Seelen, die sich viel umtun, aber keine Geschichte haben«[217]. So sagt es jedenfalls Sebalds Stichwortgeber, das »Handwörterbuch des Deutschen Aberglaubens«.

1.2 Joseph K. und das Wunschschloß

Szenisch betrachtet erweist sich K.'s Selbstgespräch am Telefon nur als der Vordialog, als seine imaginierte Objektbeziehung also mit dem Schloß. In der realen Beziehung zum Schloß, in dem eigentlichen Ferngespräch, hören wir dann abermals, daß das Schloß K.'s Wünsche erfüllt, sobald er sie ausspricht. Das Schloß wird zum *Wunschschloß,* wenn K. es wagt, seine Wünsche zu benennen, sich zu zeigen. Die Erfüllung der Wünsche bedroht K. aber zugleich, so daß er sie boykottieren muß. Er tut das entweder, weil er sich etwas Falsches gewünscht hat, das er dann als falsche Selbstbehauptung demontiert, seine Landvermesserschaft beispielsweise oder, weil er das, was er vom Schloß bekommt, mißversteht. So bekommt er beispielsweise zwei Gehilfen, die ihn erheitern sollen, was K. aber als Beschämung und Entwertung auffaßt und abwehrt, weil er glaubt, sich Anerkennung verdienen zu müssen. K. bekommt vom Schloß zwei Gehilfen, die er dann durch falsche Behauptungen als Hilfe zunichte macht: Erst polt er sie als seine alten Gehilfen um, um sie dann als ihm fremde Gehilfen zu bekämpfen.
Betrachten wir also den Text unter dem Gesichtspunkt, daß das Schloß zum Wunschschloß wird, wenn K. es nur wagt, seine Wünsche auszusprechen. K. wurde vom Schloß im ersten Telefo-

nat als Landstreicher wahrgenommen, als der er im Dorf angekommen war. Dann wurde er im zweiten Telefonat als Landvermesser bestätigt, als der er sich ausgab. Jetzt wird er als alter Gehilfe Joseph akzeptiert, als der er sich zu erkennen gibt. Er bekommt außerdem vom Schloß *zwei Gehilfen,* die er unmittelbar auch so wahrnimmt, wie das Schloß sie gemeint hat. K. trifft diese Gehilfen auf der Straße, als er gerade aus der Familie in die Winterkälte hinausgeworfen worden ist (traumatische Szene 2). Als K. hört, daß sie ins Wirtshaus laufen, will er sich ihnen sofort anschließen:

»Dorthin gehe ich auch!« schrie K. auf einmal mehr als alle anderen, er hatte großes Verlangen, von den zweien mitgenommen zu werden; ihre Bekanntschaft schien ihm zwar nicht sehr ergiebig, aber gute, aufmunternde Wegbegleiter waren sie offenbar. Sie hörten K.'s Worte, nickten jedoch nur und waren schon vorüber.«

Das Schloß hatte die Gehilfen mit folgendem Auftrag ausgestattet:

»...›Ihr geht hin als die Gehilfen des Landvermessers‹. Wir sagten: ›Wir verstehen aber nichts von dieser Arbeit‹. Er darauf: ›Das ist nicht das wichtigste; wenn es nötig sein wird, wird er es Euch beibringen. Das wichtigste ist aber, daß Ihr ihn ein wenig erheitert. Wie man mir berichtet hat, nimmt er alles sehr schwer. Er ist jetzt ins Dorf gekommen und gleich ist ihm das ein großes Ereignis, während es doch in Wirklichkeit gar nichts ist.« [221]

Wie K. aber die Erfüllung seines Wunsches, im Schloß anzukommen, zugleich als Drohung erlebt, kann er auch die Gehilfen des Schlosses nicht als Hilfe annehmen, sondern erlebt sie schließlich als Verfolger. Sie machen seine Lüge, Landvermesser zu sein, der mit seinen zwei Gehilfen gekommen ist, offenkundig. K. hält aber mit den Gehilfen diese Lüge allen Ernstes durch. Weil er sie nicht kennt, kann er sie auch nicht unterscheiden; er nennt sie deshalb beide mit einem Namen: »... ich werde Euch beide Artur nennen ... ihr seid für mich ein einziger Mann«. Weil K. im Dorf fremd ist, müssen die ihm fremden Gehilfen sich also auch wie Fremde verhalten.

»›Ihr dürft mit niemandem ohne meine Erlaubnis sprechen. Ich bin hier ein Fremder und wenn Ihr meine alten Gehilfen seid, dann seid auch Ihr Fremde. Wir drei Fremden müssen deshalb zusammenhalten, reicht mir daraufhin Eure Hände‹. Allzu bereitwillig streckten sie sie K. entgegen. ›Laßt Euch die Pratzen‹, sagte er, ›mein Befehl aber gilt‹.«

Indem K. den Gehilfen das Wort verbietet, entmündigt er sie und unterläuft damit die Intention, die das Schloß ihnen als Helfer zugedacht hatte. Statt Ortskundige und Gesprächspartner hat er in ihnen nun Kinder und Feinde, von denen er sich dann beobachtet, ausgelacht, ausspioniert, veralbert, gedemütigt, verspottet, belästigt und verfolgt fühlt, so daß er sie abzuschütteln, zu hintergehen versucht, und sie schließlich verprügelt und entläßt, womit er seine Freiheit wiedergewonnen zu haben glaubt. Immer aber, wenn er mit ihnen offen spricht, wundert er sich, daß sie ihm gehorchen und seinen Anliegen entsprechen. Tatsächlich mißversteht er sie, weil er in sich mit verbissenem Ernst um seiner Aufsteigerziele willen seine Gefühle unterdrücken zu müssen glaubt, so daß er in den Gehilfen den Spiegel vorgehalten bekommt, in den zu schauen er gerade nicht wagen darf. Er kämpft vielmehr in ihnen seine Gefühle der Zerrissenheit nieder, wenn er sieht, wie sie »Wange an Wange lehnten und lächelten, *man* wußte nicht, ob demütig oder spöttisch ...«. K. fühlt sich nicht wohl in seiner Haut, er ist ›man‹ und gewahrt in ihnen das Augenzwinkern des Schlosses, das ihm signalisieren könnte: ›Es hat schon seine Richtigkeit, was Du in ihnen wahrnehmen kannst: »Ihr Herumhüpfen von Kindern und ihr Armausstrecken von Männern« [135], Du kannst ruhig auch beides tun‹. Da K. aber das Kind in sich niedergeprügelt hält, weil er es verachten muß (s. die Traumen), verprügelt er in den Gehilfen deren Kindlichkeit und Lebendigkeit und spielt lieblos ›den starken Mann‹. Er nimmt dann in ihnen »dieses Fleisch, das manchmal den Eindruck machte, als sei es nicht recht lebendig«, wahr, d. h., seine Sinnlichkeit erstirbt ihm zum Ekel an sich selber, weil er sich in Beziehung zum anderen nicht zu zeigen, zu benennen wagt.

Es erstaunt uns nicht mehr, daß Sebald auch in den Gehilfen nur diesen Aspekt der Leblosigkeit wahrnimmt und sie als »Inkarnation aus dem bösen Geist antikischer Larvae«[218] begreift. Weil er sie nicht auf K. und dessen Erleben bezieht – denn er ist zugleich identifiziert mit K. –, muß er sie abgelöst auf sein Thanatos-Konzept hin interpretieren und – wie K. – ihre Lebendigkeit verurteilen als »bisweilen aufdringliche Lebendigkeit«[218]. Szenisch betrachtet hatte K. aber zuvor Frieda erobert, um sie als »Machtmittel« für seine Pläne einzusetzen. K. unterliegt in dem »Wettbewerb um das Mitleid« Friedas dem Gehilfen Jeremias, der allerdings schon jetzt als Liebhaber-Nachfolger verschnupft ist. Bei Sebald hören wir, Jeremias sei »eine aus dem Grab entflohene Leiche, wie denn Bett und Schlaf nicht nur in diesem Roman als Chiffre gelten für den Ort und Zustand der Verstorbenen«[218]. Kafkas Darstellung von K.'s gebrochener Sinnlichkeit gerinnt Sebald aus metaphysischen bzw. thanatoiden Weltanschauungsgründen zur Sistierung von Sinnlichkeit überhaupt als Sinnlosigkeit.

Gerade in Interaktionen mit anderen aber springen die Gehilfen als wohlgemeinte Aufmunterung des Schlosses K. zur Seite, indem sie ihn an sich selbst erinnern, auf ihn zeigen, wenn er sich in traumatischer Weise abgewiesen und übergangen fühlt. Als die Brückenhof-Wirtin beispielsweise versonnen das alte Foto eines Boten anschaut: »Es war ein schöner Junge«, und K. damit in seiner sinnlichen Gegenwart ausschaltet, lenken die Gehilfen K. mit ihrem Klirren an die Fensterscheiben auf sich: ›Du bist auch schön‹.

»K. konnte nicht genau zuhören, er wurde durch Klirren von Glas abgelenkt, er fand gleich die Ursache der Störung. Die Gehilfen standen draußen im Hof, hüpften im Schnee von einem Fuß auf den anderen. Sie taten, als wären sie glücklich, K. wieder zu sehen; vor Glück zeigten sie ihn einander und tippten dabei immerfort an das Küchenfenster. Auf eine drohende Bewegung K.'s ließen sie sofort davon ab, suchten einander zurückzudrängen, aber einer entwischte gleich dem anderen und, schon waren sie wieder beim Fenster. K. eilte in den Verschlag, wo ihn die Gehilfen von außen nicht sehen konnten und er sie nicht sehen mußte, aber das leise, wie bittende Klirren der Fensterscheiben verfolgte ihn auch dort noch lange.« [77]

Hören wir nicht in den K. von draußen her an sich erinnernden Gehilfen, die K. ausgesperrt hatte, das auf die Pawlatsche ausgesperrte Kind in Kafka? Kafka aber gestaltet in K. jemanden, der sich selbst nicht versteht, die Berührung mit sich vielmehr als Störung erlebt und aggressiv-wütend abwehrt, denn die Erfüllung von K.'s Sehnsucht, gesehen zu werden, erlebt er immer zugleich traumatisch und wehrt die Berührung mit sich aus Scham ab. Die Gehilfen stellen K.'s verleugnete Sinnlichkeit als Kindlichkeit auf der äußeren Bühne dar; an ihnen arbeitet sich K. ab, bis er sich selbst wahrnimmt und sie dann entläßt.

Ich habe aus diesem szenischen Zusammenspiel den Begriff des Klirrpunkts selber entnommen, der das lustvoll-schmerzliche Spannungsmoment sprachlich zu fassen versucht, in dem K. sich an sich selber erinnert fühlt, es aber als Bedrohung erlebt und vorwurfsvoll von sich auf den anderen ablenkt aus Scham und Selbstverachtung, – ›wegwerfend-verworfen‹, wie er es in der traumatischen Szene 2 erlebte –.

Nicht anders als mit den Gehilfen springt K. auch mit den *Bauern* um. Er fühlt sich von ihrer »hartnäckigen Teilnahme« belästigt und von ihrer sprachlosen Kindlichkeit verfolgt. In dieser Sprachlosigkeit ähnelt K. ihnen aber und zwingt ihnen Respekt ab aus seiner Selbstverachtung heraus und seiner Angst, sich mit ihnen zu vermischen.

Das Schloß schickt K. außerdem *einen Boten, Barnabas,* der zwischen ihm und dem für ihn zuständigen Beamten im Schloß, Klamm, vermitteln soll. Der Bote taucht unmittelbar nach dem *Telefonat* zwischen K. und Schloß auf. K. hatte sich als der alte Gehilfe Josef ausgegeben und wurde darin auch bestätigt. Dann aber erwartete er »von diesem Gespräch ... nichts mehr«. Hier ist ein Klirrpunkt im Text. K. darf sich alles wünschen, und die Wünsche bekommt er auch erfüllt. Aber er darf »niemals« ins Schloß kommen. Blitzt K. also abermals ab? Ja und nein. Die Bestätigung, auf die es ihm ankommt, ist nicht gleichbedeutend mit der gestellten Frage und deren positiver Beantwortung. Vielmehr horcht K. auf Untertöne, weil die Bestätigung, die er sucht, narzißtische Bestätigung im Sinne von Achtung und Wahrgenommenwerden ist. Als K. behauptet, der alte Gehilfe Josef zu sein, schreit der Schloßbeamte: »Nein!« ...

»›Wer bin ich also?‹ fragte K., ruhig wie bisher. Und nach einer Pause sagte die gleiche Stimme mit dem gleichen Sprachfehler und war doch wie eine andere, tiefere, *achtenswertere Stimme:* ›Du bist der alte Gehilfe‹.«

K. blitzt also nur scheinbar ab, tatsächlich stellt er aber eine Scheinfrage. ›Darf ich ins Schloß kommen?‹ fragt K. und fragt damit: ›Darf ich der alte bleiben, der ich bin und komme trotzdem im Schloß an?‹ In dem Moment also, wo K. dem Schloß gegenüber mit sich in Berührung kommt, seine Wünsche ausspricht und sich zeigt, bekommt er eine bestätigende, »achtenswertere« Antwort, als wenn er sich als Landvermesser ausgibt, der er nicht ist: K. bekommt seinen Eigennamen: Josef.

Meine *These* zum Text lautet: Der »Kampf«, von dem K. meinte, daß das Schloß ihn »lächelnd« aufnehme, ist K.'s Kampf um narzißtische Bestätigung, um ein Lächeln also, das ihn in seiner Sinnlichkeit bestätigt. Wir verstehen auf dem Hintergrund von K.'s traumatischer Kindheitserfahrung auf der Mauer, wie elementar K.'s Bedürfnis sein muß, muß er sich doch durch den ärgerlichen Blick vernichtet gefühlt haben, verachtet. K. gewinnt Teilpartien dieses vermeintlichen Kampfes immer dann, wenn er gerade nicht kämpft, sondern sich zeigt und für sich spricht, sich beim Namen nennt. Wenn K. aber schweigt, bzw. durch List und Lüge von sich ablenkt, »Komödie« spielt, täuscht er unter Umständen den anderen über sich, viel eher aber täuscht er sich selber und ist dann enttäuscht und verachtet sich.

Fahren wir also fort in der Betrachtung des Romans mit der These, daß das Schloß Wunschschloß wird, wenn K. es nur wagt, seine Wünsche auszusprechen. Das heißt: Wenn K. sich zeigt und spricht, handelt er und verändert dadurch die Realität und damit sich. Im Moment also, wo K. sich als *Josef K.* seinen Eigennamen gibt, im Schloß also ankommt, als der, der er hinter der vorgeblichen sozialen Fassade: gräflicher Landvermesser, ist, taucht der Bote *Barnabas* vom Schloß mit einem Brief auf. Jetzt, als Josef K., kann er in diesem Mann die aufmunternde Botschaft des Schlosses wahrnehmen, die er in den Gehilfen zwar zunächst auch wahrnehmen konnte, dann aber nicht wahrhaben durfte. Wir werden sehen, daß Josef K. nun diese Botschaft zwar erkennt, ihr aber sprachlos begegnet, so daß er dem Boten vergeblich nachjagt, dabei aber sich selber verliert, denn er nennt sich nicht bei seinem Namen. Durfte er sich in der Heiterkeit der Gehilfen nicht wiedererkennen und machte er sie mundtot, so verliert er sich im Lächeln des Boten, weil er seine Gefühle aus List verschweigt. Beide Male bleibt er enttäuscht zurück, weil er schon in seinem Beziehungsentwurf mit Nicht-Einigung rechnet: Entweder er behauptet sich, indem er sich in den Gehilfen bekämpft und sie dadurch als Partner verliert, oder aber er behauptet in dem Boten seine unausgesprochenen Glückserwartungen und verliert sich und ihn dabei, weil beider Realität sich ausgesprochenermaßen als eine andere erweist, als K. verschwiegenermaßen unterstellt.

Formelhaft läßt sich sagen: K. scheitert an sich selber, weil er auf andere setzt. Aus Scham und Schuld ist er ›Auf dem Sprung‹ zwischen Entwertung und Idealisierung des anderen und täuscht damit sich über sich selber. Kafka gestaltet im »Schloß« K. als einen Glückssucher, der auf jede sich bietende Gelegenheit ›anspringt‹. Er versucht, sich hinterlistig zu erschleichen, was er als offenes Beziehungsangebot nicht wahrnehmen kann. K. verstummt bzw. springt ab, gerade, wenn er sich verstanden fühlt, weil er sich dann beschämt fühlt und bloßgestellt – wie in seinem Gefühl des Sieges auf der Mauer. Schutzlos vor Scham fühlt er sich dann zwar in seiner Existenz entschuldigt, aber allemal schuldig. K. flieht deshalb im Moment, wo das Trauma tatsächlich durch eine glücklichere Erfahrung geheilt werden könnte, weil das Glück für ihn »selbstmörderisch« [254] ist.

1.3 Die Textform als Spiegelung von K.'s Sozialgeschichte

Das trauma-analoge Verstehen eröffnete mir nun den Zugang für ein inhaltliches Verstehen der formalen Struktur des Romans, der durch seine Dreiteilung auffällt: Die Kapitel 1-13, die namentlich überschriebenen Kapitel 14 und 15 und die Kapitel 16-20. Ich verstehe nun den Zwischenteil »Amalia«, der die Geschichte der Familie des Boten Barnabas beschreibt, als *Spiegelung* von K.'s Geschichte. Ich werde also K.'s narzißtischen Wunsch, sich zu zeigen um zu sprechen, als Text-Phantasie des »Schloß«-Romans in den drei Handlungssträngen verfolgen, die aneinander gespiegelt K.'s Sozialgeschichte erzählen: K. strebt ins Schloß... landet aber in Familien, um erst dann bei sich anzukommen. Dabei verstehe ich das 1. Kapitel des Romans »Ankunft«, wie ich es im Kapitel 1 trauma-analog analysiert habe, als Roman-Exposition, in der alle Themen skizziert sind, die Kafka systematisch im Romanverlauf entlang der traumatischen Trasse durchspielt, um sie szenisch aneinander zu spiegeln. In dem wiederholten Durchlaufen der traumatischen Szenen 1 und 2 hebt Kafka sie im Romanverlauf sukzessive in ihrer traumatischen Bedeutung auf: K. macht neue Erfahrungen. Seiner traumatischen Interaktionsform ›Ich ist ein anderer‹ entsprechend, darf K. sich nur im anderen erfahren. Die Brechung der Perspektive aber ist auf ihn zurückzubeziehen: Das Sprechen der anderen über sich ist K.'s Grund des Hörens als Schutz vor sich selber [vgl. 219]. K. sucht im anderen die Resonanz seiner sprachlosen Wünsche. Der Leser muß die Mißverständlichkeit von K.'s verzerrter Kommunikation als ›Nebendran-Sehen-und-Sprechen‹ aus seinen sprachlosen Wünschen heraus verstehen. Kafka schreibt dem Leser K.'s

Sprachlosigkeit mit der verwirrenden Darstellungsform körperlich ein, damit er K.'s Sprachlosigkeit fühlen kann, um – sich benennend – zugleich K. *und* sich daraus zu befreien.
Ich habe in der Analyse des 1. »Schloß«-Kapitels in Kapitel I gezeigt, daß Kafka K.'s Selbstfindung in einer Zweigleisigkeit angelegt hat: K. sucht im Schloß, um in der Familie anzukommen, beides vergeblich. Wir wissen vom Lehrer: »Zwischen den Bauern und dem Schloß ist kein großer Unterschied«. Es geht K. um K., oben und unten sind Spiegelungen. In Kapitel II habe ich die traumatischen Bedingungen von K.'s Interaktionsform gezeigt. Die Zweigleisigkeit von K.'s Bestreben in Richtung Familie und Schloß stellt eine weitere traumatische Trasse als Formstruktur des Romans dar.
K. strebt mit Barnabas, einem Boten des Schlosses, ins Schloß und kommt mit sich in Berührung. Auch mit dem Lehrer gelingt ihm ein stückweit die Bewältigung seines Kindheitstraumas. Mit Bürgel erfährt K. dann – und mit ihm der Leser – die Bedeutung seiner Glücksstörung. Kafka konfrontiert den Leser mit der eigenen Schamhaftigkeit. Zugleich und gegenläufig zu K.'s Wunsch, sich zu zeigen, nämlich als sein gleichzeitiges Sichverbergen, sucht K. in Barnabas' Familie und indem er mit Frieda und den Gehilfen ›in Familie macht‹ nach Hilfe, die sich aber immer wieder als trügerisch herausstellt und ihn nur in seiner falschen Prämisse, an seiner Existenz schuldig zu sein, bestätigt.
Die nachfolgende Übersicht zeigt die »Schloß«-Kapitel, von denen Kafka die ersten 15 namentlich auf dem Vorsatzblatt zum ersten Manuskriptheft der »Schloß«-Ausgabe von 1926 überschrieben hat, wie Pasley[220] aufgezeigt hat. Die Seitenzahlen dieser Ausgabe weichen geringfügig von der Gesamtausgabe von 1976 ab, der ich in meiner Arbeit gefolgt bin. Ich habe den Kapiteln 16-20 Arbeitstitel gegeben, die meiner Sichtweise des Romans entsprechen. Ich bin nun der Textphantasie in fünf Interaktionskomplexen gefolgt, unter die ich jeweils mehrere Roman-Kapitel thematisch subsumiert habe (siehe Seite 144).
Ich werde also nachfolgend K.'s narzißtischem Wunsch, sich zu zeigen und zu sprechen, in den fünf Interaktionskomplexen folgen, die aneinander gespiegelt K.'s Sozialgeschichte beschreiben. Die Schnittpunkte der Spiegelungen sind jeweils die szenischen Momente, in denen eine minuziöse Bewältigung der traumatischen Szenen gelingt, so daß der Roman letztlich nur scheinpara-

»Schloß«-Kapitel	*Interaktionskomplexe*
1. Ankunft	
2. Barnabas	K. – Barnabas
3. Frieda	K. – Frieda 1
4. 1. Gespräch mit der Wirtin	
5. Beim Vorsteher	
6. 2. Gespräch mit der Wirtin	
7. Der Lehrer	K. – Lehrer
8. Das Warten auf Klamm	
9. Kampf gegen das Verhör	
10. Auf der Straße	
11. In der Schule	K. – Frieda 2
12. Die Gehilfen	
13. a. Hans, b. Friedas Vorwurf	
14. Bei Amalia	K. – Barnabas-Familie
15. Amalias Geheimnis	
Amalias Strafe	
Bittgänge	
Olgas Pläne	
16. ›Absage an die Gehilfen‹	
17. ›K. – Gerstäcker‹	
18. *a.* ›Absage an Frieda‹,	K. – Bürgel
b. ›K. – Bürgel‹	
19. *a.* ›Aktenverteilung‹,	
b. ›K. – Herrenhof-Wirtin‹	
20. *a.* ›K. – Pepi‹,	
b. ›K. – Herrenhof-Wirtin	

»Schloß«-Kapitel	*Interaktionskomplexe*	*Kapitelfolge meiner Arbeit*
1.	K.'s Ankunft	I
2., 8., 9., 10.	1. K. – Barnabas	III, 1., 2.
3., 4., 5., 6., 13.	2. K. – Frieda 1	3.
7.	3. K. – Lehrer	4.
11., 12., 13.	2. K. – Frieda 2	5., 6.
14., 15.	4. K. – Barnabas-Familie	7.
16., 17., 18a, 18b	5. K. – Bürgel	8.
19a, 19b	K. – Aktenverteilung	9.
20a,	K. – Pepi	10.1
20b	K. – Herrenhof-Wirtin	10.2

dox ist, wie ich es weiter oben (S. 96ff.) im Vergleich mit dem Möbiusschen Band gezeigt habe. K. durchläuft wiederholt – wie ich weiter oben im Zusammenhang mit der Analyse von K.'s Interaktionsformen ausgeführt habe – die traumatischen Szenen, weil er sich zeigen will und sich gleichzeitig aus Scham und Sprachlosigkeit im Sprechen der anderen, insbesondere der Frauen, als vermeintliche Fürsprecher, verbirgt. Immer aber, wenn der andere sich aus Selbstverachtung – wie die Frau damals – nicht benennt, sondern K. als Fürsprecher tatsächlich entmündigt, stürzt K. als ›man‹ ab in das Schamloch eigener Sprachlosigkeit, in selbstverleugnende Anonymität. Das Scheitern aber an der Namenlosigkeit der anderen, insbesondere der Frauen, läßt K. sich selber schrittweise näherkommen. Im Lehrer, in Barnabas und in Bürgel findet K. schließlich drei Partner, die sich bzw. ihn benennen, so daß »seine Unruhe ... sich gegen ihn selbst« [113] richtet, und er sich selbst wahrnimmt *in* der Interaktion mit dem anderen.

Der Roman ist strukturiert durch die Gegenläufigkeit zweier Prinzipien: eines abstrakten und eines erzählenden Prinzips entlang einer Spiegelachse, die ich weiter oben als traumatische Trasse bezeichnet habe. Sie stellt als K.'s Ambivalenzspaltung Scheinalternativen dar: K. – die anderen, gut – böse, Männer – Frauen, die sich in den Schnittpunkten aufheben. Die Scheinalternative schwarz-weiß wird in den Berührungspunkten als Traumabewältigung zu einer Grauzone, in der Sprechen Berührung und Beziehungen schafft. Inhaltlich betrachtet laufen gegeneinander das *abstrakte Prinzip* von K.'s narzißtischer Defizienz, das im Romanverlauf verlebendigt wird, insofern K. in den Beziehungen lebendig wird, und das *erzählende Prinzip* als Sprechen der anderen, das im Romanverlauf als *Struktur* verleugnenden Handelns sichtbar wird. Es laufen gegeneinander die Struktur der Text-Phantasie, die als K.'s Sprechen Handlung wird, und die erzählte Handlung, die als Sprechen der anderen szenisch entfaltete Struktur wird. Anders gesagt: Je sichtbarer K. wird, desto verstehbarer wird zugleich im Romanverlauf, was der strukturelle Grund von K.'s Handlungshemmung ist. Kafka gestaltet K.'s Interaktionsform ›Ich ist ein anderer‹, indem er K.'s ›Nebendran-Sehen-und-Sprechen‹ szenisch konkretisiert, d. h., indem er sukzessive K.'s Seitenblicke als szenische Zwischenbilder zu den Szenen selber werden läßt. K. wird in seiner Interaktionsstruktur verständlich, je mehr Kafka die familialen Bedingungen ihrer Herstellung intraszenisch konstelliert bis hin zur totalen Familienszenerie: K. – Barnabas-Familie, und zur Strukturszene familialer Sozialisation: K. – Herrenhof-Wirtin, die die Wirklichkeitsvernichtung in familialem Sprechen demonstriert. Erst das Thematischwerden der familialen Sozialisationsbedingungen als sprachlose Gewalt bzw. als Vergewaltigung durch verrücktes Sprechen öffnet K. den Weg aus der Familie.

Es laufen also im Romangeschehen gegeneinander das abstrakte Prinzip von K.'s narzißtischer Struktur als sozialer Sprachlosigkeit und das Sprechen der »scheinbaren Helfer« als konkret-beredte Spiegelungen seiner Defizienz. In deren Sprechen als K.'s Entwertung erfährt K. sich erst selber. Indem er deren Fürsprache, die er zunächst erhofft, als Entmündigung durchschaut und benennt, lernt K. für sich sprechen. Damit aber gerät er in seiner verfestigten Struktur in Bewegung, seine objektlose Innerlichkeit wird im Sprechen belebt, im Wünschen wird K. er selber als handelndes Subjekt. Die Demontage der scheinbaren Helfer zeigt dann die Struktur von K.'s verleugnetem Handeln: Selbstverleugnung und Altruismus bzw. negative Selbstliebe als heimliche Rettung des Selbst.

Die Rettung des Selbst aber geschieht bei Kafka in der formalen Gestaltung des Textes als Literatur der Alltäglichkeit, die ›nach Wörtern in der fremden Sprache‹ sucht. Meine *These* ist nun, daß die traumatische Szene 2 im 1. »Schloß«-Kapitel »Ankunft« sowohl K.'s Trauma enthält, als auch das Paradigma seiner Bewältigung. In der Szene selber ist K. sichtlich mit der Frau identifiziert, die seiner Sinnlichkeit aus Selbstverachtung wegwerfend-sprachlos begegnet. Zugleich nimmt K. aber auch die zwei Männer im Holzschaff wahr, die kindlich-lustvoll toben und ihn mit Wasserspritzern ins Gesicht willkommen heißen. Diese bauen sich dann vor K. männlich-selbstbewußt auf und benennen ihren Lebensentwurf: »Wir brauchen keine Gäste«. K. weiß dem nichts zu entgegnen. Der Roman stellt nun, so meine ich, K.'s Selbstfindung als Sprachfindung dar, insofern K. sich in den zwei ihn wohlwollend spiegelnden Männern erkennt. Mit Barnabas und Bürgel, beides Schloß-Beziehungen, erfährt K. die Aufhebung der traumatischen Trasse von Scham und Schuld und erlebt Berührung mit sich selber im Sprechen mit dem anderen diesseits der traumatischen Trasse von Familie und Schloß. Sprache wird zum Medium der Individuierung als Selbstbefriedigung mit den anderen. K.'s Wunsch, sich zu zeigen und zu sprechen, gestaltet Kafka in seiner szenischen Konkretisierung und unterhalb der Störrede der Frauen, die für sich sprachlos-verächtlich sind, für K. aber die Vormundschaft reklamieren. Da K. diesen Redestrom immer zugleich als Selbstschutz vor Beschämung evoziert, findet seine Selbstfindung häufig zwischen den Zeilen, in kleinen Gesten, in kleinen Handlungen, ›nebendran‹, ›Zwischen Tür und Angel‹, auf der Straße, unter der Decke, im Halbdunkel statt, während er selber schweigt oder sogar schläft. K. durchläuft den Roman in der Identifizierung mit der sprachlos selbstlosen Frau, dem Mädchen aus dem Schloß. Seine Sprachlosigkeit aber provoziert die Sprachfindung *im* Leser für das gemeinsame Erleben mit K. Die Irritation bis hin zum Schämen und zum Vorwurf auszuhalten, ermöglichte es mir, gegen Kafkas und K.'s Scham- und Schuldtrasse das »Schloß« als minuziöse Bewältigung der traumatischen Szenen zu lesen. K. findet Worte in der fremden Sprache, wenn ich sein Schweigen benenne.

So bewältigt K. die traumatische Erfahrung mit der Frau und dem Lehrer. Mit dem Lehrer selber erfährt K. das ersehnte »offene, herzliche Wort«: »Du«, aber er fühlt sich weiterhin als »Prügelknabe«; K. bekommt von Barnabas das ersehnte Lächeln und Antwort auf sein weltvergessenes Sprechen, eine Berührung, die er als Auszeichnung erlebt. Er fühlt sich im Einklang mit sich und dem anderen, so daß auch er lächelt; am Romanende ist K. in Berührung mit sich, während er einer Frau gegenüber auszusprechen wagt, was er »ohne Belehrung« sieht.

Die innerhalb der drei Handlungsstränge des Romans verlaufenden fünf Interaktionskomplexe werde ich nun zunächst kurz skizzieren, um sie dann unter dem Aspekt der Klirrpunkte im Sinne von Doppelpunkten zu betrachten. Die Klirrpunkte verweisen sowohl in Richtung Scham und Schuld in traumatische Kindheitsszenen zurück, als auch in Richtung lustvoller Erfahrung in szenischem Zusammenspiel mit anderen und dem Leser über familiale Tabus hinaus.

K. – Barnabas

Das Schloß hat K. einen Boten geschickt, und K. erkennt in ihm die Botschaft.

»Freilich, er war nur ein Bote, kannte nicht den Inhalt der Briefe, die er auszutragen hatte, aber auch sein Blick, sein Lächeln, sein Gang schien eine Botschaft zu sein, mochte er auch von dieser nichts wissen. Und K. reichte ihm die Hand, was ihn offenbar überraschte, denn er hatte sich nur verneigen wollen.«

K. begegnet in dieser Botschaft seinen Wünschen und kommt dadurch in Berührung mit sich selber. Er strebt nun in seiner ihm immer wieder selbst verborgenen Weise ins Schloß mit dem Wunsch, sich vor seinem Vorgesetzten Klamm als Mensch, nicht als Beamter, ›freizusprechen‹. Zunächst meint K. zwar, sich die Anerkennung verdienen zu müssen, indem er um die Heiratserlaubnis mit Frieda bei Klamm nachfragt, dann aber geht es ihm um sich selber: Er möchte Klamms Anblick ertragen, ihn sehen, ihm standhalten, den Eindruck sehen, den seine Worte im Gegenüber hinterlassen. K. möchte Klamm aus der Nähe sehen, seine Stimme hören, ihm gegenüberstehen als Mensch, »seinen Segen« herunterholen. K. sucht im Schloß Selbstbestätigung als Bewältigung seiner narzißtischen Traumatisierung. Kafka gestaltet K.'s Suche unter den Bedingungen von Scham und Schuld als seiner narzißtisch-defizienten Interaktionsform, seiner Glücksgestörtheit. K. kommt nicht im Schloß und nicht bei Klamm an, und zwar wegen seiner narzißtischen Defizienz, die zugleich auch die Scham der Mächtigen ist. K. kommt aber bei sich an, indem er vor Barnabas weltvergessen spricht und Berührung »als Auszeichnung« erlebt. Allerdings findet die Berührung nur auf der Straße statt. K. und Barnabas sprechen zwar miteinander, aber ihre Wünsche verweisen in die Familie zurück, deren »Glücksbringer« [338] beide sind, wider Willen zwar, aber aus Sprachlosigkeit ohne Widerrede. Ihr Körper ist Fetisch der Familie und gehört aus Scham und Schuld einem Dritten [vgl. 330]...

K. – Frieda 1 und 2
Die Berührung zwischen K. und Frieda bleibt als Pflichterfüllung ›Vergewaltigung einem Dritten zuliebe‹, so daß gerade K.'s Versuche, mit Frieda eine Familie zu gründen, scheitern müssen...

K. – Lehrer
K. behauptet sich aber dem Lehrer gegenüber und verteidigt seine Schuldienerstelle im Dorf...

K. – Barnabas-Familie

In der Barnabas-Familie erfährt der Leser mit K. die Geschichte einer Familie, deren sozialer Aufstieg durch die schamlose Verfügung über die Körper der Kinder möglich wurde. Amalia, eine der Töchter, verweigert sich und trägt dann schweigend die Verantwortung für ihr Tun. Die einzelnen Familienmitglieder versuchen unter erneutem Einsatz ihrer Körper, jetzt gerade in Pervertierung der Moral, Amalias Ungeheuerlichkeit im Schloß zu entschuldigen, obwohl es gar keine Schuld gibt. Aus Selbstmißachtung verfallen sie sozialer Ächtung im Dorf. K. aber, der von dieser Familie Rettung erhofft, soll diese Familie retten...

K. – Bürgel

Nach dieser Familien-Lektion gibt K. Frieda als »Machtmittel« auf und kommt zu sich selber. Bürgel, der Schloß-Beamte, spricht mit K., der schweigt. Wir erfahren den Grund seines Schweigens: Es ist der narzißtische Mißbrauch durch die Mächtigen, aus deren eigener narzißtischer Defizienz, ihrer Scham. K. schweigt aus Scham, die zur Schuld wird, so daß K. sich zwar bei der darauf folgenden Aktenverteilung einsam-lustvoll-kindlich erleben und fühlen kann, aber sich zu ›man‹ anonymisieren läßt. Aus Angst, abermals hinausgeworfen zu werden, bleibt er dem familialen Sprech- und Fühltabu verhaftet, indem er ›nebendran-sieht-und-spricht‹, ›auf dem Sprung ist‹, seine Gefühle in die Worte der anderen kleidet, seine Bedürfnisse nach Kosen, Berührung und narzißtischer Spiegelung in der Kotsprache der anderen pervertiert. Der Herrenhof-Wirtin sagt er: »Ich sehe nicht Dich an, nur Dein Kleid«. In dieser Ding-Interaktionsform rückt K. immer zugleich von sich ab, er verrückt sich und damit den anderen. K. hatte Barnabas nicht aufmuntern, sondern ihm das Tuch von den Augen nehmen, ihn Sehen lehren wollen. Halten wir also soviel fest: K. selbst sieht nicht, sondern zur Selbstschonung und zur Schonung der anderen immer nur ›nebendran‹. Er will sich zeigen, aber er schämt sich dafür und hüllt sich in Schweigen.

Nehmen wir K. das Tuch – wie es die Frau trug in der traumatischen Szene – von den Augen, ohne selber Justitia zu spielen... Beenden wir mit K. das »Blinde-Kuh-Spiel«, das Kafka mit uns spielt. ›Mit Augen hören‹ bestimmt meine deutende Haltung im trauma-analogen Verstehen des Textes, um unter der Kotsprache die Kosesprache zu entziffern, das »Schloß« als Wunsch-Schloß ernst zu nehmen, wie es sich in der Telefon-Szene zu Beginn des 2. Kapitels als »achtungswertere« Stimme zu Wort meldete und K. als Josef K. bestätigte.

2. K. – Barnabas: Das Medium ist die Botschaft: Hören als Grund des Sprechens

2.1 Das Lächeln ist die Botschaft

2. »Barnabas« 25-35
In dem Moment, wo K. sich dem Schloß gegenüber als Josef benennt und mit sich in Berührung ist, wird vom Schloß der Bote Barnabas geschickt. Barnabas bringt einen Brief von K.'s Vorgesetztem Klamm, aber K. interessiert sich mehr für den Boten und weniger für die Botschaft. Tatsächlich aber ist zwischen beiden kein Unterschied. Das Medium ist die Botschaft: Der Bote ist die Botschaft, so wie der Brief der Grund ist für das Kommen des Boten. K. spaltet zwar Bote und Botschaft auf, entziffert aber in beiden die Spuren der Bestätigung seines narzißtischen Bedürfnisses nach Spiegelung und Achtung. So nimmt er Barnabas' Lächeln als Botschaft wahr und sucht im Brief nach der Bestätigung seiner Wünsche auf dem Amtswege. Da K. nicht wahrnehmen kann, daß er als Mensch geachtet wird, glaubt er sowohl dem Boten gegenüber als auch dem Schloßbeamten gegenüber um Respekt kämpfen zu müssen. Damit mißversteht er aber gerade die vom Schloß angebotene Heilung seiner narzißtischen Traumatisierung und wiederholt sie, indem er sich mit List verstellt, um daraus erst zu lernen, daß das Aussprechen seiner Bedürfnisse ihre Erfüllung schafft.

»K. behielt den Brief in der Hand und sah den Mann an, der ihm im Augenblick wichtiger schien. Es bestand eine große Ähnlichkeit zwischen ihm und den Gehilfen, er war so schlank wie sie, ebenso knapp gekleidet, auch so gelenkig und flink wie sie, aber doch ganz anders. Hätte K. doch lieber ihn als Gehilfen gehabt! Ein wenig erinnert er ihn an die Frau mit dem Säugling, die er beim Gerbermeister gesehen hatte. Er war fast weiß gekleidet, das Kleid war wohl nicht aus Seide, es war ein Winterkleid wie alle anderen, aber die Zartheit und Feierlichkeit eines Seidenkleides hatte es. Sein Gesicht war hell und offen, die Augen übergroß. Sein Lächeln war ungemein aufmunternd; er fuhr mit der Hand über sein Gesicht, so, als wolle er dieses Lächeln verscheuchen, doch gelang ihm das nicht. ›Wer bist Du?‹ fragte K. ›Barnabas heiße ich‹, sagte er. ›Ein Bote bin ich‹. Männlich und doch sanft öffneten und schlossen sich seine Lippen beim Reden. ›Gefällt es Dir hier?‹ fragte K. und zeigte auf die Bauern,... auf die Gehilfen,... er zeigte ihm diese alle, so, als stelle er ihm ein durch besondere Umstände aufgezwungenes Gefolge vor und erwarte – darin lag Vertraulichkeit, auf die kam es K. an –, daß Barnabas ständig unterscheiden werde zwischen ihm und ihnen. Aber Barnabas nahm – in aller Unschuld freilich, das war zu erkennen – die Frage gar nicht auf, ließ sie über sich ergehen, wie ein wohlerzogener Diener ein für ihn nur scheinbar bestimmtes Wort des Herrn, blickte nur im Sinne der Frage umher, begrüßte durch Handwinken Bekannte unter den Bauern und tauschte mit den Gehilfen ein paar Worte aus, das alles frei und selbständig, ohne sich mit ihnen zu vermischen. K. kehrte – abgewiesen, aber nicht beschämt – zu dem Brief in seiner Hand zurück und öffnete ihn. Sein Wortlaut war: ›Sehr geehrter Herr! Sie sind, wie Sie wissen, in die herrschaftlichen Dienste aufgenommen. Ihr nächster Vorgesetzter ist der Gemeindevorsteher des Dorfes, der Ihnen auch alles nähere über Ihre Arbeit und die Lohnbedingungen mitteilen wird und dem Sie auch Rechenschaft schuldig sein werden. Trotzdem werde aber auch ich Sie nicht aus den Augen verlieren. Barnabas, der Überbringer dieses Briefes, wird von Zeit zu Zeit bei Ihnen nachfragen, um Ihre Wünsche zu erfahren und mir mitzuteilen. Sie werden mich immer bereitfinden, Ihnen, soweit es möglich ist, gefällig zu sein. Es liegt mir daran, zufriedene Arbeiter zu haben.‹«

Sowohl Barnabas' Gestalt als auch die Interaktion zwischen K. und ihm umfassen Konnotationen der traumatischen Szene 2: Einmal die Lebendigkeit und Körperlichkeit der zwei Männer im Holzschaff bzw. der Gehilfen, dann aber »den Schein wie von Seide« der Kleider der schönen, leblosen Frau. K. erlebt das Lächeln des Boten als »ungemein aufmunternd«, aber er kann es nicht als selbstverständlich hinnehmen, sondern sucht nach Begründungen dafür, indem er sich dem Boten gegenüber mit gewollter Vertraulichkeit ins rechte Licht zu setzen versucht, in Abgrenzung zu den Bauern und Gehilfen. K. betont die Unterschiede zu den anderen, weil er glaubt, nur so das Lächeln zu verdienen. Er verhält sich damit wie die Frau, die sich verächtlich als »ein Mädchen aus dem Schloß« ausgewiesen hatte. Damit blitzt er dann bei Barnabas ab, ohne sich aber – wie bei der Frau damals – gekränkt und beschämt fühlen zu müssen. K. lernt. Barnabas bewegt sich »frei und selbständig, ohne sich zu vermischen« zwischen den Bauern. Sein Lächeln ist Aufmunterung für K., insofern Barnabas sich in seiner Körperlichkeit selbstverständlich ist, ohne sich K. zu unterwerfen. K. lernt etwas über den Unterschied von Achtung und erzwungenem Respekt. »K. kehrte – abgewiesen, aber nicht beschämt – zu dem Brief in seiner Hand zurück und öffnete ihn.« Hierin aber besteht die Botschaft, die Barnabas für K. bedeutet: Er bekommt in Barnabas vom Schloß ein Gegenüber, das ihm widersteht, so daß K. sich in ihm erkennen kann, ohne sich beschämt zu fühlen. »... sein Blick, sein Lächeln, sein Gang schien eine Botschaft zu sein, mochte er auch von dieser nichts wissen. Und K. reichte ihm die Hand, was ihn offenbar überraschte, denn er hatte sich nur verneigen wollen.« K. begreift die Botschaft und läßt Berührung zu. K. spricht aber nicht über seine Gefühle, so daß dann Mißverständnisse entstehen werden.

Auch der Brief von Klamm ist eine Botschaft: Er stellt sowohl K.'s Bestätigung als Landvermesser dar als auch seine narzißtische Bestätigung. K. erfährt seine Arbeits- und Lohnbedingungen im Dorf und daß Klamm, sein Vorgesetzter, ihn »... nicht aus den Augen verlieren (wird). Barnabas, der Überbringer dieses Briefes, wird von Zeit zu Zeit bei Ihnen nachfragen, um Ihre Wünsche zu erfahren und mir mitzuteilen«. Barnabas, dessen Lächeln für K. die Botschaft darstellt, die er vom Schloß ersehnte, stellt vom Schloß her das Sehen dar, in dem K. nicht verloren gehen kann: Klamms Blick. Während der Inhalt des Briefes von K.'s Arbeitersein handelt, das K. nicht ohne Furcht vor der »Gewalt der entmutigenden Umgebung, der Gewöhnung an Enttäuschungen, (der) Gewalt der unmerklichen Einflüsse jeden Augenblicks« als »Kampf« mit dem Schloß antritt, den er mit seiner Behauptung als Landvermesser eröffnet hatte, sind K. und das Schloß zugleich verständigt in dem Lächeln des Boten als eigentlicher Botschaft und in dem Blick Klamms als Beziehungsangebot. Nachdem K. den Brief für sich im Dachzimmer studiert hat, geht er wieder in die Wirtsstube zurück. Dort trifft er Barnabas mit den Gehilfen am Tisch.

»›Ach, da bist Du‹, sagte K. ohne Anlaß, nur weil er froh war, Barnabas zu sehen.«

K. gelingt es, mit diesen unverstellten Worten Barnabas gegenüber sein Gefühl auszudrücken, aber wir hören im Text, daß er seinen eigenen Gefühlen nicht traut.

»Vielleicht täuschte sich K. hier im Guten, wie bei den Bauern im Bösen, als das Wohltuende seiner (Barnabas') Gegenwart blieb.«

K. läßt Barnabas gehen, ohne ihm »besondere Wünsche« an Klamm auszurichten. Er bleibt sprachlos und wird deshalb in Barnabas seinen Gefühlen nachlaufen.
K. folgt dem Boten in den Schnee auf die Straße, weil er glaubt, dieser gehe noch nachts wieder zurück ins Schloß. Er hofft, heimlich mit Barnabas dort eindringen zu können, um sich vor Klamm zu zeigen und zu sprechen. Klamm aber ist nur Vorwand für die tatsächlich stattfindende Berührung zwischen K. und Barnabas. K. hängt sich in Barnabas' Arm ein und hofft schweigend, Barnabas von seiner »List«, wie Kafka es in einer gestrichenen Stelle nennt [311], ablenken zu können. Am Arm von Barnabas erinnert K. nun die traumatische Kindheitsszene 1, in der ihm sein Gefühl des Sieges auf der Mauer im wortlos-ärgerlichen Blick des Lehrers zur narzißtischen Kränkung wurde. Am Arm des Barnabas erlebt K. das Siegesgefühl auf der Mauer und den Absturz durch den lieblosen, ärgerlichen Blick des Lehrers. Indem K. im Schweigen das »Wohltuende« der Gemeinsamkeit mit Barnabas verheimlicht, wiederholt er gerade die traumatische Kindheitserfahrung, im Schweigen mit seinem wohltuenden Gefühl zum Nichts zu werden.
Da K. keine gemeinsame Sprache mit Barnabas für seine Gefühle findet, landet er in dessen Familie, wohin dieser unterwegs war. K. läßt nun den Boten, der eben noch mit seinem Lächeln sein Siegesgefühl der Kindheit verbürgte, enttäuscht und wütend fallen. Der Idealisierung des Boten im Sinne ›des Scheins wie von Seide‹ – wie das Versprechen der Kleider der Frau damals – folgt nun die Verwerfung und Verachtung im Sinne der Selbstverachtung und der Verachtung im wortlosen Blick des Lehrers:

»Matter schien ihm sein Lächeln, unscheinbarer er selbst... Ein Mißverständnis war es also gewesen, ein gemeines, niedriges Mißverständnis, und K. hatte sich ihm ganz hingegeben. Hatte sich bezaubern lassen von Barnabas enger, seidenglänzender Jacke, die dieser jetzt aufknöpfte und unter der ein grobes, grauschmutziges, vielgeflicktes Hemd erschien über der mächtigen, kantigen Brust eines Knechtes. Und alles ringsrum entsprach dem nicht nur, überbot es noch. Der alte, gichtige Vater, der mehr mit Hilfe der tastenden Hände als der sich langsam schiebenden, steifen Beine vorwärtskam, die Mutter mit auf der Brust gefalteten Händen, die wegen ihrer Fülle auch nur die winzigsten Schritte machen konnte. Beide, Vater und Mutter, gingen schon, seitdem K. eingetreten war, aus ihrer Ecke auf ihn zu und hatten ihn noch lange nicht erreicht... er hatte geglaubt, hier im Dorf habe jeder für ihn Bedeutung, und es war wohl auch so, nur gerade diese Leute hier bekümmerten ihn gar nicht.«

K. hatte sich von dem ›Schein wie von Seide‹ verführen lassen und geglaubt, heimlich ins Schloß eindringen zu können. Was er nun unter der seidenen Tarnjacke wahrnimmt, ist die mächtige, kantige Brust eines Knechtes, Barnabas als Mann. K., der mit der leblos-blickenden Frau identifiziert ist, nimmt im Moment der körperlich-sinnlichen Wahrnehmung des Boten mit einem Seitenblick Barnabas' Eltern wahr, die auf ihn zusteuern, ohne ihn in ihrem Zeitlupentempo je erreichen zu können. Kafka gestaltet K.'s Angst, in der körperlichen Wahrnehmung des Boten als Mann mit sich selbst in Berührung zu kommen, indem er K. mit einem Seitenblick auf die Eltern von sich ablenken läßt. So wie die blicklos-selbstverächtliche Frau K. in seiner Sinnlichkeit verwarf, verwirft K. sich in der narzißtischen Spiegelung als Selbsterfahrung an der Körperlichkeit des Boten. In K.'s Seitenblick auf die Eltern, die wie zahnlos-sieche Vampire die Lebendigkeit im Schweigen schlucken, gestaltet Kafka im Gestischen K.'s Scham, sich mit Barnabas wohlzufühlen. Ihr Anblick verbietet »das Gefühl des Sieges« als Freude an der eigenen Körperlichkeit. Mit diesem *gestischen Vordialog* stellt Kafka in Zwischenbildern auf der Elternebene als Zeitdehnung und Sprachlosigkeit das Analogon des uns schon bekannten *akustischen Vordialogs* der Kinderebene mit seiner Zeitraffung und dem Schnellsprechen der Kinder dar (vgl. Kapitel 1, Szene 3 und 4). Kafka suggeriert dem Leser, daß K. aus Angst und Ekel vor den Eltern nicht spricht. Im trauma-analogen Verständnis der Szene stimmt das: Aus den traumatischen Szenen rührt K.'s Sprachlosigkeit im Moment körperlicher Selbstberührung. K. zieht sich nun von Barnabas und seiner Familie enttäuscht auf sich selbst zurück. Er fühlt sich getäuscht, tatsächlich aber scheitert er an seinem sprachlosen Verfügungsanspruch über Barnabas, weil dieser sich nicht verführen läßt. K.'s Schweigen aus List führte ihn in die Familie zurück, in der ihm Schweigen in traumatischer Weise einsozialisiert wurde als Ablehnung von lustvoller Selbstverfügung über seine Sinnlichkeit. Es ist K. selber, der den Kopf senkt.

»K. setzte sich auf eine Fensterbank, entschlossen, dort auch die Nacht zu verbringen und keinen Dienst sonst von der Familie in Anspruch zu nehmen. Die Leute aus dem Dorf, die ihn wegschickten oder die vor ihm Angst hatten, schienen ihm ungefährlicher, denn sie verwiesen ihn im Grunde auf ihn selbst, halfen ihm, seine Kräfte gesammelt zu halten; solche scheinbare Helfer, die ihn, statt ins Schloß, dank einer kleinen Maskerade, in ihre Familien führten, lenkten ihn ab, ob sie nun wollten oder nicht, arbeiteten an der Zerstörung seiner Kräfte. Einen einladenden Zuruf vom Familientisch beachtete er gar nicht, mit gesenktem Kopf blieb er auf seiner Fensterbank.«

2.2 K.'s Seitenblicke

35-37
K. lernt aber nicht, weil er für Täuschung hält, worin er sich über sich selber täuscht. Er springt sofort auf neue Perspektiven an und folgt Olga, der einen Schwester von Barnabas, in den Herrenhof. Auch mit Olga fühlt K. sich wohl, verleugnet aber seine Gefühle, so wie mit Barnabas. »K. wehrte sich gegen das Wohlgefühl, aber es bestand.« Kaum im Herrenhof angekommen, läßt K. Olga fallen und ergreift die Gelegenheit, den Herrenhof-Wirt von seinen wertvollen Schloßverbindungen zu überzeugen, damit dieser ihn ausnahmsweise im Herrenhof, dem ausschließlichen Quartier der Schloßbeamten im Dorf, übernachten lasse. Abermals konstelliert sich die traumatische Szene 1, was sich schon zu Beginn mit der Fahne über der Türe ankündigte: »Als sie eintraten, flatterte ein *Tuch* über ihren Köpfen, es war eine *Fahne* mit den gräflichen Farben«. K. gelingt es, den Wirt von seiner sozialen Potenz zu überzeugen, aber als K. seinen Wunsch nachdrücklich äußern könnte, »zerstreut« ihn gerade die Zustimmung des Wirts. In doppelter Hinsicht lenkt K. nun von sich ab: mit einer Frage auf seinen Vorgesetzten und mit einem Seitenblick auf die Kleider der Wirtin. K. selber versinkt dann in Sprachlosigkeit.

»›Nur auf eines will ich Sie noch aufmerksam machen; ich habe im Schloß wertvolle Verbindungen und werde noch wertvollere bekommen, sie sichern Sie gegen jede Gefahr, die durch mein Übernachten hier entstehen könnte, und bürgen ihnen dafür, daß ich imstande bin, für eine kleine Gefälligkeit vollwertig zu danken.‹ – ›Ich weiß‹, sagte der Wirt und wiederholte nochmals: ›Das weiß ich.‹ Nun hätte K. sein Verlangen nachdrücklich stellen können, aber gerade diese Antwort des Wirtes zerstreute ihn, deshalb fragte er nur: ›Übernachten heute viele Herren vom Schloß hier?‹ ... Noch immer konnte K. nicht drängen, hoffte nun auch schon, fast aufgenommen zu sein; so fragte er nur noch nach dem Namen des Herrn. ›Klamm‹, sagte der Wirt nebenbei, während er sich nach seiner Frau umdrehte, welche in besonders abgenützten, veralteten, mit Rüschen und Falten überladenen, aber feinen städtischen Kleidern herangerauscht kam. Sie sollte den Wirt holen, der Herr Vorstand habe irgendeinen Wunsch. Ehe der Wirt aber ging, wandte er sich noch an K., als habe nicht mehr er selbst, sondern K. wegen des Übernachtens zu entscheiden. K. konnte aber nichts sagen, besonders der Umstand, daß gerade sein Vorgesetzter hier war, verblüffte ihn ... So stand er, zerbiß sich die Lippen und sagte nichts. Noch einmal, ehe der Wirt in einer Türe verschwand, sah er zu K. zurück. Dieser sah ihm nach und ging nicht von der Stelle, bis Olga kam und ihn fortzog.«

Im Nachklapp dieser mißglückten sprachlosen Berührung mit Barnabas und seiner Familie und zugleich als Vor-Bild des nachfolgenden Interaktionskomplexes K. – Frieda bringt Kafka in dieser Szene zwischen ›Tür und Angel‹ in der Interaktion K. – Herrenhof-Wirt und Herrenhofwirtin K.'s Interaktionsform ›Nebendran-Sehen-und-Sprechen‹ auf den szenischen Begriff. K. hat keine Sprache für sein Begehren, er kann nicht »Ich« sagen, sondern lenkt auf Klamm und die Kleider der Wirtin ab. Aus Scham vor der Berührung mit sich im Sprechen mit dem anderen als Übereinstimmung von Wünschen und Handeln springt K. von sich ab. K. glaubt damit, den anderen vor Peinlichkeiten und Schmerz zu bewahren. Aus der traumatischen Erfahrung heraus kann K. selber aber keine Gemeinsamkeit vorstellen und aushalten, außer als Kampf, in dem gerade das Trennende schützt, wiewohl es gerade immer die Wiederholung der traumatischen Enttäuschung darstellt. Erst am Romanende wird K. sich dieser Herrenhof-Wirtin gegenüber benennen, ohne auf ihre Empfindlichkeit Rücksicht zu nehmen (s. 10.2). In dem Interaktionskomplex K. – Frieda gestaltet Kafka dann K.'s Seitenblick in die Kleider der Frauen intraszenisch. Die Auseinandersetzung K.'s mit der narzißtischen Traumatisierung von Körperlichkeit findet als Unterwerfung unter den »Blick von besonderer Überlegenheit« der Frau statt, um diese »als Machtmittel« für seine Zwecke zu mißbrauchen. Tatsächlich wird sichtbar, daß K. sich in seiner Sinnlichkeit verworfen fühlt und seinen Körper im Kampf der Geschlechter als Waffe zum Überleben einsetzt. K. strebt in seiner ihm selbst immer wieder verborgenen Weise ins Schloß mit dem Wunsch, sich vor seinem Vorgesetzten Klamm als Mensch, nicht als Beamter, freizusprechen. Zunächst meint K. zwar, sich die Anerkennung verdienen zu müssen, indem er Frieda erobert und bei Klamm um die Heiratserlaubnis nachfragt, dann aber geht es ihm um sich selber: Er möchte Klamms Anblick ertragen, ihn sehen, ihm standhalten, den Eindruck sehen, den seine Worte im Gegenüber hinterlassen. K. möchte Klamm aus der Nähe sehen, seine Stimme hören, ihm gegenüberstehen als Mensch, »seinen Segen« herunterholen. K. sucht im Schloß Selbstbestätigung als Bewältigung seiner narzißtischen Traumatisierung. Kafka gestaltet K.'s Suche unter den Bedingungen von Scham und Schuld als narzißtisch-defiziente Interaktionsform ›Ich ist ein anderer‹, als seine Glücksgestörtheit.

2.3 Berührung als Auszeichnung

8. »Warten auf Klamm« 96-103

Fahren wir nun fort in der Analyse des Interaktionskomplexes K. – Barnabas. Betrachten wir die Szene »Auf der Straße« eingehend, und zwar zunächst in ihrem szenischen Umfeld. K. hatte das Verhör über seinen verbotenen Aufenthalt im Schlitten von Klamm verweigert. Was K. nicht zu Protokoll gibt, hat Kafka ihn mit dem Leser im Schlitten teilen lassen. K. hatte im Hof Klamm aufgelauert, wie eine »Katze« hatte er sich an seinen Schlitten herangeschlichen und dort wie ein Schulbub das Brot gegessen, das Frieda ihm mit auf den Weg gegeben hatte.

»Die Hände in den Taschen, vorsichtig sich umschauend, nahe an der Mauer, umging K. zwei Seiten des Hofes, bis er beim Schlitten war. Der Kutscher, einer jener Bauern, die letzthin im Ausschank gewesen waren, hatte ihn, im Pelz versunken, teilnahmslos herankommen sehen, so wie man etwa den Weg einer Katze verfolgt. Auch als K. schon bei ihm stand, grüßte, und sogar die Pferde ein wenig unruhig wurden wegen des aus dem Dunkel auftauchenden Mannes, blieb er gänzlich unbekümmert. Das war K. sehr willkommen. Angelehnt an die Mauer, packte er sein Essen aus, gedachte dankbar Friedas, die ihn so gut versorgt hatte und spähte dabei in das Innere des Hauses.«

Die Stille wird schließlich vom Kutscher unterbrochen, der K. fragt, ob er einen Kognak wolle. K. stimmt spontan zu.

»›Das kann noch lange dauern‹, sagte plötzlich eine rauhe Stimme, so nah bei K., daß er zusammenfuhr. Es war der Kutscher, der, wie aufgewacht, sich streckte und laut gähnte. ›Was kann denn lange dauern?‹ fragte K., nicht undankbar wegen der Störung, denn die fortwährende Stille und Spannung war schon lästig geworden. ›Ehe Sie weggehen werden‹, sagte der Kutscher. K. verstand ihn nicht, fragte aber nicht weiter, er glaubte auf diese Weise den Hochmütigen am besten zum Reden zu bringen. Ein Nichtantworten hier in der Finsternis war fast aufreizend und tatsächlich fragte der Kutscher nach einem Weilchen: ›Wollen Sie Kognak?‹«

K. dringt im Auftrag des Kutschers in Klamms Schlitten ein. Es ist wichtig festzuhalten, daß ein anderer die Verantwortung für das trägt, was K. und mit ihm der Leser nun im Schlitten erlebt. K., der seinem Vorgesetzten Klamm aufgelauert hat, um ihn als »Privatmann« zu sprechen, erlebt sich nun weltvergessen in dessen warmem, mit Pelzen ausgekleideten Schlitten, voller Lust Kognak trinkend. Wir erinnern uns an Kafkas Pawlatsche-Trauma, in dem es um ein Glas Wasser ging, Kognak aber heißt Lebenswasser. K. bekommt also, was er sich ersehnt hat, K. wird in dieser Szene zum Kind.

»K. huschte hinein. Außerordentlich war die Wärme im Schlitten, und sie blieb so, obwohl die Tür, die K. nicht zu schließen wagte, weit offen war. *Man* wußte gar nicht, ob *man* auf einer Bank saß, so sehr lag *man* in Decken, Polstern und Pelzen; nach allen Seiten konnte *man* sich drehen und strecken, immer versank *man* weich und warm. Die Arme ausgebreitet, den Kopf durch Polster gestützt, die immer bereit waren, blickte K. aus dem Schlitten in das dunkle Haus. Warum dauerte es so lange, ehe Klamm herunterkam? Wie betäubt von der Wärme nach dem langen Stehen im Schnee, wünscht K., daß Klamm endlich komme. Der Gedanke, daß er in seiner jetzigen Lage von Klamm lieber nicht gesehen werden sollte, kam ihm nur undeutlich, als leise Störung zu Bewußtsein. Unterstützt in dieser Vergeßlichkeit wurde er durch das Verhalten des Kutschers, der doch wissen mußte, daß er im Schlitten war, und ihn dort ließ, sogar ohne den Kognak von ihm zu fordern. Das war rücksichtsvoll, aber K. wollte ihn ja bedienen. Schwerfällig, ohne seine Lage zu verändern, langte er nach der Seitentasche, aber nicht in der offenen Tür, die zu weit entfernt war, sondern hinter sich in die geschlossene, nun, es war gleichgültig, auch in dieser waren Flaschen. Er holte eine hervor, schraubte den Verschluß auf und roch dazu, unwillkürlich mußte er lächeln, der Geruch war so süß, so schmeichelnd, so wie *man* von jemand, den *man* sehr lieb hat, Lob und gute Worte hört und gar nicht genau weiß, worum es sich handelt und es gar nicht wissen will und nur glücklich ist, in dem Bewußtsein, daß er es ist, der so spricht. ›Sollte das Kognak sein?‹ fragte sich K.

zweifelnd und kostete aus Neugier. Doch, es war Kognak, merkwürdigerweise, und brannte und wärmte. Wie es sich beim Trinken verwandelte, aus etwas, das fast nur Träger süßen Duftes war, in ein kutschermäßiges Getränk! ›Ist es möglich?‹ fragte sich K., wie vorwurfsvoll gegen sich selbst, und trank noch einmal.«

K., der auf Klamm wartet, um sich vor ihm zu zeigen, ihn zu sprechen, und dabei gesehen und erkannt zu werden, ist sich in seiner Lust anonym: Er fühlt sich als ›man‹, und der Gedanke an Klamm kommt ihm »als leise Störung zu Bewußtsein«. K. wünscht sich von Klamm die Bestätigung seiner Sinnlichkeit als Selbstbestätigung, in seiner Vorstellung schlägt Lust aber sofort in Zurückweisung um. Wie K. in seiner Annäherung an das Schloß sich zugleich unter dem vorgestellten ablehnenden Blick des Lehrers selbst entwertet und sich verächtlich als »trübseliger Hausbewohner« abgetan hatte, ist es auch im Schlitten K. selber, der seine sinnliche Freude zunächst wie schmeichelnde, süße Worte genießt, sie dann aber zugleich »wie vorwurfsvoll« gegen sich selber kehrt. Für K. ist Lust als Selbstbefriedigung etwas Verbotenes, Anrüchiges, weshalb er sie sich zunächst erschleicht und sich dann selber denunziert. So wie der Lehrer ihn damals auf der Mauer mit ärgerlichem Blick in seiner Lust an sich selber abstürzen ließ, meint K. sich nun selbst mit diesem düsteren Blick.

»Da – K. war gerade in einem langen Schluck befangen – wurde es hell, das elektrische Licht brannte, innen auf der Treppe, im Gange, im Flur, außen über dem Eingang. Man hörte Schritte die Treppe herabkommen, die Flasche entfiel K.'s Hand, der Kognak ergoß sich über einen Pelz, K. sprang aus dem Schlitten, gerade hatte er noch die Tür zuschlagen können... Es war der Herr, den K. schon im Fenster des ersten Stockes gesehen hatte, ein junger Herr, äußerst wohl aussehend, weiß und rot, aber sehr ernst. Auch K. sah ihn düster an, *aber er meinte sich selbst mit diesem Blick*... ›Kommen Sie mit mir‹, sagte der Herr, nicht eigentlich befehlend, aber der Befehl lag nicht in den Worten, sondern in einem sie begleitenden, kurzen, absichtlich gleichgültigen Schwenken der Hand... ›Kommen Sie‹, sagte der Herr nochmals ganz unbeirrt, so, als wolle er zeigen, daß er niemals daran gezweifelt habe, daß K. auf jemanden wartet. ›Aber ich verfehle dann den, auf den ich warte‹, sagte K. mit einem Zucken des Körpers. Trotz allem, was geschehen war, hatte er das Gefühl, daß das, was er bisher erreicht hatte, eine Art Besitz war, den er zwar nur noch scheinbar festhielt, aber doch nicht auf einen beliebigen Befehl hin ausliefern mußte. ›Sie verfehlen ihn auf jeden Fall, ob Sie warten oder

gehen‹, sagte der Herr, zwar schroff in seiner Meinung, aber auffallend nachgiebig für K.'s Gedankengang. ›Dann will ich ihn lieber beim Warten verfehlen‹, sagte K. trotzig, durch bloße Worte dieses jungen Herrn würde er sich gewiß nicht von hier vertreiben lassen... Auf der einen Seite entfernte sich der Schlitten, auf der anderen, auf dem Weg, den K. gekommen war, der junge Herr, beide allerdings sehr langsam, so, als wollten sie K. zeigen, daß es noch in seiner Macht gelegen sei, ihn zurückzuholen.
Vielleicht hatte er diese Macht, aber sie hätte ihm nichts nützen können; den Schlitten zurückzuholen bedeutete, sich selbst zu vertreiben. So blieb er still als einziger, der den Platz behauptete, aber es war ein Sieg, der keine Freude machte... da schien es K., als habe *man* nun alle Verbindungen mit ihm abgebrochen und als sei er nun freilich freier als jemals und könne hier auf dem ihm sonst verbotenen Ort warten, solange er wolle, und habe sich diese Freiheit erkämpft, wie kaum ein anderer es könnte, und niemand dürfe ihn anrühren oder vertreiben, ja kaum ansprechen; aber – diese Überzeugung war zumindest ebenso stark – als gäbe es gleichzeitig nichts Sinnloseres, nichts Verzweifelteres als diese Freiheit, dieses Warten, diese Unverletzlichkeit.«

K. verteidigt seine einsame Lust dann gegen andere, aber es ist »ein Sieg, der keine Freude machte«, denn er kann sein Erleben anderen Menschen nicht mitteilen. K. hatte auf Klamm gewartet, aber er verfehlt sich selbst dabei, weil er seine Lust für verwerflich hält und verschweigt. K. will sich zeigen, aber er anonymisiert sich zugleich selber aus Scham, in seiner Lust sichtbar zu werden und verletzlich zu sein.

9. »Kampf gegen das Verhör« 104-113

In der folgenden Szene »Kampf gegen das Verhör« verweigert K. nun das Verhör über sich und seinen Aufenthalt im Schlitten, der ihm als »Überfall auf Klamm« ausgelegt wird. Das Protokoll aber stelle, so wird K. aufgeklärt, die Hoffnung auf »eine Art Verbindung mit Klamm« dar. Was K. als Aushorchen der Behörde befürchtet, beinhaltet gerade die Chance für den ersehnten Kontakt mit Klamm. K. weiß, daß Amt und Leben verflochten sind. Er selber hat dazu beigetragen, indem er mit der Geliebten seines Vorgesetzten schlief, in der Absicht, sich diesem über Frieda als Verhandlungsgegenstand, als »Machtmittel«, anzunähern. So wie K. aber im Schlitten im Moment seiner Lust den Gedanken an Klamm »als leise Störung« erlebte, rückt er auch jetzt von Klamm ab.

»...er, der sich mit allen Kräften um einen Blick Klamms bemühte, schätzte zum Beispiel die Stellung eines Momos, der unter Klamms Augen leben durfte, nicht hoch ein. Fern war ihm Bewunderung oder gar Leid, denn nicht Klamms Nähe an sich war ihm das Erstrebenswerte, sondern daß er, K., nur er, kein anderer mit seinen, mit keines anderen Wünschen an Klamm herankam und an ihn herankam, nicht um bei ihm zu ruhen, sondern um an ihm vorbeizukommen, weiter, ins Schloß.«

K., der nur über Dinge vermittelt kommunizieren kann, erlebt Ankommen, wie wir wissen, als Drohung und die Erfüllung seiner Sehnsucht als Schmerz, weil er sich in der Freude damals ausgesetzt fühlte und Gemeinsamkeit deshalb nur als traumatische Beschämung vorstellen kann. Im Moment der Berührung mit dem anderen, und das heißt, sich selber, ist K. sofort wieder ›Auf dem Sprung‹: ›Ich ist ein anderer.‹ K.'s »Kampf gegen das Verhör«, wie Kafka diese Szene überschrieben hat, bedeutet K.'s Flucht vor sich selber, seinen Gefühlen, für die er keinen Namen hat, die er deshalb als verboten, als ›Gestank‹ verwirft.

10. »Auf der Straße« 114-119

K. steht also mit seiner Lust »Auf der Straße«, wie Kafka die folgende Szene überschrieben hat. Aus Angst, mit seiner Sinnlichkeit verworfen zu sein, hat K. sich selber im wörtlichen Sinne exkommuniziert, er fühlt sich ›vogelfrei‹. Was ihm abermals geglückt ist, ist eine Selbstbehauptung, aber ohne Selbst, ohne Selbstgewißheit.

»Auf die wild umwehte Freitreppe trat K. hinaus und blickte in die Finsternis. Ein böses, böses Wetter. Irgendwie im Zusammenhang damit fiel ihm ein, wie sich die Wirtin bemüht hatte, ihn dem Protokoll gefügig zu machen, wie er aber standgehalten hatte. Es war freilich keine offene Bemühung, im Geheimen hatte sie ihn gleichzeitig vom Protokoll fortgezerrt; schließlich wußte *man* nicht, ob *man* standgehalten oder nachgegeben hatte. Eine intrigante Natur, scheinbar sinnlos arbeitend wie der Wind, nach fernen, fremden Aufträgen, in die *man* nie Einsicht bekam.«

In dieser Situation kommen nun die Gehilfen und Barnabas mit einem zweiten Brief von Klamm. Aber der Brief scheint K. zu verhöhnen, stellt er doch alles auf den Kopf. K. ist wütend und verzweifelt darüber, daß Klamm falsch über ihn informiert ist. Er macht keine Landvermesserarbeiten, weil er zwar als Landvermesser aufgenommen ist, aber ohne als Landvermesser gebraucht zu werden. Dennoch aber behält Klamm ihn im Auge.

»Dann las er: ›Dem Herrn Landvermesser im Brückenhof! Die Landvermesserarbeiten, die Sie bisher ausgeführt haben, finden meine Anerkennung. Auch die Arbeiten der Gehilfen sind lobenswert, Sie wissen sie gut zur Arbeit anzuhalten. Lassen Sie nicht nach in Ihrem Eifer! Führen Sie die Arbeiten zu einem guten Ende. Eine Unterbrechung würde mich erbittern. Im übrigen seien Sie getrost, die Entlohnungsfrage wird nächstens entschieden werden. Ich behalte sie im Auge‹ ... ›Sieh, was mir der Herr schreibt‹, sagte K. und hielt ihm (Barnabas) den Brief vors Gesicht. ›Der Herr ist falsch unterrichtet. Ich mache doch keine Vermesserarbeit, und was die Gehilfen wert sind, siehst Du selbst. Und die Arbeit, die ich nicht mache, kann ich freilich auch nicht unterbrechen, nicht einmal die Erbitterung des Herrn kann ich erregen, wie sollte ich seine Anerkennung verdienen! Und getrost kann ich niemals sein.‹«

K. versucht, seine Wut an den Gehilfen und Barnabas abzureagieren. Daß es aber die Wut des Kindes ist, das sich mißverstanden fühlt und zugleich sprachlos in seiner Verzweiflung ist, läßt Kafka in den Codeworten ›Tuch‹, ›Schein wie von Seide‹ und ›Lächeln‹ und ›Sturmwind‹ anklingen. K. findet nun in Barnabas ein Gegenüber. Er ist Bote, aber »wenn ich eine Botschaft bringe, geschieht das freiwillig«, sagt er K. und zeigt K. damit, daß er sich nicht instrumentalisieren läßt. K. kann nun mit Barnabas seine Gefühle am anderen erleben und kommt dadurch in Berührung mit sich im Sprechen mit dem anderen. Seine Gefühle bekommen in der Interaktion mit Barnabas einen Namen.

»›Genug, ich will nichts wissen‹, sagte K. ›Sei mir nicht böse, Herr‹, sagte Barnabas und, wie wenn er unbewußt K. strafen wollte, entzog er ihm seinen Blick und senkte die Augen, aber es war wohl Bestürzung wegen K.'s Schreien. ›Ich bin Dir nicht böse‹, sagte K. *und seine Unruhe wandte sich nun gegen ihn selbst.* ›Dir nicht, aber es ist sehr schlimm für mich, nur einen solchen Boten zu haben für die wichtigsten Dinge.‹«

K. spricht nun weltvergessen vor Barnabas seinen Wunsch aus, vor Klamm ohne falsche Vermittler sprechen zu wollen. K. kommt zwar nicht im Schloß an und auch nicht bei Klamm, aber er teilt sich einem anderen mit. Er wird sichtbar im Benennen seiner Wünsche. Er fragt nun Barnabas nach dessen Wünschen, schon wieder zweckrational, um sich »hinsichtlich des Schicksals seiner Botschaft ein wenig zu beruhigen«. Barnabas' Wünsche aber verweisen in seine Familie zurück, seine Schwestern würden sich über K.'s Besuch freuen, sagt er. K. verspricht einen Besuch.

»K.'s Versprechen schien Barnabas sehr glücklich zu machen, nach dem verabschiedenden Händedruck berührte er überdies noch K. flüchtig an der Schulter. So, als sei jetzt alles wieder wie damals, als Barnabas zuerst in seinem Glanz unter die Bauern in die Wirtsstube getreten war, empfand K. diese Berührung, lächelnd allerdings, als eine Auszeichnung. Sanftmütiger geworden, ließ er auf dem Rückweg die Gehilfen tun, was sie wollten.«

Mit Barnabas also erfährt K., der glaubt, im anderen nur »Erbitterung... erregen« zu können, daß seine Anerkennung als Mensch nicht verdient werden muß. So wie der Brief ihn bestätigt, obwohl er gar nicht als Landvermesser tätig ist, weil er ja gar kein Landvermesser ist, findet K. in dem Sprechen über seine Wünsche mit Barnabas Berührung und Selbstbefriedigung mit dem anderen, weil er es ist, der für sich spricht. Er erlebt das »lächelnd allerdings«, weil es ungewohnt ist. K. selbst ist nun »sanftmütiger«. Das Lächeln des Boten als Botschaft des Schlosses ist bei K. angekommen. Während K. mit Frauen die Aberkennung seiner Wünsche erlebt und sie sich als schamlos und rücksichtslos gegenüber der »großen Empfindlichkeit« des Beamten Klamm einreden läßt, erfährt er mit Barnabas, daß seine Wünsche nicht tödlich sind. Wünschen schafft Beziehung, Berührung, die »Auszeichnung« ist, das ist die Botschaft des Schlosses an K. Barnabas hatte seinen Blick gesenkt – wie der Lehrer damals – aber K. kann darin eine Antwort auf sich wahrnehmen, ohne sich verworfen fühlen zu müssen. Er erlebt mit Barnabas Aufmunterung, so wie das Schloß ihm die Gehilfen zur Erheiterung geschickt hatte. Das Schloß meint, er solle etwas »aufgeheitert werden«, so hatte der Auftrag an die Gehilfen gelautet, weil er »alles sehr schwer nehme«. K. erlebt sich mit Barnabas lächelnd und wird sich damit selbst-verständlich. Allerdings gelingt K. mit Barnabas die Bewältigung traumatischer Erfahrung nur ein stückweit, die Begegnung findet ›auf der Straße‹ statt. K. und Barnabas sprechen zwar miteinander, aber ihre Wünsche verweisen in die Familie zurück, weil beide deren »Glücksbringer« [338] sind, wider Willen zwar, aber aus Sprachlosigkeit unwidersprochen. Ihre Körper sind Fetisch der Familie und gehören aus Scham und Schuld einem Dritten. Deshalb muß sich K. durch Barnabas' Familie hindurch in Erfahrung bringen, um sich erst selbst in seiner Sinnlichkeit achten zu lernen, damit er dann Frieda als falschen Helfer aufgeben und sich »frei und selbständig« erleben und benennen kann.

3. K. – Frieda 1: ›Laß mich Dich besitzen und ich will Dein Sklave sein und mich von Dir befreien!‹

3.1 Sexualität als sprachlose Turnübung

3. »Frieda« 38-45

Formal betrachtet wird in dem Interaktionskomplex K. – Frieda das Zwischenbild: K.'s Seitenblick in die Kleider der Frauen als Tuch- und Schamschutz seiner Gefühle zum Thema der Szene. Während K. seinen Körper als Waffe in dem Kampf ums Überleben mit Frieda einsetzt, gilt aber sein Seitenblick Klamm, vor dem er sich als Mann zeigen und mit dem er als Mensch sprechen will, um sich selbst zu benennen. Frieda, das Ausschankmädchen, stellt mit ihrem »Blick von besonderer Überlegenheit« abermals das falsche Versprechen dar, als K.'s Fürsprecher im Schloß zu taugen. K. geht mit Frieda in die Irre, weil er nur so sich selbst in Erfahrung bringen kann.

Ich verstehe den Interaktionskomplex K. – Frieda als Spiegelung von K.'s narzißtischer Defizienz im heterosexuellen Bereich. Liebe ohne Selbstliebe wird zur Pflichterfüllung im Dienst eines Dritten, so wie Kafka in einer gestrichenen Stelle sagt »...als gehöre die Lust, die sie genossen, einem Dritten, dem sie sie entwendeten« [330]. K. wird mit Frieda zum »Raubtier«, das sprachlos wie ein Kind im Körper des anderen scharrt. Ich habe weiter oben im Kapitel 1, 3.1.1, 3.1.2 ausführlich K.'s Tierwerden und Kindwerden diskutiert. K. nimmt das Ausschankmädchen Frieda zunächst wahr als

»...ein unscheinbares, kleines, blondes Mädchen mit traurigen Augen und mageren Wangen, das aber durch ihren Blick überraschte, einen Blick von besonderer Überlegenheit. Als dieser Blick auf K. fiel, *schien* es ihm, daß dieser Blick schon K. betreffende Dinge erledigt hatte, von deren Vorhandensein er selbst noch gar nicht wußte, von deren Vorhandensein aber der Blick ihn überzeugte.«

Die Beziehung zwischen K. und Frieda ist über diesen Blick als Glücksversprechen vermittelt, was wir aus K.'s traumatischen Szenen begreifen können. Da er sich mit seinem Körpererleben nicht im Sprechen des anderen aufgehoben fühlen konnte, bleibt das Sprechen bzw. die Körpersprache eines Dritten Bedingung seiner Beziehung zu Frauen. Da Klamm aber auch schweigt, tobt ein lieblos-sprachloser Kampf von Mann und Frau als Pflichterfüllung am anderen auf Klamms stummem Körper. K.'s Begegnung mit Frieda läßt sich auf die Formel bringen: ›Laß mich Dich besitzen und ich will Dein Sklave sein, um mich von Dir zu befreien!‹

K. verfolgt in Friedas Blick seine Absichten und setzt seine Sexualität ein zur Eroberung ihres Körpers als »Machmittel« im Kampf um Anerkennung bei Klamm. Die erlittene Gewalt der Sprachlosigkeit nimmt in K.'s Gewaltsamkeit als ›Raubtier-man‹ Gestalt an. Tatsächlich aber sind sich K. und Frieda ausgeliefert wie zwei hilflose Kinder, die sich schamlos ausplündern, ohne sich aneinander »sättigen« zu können.

Zunächst also gewahrt K. Friedas »Blick von besonderer Überlegenheit«. Und Frieda eröffnet K. tatsächlich sofort eine vielversprechende Perspektive: Sie läßt K. nämlich durch ein Guckloch in der Türe seinen Vorgesetzten Klamm, der zugleich ihr Geliebter ist, im anderen Zimmer sehen. Es mutet wie eine Peepshow an, wie K. nun mit seinem Vorgesetzten durchs Guckloch kommuniziert. K. setzt dann ›zum Sprung‹ auf Frieda an, denn als Geliebte Klamms ist sie für ihn sofort »eine respektable Person«. Er schließt aus ihren Augen auf die Siege ihres Lebens und hofft auf ihre Unterstützung, wenn er sich ihr als Helfer anträgt. In schonungsloser Offenheit beschreibt Kafka den Kuhhandel zwischen zwei Menschen, die sich nicht um ihrer selbst willen achten, sondern um vermeintlicher Vorteile willen narzißtisch ausbeuten.

»›Aus ihren Augen, lachen Sie mich nicht aus, Fräulein Frieda, spricht nicht so sehr der vergangene als der zukünftige Kampf. Aber die Widerstände der Welt sind groß, sie werden größer mit den größeren Zielen, und es ist keine Schande, sich der Hilfe selbst eines kleinen, einflußlosen, aber ebenso kämpfenden Mannes zu versichern. Vielleicht könnten wir einmal in Ruhe miteinander sprechen, nicht von so vielen Augen angestarrt‹. ›Ich weiß nicht, was Sie wollen‹, sagte sie und in ihrem Ton schienen diesmal gegen ihren Willen nicht die Siege ihres Lebens, sondern die unendlichen Enttäuschungen mitzuklingen. ›Wollen Sie mich vielleicht von Klamm abziehen? Du lieber Himmel!‹ und sie schlug die Hände zusammen. ›Sie haben mich durchschaut‹, sagte K., wie ermüdet von soviel Mißtrauen, ›gerade das war meine geheimste Absicht. Sie sollten Klamm verlassen und meine Geliebte werden. Und nun kann ich ja gehen. Olga!‹ rief K. ›Wir gehen zurück nach Hause.‹«

In diesem Gespräch zwischen K. und Frieda hat Kafka zum ersten Mal die ursprüngliche Ich-Form des Textes in die K.-Form umgeschrieben. Ich möchte zunächst die Interaktionsstruktur zwischen K. und Frieda beschreiben, um sie dann zusätzlich unter dem Formaspekt als Beziehungsaspekt in der Interaktion Text-Leser zu analysieren (s. Kapitel III, 5.3).
Kafka gestaltet in dieser Szene im gestischen Vordialog Vorbilder von K.'s und Friedas liebloser Begegnung. Frieda treibt erst die Schloßdiener »im Namen Klamms« »wie ein Vieh« mit der Peitsche aus der Schankstube, während sich K. aus Angst, an einem verbotenen Ort ertappt zu werden, wie ein Tier unter dem Ausschankpult versteckt. Er unterwirft sich dann im wahrsten Sinne des Wortes Friedas »Blick von besonderer Überlegenheit«, indem er ihren Fuß berührt und sie ihm schließlich »ihren kleinen Fuß auf die Brust« setzt.

»In der nun plötzlich eingetretenen Stille aber hörte K. Schritte vom Flur. Um sich irgendwie zu sichern, sprang er hinter das Ausschankpult, unter welchem die einzige Möglichkeit, sich zu verstecken war. Zwar war ihm der Aufenthalt im Ausschank nicht verboten, aber da er hier übernachten wollte, mußte er vermeiden, jetzt noch gesehen zu werden. Deshalb glitt er, als die Tür wirklich geöffnet wurde, unter den Tisch. Dort entdeckt zu werden, war freilich auch nicht ungefährlich, immerhin war dann die Ausrede nicht unglaubwürdig, daß er sich vor den wildgewordenen Bauern versteckt habe. Es war der Wirt. ›Frieda!‹ rief er und ging einige Male im Zimmer auf und ab. ... Glücklicherweise kam Frieda bald und erwähnte K. nicht, klagte nur über die Bauern und ging, in dem Bestreben K. zu suchen, hinter das Pult. Dort konnte K. ihren Fuß berühren und fühlte sich von jetzt an sicher. Da Frieda K. nicht erwähnte, mußte es der Wirt schließlich tun. ›Und wo ist der Landvermesser?‹ fragte er ... ›den Landvermesser habe ich ganz vergessen‹, sagte Frieda und setzte K. ihren kleinen Fuß auf die Brust. ›Er ist wohl schon längst fortgegangen.‹ – ›Ich habe ihn aber nicht vergessen‹, sagte der Wirt, ›und war fast die ganze Zeit über im Flur.‹ – ›Hier ist er aber auch nicht‹, sagte Frieda kühl. ›Vielleicht hat er sich versteckt‹, sagte der Wirt, ›nach dem Eindruck, den ich von ihm hatte, ist ihm manches zuzutrauen.‹ – ›Diese Kühnheit wird er doch wohl nicht haben‹, sagte Frieda und drückte stärker ihren Fuß auf K. Etwas Fröhliches, Freies war in ihrem Wesen, was K. früher aber nicht bemerkt hatte, und es nahm ganz unwahrscheinlich überhand, als sie plötzlich lachend mit den Worten: ›Vielleicht ist er hier unten versteckt‹, sich zu K. hinabbeugte, ihn flüchtig küßte und wieder aufsprang und betrübt sagte: ›Nein, er ist nicht hier.‹ Aber auch der Wirt gab Anlaß zum Erstaunen, als er nun sagte: ›Es ist mir sehr unangenehm, daß ich nicht mit Bestimmtheit weiß, ob er fortgegangen ist. Es handelt sich nicht nur um Herrn Klamm, es handelt sich um die Vorschrift. Die Vorschrift gilt aber für Sie, Fräulein Frieda, sowie für mich. Für den Ausschank haften Sie, das übrige Haus werde ich noch durchsuchen. Gute Nacht! Angenehme Ruhe!‹«

Während Frieda und der Herrenhof-Wirt über K.'s Existenzberechtigung verhandeln, findet zwischen K. und Frieda – in Anwesenheit eines Dritten also – ein fröhliches Vorspiel statt, wie die heimliche Lust zweier Kinder hinter dem Rücken der Eltern. Dann sind K. und Frieda allein, und ihr Liebesspiel hat zunächst noch die rührende Unschuld zweier Kinder, die einander nahe sind, ohne sich zu berühren, denn diese schweigsame Nähe könnte schon das Glück sein. Tatsächlich aber überläßt K. Frieda die Initiative, während er, wie Kafka in einer gestrichenen Stelle schreibt, »... mehr an Klamm als an sie (dachte). Die Eroberung Friedas verlangte eine Änderung seiner Pläne; hier bekam er ein Machtmittel, das vielleicht die ganze Arbeitszeit im Dorf unnötig machte« [313]. K. und Frieda schlafen nun miteinander vor Klamms Tür. Sie durchwühlen einander wortlos wie Tiere, als sollte Klamm die Worte finden für beider sprachlos-aggressive Begierde. Im Text heißt es:

Der Wirt »konnte das Zimmer noch gar nicht verlassen haben, schon hatte Frieda das elektrische Licht ausgedreht und war bei K. unter dem Pult. ›Mein Liebling! Mein süßer Liebling!‹ flüsterte sie, aber rührte K. gar nicht an, wie ohnmächtig vor Liebe lag sie auf dem Rücken und breitete die Arme aus, die Zeit war unendlich vor ihrer glücklichen Liebe, sie seufzte mehr als sang irgendein kleines Lied.* Dann schrak sie auf, da K. still in Gedanken blieb, und fing an, wie ein Kind ihn zu zerren: ›Komm, hier unten erstickt man ja!‹ Sie umfaßten einander, der kleine Körper brannte in K.'s Händen, sie rollten in einer Besinnungslosigkeit, aus der sich K. fortwährend, aber vergeblich zu retten suchte, ein paar Schritte weit, schlugen dumpf an Klamms Tür und* lagen dann in den kleinen Pfützen Biers und dem sonstigen Unrat, von dem der Boden bedeckt war. Dort vergingen Stunden, Stunden gemeinsamen Atmens, gemeinsamen Herzschlags, Stunden, in denen K. immerfort das Gefühl hatte, er verirre sich oder er sei soweit in der Fremde, wie vor ihm noch kein Mensch, einer Fremde, in der *man* vor Fremdheit ersticken müsse und in deren unsinnigen Verlockungen *man* doch nichts tun könne als weitergehen, weiter sich verirren.«

K., der sich vor Klamm zeigen will, schläft mit Frieda und denkt dabei, so die beiden gestrichenen Stellen: *, an Klamm. K. will

Frieda erobern, um durch sie zu Klamm zu gelangen. Klamm soll ihn als Mann bestätigen. So wie K. auf der Mauer vom Lehrer »ein einziges offenes, herzliches Wort« als narzißtische Bestätigung seines körperlichen Glücksgefühls erwartet hatte, scheint K. nun von Klamm auf ein Wort zu hoffen als Segen für seine körperliche Lust mit einer Frau. Denn in den »Stunden gemeinsamen Atmens, gemeinsamen Herzschlags« verirrt sich K., entfremdet sich von sich selber, weil er sich in seinem Gefühl des Sieges fremdgeblieben ist. Er hat keinen Namen für sich im Moment seiner Lust an sich selber und verliert sich deshalb im Körper der Frau als ›man‹, wie es im Text heißt. In dem gemeinsamen Herzschlag mit Frieda verirrt sich K., weil er Gemeinsamkeit als Einklang zweier Menschen im Schutz gemeinsamer Sprache für ihre Gefühle als bergendem Dritten nicht erfahren hat – wie wir aus den beiden traumatischen Szenen wissen.

K. nimmt es dann als Verrat seiner Ziele wahr, daß Frieda sich öffentlich vor Klamm zu ihm bekennt. In seiner über Dinge vermittelten, weil nicht in Sprache gefaßten Interaktionsform hält sich K. in wörtlichem Sinne – wie im Vorspiel mit Friedas Fuß – jetzt an den »Resten ihrer Bluse« als dem Indiz seines »allzu ängstlich-glücklichen« Gefühls fest. Zwischen Frieda und K. findet keinerlei Sprechen über ihre Gefühle füreinander statt. In der zweiten gestrichenen Stelle hatte Kafka vielmehr ihre tierhafte Sprachlosigkeit noch betont:

*»... sie lagen dann, fast entkleidet, denn jeder hatte des anderen Kleid mit Händen und Zähnen aufgerissen, in den kleinen Pfützen Bier.« [331]

Beide haben sich ihre Lust am Körper des anderen erschlichen; weil sie sich selber nicht lieben können, haben sie auch kein Gefühl für den anderen, außer dem »des Besitzers« [150]. Sexualität findet in Bierpfützen am Boden statt. Sexualität ohne Selbstbefriedigung endet in betäubendem Geruch, der sinnliche Lust denunziert. Dennoch werden K. und Frieda zusammenleben, als binde sie gerade ihre Lieblosigkeit aneinander. Jeder hofft, der andere werde sich von ihm befreien lassen und somit die Hilflosigkeit an sich selber heilen. K. und Frieda sind ein liebloses Paar, zwei hilflos-enttäuschte Kinder, bewußtlos wie Tiere.

4. »1. Gespräch mit der Wirtin« 46-57

In der folgenden Szene »1. Gespräch mit der Wirtin« verdeutlicht Kafka in einer weiteren Koitus-Szene zwischen K. und Frieda die Bewußtlosigkeit, mit der K. und Frieda übereinander herfallen. »Die Pflicht, zu suchen«, läßt sie einander durchwühlen: »... wie Hunde verzweifelt im Boden scharren, so scharrten sie an ihren Körpern«. Wo Sprache als Medium fehlt, das in sich zugleich Distanz schafft als Selbstabgrenzung und dadurch erst die Beziehung zum anderen ermöglicht, und die vor der Scham gemeinsamer Lust schützt, bedeckt jetzt »ein Tuch« die Körper, die mitleiderregend wie Schmutz am Boden liegen.

»›Ich glaube Dich zu verstehen‹, sagte sie (Frieda) und hing sich an seinen Hals und wollte noch etwas sagen, konnte aber nicht weitersprechen; und weil der Sessel gleich neben dem Bette stand, schwankten sie hinüber, fielen hin. Dort lagen sie, aber nicht so hingegeben, wie damals in der Nacht. Sie suchte etwas, und er suchte etwas, wütend, Grimassen schneidend, sich mit dem Kopf einbohrend in der Brust des anderen, suchten sie, und ihre Umarmungen und ihre sich aufwerfenden Körper machten sie nicht vergessen, sondern erinnerten sie an die Pflicht, zu suchen; wie Hunde verzweifelt am Boden scharren, so scharrten sie an ihren Körpern; und hilflos, enttäuscht, um noch letztes Glück zu holen, fuhren manchmal ihre Zungen breit über des anderen Gesicht. Erst die Müdigkeit ließ sie still und einander dankbar werden. Die Mägde kamen dann auch herauf. ›Sieh, wie die hier liegen‹, sagte eine und warf aus Mitleid ein *Tuch* über sie.«

In dem Tuch klingt die Erinnerung an die traumatische Szene 2 an, in der die Frau mit ihrem verhangenen Blick und den Kleidern als »Schein wie von Seide« K. in seiner Sinnlichkeit verworfen hatte. Sich selbst verachtend hatte sie K., als dieser sich ihr zeigte, auf die Frage, wer sie sei, wegwerfend mit der Ortsangabe: aus dem Schloß, geantwortet. Darüber hinaus erfahren wir später im Text, daß Frieda genauso heißt wie der Säugling, den diese Frau an der Brust trägt, für den sie ebenfalls keinen Blick, keine Liebe hat:

»... die Frau im Lehnstuhl lag wie leblos, nicht einmal auf das Kind an ihrer Brust blickte sie hinab, sondern unbestimmt in die Höhe.«

Hatte K. sich gerade von Friedas vielversprechendem Blick verführen lassen, so gerät er mit ihr in die gleiche Namenlosigkeit und Verworfenheit – wie mit der Frau damals. Er hofft darauf, vom anderen benannt zu werden aus Scham, wenn er sich zeigt, verworfen zu werden – wie damals. Aber auch heute scheitert er an der Namenlosigkeit und Selbstverachtung der anderen, zu der nun seine eigene Verachtung hinzukommt. Wie ich im Zusammenhang mit K.'s Interaktionsform ›Vernachlässigen‹ ausgeführt habe, verwirft sich K. selber, wie ein Kind, das durch Weinen, Zerren und Kratzen das Tischtuch und die Pracht der Erwachsenen herunterzerrt und zerstört. In den Koitus-Szenen zwischen K. und Frieda klingen eben diese verzweifelten Gesten von Kindern an, die in ihren körperlichen Bedürfnissen nicht verstanden und geachtet wurden. Sie verstehen sich selbst nicht in ihren sinnlichen Bedürfnissen, weil sie in ihrer Lust sprachlos-unbenannt, ohne Partner geblieben sind. Sie durchwühlen einander wie Tiere, als suchten sie – verstohlen – im Körper des anderen »die Worte der fremden Sprache« (Bergmann), freundlichere Worte, um die eigene Scham zu bedecken. Vergeblich. In einer gestrichenen Stelle heißt es:

K. »zog Frieda näher zu sich und küßte sie auf den Nacken, so daß sie zusammenzuckte und an ihm hochsprang und beide dann zu Boden glitten und einander durchwühlten, in Eile, ohne Atem, ängstlich, als suche einer im anderen, sich zu verbergen, als gehöre die Lust, die sie genossen, einem Dritten, dem sie sie entwendeten.« [330]

K. und Frieda schlafen miteinander, wieder unter den Augen eines Dritten. Diesmal ist die Brückenhof-Wirtin ungebetener Zeuge, deren Anwesenheit aber mit keinem Wort in Frage gestellt wird, denn sie ist Bedingung der Lust.

»Als sich später K. aus dem Tuch freimachte und umhersah, waren, – das wunderte ihn nicht – die Gehilfen wieder in ihrer Ecke, ermahnten, mit dem Finger auf K. zeigend, einer den anderen zum Ernst und salutierten; aber außerdem saß dicht beim Bett die Wirtin und strickte an einem Strumpf, eine kleine Arbeit, welche wenig paßte zu ihrer riesigen, das Zimmer fast verdunkelnden Gestalt.«

K. setzt sofort auf die Hilfe der Wirtin als Fürsprecherin bei Klamm. K. hatte sich schon in der ersten Szene mit Seitenblicken nach ihrer türfüllenden, mächtigen Gestalt Bestätigung für seine Gewichtigkeit als Landvermesser versprochen. Diese »das Zimmer fast verdunkelnde Gestalt« wird nun mit ihren, »sozusagen mütterlichen Reden« die Szene einnehmen, womit Kafka die familialen Bedingungen von K.'s sozialer Sprachlosigkeit raumgreifend konkretisiert. »Aus Liebe und Sorge« wirft sich diese übergewichtige Frau auf K.'s und Friedas Angelegenheiten, entmündigt ihn aber mit ihrer Wortgewalt abermals zum Kind, das zu sein sie K. gleichzeitig vorwirft, und zwar in dem Sinne, daß er zu uneinsichtig sei, sich ihr als »Nichts« zu fügen und von ihr helfen zu lassen. Denn K. beharrt auf seinem Wunsch, vor Klamm zu sprechen. K.'s Hinwendung aber zu einem Dritten als Verlassen des ›vampiristischen Zweiecks‹, in dem die Frauen das Sagen über seinen Körper haben, ist sein Wunsch, der zugleich existenzbedrohend für die selbstlosen Frauen-Vampire ist. Sie versuchen deshalb, ihm seinen Wunsch nach Selbständigkeit als Trotzverhalten eines Kindes, als Schuld, einzureden, um ihre Selbstbehauptung ohne Selbst in sozial anerkannter Weise als Altruismus zu betreiben.

Wieder schreibt Kafka das Sprechen zwischen zwei Personen auf dem Körper eines Dritten ein. Das Sprechen ist verrückte Körpersprache. Während K. und die Brückenhof-Wirtin sich über K.'s Qualitäten als Friedas zukünftiger Mann auseinandersetzen, wird Frieda, die Braut, zwischen beiden hin- und hergezerrt, als dokumentiere sie mit ihrem Lebendgewicht, welche der streitenden Parteien jeweils im Recht ist. Aber ebenso wenig wie Frieda nur Opfer in dem Streit zwischen K. und der Wirtin ist, ebenso wenig ist dieses Argumentationskarussell nur Rollenzuschreibungsmachtkampf. Sprache ist zwar Angriff auf den Körper als Verhaltensnormierung und Abrichtung zum »Nichts«, aber unter der aggressiven Kotsprache findet heimliche Berührung statt, die allerdings als Aggressivität getarnt zweideutig mißverständlich bleibt. So wie Frieda sich gebrauchen läßt, sich heimlich aber als Zünglein an der Waage zum Richter aufwirft und tatsächlich sich entschlossen hat, mit K. »Skandal zu machen«, mißbraucht auch die Wirtin K. für ihre narzißtischen Bedürfnisse, Gehör zu finden und als Frau sichtbar zu sein. Auch sie war einmal Klamms Geliebte, wurde von ihm aber unversehens verworfen. Kafka stellt im »Schloß« den narzißtischen Mißbrauch als ubiquitäres Verhalten dar: Jeder mißbraucht heimlich den anderen, während er sich als selbstloser Helfer und als Opfer aufspielt. Es gibt kein Geben und Nehmen in den Beziehungen als Selbstrelativierung mit dem anderen, es gibt nur Machtverhältnisse aus einer den Beteiligten selbst verborgenen Ohnmacht. K. behauptet sich also, indem er über Friedas Körper verfügt. Es ist – wie seine Landvermesserschaft – eine falsche Selbstbehauptung. Er gibt vor, Frieda heiraten zu wollen, um Klamm wegen seiner Einwilligung zur Heirat zu sprechen. Tatsächlich aber will K. Klamm »standhalten«, um »frei vor einem Mächtigen zu sprechen« und sich dabei selbst zu erfahren.

»Gelingt es mir aber, ihm (Klamm) standzuhalten, dann ist es gar nicht nötig, daß er mit mir spricht, es genügt mir, wenn ich den Eindruck sehe, den meine Worte auf ihn machen und machen sie keinen oder hört er sie gar nicht, habe ich doch den Gewinn, frei vor einem Mächtigen gesprochen zu haben.«

Die Wirtin wirft K. vor, »trotzig und kindlich« zu sein, statt sich seine »Unwissenheit immer vor Augen zu halten«. Er sei im Vergleich zu Klamm, der ein »Adler« sei, eine »Blindschleiche«.

»Wohin Sie auch kommen, bleiben Sie sich dessen bewußt, daß Sie hier der Unwissendste sind, und seien Sie vorsichtig; hier bei uns, wo Friedas Gegenwart Sie vor Schaden schützt, mögen Sie sich das Herz freischwätzen, hier können Sie uns dann z. B. zeigen, wie Sie mit Klamm zu sprechen beabsichtigen; nur in Wirklichkeit, nur in Wirklichkeit, bitte, bitte, tun Sie's nicht!«

Unter dieser Entwertung zur Blindschleiche klingen heimliche Koseworte an. Die Blindschleiche hat ja keinesfalls etwas mit Unwissenheit oder Blindheit zu tun. Vielmehr ist sie eine Eidechse, die besonders schön glänzt, wenn die Sonne auf sie fällt. Sie wirft aber bei Berührung den Schwanz ab. Die Wirtin nun berührt K., sie bittet ihn inständig, sich nicht aus dem familialen Sprechtabu herauszubewegen. K. aber durchschaut ihre Fürbitte als Entmündigung aus Rücksichtnahme gegen Klamm.

»›Was fürchten Sie also? Sie fürchten doch nicht etwa – dem Unwissenden scheint alles möglich‹, hier öffnete K. schon die Tür –, ›Sie fürchten doch nicht etwa für Klamm?‹ Die Wirtin sah ihm schweigend nach, wie er die Treppe hinabeilte und die Gehilfen ihm folgten.«

K. verläßt die Wirtin und Frieda. Kafka aber hat den Szenenschluß formal so gestaltet, daß er die Perspektive wechselt und als Erzähler bei der Wirtin zurückbleibt, von der sich K. gerade getrennt hat. Kafka hat in dieser Szene die familiale Trennungsparadoxie, wie er sie im »Brief« zwischen Vater und Sohn beschrieben hat, zwischen K. und Wirtin als durch K. sprachlich bewältigte gestaltet. Indem aber Kafka am Ende der Szene die

Perspektive der Hinterbliebenen einnimmt, sich also heimlich von K. distanziert, erscheint K., dem gerade Individuierung als sprachliche Selbstfindung in der Metakommunikation mit der Wirtin gelungen ist, als schuldig. Kafka begleitet also K.'s Versuch der Befreiung von der sprachlichen Allgewalt der Wirtin ›friß Vogel oder stirb‹ nur halbherzig. Eher scheint er zynisch identifiziert zu sein mit der Frau in dem Moment, wo K. die Aufhebung der Identifizierung mit ihr als Angreifer auf seinen Körper und damit sein narzißtisches Selbstwertgefühl durch sprachliche Benennung gelungen ist. Ich komme auf den Wechsel von der K.- in die Erzählerform, die Kudszus als Kafkas Darstellungsprinzip beschrieben hat, weiter unten ausführlich zurück (Kapitel III, 5.3 und 5.4).

3.3 K.'s ›kleine Wahrheit‹

5. »Beim Vorsteher« 58-74

In dem darauf folgenden Gespräch mit dem Dorfvorsteher erfährt K. dann, daß der Brief von Klamm eher die Bedeutung eines »Privatbriefes« hat und die amtlichen Vorgänge fehlerhaft sein können, weil sie von Menschen gemacht sind. So wie K. als Mensch sich im Schloß durchgeschwindelt hat, geschehen auch in der Schloßbürokratie Fehler durch menschliche Willkür. Auch der Vorsteher verfolgt private Interessen, wenn er gegen K.'s Berufung als Landvermesser votiert. Deshalb ist er aber nicht gegen K. als Privatmann. Er wird ihn sogar unterstützen. Gerade aber die privaten Bedeutungen, so lernt K., zählen mehr als die amtlichen, und er wagt, zu seiner Kleinheit zu stehen.

»›Nein‹, sagte der Vorsteher, an einem Wort sich festhaltend, ›wirkliche Bedeutung kommt diesen telefonischen Antworten durchaus zu, wie denn nicht? Wie sollte eine Auskunft, die ein Beamter aus dem Schloß gibt, bedeutungslos sein? Ich sagte schon gelegentlich des Klamm'schen Briefes: alle diese Äußerungen haben keine amtliche Bedeutung; wenn Sie ihnen amtliche Bedeutung zuschreiben, gehen Sie in die Irre; dagegen ist private Bedeutung in freundschaftlichem oder feindseligem Sinne sehr groß, meist größer als eine amtliche Bedeutung jemals sein könnte.‹«

K. ist im Dorf als Landvermesser aufgenommen, ohne daß er als solcher gebraucht wird. Er selber weiß das und versucht, wie alle anderen, die behördliche Apparatur für sich zu nutzen.

Der Vorsteher sagt K.: »›Sie sind als Landvermesser aufgenommen, wie Sie sagen; aber leider, brauchen wir keinen Landvermesser. Es wäre nicht die geringste Arbeit für ihn da. Die Grenzen unserer kleinen Wirtschaft sind abgesteckt, alles ist ordentlich eingetragen. Besitzwechsel kommt kaum vor und kleine Grenzstreitigkeiten regeln wir selbst. Was soll uns also ein Landvermesser?‹ K. war, ohne daß er allerdings früher darüber nachgedacht hätte, im Innersten davon überzeugt, eine ähnliche Mitteilung erwartet zu haben.* Eben deshalb konnte er gleich sagen: ›Das überrascht mich sehr. Das wirft alle meine Berechnungen über den Haufen. Ich kann nur hoffen, daß ein Mißverständnis vorliegt.‹«

Das * bedeutet eine gestrichene Stelle, in der Kafka K. sagen läßt:

»Er verstand es ja schon, auf diesem behördlichen Apparat, diesem feinen, immer auf irgendeinen Ausgleich bedachten Instrument, zu spielen. Die Kunst bestand im wesentlichen darin, nichts zu tun, den Apparat selbst arbeiten zu lassen und ihn zur Arbeit nur dadurch zu zwingen, daß man unfortschaffbar hier stand in seiner irdischen Schwere.« [314]

Es ist also offensichtlich, daß K., wie alle anderen, auf der behördlichen Apparatur sein Spiel spielt. Während K. noch einmal zu großen Worten ausholt: er wolle »keine Gnadengeschenke vom Schloß, sondern sein Recht« – und wir wissen doch, daß er Josef K., ein Wanderer, ist – kommentiert Kafka K.'s ›kleine Wahrheit‹ als die eines Kindes im Mannesalter mit zärtlicher Ironie, die auch ein wenig Schadenfreude sein kann:

»›Mizzi‹, sagte der Vorsteher zu seiner Frau, die noch immer an ihn gedrückt, dasaß und traumverloren mit Klamms Brief spielte, aus dem sie ein Schiffchen geformt hatte, erschrocken nahm es ihr K. jetzt fort. ›Mizzi, das Bein fängt mich wieder sehr zu schmerzen an, wir werden den Umschlag erneuern müssen.‹«

Jedenfalls fliegt K. beim Vorsteher nicht hinaus, und er fällt auch mit seiner Lüge nicht durch. Kafka läßt ihn vielmehr mit den Gehilfen, von denen er sich sonst immer eher zu unterscheiden trachtet, auch dieses Mal einträchtig davonlaufen, so wie nach der befriedigenden Begegnung mit Barnabas.

3.4 K. sagt ›Ich‹

6. »2. Gespräch mit der Wirtin« 75-86

Die folgende Szene mit der Wirtin zeigt dann, was K. beim Vorsteher gelernt hat. Sie versucht, ihn mit »Bitten und Drohungen zu erschüttern«, um ihn von seiner Absicht, Klamm sprechen zu wollen, abzubringen. K. ist jetzt er selber. In einer gestrichenen Stelle (*) hatte Kafka ihn noch die Heirat mit Frieda als Vorwand für das Gespräch mit Klamm anführen lassen. K. hält dort der Wirtin seine mögliche Rede vor Klamm, in der K.'s Verlegenheit über seine Gefühle zum Ausdruck kommt. K. kennt seine Gefühle nicht, er spricht nicht für sich und will Klamm deshalb fragen, »wie es sich in Wirklichkeit verhält«:

*»›Gern‹, sagte K. ›Und nun also, was ich ihm (Klamm) sagen will. Ich würde etwa folgendermaßen sprechen: ›Wir, Frieda und ich, lieben einander, und wir wollen heiraten, sobald als möglich. Aber Frieda liebt nicht nur mich, sondern auch Sie, in einer ganz anderen Weise freilich, es ist nicht meine Schuld, daß die Armut der Sprache für beide das gleiche Wort hat. Daß in Friedas Herzen auch Platz für mich ist, versteht sie selber nicht, und sie kann nur glauben, daß es einzig durch Ihren Willen möglich wurde. Nach allem, was ich von Frieda gehört habe, kann ich mich nur ihrer Meinung anschließen. Immerhin ist es nur eine Annahme, außerhalb derer nur der Gedanke bleibt, ich, ein Fremder, ein Nichts, wie mich die Frau Wirtin nennt, hätte mich eingedrängt zwischen Frieda und Sie. Um hier Sicherheit zu haben, erlaube ich mir, Sie zu fragen, wie es sich in Wirklichkeit verhält‹. Das wäre also die erste Frage; ich glaube, sie wäre respektvoll genug.‹« [315]

Im Text läßt Kafka K. dann diese Rede nicht halten, sondern seine narzißtischen Bedürfnisse nach Nähe, Echo und Achtung als Mensch unverstellt aussprechen. Er will Klamm als Privatmann sprechen und nicht als Beamter. K. will Klamm »in der Nähe sehen«, »seine Stimme hören«, »ihm gegenüber stehen«. Jetzt wird K. im Gespräch mit der Wirtin als Mensch sichtbar und lehnt die Fürsprache der Wirtin ab, wozu er sie ursprünglich hatte überreden wollen, er steht für sich selber ein. Er möchte vor Klamm sein eigener Sprecher sein. Daraufhin kündigt ihm die Wirtin offen jede Hilfe auf, und sie ist es, die dann K. verläßt. War K. mit Frieda zusammen sprachlos-aggressiv wie ein »Raubtier« und glaubte sich angewiesen auf die Hilfe eines Fürsprechers, die Wirtin, um zu Klamm zu gelangen, so durchschaut er jetzt deren »sozusagen mütterliche Reden« als Zurichtung und Entmündigung zum Kind. Sprechend gewinnt K. Distanz zu ihr und benennt sich damit selbst.

4. K. – Lehrer: »Du holst mir jetzt das Gabelfrühstück!«

7. »Der Lehrer« 87-95
In der folgenden Szene gestaltet Kafka dann K.'s merkliche Selbstfindung als Bewältigung der traumatischen Szene 1 mit dem Lehrer. K. zeigt sich ungeniert vor dem Lehrer, bemüht zwar zunächst wieder Frieda als Fürsprecherin, um dann aber doch in direkter Kommunikation mit dem Lehrer sich selbst zu behaupten.
K. trifft, als er von der Wirtin zurückkommt, in seinem Zimmer den Lehrer an, den er damals auf der Straße getroffen hatte. Wir erinnern uns an die 3. Szene im 1. Kapitel: K. hatte den Lehrer von vornherein entsprechend seiner traumatischen Erfahrung mit dem Lehrer auf der Mauer wahrgenommen. Daß dieser Lehrer ihm »sanftmütiger« als erwartet begegnete, hatte K. gerade traumatisch mißverstanden. Jetzt ist die Interaktion zwischen K. und Lehrer wieder gespannt, und K. entschuldigt sich von vornherein. Wir verstehen das nun auf dem Hintergrund seiner traumatischen Angst, von dem Lehrer narzißtisch entwertet zu werden. K. kommt dem zuvor, indem er seinerseits den Lehrer durch Mißachtung entwertet. Die traumatische Szene 2 klingt in den Codeworten »Tischdecke« und K.'s »Kleider« an. K. ist im Begriff, sich für einen Besuch zurechtzumachen. Die Gehilfen und Frieda beauftragt er mit dem Putzen und Bügeln seiner Sachen.

»Jetzt war K. mit dem Lehrer, der wieder still beim Tisch saß, allein; er ließ ihn noch ein wenig warten, zog sich das Hemd aus und begann, sich beim Waschbecken zu waschen. Erst jetzt, den Rücken dem Lehrer zugekehrt, fragte er ihn nach dem Grund seines Kommens. ›Ich komme im Auftrag des Herrn Gemeindevorstehers‹, sagte er. K. war bereit, den Auftrag zu hören. Da aber K.'s Worte in dem Wasserschwall schwer verständlich waren, mußte der Lehrer näher kommen und lehnte sich neben K. an die Wand. K. entschuldigte sein Waschen und seine Unruhe mit der Dringlichkeit des beabsichtigten Besuches.«

Diese Szene zwischen K. und Lehrer kündigt die sinnliche Bewältigung der traumatischen Szene 1 und 2 an. K. entblößt sich vor dem Lehrer und läßt diesen warten, kehrt ihm den Rücken zu und spricht ›nebendran‹ mit ihm. K. läßt nun den Lehrer ›den Buckel runterrutschen‹ – so wie K. damals beim Lehrer abblitzte. Zugleich bekommt der Lehrer die Wasserspritzer ab, die K. in der traumatischen Szene 2 von den wie Kinder ausgelassen im Holzschaff badenden Männern zur Begrüßung abbekommen hatte. Das heißt: Während K. und Lehrer sich in der aggressiv-vorwurfsvollen Kotsprache über amtliche Belange unterhalten, findet darunter in der Kosesprache sinnliche Berührung statt. Der Lehrer kommt »im Auftrag des Herrn Gemeindevorstehers« und macht K. Vorhaltungen, sich diesem gegenüber unhöflich benommen zu haben. Der Gemeindevorsteher bietet K. aber die Stelle eines Schuldieners an, was in den Kompetenzbereich des Lehrers fällt, weshalb dieser sich K. gegenüber als zukünftiger Chef großspurig aufbaut.

»›Er bietet Ihnen vorläufig die Stelle eines Schuldieners an.‹ Darauf, was ihm angeboten wurde, achtete K. zunächst kaum, aber die Tatsache, daß ihm etwas angeboten wurde, schien ihm nicht bedeutungslos. Es deutete daraufhin, daß er nach Ansicht des Vorstehers imstande war, um sich zu wehren, Dinge auszuführen, vor denen sich zu schützen für die Gemeinde selbst gewisse Aufwendungen rechtfertigte.«

K. beachtet wieder den Beziehungsaspekt des Angebotes und schließt daraus auf den Respekt, den er mit seiner bloßen Anwesenheit am Ort erzwingen kann. Der Lehrer hingegen ist bestrebt, K. in seiner Existenzberechtigung überhaupt zu widerlegen. Hatte der Vorsteher K.'s Existenzberechtigung negiert, insofern er die Notwendigkeit eines Landvermessers zu widerlegen suchte, so negierte der Lehrer dem Vorsteher gegenüber K.'s Existenzberechtigung als Schuldiener. Er verteidigt damit aber seine eigenen Interessen:

»Ich habe Plage genug mit den Kindern, ich will mich nicht auch noch mit einem Schuldiener ärgern.«

Der Vorsteher aber entschied K.'s Einstellung, indem er dem Lehrer gegenüber ironisch bemerkte:

»Sie seien doch Landvermesser und würden daher die Beete im Schulgarten besonders schön geradeziehen können.«

K. lehnt voller Genugtuung die angebotene Stelle ab. Ihm reicht es, der Behörde Kopfzerbrechen zu machen, weil er sich in seiner Existenz schon bestätigt fühlt, wenn er »Erbitterung ... erregen« kann. Dann aber kommt Frieda und eröffnet K., daß beide aus dem Brückenhof herausgeworfen werden sollen, weil K. die Wirtin verprellt habe. Mit diesem angedrohten Hinauswurf aber klingt abermals traumatische Geschichte an: Kafkas Pawlatsches-Trauma, gestaltet in K.'s Absturz von der Mauer (vgl. traumatische Szene 1), das in dieser Szene seine Bewältigung findet. Es gelingt K. der selbstbewußte Durchbruch des »trübseligen Hausbewohners«, der das Dach durchbrochen hat, um sich der Welt zu zeigen, wie es noch verächtlich in der 2. Szene geheißen hatte – insofern er für sich sprechen lernt und damit sichtbar wird und die Verantwortung für sein Tun selber übernimmt. Wieder gestaltet Kafka die Bewältigung der traumatischen Szenen im gestischen Vordialog:

Frieda »... zog dann K. durch eine Seitentür, von der er gar nicht gewußt hatte, auf den benachbarten Dachboden und erzählte dort schließlich aufgeregt, außer Atem, was ihr geschehen war. (Beide sollen aus dem Brückenhof herausgeworfen werden, K. reagiert darauf:) ›Das ist schlimm‹, sagte K., ohne es aber ganz ernsthaft zu meinen, denn die Wohnung kümmerte ihn wenig, auch fror er sehr in seiner Unterwäsche hier auf dem Dachboden, der, auf zwei Seiten ohne Wand und Fenster, scharf von kalter Luft durchzogen wurde, ›jetzt hast Du das Zimmer so schön hergerichtet, und nun sollen wir ausziehen! Ungern, ungern würde ich die Stelle annehmen, schon die augenblickliche Demütigung vor diesem kleinen Lehrer ist mir peinlich und nun soll er gar mein Vorgesetzter werden.‹ (Frieda übernimmt nun die Existenzsorge für beide. Frieda:) ›Und was die Demütigung vor dem Lehrer betrifft, so laß mich dafür sorgen, daß es keine wird, ich selbst werde mit ihm sprechen, Du wirst dabei nur stumm dabei stehen, und auch später wird es nicht anders sein, niemals wirst Du, wenn Du nicht willst, selbst mit ihm sprechen müssen, ich allein werde in Wirklichkeit seine Untergebene sein, und nicht einmal ich werde es, denn ich kenne seine Schwächen.‹«

K. ist im wahrsten Sinne des Wortes jetzt als »trübseliger Hausbewohner« sichtbar: Nackt und bloß steht er auf dem Dachboden, der auf zwei Seiten offen ist, die Realität pfeift ihm als kalter Wind ins Gesicht, er steht vor dem Hinauswurf aus dem armseligen Quartier. Frieda bietet sich K. als Sprachrohr an, um ihm die Demütigung vor dem Lehrer zu ersparen. Ihre Hilfe besteht dann allerdings darin, daß er »nur stumm dabeistehen« wird. K. stimmt, weil er friert, diesem Kompromiß zu.

»K., der die ganze Zeit über die Arme über der Brust gekreuzt, mit den Händen seinen Rücken schlug, um sich ein wenig zu erwärmen, sagte: ›Dann bleibt nichts übrig, als anzunehmen!‹ ... Im Zimmer eilte er gleich zum Ofen; um den Lehrer kümmerte er sich nicht; dieser saß beim Tisch, zog die Uhr hervor und sagte: ›Es ist spät geworden.‹ – ›Dafür sind wir aber jetzt auch völlig einig, Herr Lehrer‹, sagte Frieda. ›Wir nehmen die Stelle an.‹ – ›Gut‹, sagte der Lehrer, ›aber die Stelle ist dem Herrn Landvermesser angeboten. Er selbst muß sich äußern.‹ Frieda kam K. zu Hilfe. ›Freilich‹, sagte sie, ›er nimmt die Stelle an, nicht wahr, K.?‹ So konnte K. seine Erklärung auf ein einfaches ›Ja‹ beschränken, das nicht einmal an den Lehrer, sondern an Frieda gerichtet war.«

Diese Versteckspiel-Kommunikation: K. über Frieda zum Lehrer, dieser zu K., ist das Paradigma des von Kafka im »Schloß«-Roman dargestellten ›Nebendran-Sprechens‹, das unmittelbare Berührung vermeiden soll. Weil K. die Demütigung im Sprechen mit dem Lehrer fürchtet, läßt er sich zwar durch einen Fürsprecher, Frieda, entmündigen, um damit aber seinerseits den Lehrer zu demütigen. Formelhaft gesprochen heißt das: »Wie Du mir, so ich Dir!« Oder anders gesagt: K. sagt nicht »nicht Ich«, sondern »Du aber auch nicht!« Die Gewalt der Sprache als Entwertung des anderen wird als Selbstentwertung im Schweigen zur Gegengewalt, zur Gegendisqualifizierung. Die Disqualifizierung durch den Lehrer ›beantwortet‹ K. durch Gegendisqualifizierung, durch Aufhebung des Lehrers im Schweigen: ›Du kannst mich mit Deinem Sprechen nicht entwerten, denn wenn ich schweige, bist Du Luft für mich‹. Der Preis ist, daß auch K. Luft ist. Er wird zum Zuschauer der Szene, zum Verräter seiner Sehnsucht, sichtbar zu sein als sein eigener Sprecher, wie er es der Wirtin gegenüber als seinen Wunsch, vor Klamm zu sprechen, verteidigt hatte.
Der Lehrer unterrichtet K. nun in seinen Schuldienerpflichten:

»›Daß Sie sich der Würde der Schule gemäß verhalten müssen, und daß insbesondere die Kinder, gar während des Unterrichts, niemals etwa Zeugen unliebsamer Szenen in ihrer Häuslichkeit werden dürfen, erwähne ich nur nebenbei, denn als gebildeter Mann müssen Sie das wissen. In Zusammenhang damit bemerke ich noch, daß wir darauf bestehen müssen, daß Sie Ihre Beziehungen zu Fräulein Frieda möglichst bald legitimieren.‹ (Als Frieda nach der Aussicht auf Bezahlung fragt, antwortet der Lehrer:) ›Nein‹, sagte der Lehrer, *der seine Worte immer an K. richtete,* ›einer solchen Eingabe würde nur entsprochen werden, wenn ich es empfehle und ich würde es nicht tun. Die Verleihung dieser Stelle ist ja nur eine Gefälligkeit Ihnen gegenüber, und Gefälligkeiten muß man, wenn man seiner öffentlichen Verantwortung bewußt ist, nicht zu weit treiben.‹ *Nun mischte sich aber doch K. ein, fast gegen seinen Willen.* ›Was die Gefälligkeit betrifft, Herr Lehrer‹, sagte er, ›glaube ich, daß Sie irren. Diese Gefälligkeit ist vielleicht eher auf meiner Seite.‹ – ›Nein‹, sagte der Lehrer *lächelnd,* nun hatte er doch K. *zum Reden gezwungen.* ›Darüber bin ich genau unterrichtet, wir brauchen den Schuldiener etwa so dringend, wie den Landvermesser. Schuldiener, wie Landvermesser, es ist eine Last an unserem Hals...‹ ›So meine ich es ja‹, sagte K., ›gegen Ihren Willen müssen Sie mich aufnehmen. Obwohl es Ihnen schweres Nachdenken verursacht, müssen Sie mich aufnehmen. Wenn nun jemand genötigt ist, einen anderen aufzunehmen, und dieser andere sich aufnehmen läßt, so ist er es doch, der gefällig ist.‹«

K.'s narzißtische Niederlage in der Interaktion mit dem Lehrer versucht er durch logische Gegengewalt der Rede wettzumachen. Er rettet sich in seiner Existenzberechtigung, indem er seine Rolle versteht als ›Vergewaltigung des anderen aus Gefälligkeit‹. Er ist nur geduldet, aber K. sieht darin eine Gefälligkeit seinerseits, daß er aktiv bestimmt, überhaupt da zu sein. Kafka hatte K. in einer gestrichenen Stelle sagen lassen, er verstehe »auf diesem behördlichen Apparat« zu spielen: »Die Kunst bestand darin, daß man unfortschaffbar hier stand in seiner irdischen Schwere«. Und eben das gelingt K. dem Lehrer gegenüber in fast voller Blöße:

»›Sonderbar‹, sagte der Lehrer, ›was sollte uns zwingen, Sie aufzunehmen? Des Herrn Vorstehers gutes, übergutes Herz zwingt uns. Sie werden, Herr Landvermesser, das sehe ich wohl, manche Phantasien aufgeben müssen, ehe Sie ein brauchbarer Schuldiener werden. Und für die Gewährung eines eventuellen Gehaltes machen natürlich solche Bemerkungen wenig Stimmung. Auch merke ich leider, daß mir Ihr Benehmen noch viel zu schaffen geben wird; die ganze Zeit über verhandeln Sie ja mit mir – ich sehe es immerfort an und glaube es fast nicht – in Hemd und Unterhosen.‹ – ›Ja‹, rief K. lachend und schlug in die Hände, ›die entsetzlichen Gehilfen!, wo bleiben sie denn?‹«

12. »Gehilfen« 125-130

Es gelingt K. trotz der Demütigung durch den Lehrer, sich zu behaupten: Er ist körperlich sichbar »in Hemd und Unterhosen«. Schamlos sozusagen kämpft er um seine Existenzberechtigung im Dorf. Später wird der Lehrer ihn wegen eines »schändlichen Dienstvergehens« entlassen wollen. K. hat eigenmächtig den Holzstadel der Schule aufgebrochen und im Turnzimmer, in dem er mit Frieda und den Gehilfen als Schuldienerfamilie einquartiert ist, ordentlich eingeheizt. K. entgegnet dem Lehrer, nachdem er sich abermals zunächst von Frieda hat helfen lassen:

»›Ich rühre mich von hier nicht fort‹, sagte K. ›Sie sind mein Vorgesetzter, aber nicht derjenige, welcher mir die Stelle verliehen hat, das ist der Herr Gemeindevorsteher, nur seine Kündigung nehme ich an. Er aber hat mir die Stelle doch wohl nicht gegeben, daß ich hier mit meinen Leuten erfriere, sondern – wie Sie selbst sagten – damit er unbesonnene Verzweiflungstaten meinerseits verhindert. Mich jetzt plötzlich zu entlassen, wäre daher geradewegs gegen seine Absicht; solange ich nicht das Gegenteil aus seinem eigenen Munde höre, glaube ich es nicht. Es geschieht übrigens wahrscheinlich auch zu Ihrem großen Vorteil, wenn ich Ihrer leichtsinnigen Kündigung nicht folge.‹«

K. verteidigt, was der Lehrer als »schmutzige Familienwirtschaft« anprangert: seine sinnliche Gegenwart, und behauptet damit seine Stelle im Dorf. Der Lehrer akzeptiert ihn schließlich.

»›Jetzt aber steht wenigstens auf und rührt Euch!‹ Und nur zu K.: ›Du holst mir jetzt das Gabelfrühstück aus dem Brückenhof!‹
Das alles war wütend geschrieen, aber die Worte waren verhältnismäßig sanft, selbst das an sich grobe Du. K. war sofort bereit, zu folgen; ...« [146]

13. »Hans« 146

Es gelingt K., sich dem Lehrer gegenüber zu behaupten, und unter der aggressiven Kotsprache erfährt er vom Lehrer das ersehnte herzliche Wort: »Du«, allerdings unter der Bedingung, daß K. den Lehrer ›füttert‹. K. hört auf ›das Gespräch unter den Worten‹. Während der Lehrer ihn anbrüllt, nimmt K. wahr, daß er es »sanft« meint, und kann es jetzt auch akzeptieren: »K. war zufrieden«. Er fürchtet zwar, »daß er durch allzugroßes Nachgeben sich zum Sklaven und Prügelknaben des Lehrers machen würde...«, aber es geht K. jetzt um eine realistische Stellung im Dorf und um die Sicherheit, die er Frieda damit geben kann.

»Das alles war nicht allzu schmerzlich, es gehörte in die Reihe der fortwährenden kleinen Leiden des Lebens, es war nichts im Vergleich zu dem, was K. erstrebte, und er war nicht gekommen, um ein Leben in Ehren und Frieden zu führen.«

K. kämpft um seine Existenzberechtigung und gewinnt mit dem Lehrer die entscheidende Schlacht: Er läßt sich nicht wortlos abspeisen – wie damals auf der Mauer –, sondern behauptet sich in seiner sinnlichen Existenz, indem jetzt er den Lehrer versorgt.

5. Die Form als Rettung des Selbst: K. gegen Kafka lesen

5.1 ›Nebendran-Sehen‹ als Ver-sprechen – ›Nebendran-Sprechen‹ als Ver-sehen

Ich möchte nun zunächst K.'s in den K.-Frieda- und K.-Lehrer-Interaktionskomplexen dargestellte Interaktionsform *intraszenisch* im Romanverlauf diskutieren, um dann die Form *interszenisch* im Romanverlauf zu betrachten. Ich will daran meine These konkretisieren, daß und inwiefern Kafka im »Schloß«-Roman die minuziöse Bewältigung von K.'s narzißtischer Traumatisierung von Körperlichkeit ästhetisch gestaltet hat. Meine *These* zu Kafkas formaler Gestaltung ist, daß die K.-Frieda-Interaktion mit dem Akzent auf dem ›Nebendran-Sehen‹ als Ver-sprechen auf dem Körper des anderen und die K.-Lehrer-Interaktion mit dem Akzent auf dem ›Nebendran-Sprechen‹ als Ver-sehen nach dem Körper des anderen, die zwei Aspekte von K.'s Interaktionsform ›Nebendran-Sehen-und-Sprechen‹ gesondert entfalten, wie sie Kafka als K.'s Seitenblick in der Szene K. – Herrenhof-Wirtin ›Zwischen Tür und Angel‹ paradigmatisch als K.'s Interaktionsform skizziert hatte (Kapitel III, 2.2).
Der »Schloß«-Roman entfaltet die Text-Phantasie, K. will sich zeigen und sprechen, aber aus Scham, gesehen zu werden, bzw. in der Gemeinsamkeit mit dem anderen sprachlos zu sein vor Scham, zeigt er sich, indem er sich zugleich nicht zeigt bzw. schweigt. Der K.-Frieda-Interaktionskomplex erweist, daß K. in seiner K.-Ding-Interaktionsform Frieda als Körper braucht, indem er von seinen Gefühlen absieht, um darüber vermittelt zu Klamm zu gelangen. Frieda und die Wirtin sollen für ihn sprechen, aber sie entmündigen ihn zum Kind-Körper, über den sie dann ihrerseits verfügen. Daß K. aber als »Raubtier« nicht nur Frieda mißbraucht und, wie er meint, vernachlässigt, sondern ihrer narzißtischen Defizienz zugleich entspricht, zeigt Kafka mit Friedas Beziehungsentwurf, der eine *Grabesphantasie* ist und den Beziehungs-Tod versinnbildlicht.

13. »Hans« 134/135

Frieda fühlt sich durch die Sinnlichkeit der Gehilfen, ihr »Herumhüpfen von Kindern und ihr Armausstrecken von Männern« beschämt: »Sie stoßen mich nicht ab, sondern ich schäme mich ihrer.« K. wirft ihr ihre »allzu freundliche Behandlung« der Gehilfen vor, weswegen er sie entlassen habe. Frieda erwidert:

»›Das ist es ja‹, sagte Frieda, ›davon spreche ich doch, das ist es ja, was mich unglücklich macht, was mich von Dir abhält, während ich doch kein größeres Glück für mich weiß, als bei Dir zu sein, immerfort, ohne Unterbrechung, ohne Ende, während ich doch davon träume, daß hier auf der Erde kein ruhiger Platz für unsere Liebe ist, nicht im Dorf und nicht anderswo, und ich mir deshalb ein Grab vorstelle, tief und eng; dort halten wir uns umarmt wie mit Zangen, ich verberge mein Gesicht an Dir, Du Deines an mir, und niemand wird uns jemals mehr sehen.‹«

Frieda beschreibt in ihrem Beziehungsentwurf den Wunsch nach Sistierung von Sinnlichkeit als Folge der Scham, sich in der gemeinsamen Lust zu erkennen, sich aber sprachlos-schutzlos einander ausgeliefert zu fühlen und sich deshalb schuldig fühlen zu müssen, wie wir es in den Koitus-Szenen erfahren haben. Weil Frieda aber sich ihrer Sinnlichkeit schämt, wünscht sie sich eine Gemeinsamkeit mit K. als tödlich-lautlose Umklammerung und Selbstverborgenheit im Körper des anderen. Sie stellt sich ihre Liebe zu K. als schamlose Verzahnung der beiden Körper vor. Friedas Vorstellung vom Glück mit K. »immerfort und ohne Unterbrechung« ist der Tod bei lebendigem Leibe, die totale Nähe, ohne sich zu sehen, die totale Verzahnung, ohne sich zu berühren, die totale Verkörperung, ohne sich zu fühlen, die totale Verschmelzung, ohne zu sprechen und ohne sich zu unterscheiden. Diesen Beziehungsentwurf möchte ich als vampiristisches Zweieck bezeichnen.

Friedas Beziehungsentwurf mit K. stellt gerade die Aufhebung seines Wunsches, sich zu zeigen und zu sprechen, dar. Friedas Grabesphantasie als Vorstellung von heterosexuellem Glück ohne Selbst und ohne Eigenname ist der genaue Widerspruch zu K.'s Vorstellung vom Gefühl des Sieges als Wunsch, sich zu zeigen und die Anonymisierung der Sinnlichkeit zu durchbrechen. K.'s ›Nebendran-Sehen‹ nach Frieda (bzw. den anderen) ist die Sackgasse, in die K. läuft. Es ist das Ver-sprechen im Körper des anderen, sich selbst zu finden, während man den eigenen Gefühlen im anderen vergeblich nachläuft, weil sie im Erleben *mit* dem

anderen nicht Sprache werden, um als gemeinsames Drittes zwischen beiden Schutz vor Scham zu sein.
In der Interaktion K. – Lehrer führt K.'s ›Nebendran-Sprechen‹ dazu, daß das eigentliche Gespräch »unter den Worten« im Sehen stattfindet, aber wie ein Ver-sehen. Unter der Kotsprache wird eine Kosesprache gesprochen, die zweideutig aggressiv getarnt ist, weil K. die Verantwortung für seine Körperlichkeit an einen Dritten als Sprachrohr delegiert hat. K. will sich zeigen, aber aus Angst vor narzißtischer Entwertung und Demütigung durch die »Großtuerei« des Lehrers, der auch nur im Auftrag eines Dritten kommt, läßt er Frieda für sich sprechen. Damit entmündigt er sich zwar selber, demütigt aber zugleich auch den Lehrer durch sein Schweigen. Der Vergewaltigung der Sprache als Angriff auf den Körper begegnet K. mit ›Vergewaltigung des anderen aus Gefälligkeit‹. Dem Sprechen des Lehrers als Angriff auf den Körper begegnet K. durch Schweigen als Selbstaufhebung in der Rede von Frieda über K. K. sagt »Ich nicht«, indem er »Du aber auch nicht!« sagt und damit befürchtete Entwertung durch Gegendisqualifizierung antizipiert.
So wie die vor-bildhafte Szene interszenisch ›Zwischen Tür und Angel‹ K.'s Interaktionsform des ›Nebendran-Sehens-und-Sprechens‹ gezeigt hatte, ist K. »sozial sprachlos« (Kaliwoda). In der Beziehung mit Frieda und mit dem Lehrer findet K.'s Sprachlosigkeit als Subjektlosigkeit ihren Niederschlag in den Interaktionen. Aus Angst vor der eigenen Scham und aus Scham um die anderen vereitelt sich K. als Subjekt in der Rede, so daß er im anderen verschleppt und abgetrennt von seinem Körpererleben zu Wort kommt. K. ist die Störung in der Rede des anderen, der Fremdkörper im anderen, weil er nur so sich selbst retten kann. In der falschen Selbstbehauptung tarnt K. sich in negativer Selbstliebe. K. sagt nicht »Ich«, sondern zeigt auf sich, indem er den anderen dazu verführt, über K. zu sprechen, indem er sich über ihn beklagt. Erst »Mit Augen hören« als trauma-analoges Verstehen des Textes macht K. vernehmbar im Dritten als seinem Sprachrohr. Trauma-analoges Verstehen heißt also, den »Schloß«-Text als Anamorphose lesen. Das Bild, in dem K. als Leerstelle im Text sichtbar wird, ist als Fremdkörper in der Rede des anderen entzifferbar, wenn ich die ubiquitäre Verschleppung des Subjekts als strukturelle Verrückung des Textes namhaft mache.
Daß Kafka K. dennoch eine teilweise Aufhebung der erlittenen

Traumatisierung von damals sowohl mit dem Lehrer als auch mit Barnabas gelingen läßt, habe ich bereits dargelegt.
Die Verschleppung des Subjekts stellt in einem sowohl die Tragik der Lieblosigkeit in sozialen Interaktionen in der Kotsprache als auch die Komik vermittelter Berührung in der Kosesprache dar. So wie K. und der Lehrer über Amtsgeschäfte in der Kotsprache verhandeln und sich gleichzeitig in der Kosesprache berühren und zeigen, findet auch in der Szene »Kampf gegen das Verhör« zwischen K. und der Wirtin unter der sprachlichen Entwertung körperliche Berührung im Sehen statt. Was die Wirtin K. als Zudringlichkeit und »Überfall auf Klamm« vorwirft, ist zugleich ihre eigene Leidenschaft für Klamm. Wie K. Klamm bei Frieda eindringlich durchs Guckloch betrachtet hatte, tut es auch die Wirtin durchs Schlüsselloch sichtbar erregt, und K. nimmt sie dabei als stiller Teilhaber der Szene ›von hinten‹ wahr.
Hören wir in den Text hinein und gönnen wir uns, mit anzusehen, wie K. lustvoll die Wirtin wahrnimmt, die sich an Klamms Anblick durchs Schlüsselloch erregt... Kafka beteiligt den Leser an dieser Peepshow als ›Nebendran-Sehen‹. Während aber in der Kosesprache vermittelte Berührung heimlich auf dem Körper des anderen stattfindet, wird in der Kotsprache K.'s Wunsch nach unmittelbarer Berührung mit Klamm in selbstbefriedigendem Sprechen als obszönes Anliegen verfolgt. Die Verschleppung des Subjekts ist tragi-komisch, zweischneidig, denn der Leser fühlt sich immer auch schuldig, weil die Kosesprache subkutaner Unterstrom bleibt. Nur meine Eindeutigkeit als Leser, wenn ich »Ich« sage, bewahrt vor dieser Verrücktheit.

5.2 Die Verschleppung des Subjekts ist tragi-komisch

Kafka zeigt im »Schloß«-Text, daß Sprechen als Vergesellschaftung ohne Individuierung Vermessen und Verhören heimlicher Lust am Körper des anderen ist. Weil Sprache nicht als zugleich in »Ich« – »Du« trennendes und dadurch erst Beziehung »Wir« schaffendes Medium zur Verfügung steht, gibt es auch keine Sprache für gemeinsame Lust. Das körperliche Erkennen ohne distanzierende Selbsterkenntnis stellt ein respektloses Durchwühlen des anderen dar, das Frieda in ihrer Grabesphantasie als Beziehungstod aus Scham benannt hat.

5.2.1 Exkurs 5 zum »Brief«: »Man fragte dann die Mutter...«

Kafka zählt im »Brief an den Vater« die rednerischen Erziehungsmittel des Vaters auf: »Schimpfen, Drohen, Ironie, böses Lachen und – merkwürdigerweise – Selbstbeklagung« (B 129). Ironie bestand in der Vorwegbestrafung durch böses Lachen und böses Gesicht, gefolgt von der Anonymisierung zu »man« als sprachlosem Körper. Statt miteinander zu sprechen, wurde in Kafkas Familie in formeller Rede über den anwesenden Dritten wie über einen lebenden Leichnam verfügt; die narzißtische Beschämung, Luft zu sein für den anderen, wurde dann als Schadenfreude zur boshaften Speerspitze gegen »Götter und Könige« genauso wie gegen den nächst Schwächeren.

»Ein besonderes Vertrauen hattest Du zur Erziehung durch Ironie, sie entsprach auch am besten Deiner Überlegenheit über mich. Eine Ermahnung hatte bei Dir gewöhnlich diese Form: ›Kannst Du das nicht so und so machen? Das ist Dir wohl zuviel? Dazu hast Du natürlich keine Zeit‹ und ähnlich. Dabei war jede solche Frage begleitet von bösem Lachen und bösem Gesicht. *Man* wurde gewissermaßen schon bestraft, ehe *man* noch wußte, daß *man* etwas Schlechtes getan hatte. Aufreizend waren auch jene Zurechtweisungen, wo *man* als dritte Person behandelt, also nicht einmal des bösen Ansprechens gewürdigt wurde; wo Du also etwa formell zur Mutter sprachst, aber eigentlich zu mir, der dabei saß, z. B.: ›Das kann man vom Herrn Sohn natürlich nicht haben‹ und dergleichen. (Das bekam dann sein Gegenspiel darin, daß ich z. B. nicht wagte und später aus Gewohnheit gar nicht mehr daran dachte, Dich direkt zu fragen, wenn die Mutter dabei war. Es war dem Kind viel ungefährlicher, die neben Dir sitzende Mutter nach Dir auszufragen, *man* fragte dann die Mutter: ›Wie geht es dem Vater?‹ und sicherte sich so vor Überraschungen.) Es gab natürlich auch Fälle, wo *man* mit der ärgsten Ironie sehr einverstanden war, nämlich, wenn sie einen anderen betraf, z. B. die Elli, mit der ich jahrelang böse war. Es war für mich ein Fest der Bosheit und Schadenfreude...« (B 130)

Daß dieser familiale Selbst-Mord den wechselseitigen Beziehungstod bedeutete, der ödipale Tötungs*phantasien* lächelnd hinter sich läßt, beschreibt die Szene im »Brief« eindrücklich. Denn die Einigung zwischen Zweien hat ihre Befriedigung nicht in sich und der Exkommunikation des Dritten, sondern der Sprechakt von Zweien ist Scheinbefriedigung auf dem stummen Körper des Dritten, Als-ob-Kommunikation (s. o. S. 93 ff.). Exkommuniziert ist Sinnlichkeit als beredte Körperlichkeit überhaupt, Sprechen, das Körper schafft als Verwirklichung von Selbstbefriedigung, zu der zwei gehören. Daß Wünschen für Kafka eine tödliche Vorstellung war, weil er es ohne Selbstliebe nur als Selbstaufhebung im Sinne des anderen denken konnte, zeigt folgendes Bild, das er im Zusammenhang mit seinen Vorstellungen und Hoffnungen von Heiraten und Familiegründen im »Brief« beschreibt:

»Und schließlich handelt es sich auch gar nicht um dieses äußerste (alle Kinder, welche kommen, hinnehmen, in dieser unsichern Welt erhalten und gar noch ein wenig führen), sondern nur um irgendeine ferne, aber anständige Annäherung; es ist doch nicht notwendig, mitten in die Sonne (!) hinein zu fliegen, aber doch bis zu einem reinen Plätzchen auf der Erde hinzukriechen, wo manchmal die Sonne hinscheint und *man* sich ein wenig wärmen kann.« (B 153)

Kafkas Selbstverständnis bedeutet paradoxerweise Selbstaufhebung von Körperlichkeit. Denn in die Sonne hineinzufliegen bedeutet den Tod, und am Boden herumzukriechen ist auch nur ein Scheinleben. Das Wünschen bei Kafka findet keinen Ausdruck im Sprechen als Begehren zweier Körper, weil das Hören nur als Verrat, nicht aber als Resonanz der Wünsche gedacht werden kann. So wie Friedas Beziehungsentwurf als Grabesphantasie alles oder nichts meint, kann in diesem Bild Befriedigung nur als Selbstverleugnung vorgestellt werden. Kafkas Schreiben ist verstehbar als ein Selbstheilungsversuch (Beck), sich in der ästhetischen Form zu retten, sich aus »der Todschlägerreihe, Tat-Beobachtung« (Kafka) der Familie zu befreien.

5.3 Die K.-Form als verschleppte Rede

Ich meine, daß Kafka in der K.-Form bzw. in dem Perspektivewechsel von K. zum Erzähler im »Schloß«-Text diese selbstmörderische Interaktionsstruktur in der Familie ästhetisch gestaltet hat, um sich über erlittene Gewalt mit dem Leser außerfamilial zu verständigen. Cohn hat, wie ich schon erwähnt habe, aufgezeigt, daß Kafka das »Schloß« ursprünglich in der Ich-Form geschrieben hat. In der Szene K. – Frieda aber, und zwar genau in dem Moment, wo K. sich von Frieda durchschaut fühlt in den Absichten bezogen auf einen Dritten, die er »ihrem Blick von besonderer Überlegenheit« als gewußte unterstellt, hat Kafka im Text zum ersten Mal in die K.-Form gewechselt. Kafka anonymisiert

K. zum Initial, das für alles und nichts steht. K. ist Perspektivfigur, durch die hindurch alles verstehbar wird, aber, paradoxerweise, nur unter der Bedingung seiner Aufhebung im Dechiffrieren des anderen als verschleppter Rede über K.
Weil K. nicht er selber ist, kann er nicht »Ich« sagen. Die K.-Form ist formaler Ausdruck von K.'s Interaktionsform ›Ich ist ein anderer‹. Der Peepshow-Effekt von K.'s ›Nebendran-Sehen‹ hat im ›Nebendran-Sprechen‹ seine Analogie. So wie Kafka den Leser K. sehen läßt, wie er die Wirtin sieht, die nach Klamm sieht, so verschleppt Kafka K. im Sprechen der anderen. In traumaanalogem Verstehen an K. als Perspektivfigur festhalten, heißt, sich nicht von K. ablenken lassen, sondern sein ›Nebendran-Sehen-und-Sprechen‹ als seine traumatische Interaktionsform begreifen. Der »Schloß«-Text ist nur verständlich in seiner Textphantasie: K. will sich zeigen, wenn der Leser »Mit Augen hört« und ausspricht, *wie* Kafka gegen K. schreibt.
Cohn meint nun, Kafka habe mit dem Wechsel von der Ich- zur K.-Form die ursprünglich negative Konzeption der *Figur* als eines eher »aggressiven Ränkeschmieds«[221] in eine insgesamt intrigante Zweideutigkeit des *Romans* umgewandelt. K.'s Durchschautwerden sollte gerade zugunsten einer unheimlichen Vagheit vereitelt werden, damit K. eine mysteriöse Figur bleibe. Vergleichen wir die zwei Schreibweisen des Textes miteinander:

»›Wollen Sie mich vielleicht von Klamm abziehen? Du lieber Himmel!‹ und sie schlug die Hände zusammen. ›Sie haben mich durchschaut‹, sagte K. (ich), wie ermüdet von soviel Mißtrauen, ›gerade das war meine geheimste Absicht. Sie sollten Klamm verlassen und meine Geliebte werden. Und nun kann ich ja gehen. Olga!‹ rief K. (ich)...«

Die Ich-Form würde K.'s trügerische Absicht offenlegen: »Ich wollte erscheinen, als ob ich müde wäre«, während die K.-Form: »K., wie ermüdet«, den Text unbestimmt sein läßt, was auch die gestrichenen Stellen dokumentieren, wodurch aber die Irritation beim Leser anwächst. Kafkas Wechsel von der Ich- in die K.-Form wäre demnach mit der von Iser für literarische Texte unterstellten Unbestimmtheit als elementarer Wirkungsbedingung[222] erklärbar. Gerade die Unbestimmtheit der Texte halte für den Leser »ein Beteiligungsangebot« als »Auslegungsspielraum«[223] bereit. »Erst die Leerstellen gewähren einen Anteil am Mitvollzug und an der Sinnkonstitution des Geschehens.« Ich meine nun, daß der Wechsel von der Ich- in die K.-Form über die formale Bedeutung hinaus eine inhaltlich strukturelle Bedeutung für den »Schloß«-Text hat. Cohn sagt zu der Tatsache, daß Kafka den Wechsel von der Ich- in die K.-Form in dem Moment vorgenommen hat, wo K. sich von Frieda durchschaut fühlt, daß K. in Friedas Augen sowohl seine Zukunft als Bestimmtheit für sich wahrnehme als auch zugleich die Möglichkeit seines Todes, also die Aufhebung von Bestimmtheit als Sistierung von Zeitlichkeit überhaupt.

Interessant ist, daß Cohn mit ihrer Erklärung der Form als Kafkas beabsichtigter Verdunkelung des Textes zwar dem Formaspekt eine inhaltliche Bedeutung gibt, diese dann aber aus dem szenischen Interaktionszusammenhang zwischen K. und Frieda heraustrennt und mit textfernen Bedeutungen auf das Romanganze extrapoliert[224]. Sie unterstellt Kafka die Absicht, mit dem Wechsel in die K.-Form intraszenisch für K. eine Zukunftsperspektive in Friedas Blick zu eröffnen, diese habe jedoch die Bedeutung des Todes, womit Zeit als Zeitlichkeit sistiert wird, Bewegung zur Scheinbewegung wird. – Bleiben wir aber im szenischen Interaktionsgeschehen, dann wird deutlich, daß K. sich von Frieda durchschaut fühlt, ohne aber sich selbst im Gegenüber wahrzunehmen, weshalb Kafka K. sozusagen die Augen schließen läßt, wobei es für den Leser zweideutig bleibt, ob aus Scham oder aus Schuld. K. kann nicht »Ich« sagen, weil er im anderen nur ein Substitut, nicht aber sich selbst erkennt, denn auch der andere sagt nicht »Ich«, sondern »nicht Ich«. Denn, so zeigen auch die innerhalb der Koitus-Szenen gestrichenen Stellen, zwischen K. und Frieda herrscht tatsächlich Schamlosigkeit im Sinne sprachloser Aggressivität. Nicht aber, wie es bei Cohn implizit anklingt und mit Sebalds Thanatos-Hypothese übereinstimmen würde, weil Sexualität tödlich ist, sondern weil die Beziehungsentwürfe von K. und Frieda auf Matern aufruhen und Befriedigung nicht mit dem anderen, nur gegen ihn gedacht werden kann als Gebot: »Sei, der Du nicht bist!« In den traumatischen Szenen gab es keine Partner für körperliche Lust und sinnliche Freude an sich selber, sinnliche Berührung fand keine sprachliche Benennung als Selbsterkenntnis, so daß in den Interaktionen das Schweigen, das Cohn vorwurfsvoll als »flegelhaft«[221] bezeichnet, den Rettungsversuch des Selbst vor der Scham wortlos-ungeschützter Gemeinsamkeit darstellt. Kafka hat K.'s Interaktionsform ›Ich ist ein anderer‹ mit der K.-Form auf den Buchstaben K. zugespitzt. K. ist die Tarnform einer ›Alles oder nichts‹-Konfiguration, zwischen der Trasse des Mauertraumas und der Grabesphantasie. Kafka hat den Entstehungsbedingungen dieser defizienten Interaktionsform nur nachfahren können, indem er K. als Leerkörper und Buchstaben darstellt, der sich Sprache erst anzueignen versucht, um das ›vampiristische Zweieck‹ verlassen zu können. Das gelingt K. mit Barnabas, er erlebt seine Gefühle als »Auszeichnung«, aber seine Wünsche weisen wieder in die Familie zurück. Mit dem Lehrer erfährt K. das »Du« als freundlicheres Wort, aber er bleibt im Gewaltzusammenhang der Verschulung der Sinne, in dem K. sich nur durch Gegengewalt behaupten kann. Mit Frieda aber spricht K. überhaupt nicht: Sie durchschauen einander in ihrem lieblosen Verhalten, aber sie wagen darüber hinaus nicht, sich in ihrem »wahren Selbst« (Winnicott) zu erkennen zu geben.

5.4 K.-Erzähler-Wechsel als verleugnetes Handeln, das im Leser Sprache sucht

In K.'s Interaktionsentwurf verfügen die anderen über K. und treten als »leise Störung« im ›man‹ auf – wie in der Familienszene. Die K.-Form ist Niederschlag des von Kafka an K. dargestellten verleugneten Handelns aus struktureller Defizienz. Gerade wenn K. aber ein Stück Trennung im Sinne sprachlicher Individuierung mit dem anderen, der Wirtin und Frieda etwa, gelingt, ist es Kafka, der sich als Erzähler distanzierend neben K. stellt, so daß die falsche Prämisse seines Handelns, sei es als Schuld, sei es als Scham, dem Leser körperlich am Text in wiederholter Irritation begreifbar wird. Kafka schreibt dem Leser den körperlichen Schmerz erfahrbarer Ironie als Schadenfreude ein, so wie er ihn aber auch an unmittelbarer Lust beteiligt (s. die Bürgel-Szene III, 8.2, 8.3). Mit K. spricht Kafka sozusagen ›nebendran‹ zum Leser als stummem Körper: »Man fragte dann die Mutter ...«. Kafka fragt nach dem Leser, indem er ihn hören und sehen läßt und ihm zugleich Hören und Sehen vergehen läßt, bis er »Ich« sagt bzw. »Nein!« Kafkas Opus-Phantasie ist ein Abbild erlittener Gewalt der familialen Treibjagd, in der das Kind zum gejagten Tier und das Tier zum Jäger wird. Kafka meinte zum Schreiben:

»Wir brauchen aber die Bücher, die auf uns wirken, wie ein Unglück, das uns sehr schmerzt wie der Tod eines, den wir lieber hatten als uns, wie wenn wir in die Wälder gestoßen würden von allen Menschen weg, wie ein Selbstmord, ein Buch muß die Axt sein für das gefrorene Meer in uns.« (Kafka, Brief an O. Pollak vom 27. 1. 1904)

Kafka glaubte, mit der Axt »das gefrorene Meer« im Leser aufbrechen zu müssen, um ihn zu erreichen. Das Grauen, das Kafka dem Leser bereitet, ist zu verstehen als sein Versuch der Annäherung. Ich meine deshalb, daß in den Kafka-Texten unter der Horror-Fassade die Kosesprache zu entziffern ist als Kafkas Darstellung negativer Selbstliebe. Mit Laing ist festzuhalten, daß die Mystifizierung der Gefühle, wie Kafka sie an K. als strukturelle Defizienz und zugleich als hermetisches Darstellungsprinzip gestaltet hat, »eine Form der Praxis« beschreibt, »sie ist kein pathologischer Prozeß«[225]. Die Wirkung der Verschleppung des Subjekts durch die Mystifzierung der Gefühle ist zwar verrückt machend, insofern die dargestellte Praxis depersonalisiert ist und als subjektloser Prozeß im Sinne einer Kette unpersönlicher Ereignisse abläuft, aber deshalb eben noch nicht, wie Adorno meint, pathologisch im Sinne von Schizophrenie[226]. Kafka arbeitet zwar mit paradoxen Kommunikationsmustern, aber sein Schreiben stellt nicht Wahnsinn oder Schizophrenie dar und auch nicht seine Genese, sondern ist Metakommunikation über gestörte Beziehungen, ist scheinparadox. Die Beziehungsfalle ist sowohl schizophrener Kommunikation als auch literarischer Kreativität inhärent, sie hat »transkontextuelle« Bedeutung[227]. So wie Searles für den Umgang mit Schizophrenen betont, daß ihrer verrückten Kommunikation immer zugleich »das spielerische Chaos« des fröhlichen Wortspiels zwischen Mutter und Kind inhärent ist[228], ist Kafkas Schreiben, wie grauenhaft, gewaltsam und schmerzlich auch immer, das Lustmoment spielerischer Kosesprache inhärent. Kafka wollte mit der Axt das Eis im Leser aufbrechen, um das Meer in ihm, seine Gefühle, in Bewegung zu bringen. Kafka sagte über sein Schreiben: »Meine Geschichten sind eine Art von Augenschließen«[229]. Ich meine, daß sie immer zugleich ein Augenschließen aus Schmerz, aber auch ein Augenzwinkern aus Lust sind. Kafka selber lachte häufig über seine Texte. Die traumatische Trasse von Scham und Schuld ist zugleich die von Schmerz und Lust, sinnlicher Erfahrungen, die – wie die traumatischen Szenen 1 und 2 zeigen – nur einsam-sprachlos erfahren wurden und deshalb nur zweideutig mitteilbar sind. Es ist am Leser, die Sprache für die Gefühle zu finden, die Kafka ihm mit seinem Text macht. Der Leser muß sich am Text benennen, um Kafkas Opus-Phantasie: »Ein Buch muß die Axt sein für das gefrorene Meer in uns« an seinem Text zu relativieren.

6. K. – Frieda 2: K. heizt eigenhändig ein und schaufelt Schnee: Kafkas Literatur der Alltäglichkeit als Antwort auf die Verschulung von Sinnlichkeit

6.1 K. heizt eigenhändig ein

11. »In der Schule« 120-124

K. kommt spätabends durchgefroren »in der Schule« an, wo Frieda »die junge Wirtschaft« im Turnzimmer untergebracht hat. Es ist eine Familienidylle mit Tischdecke, Kaffeetopf und Turngeräten, in der sich K. mit Frieda und den Gehilfen einrichtet. Die Hauptmängel sind ungenügende Schlafgelegenheiten und Kälte. K. bemüht sich, die Armseligkeit seiner Schuldienerstellung zu übersehen,

»... was ihm auch gar nicht so schwer war, weil er in Gedanken mit Barnabas wanderte und seine Botschaft Wort für Wort wiederholte, aber nicht so, wie er sie Barnabas übergeben hatte, sondern so, wie er glaubte, daß sie vor Klamm erklingen werde.«

K. hat also in Barnabas einen inneren Begleiter gefunden, so daß er sich jetzt – im Gegensatz zu seiner imaginierten Objektbeziehung mit dem Schloß und dem Selbstbild in Klamms Schlitten – ohne Schrecken und Scham vorstellen kann, bei Klamm Gehör zu finden und anzukommen. K. kann sich jetzt also aufgrund seiner Begegnung mit Barnabas eine befriedigende Interaktion mit Klamm vorstellen. Ankommen stellt nicht mehr eine Drohung dar, wie in seiner ersten Begegnung mit dem Schloß. K.'s Wunschbild hat sich verändert: Hatte er sich als der trübselige Hausbewohner, der das Dach durchbricht, um sich der Welt zu zeigen, wahrgenommen und sich damit zugleich verächtlich von sich distanziert... hatte er zwar den verbotenen Platz im Schnee behauptet, aber wie ein Vogelfreier, als Sieger ohne Freude – wie auf der Mauer damals –, so fühlte er sich jetzt akzeptiert von Barnabas und mit seinen Wünschen bei Klamm aufgehoben. Noch im Schlitten war die zunächst süße schmeichelnde Stimme – so wie er sie auch am Telefon mit dem Schloß erlebt hatte – vorwurfsvoll gegen ihn selbst umgeschlagen; Lust hatte sich als heimliche Selbstbefriedigung ohne wohlwollenden Begleiter in Gestank und Leid verkehrt, so daß K. sich dann auch »im Kampf gegen das Verhör« von sich selber distanziert hatte.

Während K. innerlich verändert ist, gibt es zwischen K. und Frieda Differenzen, was die Gehilfen angeht. Während K. sich über ihre Zudringlichkeit ärgert und offensichtlich eifersüchtig ist, lacht Frieda über sie und genießt es als Frau, »immerfort von zwei Männern beobachtet zu werden«. Da es nun in dem Schulzimmer zum Schlafen zu kalt ist, beschließt K., den Schuppen mit dem Holzvorrat für den Unterricht eigenmächtig aufzubrechen. Dies ist K.'s erste Handlung im Dorf: Er sorgt für Wärme, mit einer Axt bricht der den Holzschuppen auf und heizt ein. K., der sich innerlich jetzt Selbstbefriedigung mit Klamm als wohlklingende Selbstdarstellung vorstellen kann, kann in seiner Beziehung mit Frieda sinnlich-konkret handeln und für alle befriedigende Lebensbedingungen schaffen. Die innere Stille findet in der äußeren Wärme ihre Ergänzung. Allerdings fehlt eine gemeinsame Sprache für das Erlebte, und »Wärme und Stille« sind nur von kurzer Dauer und finden ein jähes Ende.

»Als K. in der Nacht durch irgendein Geräusch erwachte, und in der ersten unsicheren Schlafbewegung nach Frieda tastete, merkte er, daß statt Frieda ein Gehilfe neben ihm lag. Es war das, wahrscheinlich infolge der Reizbarkeit, die schon das plötzliche Geweckwerden mit sich brachte, der größte Schrecken, den er bisher im Dorf erlebt hatte. Mit einem Schrei erhob er sich halb und gab besinnungslos dem Gehilfen einen solchen Faustschlag, daß der zu weinen anfing. Das Ganze klärte sich übrigens gleich auf. Frieda war dadurch geweckt worden, daß – wenigstens war es ihr so erschienen – irgendein großes Tier, eine Katze wahrscheinlich, ihr auf die Brust gesprungen und dann gleich weggelaufen sei. Sie war aufgestanden und suchte mit einer Kerze das ganze Zimmer nach dem Tier ab. Das hatte der eine Gehilfe benützt, um sich für ein Weilchen den Genuß des Strohsacks zu verschaffen, was er jetzt bitter büßte.«

K. erlebt die Berührung mit einem Mann als »den größten Schrecken« und schlägt die eigene Erregung »besinnungslos« mit einem Faustschlag nieder. Hatte ihn die flüchtige Berührung durch Barnabas an der Schulter gerade »sanftmütiger« gemacht, so ist die bewußtlose Berührung mit sich Angriff und Schrecken. Ab jetzt rollt eine Lawine von Bestrafungen an, ohrenbetäubendes Geschrei, Wutausbrüche und Zerstörung, so daß K. schließlich die Schule verläßt, Frieda verläßt, die Gehilfen entläßt. Abermals am Ofen in Wärme und Stille wird er mit der Schwester von Barnabas die Folgen von Selbstverachtung und den Mißbrauch von Sinnlichkeit besprechen.

6.2 Die körperliche Einschreibung der Scham als Schuld

12. »Die Gehilfen« 125-130

Im »Gehilfen«-Kapitel straft nun die Lehrerin Gisa in einem jähen Wutausbruch K. für die ihr angetane Scham, Zeuge der ungenierten Familienidylle in ihrem Klassenzimmer zu werden.

»Sie war sichtlich auf den neuen Schuldiener vorbereitet und hatte wohl auch vom Lehrer Verhaltensmaßregeln erhalten, denn schon auf der Schwelle sagte sie: ›Das kann ich nicht dulden, das wären schöne Verhältnisse. Sie haben bloß die Erlaubnis, im Schulzimmer zu schlafen, ich aber habe nicht die Verpflichtung, in Ihrem Schlafzimmer zu unterrichten. Eine Schuldiener-Familie, die sich bis in den Vormittag in den Betten räkelt, Pfui!‹«

In einem Wutausbruch fegt sie »die Reste des Nachtmahls vom Katheder«, »am meisten schmerzte Frieda natürlich der Verlust des Kaffeetopfes«. Die Kinder heben mit einem Gelächter an, das nicht mehr aufhört, angeheizt von der Lehrerin, die K. und Frieda verhöhnt.

»›Na, ausgeschlafen?‹ und als K. darauf nicht achtete, weil es doch keine eigentliche Frage war, sondern auf den Waschtisch losging, fragte die Lehrerin: ›Was haben Sie denn mit meiner Mieze gemacht?‹« (Es war die Katze der Lehrerin, die sich wohl nachts in dem Schulzimmer verletzt haben muß, jedenfalls erklärt K. seinen nächtlichen Schrecken der Lehrerin in dieser Weise und versucht damit, die Verletzung der Katze zu entschuldigen. A. v. V.-S.) »›Nun ja, Ihr habt sie verletzt, damit habt Ihr Euch hier eingeführt. Sehen Sie doch!‹ Und sie rief K. auf das Katheder, zeigte ihm die Pfote, und ehe er sich dessen versah, hatte sie ihm mit den Krallen einen Strich über den Handrücken gemacht; die Krallen waren zwar schon stumpf, aber die Lehrerin hatte, diesmal ohne Rücksicht auf die Katze, sie so fest eingedrückt, daß es doch blutige Striemen wurden. ›Und jetzt gehen Sie an Ihre Arbeit‹ sagte sie ungeduldig und beugte sich wieder zur Katze hinab. Frieda, welche mit den Gehilfen hinter dem Barren zugesehen hatte, schrie beim Anblick des Blutes auf. K. zeigte die Hand den Kindern, und sagte: ›Seht, das hat mir eine böse, hinterlistige Katze gemacht.‹«

K. nimmt also die Bestrafung durch die Lehrerin als handgreifliche Einschreibung ihrer Scham demonstrativ hin. Wir wissen aber, daß das die Bestrafung für seine Berührung mit dem Gehilfen bzw. die Erregung ist, die er an sich selber im Moment der Berührung mit dem Gehilfen empfunden haben muß.

6.3 ... aber K. behauptet sich

13a. »Hans« 131-143

Es folgt auch gleich die zweite Strafe, nämlich diejenige für K.'s Einbruch im Holzschuppen und sein eigenmächtiges Einheizen.

»Als K. den Eimer mit dem Schmutzwasser hinausgetragen, frisches Wasser gebracht hatte und nun das Schulzimmer aufzukehren begann, trat ein etwa 12jähriger Junge aus einer Bank, berührte K.'s Hand und sagte etwas im großen Lärmen ganz Unverständliches. Da hörte plötzlich aller Lärm auf. K. wandte sich um. Das den ganzen Morgen über Gefürchtete, war geschehen. In der Tür stand der Lehrer, mit jeder Hand hielt er, der kleine Mann, einen Gehilfen beim Kragen; er hatte sie wohl beim Holzholen abgefangen, denn mit mächtiger Stimme rief er und legte nach jedem Wort eine Pause ein: ›Wer hat es gewagt, in den Holzschuppen einzubrechen? Wo ist der Kerl, daß ich ihn zermalme?‹«

Der Junge berührt K.'s Hand mit einer versöhnenden Geste und Worten, die K. nicht versteht, denn es sind »Worte in der fremden Sprache« (Bergmann). Der Lehrer startet nun seine lächerliche Strafverhöraktion. Während die Gehilfen K. als Täter nennen, stellt sich Frieda als Schuldige vor K. und denunziert zugleich die Gehilfen, indem sie sie als unmündige Kinder entschuldigt. Als der Lehrer allerdings in seinem Jähzorn die Gehilfen für ihre falsche Beschuldigung von K. durchprügeln will, opfert Frieda dann K. für die Wahrheit, so daß sich der Lehrer nun wegen dessen Feigheit auf K. stürzt. Wegen des »schändlichen Dienstvergehens« will er K. entlassen. K. spricht jetzt für sich und verteidigt sowohl seine Stelle als Schuldiener als auch den Durchbruch seiner Sinnlichkeit: das eigenmächtige Einheizen, das der Lehrer als »schmutzige Familienwirtschaft« denunziert.

6.4 Wie K. und Frieda Hans den ›gesenkten Blick‹ des familialen Glücksbringers einschreiben

13b. »Friedas Vorwurf« 143-155

K., der sich siegreich gegen den Hinauswurf durch den Lehrer gewehrt und damit seine traumatische Erfahrung, körperlicher und sprachlicher Gewalt sprachlos ausgeliefert zu sein, bewältigt hat, entläßt nun seinerseits umgehend die Gehilfen. Es kommt zu einer Aussprache zwischen K. und Frieda, in der K. seine Entschlossenheit bekräftigt, trotz der widrigen Umstände im Dorf nicht auszuwandern, wie Frieda es für beide vorschlägt, weder »nach Südfrankreich« noch »nach Spanien« [133].

»›Auswandern kann ich nicht‹, sagte K., ›ich bin hierhergekommen, um hier zu bleiben, ich werde hier bleiben.‹«

Sie streiten nun über die Gehilfen, und Frieda entwirft ihre Grabesphantasie als totenstille Zweisamkeit mit K., während sie K. gleichzeitig gesteht, daß die Gehilfen sie sinnlich erregen: »Sie stoßen mich nicht ab, sondern ich schäme mich ihrer«, »nicht die Katze erschreckt mich, ich selbst mache mir Schrecken«. Hier hat Kafka eine Stelle gestrichen, in der sich K. und Frieda hastig bespringen wie Tiere, einander durchwühlen, um sich ineinander zu verbergen, weil sie sich für die gemeinsame Lust schämen, als würden sie an einem Dritten wie Diebe schuldig. Denn sie erkennen einander und erleben es als Sünde, weil sie sich selbst dabei verborgen und fremd bleiben [vgl. 330]. K. hat mit der körperlichen Einschreibung der Scham in seine Hand als Schuld akzeptiert, was K.'s und Friedas Tragik, nicht aber Schuld ist: sich nicht lieben zu können. K.'s Gefühle gehören Barnabas. So schreit er auf, als es an der Tür klopft. Frieda wird K. vorwerfen: »Hättest Du doch nur einmal so liebend mich gerufen«. Aber K.'s Liebe gilt eben Barnabas, von ihm hat er sich verstanden gefühlt, sein Lächeln als Botschaft erlebt und die Berührung mit ihm als »Auszeichnung« ohne Scham.

13a. »Hans« 131-143

Es betritt nun Hans das Schulzimmer, der Junge, der K.'s verletzte Hand inmitten des Geschreies der Prügelszene berührt hatte. Aber K. hat Hansens Worte nicht verstanden und auch jetzt »keine Lust, sich an ihn zu erinnern«. K. hat Barnabas erwartet, aber statt Barnabas, der K. ja an die Frau aus der traumatischen Szene 2 erinnert hatte, kommt nun deren Sohn, Hans. K. nimmt dann auch an Hans das Lächeln wahr, das ihn an Barnabas erinnert, und er ist glücklich darüber.

»Es stellte sich heraus, daß Hans durch die blutigen Striemen, welche die Lehrerin in K.'s Hand eingekratzt hatte, so erregt worden war, daß er sich vorhin entschlossen hatte, K. beizustehen. Eigenmächtig war er jetzt auf die Gefahr großer Strafe hin aus dem Schulzimmer nebenan wie ein Deserteur weggeschlichen. Es mochten vor allem solche knabenhaften Vorstellungen sein, die ihn beherrschten. Ihnen entsprechend war auch der Ernst, der aus allem sprach, was er tat. Nur anfänglich hatte ihn Schüchternheit behindert, bald aber gewöhnte er sich an K. und Frieda und als er dann heißen, guten Kaffee zu trinken bekommen hatte, war er lebhaft und zutraulich geworden, und seine Fragen waren eifrig und eindringlich, so, als wolle er möglichst schnell das Wichtigste erfahren, um dann selbständig für K. und Frieda Entschlüsse fassen zu können. Es war auch etwas Befehlshaberisches in seinem Wesen; aber es war mit kindlicher Unschuld so gemischt, daß man sich ihm, halb aufrichtig, halb scherzend, gern unterwarf. Jedenfalls nahm er alle Aufmerksamkeit für sich in Anspruch, alle Arbeit hatte aufgehört, das Frühstück zog sich sehr in die Länge. Obwohl er in der Schulbank saß, K. oben auf dem Kathedertisch, Frieda auf einem Sessel nebenan, sah es aus, als sei Hans der Lehrer, als prüfe er und beurteile die Antworten; ein leichtes Lächeln um seinen weichen Mund schien anzudeuten, daß er wohl wisse, es handele sich nur um ein Spiel, aber desto ernsthafter war er im übrigen bei der Sache, vielleicht war es auch gar kein Lächeln, sondern das Glück der Kindheit, das die Lippen umspielte. Auffallend spät erst hatte er zugegeben, daß er K. schon kannte, seit dieser einmal bei Lasemann eingekehrt war. K. war glücklich darüber.«

Auf dem Körper von Hans schreiben nun K. und Frieda ihre traumatische Interaktionsform des ›gesenkten Blickes‹ ein, indem sie Hans schamlos über seine Familie und Mutter ausfragen und durchwühlen, bis er den Kopf senkt und verstummt.

»Es war überhaupt, wie wenn seiner Meinung nach nur ihm das Fragen erlaubt sei, durch das Fragen der anderen aber irgendeine Vorschrift durchbrochen und Zeit verschwendet würde. Er konnte dann lange Zeit stillsitzen mit aufrechtem Körper, gesenktem Kopf, aufgeworfener Unterlippe. Frieda gefiel das so, daß sie ihm öfters Fragen stellte, von denen sie hoffte, daß sie ihn auf diese Weise verstummen lassen würden; ...«

Wie K. und Frieda sich lieblos durchwühlten in der »Pflicht, zu suchen«, durchwühlen sie respektlos Hans, in der Sehnsucht,

»Das Gesicht der zentralen Frauenfigur ist aus einer Reiterschlacht nach Leonardo da Vinci gebildet, der ebenfalls zu den Künstlern der Renaissance gehört, die Dali verehrt.
Leonardos Reiterschlacht hat ihn zu mehreren Bildern und Zeichnungen angeregt.
›Aus dem ganzen gemarterten Spanien erhob sich ein Geruch von Weihrauch, von verbranntem Priesterfleisch, gevierteiltem geistlichen Fleisch, mit dem sich der penetrante Gestank vom Schweiß der Massen vermischte, die miteinander und mit dem Tod Unzucht trieben.‹«
(Bildkommentar aus Dali. Ausstellungskatalog Staatliche Kunsthalle Baden-Baden 29. Januar bis 28. März 1971, S. 151).

über dessen Mutter sich selbst zu erfahren. K. nimmt zwar wahr, daß

»... darin etwas Beschämendes (war), auf dem Umweg über das unschuldige Kind Familiengeheimnisse ausforschen zu wollen, doppelt beschämend allerdings war, daß man auch hier nichts erfuhr.«

K. schämt sich nicht eigentlich über sein Tun, vielmehr wirft er dem Jungen vor, »wie unbewußt verschlossen, fast hinterhältig« er ist. Denn K. kämpft um sein Überleben, und das hängt von der Mutter des anderen ab, als seiner »Lebensluft«. Es ist aber die Frau, die K. mit ihrer wegwerfenden Antwort in seiner Körperlichkeit wie Luft behandelt hatte. Von ihr erhofft K. nun Hilfe, indem er sich ihr zugleich als »das bittere Kraut« anträgt.
Mit dieser Szene, die Kafka unmittelbar auf Friedas Grabesphantasie und die gestrichene Stelle des sprachlos-hastigen Einanderdurchwühlens zweier Körper folgen läßt, inszeniert Kafka Lieblosigkeit und Gewalt als narzißtischen Mißbrauch des Kindes. Der Junge ist *Sprachrohr* der Wünsche der Mutter, die diese am liebsten »ohne ausdrücklichen Befehl« erfüllt sieht, und er ist *Körper,* an dem sich die Erwachsenen rücksichtslos Befriedigung verschaffen. Das Kind ist selbstlos-verständig für die narzißtische Bedürftigkeit der Erwachsenen, »als sei Hans der Lehrer«. In dieser Szene stellt Kafka am Kind dar, wie narzißtische Ausbeutung in den Körper durch Sprechen als Verhören und Ausplünderung einem Dritten zuliebe eingeschrieben wird. Weil K. und Frieda sich nicht selbst achten, mißachten sie das Kind als Person mit seinen Bedürfnissen nach Spiegelung und Respekt. In dieser Szene zeigt Kafka an Hans, wie er in der familialen Interaktion als »Glücksbringer« für die narzißtischen Belange anderer funktionalisiert wird, indem ihm die Scham schadenfroh in den Körper eingeschrieben wird. Hans rettet sich zugleich, indem er zum Retter der hilflosen Erwachsenen wird. Seine Hilflosigkeit verkehrt sich in die Macht vernünftiger Rede, die in sich keine Antwort duldet.

»Es war überhaupt, wie wenn seiner Meinung nach nur ihm das Fragen erlaubt sei, durch das Fragen der anderen aber irgendeine Vorschrift durchbrochen und Zeit verschwendet würde.«

Was Deleuze und Guattari als Kafkas »Kindlichkeitsmanierismus«[152] und unter »Schizo-Clownerie« subsumieren, ist K.'s Reinszenierung seines Traumas mit dem Lehrer und der Frau an

Hans. Kafka deterritorialisiere gesellschaftliche Gegebenheiten, wie es Schizophrene tun. Das ganze Gegenteil ist der Fall: Kafka läßt K. an sich selbst erlittene Sozialisationspraxis auf Hans' Körper sinnlich-konkret Gewalt werden, die nicht zum Lachen ist. Er spürt zwar den »trüben Ernst« des Jungen, der sich, wie K. sich enttäuscht eingestehen muß, auch von K. Hilfe wünscht, und verspricht ihm einen schönen Knotenstock, allerdings als Belohnung für das Gelingen des Planes, die Mutter von Hans zu einem Gespräch mit K. hinter dem Rücken seines Vaters zu überreden. Nur wenn Hans für die narzißtischen Belange der Erwachsenen aufkommt, wird er belohnt, und zwar mit Dingen, statt mit Respektierung seiner Gefühle und seiner Person.

»Es war jetzt nicht mehr ganz deutlich, ob nicht Hans wirklich nur den Stock gemeint hatte, so freute er sich über K.'s Versprechen und nahm fröhlich Abschied, nicht ohne K. fest die Hand zu drücken und zu sagen: ›Also, übermorgen.‹«

Hier erlebt der Leser, wie Hans in szenischer Interaktion die Interaktionsform eingeschrieben wird, die ich an K. als dessen K.-Ding-Interaktionsform in den traumatischen Szenen 1 und 2 analysiert habe (s. Kapitel II, 3.). Aus der Bedürftigkeit der Erwachsenen heraus wird Hans ausgeplündert und senkt den Blick aus Scham vor den anderen und für die anderen. Diese Scham aber wird als Schuldgefühl erlebbar, als »das bedrückende Gefühl, die Erwartungen der Eltern nicht erfüllt zu haben«. Kann es aber die Aufgabe eines Kindes sein, »die narzißtischen Bedürfnisse der Eltern zu befriedigen?«[230]. In Sorge um die Erwachsenen spielt Hans ihren Retter: ›Ich ist ein anderer‹. Sein Sprechen hat kein Gegenüber, ist Einwegkommunikation, in der die narzißtische Wunde, »nicht als das, was man war, geliebt worden zu sein«[230], als Mater, eingeschrieben ist. Heillose Ohnmacht wird in vernünftiger Rede zur Macht über den anderen.

13b. »Friedas Vorwurf« 143-155

Mit Hans erfährt K. also den Händedruck, den er auch von Barnabas als »Auszeichnung« bekam. Barnabas und Hans aber sind die beiden Glücksbringer, die als Fetischkörper der Familie fungieren. In ihnen erkennt sich K. wieder, ihre Hilfe sucht er, um sich von dieser familialen Hypothek zu befreien. Mit Barnabas, Hans und dem Lehrer ist K. also Berührung – wie verzerrt auch immer unter der Kotsprache – als Kosesprache geglückt. »Ein freundliches Wort, ein stilles Bei-der-Hand-Nehmen, ein guter Blick« waren Kafkas heimliche Wünsche an den Vater gewesen. Im »Schloß«-Text inszeniert Kafka ihre Erfüllung, nachdem K. Berührung zunächst immer erst als Angriff auf den Körper erlebt und mit Faustschlägen abwehrt. Nach dieser Szene nun, in der K. und Frieda gleichermaßen ihre eigene Lieblosigkeit und Selbstverachtung im Umgang mit dem Jungen gezeigt haben, wirft sich Frieda zum Richter über K. auf, und zwar im Namen der Wirtin. Alles, was sie sagt, stimmt, und K. stimmt auch zu, aber da sie nicht für sich spricht, sondern ihn im Namen eines Dritten verurteilt, macht sie sich zum Spiegel ihrer eigenen Rede. K. reagiert entsprechend lakonisch.

»›Mißbrauche ich dich, so mißbraucht sie (die Wirtin) dich ähnlich. Nun aber, Frieda, bedenke: Auch wenn alles ganz genauso wäre, wie es die Wirtin sagt, wäre es sehr arg nur in einem Falle, nämlich wenn du mich nicht lieb hast. Dann, nur dann, wäre es wirklich so, daß ich mit Berechnung und List dich gewonnen habe, um mit diesem Besitz zu wuchern. Vielleicht gehörte es dann schon sogar zu meinem Plan, daß ich damals, um dein Mitleid hervorzulocken, Arm in Arm mit Olga vor dich trat, und die Wirtin hat nur vergessen, dies noch in meiner Schuldrechnung zu erwähnen. Wenn es aber nicht der arge Fall ist und nicht ein schlaues Raubtier dich damals an sich gerissen, sondern du mir entgegenkamst, so wie ich dir entgegenkam und wir uns fanden, selbstvergessen beide, sag, Frieda wie ist es denn dann? Dann führe ich doch meine Sache so wie deine; es ist hier kein Unterschied, und sondern kann nur eine Feindin. Das gilt überall, auch hinsichtlich Hansens.‹«

Tatsächlich wirft Frieda K. vor, was sie selber nicht fühlt: Liebe für ihn; was sie empfindet, ist Neid und Eifersucht auf Dritte. K. verläßt Frieda. Er wird sie später noch einmal durch eine logische Widerlegung ihrer Vorwürfe zurückgewinnen wollen, aber schließlich den »Kampf um ihr Mitleid« gern verlieren. K. überläßt sie Jeremias, einem der entlassenen Gehilfen.

6.5 Die Textform: K. heizt ein und schaufelt seinen Weg von Schnee frei: Kafkas Literatur der Alltäglichkeit

Formal betrachtet ist mit K.'s Verlassen der Schule der erste Romanteil abgeschlossen. K. verläßt die Schule im wörtlichen und übertragenen Sinne: Er läßt die Verschulung der Sinnlichkeit als eheliche Turnübungen und körperliche Einschreibung von Scham und Schuld hinter sich und schaufelt sich den verbotenen Weg der Selbsterfahrung frei von Schnee. Kafka gestaltet zu Beginn des »Amalia«-Kapitels als Resümee des ersten Romanteils und zugleich als Ausblick auf den 2. und 3. Teil, wie K. ›Zwischen Tür und Angel‹ wieder allein im Schnee sich selbst wahrnimmt. Jetzt ist er es, der handelt und mit seinen Wünschen sichtbar wird. Hatte er in der Schule auf eigene Faust eingeheizt, aber den Durchbruch seiner Sinnlichkeit mit einem Faustschlag sofort wieder niedergeprügelt, so schaufelt er sich jetzt den Weg von Schnee und Eis frei und wird als handelndes, sprechendes Subjekt sichtbar.

Im trauma-analogen Verstehen des Textes als ›Mit Augen hören‹ wird Kafkas Vorstellung vom Schreiben, ›ein Buch müsse die Axt sein für das gefrorene Meer in uns‹, nachvollziehbar. K. hatte mit der *Axt* seine Sinnlichkeit befreit und eingeheizt, aber für andere. Jetzt verläßt er die Verschulung und Versklavung des Körpers in normierten Beziehungen und legt »das gefrorene Meer« frei. In seinen Handlungen: Einheizen und Schneeschaufeln wird K. als Subjekt sinnlicher Praxis vor dem Leser sichtbar, während er seine Beziehung zum Schloß als Beziehungsentwurf formuliert. Handeln und Wünschen haben ihre Entsprechung, ohne daß K. andere oder sich selbst täuschen muß.

Diese Szene ist ein weiteres Paradigma für Kafkas ›kleine Literatur‹ der Alltäglichkeit als ›Nebendran-Sehen-und-Sprechen‹. An K. als Perspektivfigur festzuhalten, eröffnet mir die Möglichkeit, an seiner konkret-sinnlichen Praxis Spuren der Veränderung abzulesen, die Kafka an Indizien der Traumabewältigung in szenischen Interaktionen entfaltet. Ich verstehe Kafkas »Schloß«-Roman im Sinne seines Planes »der selbstbiographischen Untersuchung. Nicht Biographie, sondern Untersuchung und Auffindung möglichst kleiner Bestandteile«[133]. Diese kleinen Bestandteile sind die an K. als Interaktionsform ›Ich ist ein anderer‹ entfaltete Handlungshemmung als Störung der Selbstverwirklichung in der doppelten Trasse von Sprech- und Fühlverbot und ihre minuziöse Aufhebung in sinnlich-sprachlicher Praxis in Beziehung mit dem anderen und dem Leser.

Kafka taut K. im Romanverlauf auf, K. wird lebendig und sichtbar in seinem Wunsch, sich mit anderen in Erfahrung zu bringen.

Zugleich werden die Bedingungen seiner narzißtischen Defizienz als Strukturbedingung familialer Sozialisation verstehbar. Literaturwissenschaftler aber, die Kafkas szenische Darstellung von K.'s traumatisierender Beziehungspraxis als Sprachpraxis zu archetypischen Auslegungen stilisieren, gehen notwendigerweise an Kafka in die Irre und klagen dann über »Gegenwartsschwund« (Kudszus), mangelnde Entwicklung in der Handlung (u. a. Politzer, Sebald), Monotonie (Adorno) etc. Sie verwechseln Wesen und Erscheinung, indem sie K.'s Handlungsentwürfe in ihrer Widersprüchlichkeit in den sprachlich-vermittelten Interaktionen glätten und seine Handlungshemmung und narzißtische Struktur auf der äußeren Bühne als Sinnbilder einer hermetischen Schneewelt, als »Todessphäre« (Emrich, Sebald), »Totenreich« (Gray) oder aber als »Purgatorium« (Winkelmann) allegorisieren. Diese Interpretationen suchen nach greifbaren Einsichten als absoluten ›inhaltlichen‹ Positionen außerhalb des Textes. Sie lassen die im Text an K. dargestellte sinnliche Praxis: Einheizen und Schneeschaufeln als Schuldiener, seine Wünsche nach narzißtischer Spiegelung und Achtung, nach Wärme und Liebe in menschlichen Beziehungen, nicht gelten. Sie substituieren Kafkas ›kleine Literatur‹ der Alltäglichkeit durch großartige Handlungen im Sinne ihrer sie selbst bestätigenden Weltbilder (Watzlawick). Sie totalisieren die Beamtenwelt zur Machthierarchie und ignorieren die von Kafka dargestellten Bedingungen dieser Macht, wie sie in zwischenmenschlichen Interaktionen als Interaktionsform im einzelnen eingeschrieben wird (s. Hans-Szene). Kafkas Texte werden in pädagogischer Absicht als sekundäre Sozialisationsinstanz Literatur zur »unmittelbaren *Bewußtseins*erhellung des Lesers[231] aufbereitet. Literatur, verstanden als Artikulation von Emotionalität, wird entstellt und bereinigt. Im Klassenzimmer und im Seminarraum werden Kafkas Texte zum »Behagen am Unbehaglichen« (Adorno[232]). Betroffenheit wird in jeweils kurrenten Deutungsansätzen abgedichtet. Die Hans-Szene im Klassenzimmer, trauma-analog gelesen, würde aber die Erfahrungen der Kinder beredt machen, ihr Schreien würde hörbar, traumatische Erfahrung als Realität sichtbar in Literatur, die Realtraumen verarbeitet. Nicht mehr Kafkas Größe als Schriftsteller müßte dafür herhalten, die Wirkung seiner Texte zu erklären, wie es u. a. bei Mitscherlich-Nielsen (s. II, 2.5) geschieht. Nicht Träume sind es, die uns mit Kafka verbinden, sondern die Realität. Kafka gestaltet mit seinem Schreiben »Schwarze Pädagogik«, die betroffen machen muß. Daß dem so ist, belegen gerade die psychoanalytischen Deutungen von Kafka-Texten, wenn sie den Autor auf die Couch legen und als seine »Strafphantasien« und »sein Inferno«[233] deuten, was Darstellung gesellschaftlich vermittelter Sozialisationspraxis ist.

7. K. – Barnabas-Familie: Der Körper als Fetisch der Familie

7.1 K. schaufelt seinen Weg frei von Schnee

14. »Bei Amalia« 156-220; 15. 156-220

Während K. Schnee schaufelt, nimmt er Schwarzer und Gisa wahr und reflektiert die Geschichte seiner Ankunft und seines Aufenthaltes im Dorf. Schwarzer ist der Sohn des Schloßbeamten, der K. am Abend seiner Ankunft im Dorf bei der Schloßbehörde angezeigt hatte, so daß K. sich als »gräflicher Landvermesser« herausreden mußte. Das Schloß hatte K. trotz seiner »Lüge und List« wohlwollend akzeptiert, so daß er »von allem Anfang an, ohne Winkelzüge, offen, Aug in Aug, der Behörde entgegentrat ...«. K. kann angesichts dieses merkwürdigen Paares, das erstaunlicherweise »Achtung« im Dorf genießt, sich seine ›kleine Wahrheit‹ eingestehen: Er ist ein Wanderer, der sich im Dorf als Knecht hatte Arbeit suchen wollen, um ohne viel Aufsehen zu leben. K. identifiziert sich jetzt mit Schwarzer, der auf Beamtenehren im Schloß verzichtete, um

»... in der *Nähe,* in der *Luft,* in der *Wärme* Gisas zu leben. Sein größtes Vergnügen war es, neben Gisa zu sitzen und Schulhefte zu korrigieren. Auch heute waren sie damit beschäftigt, Schwarzer hatte einen großen Stoß Hefte gebracht, der Lehrer gab ihm immer auch die seinen und, solange es noch hell gewesen war, hatte K. die beiden an einem Tischchen beim Fenster arbeiten gesehen, Kopf an Kopf, unbeweglich, jetzt sah man dort nur zwei Kerzen flackern. *Es war eine ernste, schweigsame Liebe,* welche die beiden verband; den Ton gab eben Gisa an, deren schwerfälliges Wesen zwar manchmal, wild geworden, alle Grenzen durchbrach, die aber etwas Ähnliches bei anderen zu anderer Zeit niemals geduldet hätte; so mußte sich auch der lebhafte Schwarzer fügen, langsam gehen, langsam sprechen, viel schweigen; aber er wurde für alles, das sah man, reichlich belohnt durch Gisas *einfache, stille Gegenwart.*«

Schneeschaufelnd in seiner bescheidenen Stellung als Schuldiener gewahrt K. die Würde und Selbstzufriedenheit zweier Menschen, die sich in »ernster und schweigsamer Liebe« einander genug sind. Kafka entfaltet in dieser Szene K.'s nun verändertes Selbstbild: Er sieht sich nicht mehr als der sich selbst verhöhnende »trübselige Hausbewohner«, der sich der Welt zeigen will und sich zugleich dafür schämt, sondern entwirft sich in konkreten Beziehungen.
K. nimmt in diesem Paar die Wünsche wahr, die ich als Codeworte aus den traumatischen Szenen entnommen habe und von denen ich gezeigt habe, daß sie als traumatische Klirrpunkte im Sinne von Doppelpunkten in Richtung der Wünsche und ihrer Traumatisierung im Text auftauchen: Nähe, Luft, Wärme, einfache stille Gegenwart. Ich meine, daß sich hierin meine These bestätigt, daß die Codeworte nicht im Sinne von Homosexualität zu verstehen sind, wie Mecke Kälte und Wärme interpretiert, bzw. Tiefenbrun Wunde, Nahrung, Musik, Weg, Straße, Schnaps als Indizien für Homosexualität auflistet. Die Codeworte Wärme, Nähe, Schnee, Tuch beinhalten vielmehr Szenen bzw. szenische Beziehungsentwürfe, in denen Kafka K.'s in sprachlich-szenischen Interaktionen eingeübte defiziente Interaktionsform zur Debatte stellt, indem er sie in szenischen Handlungsentwürfen entfaltet.
Ich meine also, daß Kafka an diesem Romanpunkt sich K. einen neuen konkret-sinnlichen Beziehungsentwurf vorstellen läßt. K. hat an dieser Stelle das traumatische Erlebnis mit dem Lehrer innerlich überwunden: Er handelt in eigener Sache: »Und er rammte die Schaufel in den Schnee ein und lief«.

7.2 K. spiegelt sich in Amalias Weigerung

So wie K. die Fahne in die Mauer gerammt hatte, als Sinnbild seines Gefühls des Sieges, aber im ärgerlichen Blick des Lehrers kein liebevolles Echo gefunden hatte, läuft K. jetzt in die Barnabas-Familie. K. sucht abermals in den anderen die Antwort auf sein sprachloses Wünschen. Er trifft als erstes auf Amalia, die eine Schwester von Barnabas, deren Blick K. sofort fesselt, in dem K. sich sucht, aber Amalia scheint K. nicht wahrzunehmen.

»Ihr Blick war kalt, klar, unbeweglich wie immer; er war nicht geradezu auf das gerichtet, was sie beobachtete, sondern ging – das war störend – ein wenig, kaum merklich, aber zweifellos daran vorbei. Es schien nicht Schwäche zu sein, nicht Verlegenheit, nicht Unehrlichkeit, die das verursachte, sondern ein fortwährendes, jedem anderen Gefühl überlegenes Verlangen nach Einsamkeit, das vielleicht ihr selbst nur auf diese Weise zu Bewußtsein kam. K. glaubte sich zu erinnern, daß dieser schon am ersten Abend ihn beschäftigt hatte, ja, daß wahrscheinlich der ganze häßliche Eindruck, den diese Familie gleich auf ihn gemacht hatte, auf diesen Blick zurückging, der für sich selbst nicht häßlich war, sondern stolz und in seiner Verschlossenheit aufrichtig.«

Amalia lenkt das Gespräch auf Olga ab, Barnabas' andere Schwester. Mit ihr hatte K. sich wohlgefühlt, dies aber nicht wahrhaben wollen und sich statt dessen Frieda unterworfen. Amalia sagt nun K., Olga »scheine K. zu lieben«. K., der in dem Bewußtsein in die Barnabas-Familie ging, dort von Barnabas neueste Nachrichten von Klamm zu hören, hört statt dessen diese Botschaft von Amalia. Amalia sagt K. quasi, was er fühlt, und K. ist verwirrt.

»Amalia lächelte und dieses Lächeln, obwohl es traurig war, erhellte das düster zusammengezogene Gesicht, machte die Stummheit sprechend, machte die Fremdheit vertraut, war die Preisgabe eines Geheimnisses, die Preisgabe eines bisher gehüteten Besitzes, der zwar wieder zurückgenommen werden konnte, aber niemals mehr ganz.«

Olga kommt dann »mit einem Arm voll Holz (...) frisch und gebeizt von der kalten Luft, lebhaft und kräftig«, das ganze Gegenteil von Frieda: »Ein unscheinbares, kleines, blondes Mädchen mit traurigen Augen und mageren Wangen«, das K. aber mit seinem vielversprechenden Blick beeindruckt hatte. Die drei sprechen nun miteinander, und K. sucht in Olgas Blick nach der Bestätigung von Amalias Aussage über ihn und sie, weil er seinen Gefühlen nicht traut. Die Kommunikation der drei ist über die Blicke vermittelt: K. sucht Olgas Augen, aber sie hat »die Augen ... auf Amalia gerichtet, während diese nur K. ansah«. Jeder schaut gerade ›nebendran‹ und verfehlt sich im anderen. K. wird dann aber über Stunden mit Olga zusammen am warmen Ofen sitzen, sie werden gemeinsame Sorgen und Glücksbringerstrategien für die Familie besprechen. So wie zwischen Schwarzer und Gisa ist zwischen beiden ein friedliches Glück ohne Eifersucht und Strenge, aber es darf nicht benannt werden. Gefühle bleiben Atmosphäre, Sprechen als Reden über abwesende Dritte dient gerade der Vermeidung sinnlich unmittelbarer Berührung.

»K. blieb mit etwas erstauntem Gesicht zurück. Olga lachte über ihn, zog ihn zur Ofenbank. Sie schien wirklich glücklich zu sein darüber, daß sie jetzt mit ihm allein hier sitzen konnte. *Aber* es war ein friedliches Glück, von Eifersucht war es gewiß nicht getrübt. Und gerade dieses Fernsein von Eifersucht und daher jeglicher Strenge tat K. wohl; gern sah er daher in diese blauen, nicht lockenden, nicht herrischen, sondern schüchtern ruhenden, schüchtern standhaltenden Augen. Es war, als hätten ihn für alles dieses hier die Warnungen Friedas und der Wirtin nicht empfänglicher, aber aufmerksamer und findiger gemacht. Und er lachte mit Olga, als diese sich wunderte, warum er gerade Amalia gutmütig genannt hätte, ...«

Dieses Sprechen zwischen K. und Olga stellt in der Rede über andere jene Verschleppung des Subjekts dar, die Bedingung ihres Beisammenseins ist. Olga spricht nämlich zu K. über Barnabas, ihren Bruder, der Bote im Schloß ist. Sie weiht K. ein in die Ängste und Unsicherheiten dieses Botendienstes bezogen auf ihre Familie. Barnabas' »Lebensfrage« bestehe darin, »ob er wirklich mit Klamm spricht oder nicht«. Das ist auch K.'s Lebensfrage, die sich in Respekt und »irregeleiteter Ehrfurcht« vor der Behörde niederschlägt. Barnabas sucht im Auftrag der Familie im Schloß die Mißachtung seiner Familie als mißverstandene Schuld zu entschuldigen, was absurd und vergeblich ist. K. hört sich die Familiengeschichte an, in der er sich zugleich spiegelt, wenn wir erinnern, daß auch er – wie Hans – »Glücksbringer« der Familie ist: »das bittere Kraut«, wie er zu Hause genannt wird. K. kostet also diese Geschichte von Enttäuschungen bis »zum letzten Bodensatz« aus, weil er als Zuhörer in Olgas Rede geschützt ist vor sich selber, über sich reden hört, ohne sich zeigen zu müssen.
Durch die von Kafka gestaltete Verschleppung des Subjekts in der Rede des anderen verselbständigt sich Olgas Erzählung, so daß der Leser die Orientierung im Text verliert. Olga erzählt von Barnabas, der im Schloß ... um damit Amalia und die Familie, die ..., denn damals geschah das und das ..., weshalb Olga glaubt, daß K. ..., wenn dieser aber meine, dann ... sie jedenfalls werde ... Kafka lenkt den Leser von K. ab, der sich in der Rede Olgas verliert. Dem ist nur zu begegnen, indem von K. her immer wieder erinnert wird: ›Ich ist ein anderer‹, so daß die Rede des anderen, an K. gespiegelt, sein sich verleugnendes Sprechen über ihn ist. Was über den Boten Barnabas gesagt wird, betrifft auch den Adressaten K., denn beide sind aneinander gebunden, läßt

Kafka K. in einer gestrichenen Stelle sagen [vgl. 335]. Kafka läßt Olga ihre Familiengeschichte der Selbstverachtung erzählen, die in Verirrungen »irregeleiteter Ehrfurcht« vor der Schloß-Behörde ihren grotesken Niederschlag fand. Barnabas soll im Auftrag der Familie im Schloß eine Schuld tilgen, die es nicht gibt.

Barnabas' Botendienst ist so unsicher, weil Barnabas im Schloß aus Respekt vor unbekannten Vorschriften nicht wagt, zu sprechen und zu fragen.

»›... aus Furcht, er könnte durch irgendwelche ungewollte Verletzung unbekannter Vorschriften seine Stelle verlieren, wagt er niemanden anzusprechen, so unsicher fühlt er sich; diese doch eigentlich jämmerliche Unsicherheit beleuchtet mir seine Stellung schärfer als alle Beschreibungen. Wie zweifelhaft und drohend muß ihm dort alles erscheinen, wenn er nicht mal zu einer unschuldigen Frage den Mund aufzutun wagt. Wenn ich das überlege, klage ich mich an, daß ich ihn allein in jenen unbekannten Räumen lasse, wo es derart zugeht, daß sogar er, der eher waghalsig als feig ist, dort vor Furcht wahrscheinlich zittert.‹«

K. spricht nun unversehens über sich, wenn er Olga vorwirft, Barnabas brauche Hilfe, nicht Aufmunterung, damit er das *Tuch* von den Augen nehmen kann, um mit seinen eigenen Augen zu sehen. Olga aber entmündige Barnabas, wenn sie ihn aufmuntere, mit verbundenen Augen weiter zu machen, sie spiele mit ihm ›das Blinde-Kuh-Spiel‹. K. verteidigt Barnabas gegen Entmündigung, wogegen er sich gegenüber der Wirtin erfolgreich gewehrt hatte. Das Tuch ist Anklang an K.'s traumatische Szene 2: Die Frau mit dem Kopftuch, das ihr »bis in die Mitte der Stirn hinab« reichte, die K. wohl aus eigener Selbstverachtung kaum eines Blickes würdigte, aber zugleich über ihn richtete wie Justitia. Ohne Namen für sich selber beließ sie K. in seiner Namenlosigkeit. K. meint nun, Barnabas brauche

»›... nicht Aufmunterung‹, (...) (denn) ›ihn aufmuntern bedeutet, ihm zu sagen, daß er recht hat, daß er nur in seiner bisherigen Art fortfahren soll, aber eben auf diese Art wird er niemals etwas erreichen. Du kannst jemanden, der die Augen verbunden hat, noch so sehr aufmuntern, durch das Tuch zu starren, er wird doch niemals etwas sehen; erst wenn man ihm das Tuch abnimmt, kann er sehen. Hilfe braucht Barnabas, nicht Aufmunterung.‹«

Hier ist nun eine gestrichene Stelle im Text, die die Crux von K.'s Selbstverständnis benennt, was Kafka den Leser aber nicht wissen läßt, nur spüren. K., der in dieser Familie Hilfe sucht, wird von dieser Familie zugleich als Helfer und Retter ersehnt. Während K. sieht, was Barnabas braucht, nämlich Hilfe, um sehen zu lernen, wagt K. es nicht, aus Angst, »die Vertraulichkeit« mit Olga zu stören, die ihm zugedachte »Glücksbringer«-Rolle zurückzuweisen.

*»›Was für ein Glück ist es für uns, daß Du gekommen bist.‹ Zum erstenmal hörte K. hier im Dorf eine solche uneingeschränkte Begrüßung, aber wie sehr er sie bisher entbehrt hatte und wie vertrauenswürdig ihm auch Olga schien, er hörte sie nicht gern. Er war nicht gekommen, um jemandem Glück zu bringen; es stand ihm frei, aus eigenem Willen auch zu helfen, wenn es sich traf, aber niemand sollte ihn als *Glücksbringer* begrüßen, wer das tat, verwirrte seine Wege, nahm ihn für Dinge in Anspruch, für die er, so gezwungen, niemals zur Verfügung stand, bei bestem Willen seinerseits konnte er das nicht tun.« [338]

K. fürchtet sich vor den Anforderungen, die diese Familie an ihn stellt, in dieser Familie konnte man sich verirren, wenn man nicht acht gab. Dennoch schweigt K., bzw. Kafka läßt K. schweigen. Er läßt K. nicht »Ich« sagen, K. sagt nicht: ›Mit mir nicht‹, weil er keine positive Aussage über sich und seine Wünsche machen kann. Vielmehr will er Barnabas aus dessen »Schattendasein« befreien, indem er sich mit dieser Familie im Sinne eines ›Alles-oder-nichts-Pakts‹ verbindet, der Friedas Grabesphantasie im übertragenen Sinne nicht unähnlich ist.

*»›... ich will weder euch unterwerfen, noch euch eure Geheimnisse aussaugen, ich will euch nur so behandeln, wie auch ich behandelt werden wollte‹ ... ›Ich will bei euch zu Hause sein, entweder verbinde ich mich so mit euch oder gar nicht, entweder machen wir völlig gemeinsame Sache hinsichtlich des Barnabas, oder wir vermeiden sogar jede flüchtige, mich und vielleicht auch euch kompromittierende, sachlich unnötige Berührung.‹« [341]

Deutlich wird, daß K. – wie Friedas Grabesphantasie es ausdrückte – sprachlose Verschmelzung anstrebt, weil er nicht in Abgrenzung zu den anderen für sich selbst sprechen kann. Jetzt wird Olga ihre Familiengeschichte ›an ihn ranreden‹, so daß sie ihn einschmilzt in das ›vampiristische Zweieck‹, aus dem K. glaubte, sich über Barnabas befreien zu können. K. will sich zeigen, aber er verbirgt sich hinter anderen und scheitert »an nichts anderem als an sich selbst«.

15. »Amalias Geheimnis« 179-193

Die Familiengeschichte der Barnabas-Familie als Außenseiterfamilie im Dorf ist schnell erzählt. Amalia sollte auf einem Fest des Feuerwehrvereins verheiratet werden. Die Familie hatte sie als Fetisch-Körper ausstaffiert:

»... besonders das Kleid Amalias war schön, die weiße Bluse vorn hoch aufgebauscht, eine Spitzenreihe über der anderen, die Mutter hatte alle ihre Spitzen dazu geborgt ...«

Ein Schloßbeamter, Sortini, springt im wahrsten Sinne des Wortes auf sie an, als er sie sieht: »Da stutzte er, sprang über die Deichsel, um Amalia näher zu sein, ...« Dann aber schreibt er Amalia einen obszönen Brief, sie solle ihn umgehend besuchen. Amalia zerreißt diesen Brief und verweigert sich diesem »Mißbrauch der Macht« als Zugriff nach ihrem Körper, wie K. es spontan bezeichnet. Damit stürzt sie ihre Familie in die soziale Ächtung im Dorf.

15. »Amalias Strafe« 193-201

Die Familie akzeptiert den Rückzug der Leute, weil sie keine Selbstachtung hat, und beginnt nun, in Verkehrung aller Moral, sich für Amalias vermeintliche Schuld zu prostituieren. Alle wußten, daß keine tatsächliche Schuld vorliegt.

»›Wir alle wußten, daß keine ausdrückliche Strafe kommen werde. Man zog sich nur von uns zurück. Die Leute hier wie auch das Schloß. Während man aber den Rückzug der Leute natürlich merkte, war vom Schloß gar nichts zu merken. Wir hatten ja früher auch keine Fürsorge des Schlosses gemerkt, wie hätten wir jetzt einen Umschwung merken können. Diese Ruhe war das Schlimmste. Bei weitem nicht der Rückzug der Leute, sie hatten es ja nicht aus irgendeiner Überzeugung getan, hatten vielleicht auch gar nichts Ernstliches gegen uns, die heutige Verachtung bestand noch gar nicht, nur aus Angst hatten sie es getan, und jetzt warteten sie, wie es weiter ausgehen werde.‹«

Die Familie selber findet keine Sprache, um sich über Amalias Handeln und Fühlen zu verständigen. Ihre Weigerung macht offenkundig, daß in der Familie Vergesellschaftung zum ›Man‹-Körper, nicht aber Individuierung in sprachlich vermittelter Kommunikation stattfand. Amalia bleibt mit der erlittenen Kränkung allein, die Scham verkehrt sich im Schweigen zum Schuldbekenntnis, das die Verachtung des Dorfes auf sich zieht.

»›Man merkte, daß wir nicht die Kraft hatten, uns aus der Briefgeschichte herauszuarbeiten, und man nahm uns das sehr übel, man unterschätzte nicht die Schwere unseres Schicksals, obwohl man es nicht genau kannte, man wußte, daß man selbst die Probe wahrscheinlich nicht besser bestanden hätte als wir, aber umso notwendiger war es, sich von uns völlig zu trennen; man hätte, wenn wir es überwunden hätten, uns entsprechend hoch geehrt, da es uns aber nicht gelungen war, tat man das, was man bisher nur vorläufig getan hatte, endgültig: Man schloß uns aus jedem Kreis aus.‹«

15. »Bittgänge« 201-208

Die Familie hält Amalias Schweigen nicht aus und kompromittiert sich in jeder erdenklichen Weise dem Schloß gegenüber, um Absolution für eine nicht vorhandene Schuld zu erlangen.

»›Wir verrieten Amalia, wir rissen uns los von ihrem schweigenden Befehl, wir konnten nicht mehr so weiterleben, ganz ohne Hoffnung konnten wir nicht leben, wir begannen, jeder auf seine Art, das Schloß zu bitten oder zu bestürmen, es möge uns verzeihen.‹«

Aber was die Menschen in der Familie sich nicht geben können: Achtung und Respekt voreinander, kann auch das Amt nicht geben, denn es kann nur amtlich erledigen, was vorliegt. Die Familie versucht mit Bittgängen eine Libidinisierung der Amtswege, was die toten Beziehungen in der Familie widerspiegelt. Die Eltern, die auf den Körpern der Kinder ihren sozialen Aufstieg in pervertiertem Narzißmus einschrieben, verfallen mit Amalias Weigerung, als Fetisch-Körper zu funktionieren, zu zahnlosen Vampiren. Vampire sind sie immer noch, weil sie jetzt der totalen Pflege bedürfen, zahnlos sind sie wie Kinder, weil sprachlos. Amalia büßt ihre Handlung als Kinderkrankenschwester ihrer Eltern. Kafka läßt Amalia mit diesen Eltern in Zwischenbildern sichtbar werden. Damit kommentiert Kafka Olgas Erzählung als nacktes Grauen, aber die Stummheit dieses gestischen Vordialogs wirkt auch zynisch und schadenfroh. Dabei ist nicht deutlich, wem diese Rachegefühle gelten, ob Kafka damit Amalia oder die Eltern lächerlich macht. Tatsächlich wohl beide.

»›Still‹, sagte Olga, ›Amalia sieht herüber‹. Amalia hatte die Fütterung der Eltern beendet und war jetzt daran, die Mutter auszuziehen; sie hatte ihr gerade den Rock losgebunden, hing sich die Arme der Mutter um den Hals, hob sie so ein wenig, streifte ihr den Rock ab und setzte sie dann sanft wieder nieder. Der Vater, immer unzufrieden damit, daß die Mutter zuerst bedient wurde – was aber offenbar nur deshalb geschah, weil die Mutter noch hilfloser war als er –, versuchte, vielleicht auch, um die Tochter für ihre vermeintliche Langsamkeit zu strafen, sich selbst zu entkleiden, aber obwohl er bei dem unnötigsten und leichtesten anfing, den übergroßen Pantoffeln, in welchen seine Füße nur lose staken, wollte es ihm auf keine Weise gelingen, sie abzustreifen; er mußte es unter heiserem Röcheln bald aufgeben und lehnte wieder steif in seinem Stuhl.«

Während der Vater sich auf seinen Bittgängen zum Schloß Rheuma geholt hatte und schließlich körperlich zum Greis verfiel, die Mutter ohnehin sprachlos stumm das Leid ertrug, prostituiert sich Olga bei den Schloßboten in dem Glauben, den beleidigten Boten des durch Amalias Absage beleidigten Schloßbeamten treffen und versöhnen zu können. Tatsächlich unterhält sie mit ihrem Körper die Familie. Ihre Lust gehört einem Dritten, der Familie, was Olga zugleich ermöglicht, sich schamlos zu veröffentlichen und damit der Scham, sich selbst in ihrer Lust zu erkennen, zu entgehen. In der Szene mit Frieda hatte K. ihr öffentliches »Lustspiel« miterlebt:

»›Gut‹, sagte K., und wartete ungeduldig auf Olga. Aber die Bauern ließen sie nicht, sie hatten einen Tanz erfunden, dessen Mittelpunkt Olga war, im Reigen tanzten sie herum, und immer bei einem gemeinsamen Schritt trat einer zu Olga hin, faßte sie mit einer Hand fest um die Hüften und wirbelte sie einige Male herum, der Reigen wurde immer schneller, die Schreie, hungrig, röchelnd, wurden allmählich fast ein einziger. Olga, die früher den Kreis hatte lachend durchbrechen wollen, taumelte nur noch mit aufgelöstem Haar von einem zum anderen.«

15. »Olgas Pläne« 208-220

Barnabas aber ist Olgas Fetisch, der den durch Amalia beleidigten Boten in den Kanzleien versöhnen soll. Die zwei Briefe von Klamm an K. sind nun

»›... seit 3 Jahren das erste, allerdings noch genug zweifelhafte Gnadenzeichen, das unsere Familie bekommen hat. Diese Wendung, wenn es eine Wendung ist und keine Täuschung – Täuschungen sind häufiger als Wendungen –, ist mit Deiner Ankunft hier im Zusammenhang, unser Schicksal ist in eine gewisse Abhängigkeit von Dir geraten, ...‹«

Olga gesteht K., daß sie aus Angst, K. zu verlieren, der als Adressat von Barnabas' Botschaften dessen Botendienst erst Sinn gibt, imstande sei »zu täuschen, zu lügen, zu betrügen, alles Böse zu tun, wenn es nur hilft.« K., der damit erfahren hat, wie relativ

Barnabas' Botschaften sind, insofern sich K. nur als der Sinn und Zweck des Boten herausstellt, während doch K. alle Hoffnungen in den Boten gesetzt hatte, und daß Olga statt in K. verliebt zu sein, sich als Opfer ihrer Familie prostituiert und sich nur für deren Sorgen interessiert, verabschiedet sich von ihr.

»Und er drückte ihr noch herzlich die Hand, während er sich schon auf den Zaun des Nachbargartens schwang.«

7.3 K. wird sein eigener Bote

Mit einem Sprung ist die Familienlektion für K. endgültig beendet. Er hat erfahren, wie sprachlose Mißachtung in der Familie als Instrumentalisierung der Körper funktioniert, sei es, daß sie im Sinne der Moral als Attribute sozialen Aufstiegs oder aber in Verkehrung der Moral zur Rettung vor sozialem Abstieg eingesetzt werden. Amalias Geschichte ist das Spiegelbild von K.'s Geschichte: K. hatte versucht, sich über Heirat den Aufstieg ins Schloß zu verschaffen. Er wird dann aber Frieda als Machtmittel aufgeben und sein eigener Bote werden. Allerdings nicht, wie Amalia, vorwurfsvoll-schweigend. K. wird aussprechen, was er »ohne Belehrung« sieht.

K. dankte Olga »für das Vertrauen, das sie zu ihm hatte und durch ihre Erzählung bewiesen hatte und trug ihr auf, Barnabas gleich nach seiner Rückkehr in die Schule zu schicken, und sei es noch in der Nacht. Zwar seien die Botschaften des Barnabas nicht seine einzige Hoffnung, sonst stünde es schlimm um ihn, aber verzichten wolle er keineswegs auf sie, er wolle sich an sie halten und dabei Olga nicht vergessen, denn noch wichtiger fast als die Botschaften sei ihm Olga selbst, ihre Tapferkeit, ihre Umsicht, ihre Klugheit, ihre Aufopferung für die Familie. Wenn er zwischen Olga und Amalia zu wählen hätte, würde ihn das nicht viel Überlegung kosten. Und er drückte ihr noch herzlich die Hand, während er sich schon auf den Zaun des Nachbargartens schwang.«

Ein merkwürdiger Szenenschluß, der nur verstehbar ist, wenn man während K.'s und Olgas Gespräch erinnert, daß Amalia gesagt hatte, Olga liebe K. und K. Olga. Es geht in diesem Gespräch also eigentlich um die Vermeidung einer Beziehung in unmittelbarer Berührung. Das Sprechen über die anderen stellt ein Organ dar, an das K. sich als Zuhörer klammert, um sich nicht selbst begegnen zu müssen, denn was K. fühlt, ist immer nur auf dem abwesenden Körper eines Dritten ablesbar, in dieser Szene an

Barnabas, an Amalia, an Klamm, an Frieda. Nur im Absprung ist K. er selber: »Und er drückte ihr noch herzlich die Hand, während er sich schon auf den Zaun des Nachbargartens schwang«. Der Absprung ist für K. die Bedingung von Berührung. Denn so wie K. »die Mitteilungssucht« [314] des Vorstehers erst stimuliert hatte, um dann zu protestieren: »Nur möchte ich aber dann auch ein Wort über mich hören«, ist er auch von Olgas Erzählungen überwältigt, zugleich aber sich selbst entfremdet, so daß er sich dann »mit seinen kleinen Erlebnissen« übergangen fühlt und nur als kleine Störung von Olgas Rede sich zu Wort meldet:

»›Ich habe aber‹, sagte K., ›das Innere eines Beamtenschlittens gesehen, in welchem keine Akten waren.‹ In der Erzählung Olgas eröffnete sich ihm eine so große, fast unglaubwürdige Welt, daß er es sich nicht versagen konnte, mit seinen kleinen Erlebnissen an sie zu rühren, um sich ebenso von ihrem Dasein als auch von dem eigenen deutlicher zu überzeugen.«

In diesem Bild: »Und er drückte ihr noch herzlich die Hand, während er sich schon auf den Zaun des Nachbargartens schwang«, bringt Kafka das Amalia-Kapitel auf den Begriff und gibt damit einen Ausblick auf den 3. Teil des Romans. K. wird nun sein eigener Bote. Der 2. Teil des Romans hatte mit K.'s Schneeschippen begonnen und seinem Absprung von der Mauer: Er hatte die Schaufel – wie damals die Fahne – in den Schnee gerammt und war in die Familie gelaufen. Dort machte K. die Entdeckung, daß weder Schuld der Grund des Außenseiterdaseins der Barnabas-Familie im Dorf ist noch eine Bestrafung durch das Schloß, sondern schamlose Lieblosigkeit und Selbstverachtung in der Familie. In sprachloser Gewalt wird in der Familie über den einzelnen als Körper verfügt im Sinne sozialer Normen und Aufstiegswerte. Amalia springt aus der Reihe: Sie läßt sich nicht als Frau verheiraten unter der Bedingung der Mißachtung als Mensch. Ihr schweigender Protest demonstriert die Macht der Eltern, die sie an den Kinder-Körpern vampiristisch erschlichen haben. Der narzißtische Mißbrauch der Eltern an den Kindern wird offenkundig. Als die Kinder als Glücksbringer ausfallen, fetischisieren die Eltern die Macht selber, aber die Amtswege können nur amtlich reagieren, von Amts wegen können sich die Eltern keine Liebe erkaufen. Die Eltern zerfallen zu kranken Körpern, die nun bedürftigen Kinder sind, die sie heimlich immer schon waren.

Ich sagte, K. verläßt diese Familienszene als sein eigener Bote, also nicht mehr als Glücksbringer der Familie. Im 2. Gespräch mit der Wirtin hatte diese ihm ihr Fetisch-Foto gezeigt, das sie unter der Matratze aufbewahrt in Erinnerung an den Boten, der sie zum ersten Mal zu ihrem Geliebten Klamm geholt hatte. Dieses Foto zeigte »den schönen Jungen«, den Boten, wie er einen Hochsprung über eine Schnur macht. In eben diesem Sprung setzt K. nach dieser Familienlektion über den Zaun des Nachbargartens. Es ist zugleich die wiederentdeckte Sinnlichkeit, mit der K. den wortlosen Absturz von der Mauer als Traumatisierung seiner Körperlichkeit überwindet. Am Ende des Romans wird K. für sich sprechen können und ›in der Schwebe sein‹, er wird zu sich stehen, ohne seine Selbstbehauptung durch die soziale Norm der Ehe zu rechtfertigen. Sprechen als Ausdruck seiner selbst wird das Schamtuch vor den Augen ersetzen, das er im Amalia-Kapitel noch meint, Barnabas von den Augen nehmen zu müssen, damit dieser sehen lernt. K. wird im 3. Teil des Romans mit Bürgel, was ›ein kleines Schloß‹ heißt, sehen lernen »ohne Belehrung«, d. h. fühlen lernen.

8. K. – Bürgel: Das Gespräch unter den Worten als Schattenmund und Erkenntnisglück

16. ›Absage an die Gehilfen‹ 221-226;
17. ›K.-Gerstäcker‹ 227-231

Auf dem Wege zu einer Vorladung beim Beamten Erlanger im Herrenhof trifft K. nun den entlassenen Gehilfen Jeremias, der inzwischen Friedas neuer Geliebter geworden ist. Gerstäcker, dem Fuhrmann, antwortet K. jetzt voller Selbstbewußtsein auf die Frage:

»›Du bist noch immer im Dorf?‹ – ›Ja‹, sagte K., ›ich bin für die Dauer gekommen.‹«

8.1 K. verliert gern den Kampf um Friedas Mitleid

18a. ›K.'s Absage an Frieda‹ 232-242

K. wartet dann in den Gängen des Herrenhofes auf den Schloßbeamten Erlanger und trifft Frieda, die er noch einmal von sich zu überzeugen sucht.

»Bei ihr angekommen, faßte er sie bei den Schultern, so, als ergreife er wieder von ihr Besitz, stellte einige belanglose Fragen und suchte dabei prüfend in ihren Augen. Aber ihre starre Haltung löste sich kaum, zerstreut versuchte sie, einige Umstellungen des Geschirrs ... Frieda sah ihn erstaunt an und fuhr ihm dann sanft mit der einen Hand, die sie frei hatte, über Stirn und Wange. Es war, als habe sie sein Aussehen vergessen und wollte es sich so wieder ins Bewußtsein zurückrufen, auch ihre Augen hatten den verschleierten Ausdruck des mühsamen Sich-Erinnerns. ›Ich bin für den Ausschank wieder aufgenommen‹, sagte sie dann langsam, als sei es unwichtig, was sie sage, aber unter den Worten führte sie noch ein Gespräch mit K. und dies sei das wichtigere.«

Frieda wirft K. den Besuch in der Barnabas-Familie vor, und K. rechtfertigt sich sofort wieder und lenkt von sich ab. Er bittet Frieda, ihm etwas zu essen zu bringen. K. ißt nun »die Reste der Mahlzeit« seines Nachfolgers bei Frieda. Kafka zeigt damit ein präzises Bild für K.'s und Friedas Beziehungsentwurf ›Vernachlässigen‹. Denn was Frieda K. vorwirft, ist zugleich ihre eigene Beziehungslosigkeit. K. und Frieda, die sich in ihrer Hilflosigkeit ineinander verbissen hatten, hatten heiraten wollen, als könnte jeder erst über die sanktionierte Existenz als Ehepaar die eigene Existenz legitimieren. Sie lieben sich nicht und verschlingen einander, um die innere Leere mit dem Körper des anderen auszustopfen. Wenn sie sich nicht unmittelbar berühren, mißtrauen sie einander wie Feinde, und wenn sie sich nahe sind, fühlen sie sich verfolgt und bedroht voneinander, weil die Nähe nur ein Traum vom anderen ist, in der Berührung dann aber Nähe zum drohenden Selbstverlust wird. Frieda spricht das noch einmal aus, bevor sie sich trennen:

»Frieda hatte ihren Kopf an K.'s Schulter gelehnt, die Arme umeinander geschlungen, gingen sie schweigend auf und ab. ›Wären wir doch‹, sagte Frieda langsam, ruhig, fast behaglich, so, als wisse sie, daß ihr nur eine ganz kleine Frist der Ruhe an K.'s Schulter gewährt sei, diese aber wolle sie bis zum Letzten genießen, ›wären wir doch gleich noch in jener Nacht ausgewandert, wir könnten irgendwo in Sicherheit sein, immer beisammen, Deine Hand immer nahe genug, sie zu fassen; wie brauche ich Deine Nähe; wie bin ich, seit ich Dich kenne ohne Deine Nähe verlassen; Deine Nähe ist, glaube mir, der einzige Traum, den ich träume, keinen anderen.‹«

Aber unmittelbar darauf, als der verschnupfte Jeremias, Friedas neuer Liebhaber, dazukommt, sagt Frieda K.:

»›Du verfolgst mich, ach K., warum verfolgst Du mich? Niemals, niemals werde ich zu Dir zurückkommen, ich schaudere, wenn ich an eine solche Möglichkeit denke.‹«

8.2 ... K. erfährt sich lächelnd mit Bürgel im Bett

18b. ›K.-Bürgel‹ 242-256

K. hat den »Wettbewerb um das Mitleid«, wie er seine Selbstrechtfertigung bei Frieda nennt, verloren und tröstet sich mit einer kleinen Karaffe Rum, die Frieda ihm zurückgelassen hat. Er wartet auf Erlanger – wie zuvor im Schlitten auf Klamm, wo er mit Cognak seine Einsamkeit vergessen konnte – und sehnt sich nach endlosem Schlaf. Er dringt in ein Zimmer ein, in der Hoffnung, ein leeres Bett zu finden:

»Er klopfte so leise, daß ein Schlafender dadurch nicht hätte geweckt werden können und als auch jetzt nichts erfolgte, öffnete er äußerst vorsichtig die Tür. Aber nun empfing ihn ein leichter Schrei ... es war ein kleines Zimmer von einem breiten Bett mehr als zur Hälfte ausgefüllt, auf dem Nachttischchen brannte die elektrische Lampe, neben ihr war eine Reisetasche. Im Bett, aber ganz unter der Decke verborgen, bewegte sich jemand unruhig und flüsterte durch einen Spalt zwischen Decke und Bettuch: ›Wer ist es?‹ Nun konnte K. nicht ohne weiteres mehr fort, unzufrieden betrachtete er das üppige, aber leider nicht leere Bett, erinnerte sich dann an die Frage und nannte seinen Namen. Das schien eine gute Wirkung zu haben, der Mann im Bett zog ein wenig die Decke vom Gesicht, aber ängstlich bereit, sich gleich wieder ganz zu bedecken, wenn draußen etwas nicht stimmen sollte. Dann aber schlug er die Decke ohne Bedenken zurück und setzte sich aufrecht. Erlanger war es gewiß nicht. Es war ein kleiner, wohlaussehender Herr, dessen Gesicht dadurch einen gewissen Widerspruch in sich trug, daß die Wangen kindlich rund, die Augen fröhlich waren, daß aber die hohe Stirn, die spitze Nase, der schmale Mund, dessen Lippen kaum zusammenhalten wollten, das sich fast verflüchtigende Kinn gar nicht kindlich waren, sondern überlegenes Denken verrieten. Es war wohl die Zufriedenheit damit, die Zufriedenheit mit sich selbst, die ihm einen starken Rest gesunder Kindlichkeit bewahrt hatte.«

K. trifft den Beamten Bürgel, der unverstellt, zugleich ängstlich wie ein Kind und kindlich fröhlich ist, aber auch ein Mann von überlegenem Denken. K. stellt sich diesem Mann mit seinem Namen vor, was eine gute Wirkung hat. Der Mann ist zufrieden mit sich selber, weil er, wie K. meint, sich »einen starken Rest gesunder Kindlichkeit bewahrt hatte«. K. nimmt an dem Beamten das wahr, was das Schloß ihm mit den Gehilfen zukommen lassen wollte, was K. aber als Vorwurf mißverstanden hatte, weil er sich selbst mißversteht: Sie hatten ihn erheitern sollen, weil er alles so schwer nimmt und zu großen Ereignissen auftürmt. So wie wir aus dem Gespräch mit Olga wissen, wagt K. es nicht, »seine kleinen Erlebnisse« zu benennen, und verliert sich deshalb immer wieder in der Scheinwelt der Erzählungen der anderen, die auch deren Existenz nur als fragliche bestätigen. Daß das Schloß K. aber nicht kämpfend begegnet, sondern lächelnd, entwaffnet K. Wie schon die Telefon-Szene gezeigt hatte, bekommt K. alles vom Schloß, wenn er seine Wünsche ausspricht. K. ist aber auf einen Kampf ums Überleben eingerichtet, das Leben selber ist ihm »trübe und fremdartig«, hatte Kafka K. sagen lassen:

»Dadurch nun aber, daß die Behörden K. von vornherein in unwesentlichen Dingen – um mehr hatte es sich bisher nicht gehandelt – weit entgegen kamen, nahmen sie ihm die Möglichkeit kleiner, leichter Siege und mit dieser Möglichkeit auch die zugehörige Genugtuung und die aus ihr sich ergebende, gut begründete Sicherheit für weitere große Kämpfe. Stattdessen ließen sie K., allerdings nur innerhalb des Dorfes, überall durchgleiten, wo er wollte, verwöhnten und schwächten ihn dadurch, schalteten hier überhaupt jeden Kampf aus und verlegten ihn dafür in das außerordentliche, völlig unübersichtliche, trübe, fremdartige Leben.« [58]

Im Gespräch zwischen K. und Bürgel heben sich nun »Amt und Leben« als Gegensätze auf: Zwei Menschen sprechen miteinander, aber K. ist »sozial sprachlos« (Kaliwoda) und wird deshalb die Gelegenheit dieser Begegnung nur halbherzig für sich nutzen können. Der Beamte Bürgel bietet K. nun an, sich auf den »Bettrand« zu setzen.

»›... das ist kein Amtsplatz und nur für nächtliche Unterhaltungen bestimmt. Aber Sie sind so still, Herr Landvermesser?‹ – ›Ich bin sehr müde‹, sagte K., der sich auf die Aufforderung sofort, grob, ohne Respekt, aufs Bett gesetzt und an den Pfosten gelehnt hatte. ›Natürlich‹, sagte Bürgel lachend, ›hier ist jeder müde.‹«

Bürgel spricht offen von seiner eigenen Beamtentätigkeit und erkundigt sich auch nach K.'s Landvermesserei. Aber K. steht nicht zu sich, er ist seiner selbst müde in dem Moment, wo er vor Bürgel sprechen könnte, wie er es sich vor Klamm gewünscht hatte. K. verschanzt sich weiterhin hinter seiner falschen Selbstbehauptung als Landvermesser, seiner Selbstbehauptung ohne Selbst. Bürgel sieht K. die Enttäuschung an, mit der die Behörde gerade als Abschreckung arbeite. Er bietet K. das Gespräch über sich zwischen zwei Menschen an: »Aber merken Sie auf ...«, ruft er K. zu. K. aber rückt von sich ab, er weicht der Berührung als Erkanntwerden im Sprechen mit dem anderen aus und verfehlt dadurch sich selbst.

Um zu verdeutlichen, daß Kafka Bürgel von sich sagen läßt, was K. glaubt, aus Scham verschweigen zu müssen, daß Kafka also Bürgel's Rede an K.'s Schweigen spiegelt als Ausdruck von K.'s Scham, habe ich beider Sprechen im fortlaufenden Text gegenübergestellt.

Bürgel	*K.*
»Wie verhält es sich denn mit der Landvermesserschaft?«	
	»Ich mache keine solche Arbeit, ich werde nicht als Landvermesser beschäftigt«, sagte K., er war wenig bei der Sache, eigentlich brannte er nur darauf, daß Bürgel einschlafe, aber auch das tat er nur aus einem gewissen Pflichtgefühl gegen sich selbst, zuinnerst glaubte er zu wissen, daß der Augenblick von Bürgels Einschlafen noch unabsehbar fern sei.
»Das ist erstaunlich«, sagte Bürgel mit lebhaftem Werfen des Kopfes und zog einen Notizblock unter der Decke hervor, um sich etwas zu notieren. »Sie sind Landvermesser und haben keine Landvermesserarbeit.«	
	K. nickte mechanisch, er hatte oben auf dem Bettpfosten den linken Arm ausgestreckt und den Kopf auf ihn gelegt, schon verschiedentlich hatte er es sich

»Ich bin bereit«, fuhr Bürgel fort, »diese Sache weiter zu verfolgen. Bei uns hier liegen doch die Dinge ganz gewiß nicht so, daß man eine fachliche Kraft unausgenützt lassen dürfte. Und auch für Sie muß es doch kränkend sein; leiden Sie denn nicht darunter?«

»Sie scheinen schon einige Enttäuschungen gehabt zu haben«, sagte Bürgel und bewies

»Sie müssen sich nicht durch Enttäuschungen abschrecken lassen. Es scheint hier manches ja darauf eingerichtet, abzuschrecken, und wenn man neu hier ankommt, scheinen einem die Hindernisse völlig undurch-

bequem zu machen versucht, diese Stellung war aber die bequemste von allen, er konnte nun auch ein wenig besser darauf achten, was Bürgel sagte.

»Ich leide darunter«, sagte K. langsam und lächelte für sich, denn gerade jetzt litt er darunter nicht im geringsten. Auch machte das Anerbieten Bürgels wenig Eindruck auf ihn. Es war durchaus dilettantisch …

damit doch wieder einige Menschenkenntnis, wie sich K. überhaupt, seit er das Zimmer betreten hatte, von Zeit zu Zeit aufforderte, Bürgel nicht zu unterschätzen, aber in seinem Zustand war es schwer, etwas anderes als die eigene Müdigkeit gerecht zu beurteilen …

dringlich. Ich will nicht untersuchen, wie es sich damit eigentlich verhält, vielleicht entspricht der Schein tatsächlich der Wirklichkeit, in meiner Stellung fehlt mir der richtige Abstand, um das festzustellen, aber merken Sie auf, es ergeben sich dann doch wieder manchmal Gelegenheiten, die mit der Gesamtlage fast nicht übereinstimmen. Gelegenheiten, bei welchen durch *ein Wort, durch einen Blick, durch ein Zeichen des Vertrauens,* mehr erreicht werden kann als durch lebenslange, auszehrende Bemühungen. Gewiß, so ist es. Freilich stimmen dann diese Gelegenheiten doch wieder insofern mit der Gesamtlage überein, als sie niemals ausgenützt werden. Aber warum werden sie denn nicht ausgenützt, frage ich mich immer wieder.«

K. wußte es nicht; zwar merkte er, daß ihn das, wovon Bürgel sprach, wahrscheinlich sehr betraf, aber er hatte jetzt eine große Abneigung gegen alle Dinge, die ihn betrafen, *er rückte mit dem Kopf ein wenig beiseite, als mache er dadurch den Fragen Bürgels den Weg frei und könne von ihnen nicht mehr berührt werden.*«

Erinnern wir uns an K.'s Wunsch, vor Klamm zu sprechen: Er wollte ihm »standhalten«, den Eindruck sehen, den seine Worte auf ihn machen. Ihn in der Nähe sehen, seine Stimme hören, ihm gegenüberstehen als Mensch. Jetzt spricht Bürgel ihn als Mensch auf seine Gefühle an, K. wird gesehen und findet Gehör: Er ist Subjekt von Bürgels Rede, denn Bürgel spricht auch von sich selbst. Aber K. hält der Berührung im Erkannt-und-Verstanden-werden nicht stand, er rückt von sich ab – so wie er damals den ärgerlichen Blick des Lehrers als Abrücken von sich erlebt haben muß. Er springt von sich ab, – so wie die Frau mit ihrer wegwerfenden Antwort von sich auf eine Ortsangabe, das Schloß, abgerückt war. K. selber ist es jetzt, »der große Abneigung gegen alle Dinge, die ihn betrafen«, hat. K. ist »sozial sprachlos«: Erkanntwerden ist für ihn Beschämung, denn er kann nicht wahrnehmen, daß auch Bürgel sich zu erkennen gibt, so daß beide ›nackt‹ voreinander stehen. Bürgel spricht von seiner Angst und Bedrohung, die er in den Nachtverhören erlebt, wenn

»... die notwendige Schranke zwischen Parteien und Beamten, mag sie äußerlich fehlerlos vorhanden sein, (sich) lockert ..., und wo sonst, wie es sein soll, nur Fragen und Antworten hin- und widergingen, scheint sich manchmal ein sonderbarer, ganz und gar unpassender Austausch der Personen zu vollziehen.«

K. fühlt sich irregeführt von den offenen Worten des Beamten, weil er Offenheit nur als Verführung im Sinne der Zwecke des anderen kennt, als Entmündigung. Bürgel bekennt sich vor K. zu »seiner amtlichen Scham« und »nächtlichen Schwäche«, den Bitten der Parteien in Nachtverhören als Mensch nicht widerstehen zu können. Das mache den Beamten glücklich und verzweifelt zugleich: »Wie selbstmörderisch das Glück sein kann!«, ruft Bürgel aus.

»›Sie müssen sich die Lage nur richtig vorstellen. Die niemals gesehene, immer erwartete, mit wahrem Durst erwartete und immer vernünftigerweise als unerreichbar angesehene Partei sitzt da. Schon durch ihre stumme Anwesenheit lädt sie ein, in ihr armes Leben einzudringen, sich darin umzutun wie in eigenem Besitz und dort unter ihren vergeblichen Forderungen mitzuleiden. Diese Einladung in der stillen Nacht ist berükkend. Man folgt ihr und hat nun eigentlich aufgehört, Amtsperson zu sein. Es ist eine Lage, in der es schon bald unmöglich wird, eine Bitte abzuschlagen. Genaugenommen ist man verzweifelt; noch genauer genommen ist man sehr glücklich. Verzweifelt, denn die Wehrlosigkeit, mit der man hier sitzt und auf die Bitte der Parteien wartet und weiß, daß man sie, wenn sie einmal ausgesprochen ist, erfüllen muß, wenn sie auch, wenigstens, soweit man es selbst übersehen kann, die Amtsorganisation förmlich zerreißt: Das ist ja wohl das Ärgste, was einem in der Praxis begegnen kann.‹«

Während aber Bürgel sich K. in seiner Empfindlichkeit und Scham preisgibt, schläft K. ein und träumt von Berührung gerade als Bedrohung seiner Scham. Sprechen bedroht K., weil er in der Berührung mit dem anderen sich selbst begegnet, dann aber sprachlos ist vor Scham. Von Nähe kann er nur träumen, und zwar als Kampf.

»K. schlief, es war zwar kein eigentlicher Schlaf, er hörte Bürgels Worte vielleicht besser als während des früheren todmüden Wachens, Wort für Wort schlug an sein Ohr, aber das lästige Bewußtsein war geschwunden, er fühlte sich frei, nicht Bürgel hielt ihn mehr, nur er tastete noch manchmal nach Bürgel hin, er war noch nicht in der Tiefe des Schlafs, aber eingetaucht in ihn war er. Niemand sollte ihm das mehr rauben. Und es war ihm als sei ihm damit ein großer Sieg gelungen, und schon war auch eine Gesellschaft da, dies zu feiern und er oder auch jemand anders hob das Champagnerglas zu Ehren dieses Sieges. Und damit alle wissen sollten, worum es sich handle, wurde der Kampf und der Sieg noch einmal wiederholt oder vielleicht gar nicht wiederholt, sondern fand erst jetzt statt und war schon früher gefeiert worden, und es wurde nicht abgelassen, ihn zu feiern, weil der Ausgang glücklicherweise gewiß war. Ein Sekretär, nackt, sehr ähnlich der Statur eines griechischen Gottes, wurde von K. im Kampf bedrängt. Es war sehr komisch und K. lächelte darüber sanft im Schlaf, wie der Sekretär aus seiner stolzen Haltung durch K.'s Vorstöße immer aufgeschreckt wurde und etwa den hochgestreckten Arm und die geballte Faust schnell dazu verwenden mußte, um seine Blößen zu bedecken, und doch damit noch immer zu langsam war. Der Kampf dauerte nicht lange; Schritt für Schritt, und es waren sehr große Schritte, rückte K. vor. War es überhaupt ein Kampf? Es gab kein ernstliches Hindernis, nur hier und da ein Piepsen des Sekretärs. Dieser griechische Gott piepste wie ein Mädchen, das gekitzelt wird. Und schließlich war er fort, K. war allein in einem großen Raum, kampfbereit drehte er sich um und suchte den Gegner; es war aber niemand da, auch die Gesellschaft hatte sich verlaufen, nur das Champagnerglas lag zerbrochen auf der Erde. K. zertrat es völlig. Die Scherben aber stachen, zusammenzuckend erwachte er doch wieder, ihm war übel, wie einem kleinen Kind, wenn es geweckt wird. Trotzdem streifte ihn beim Anblick der entblößten Brust Bürgels vom Traum her der Gedanke: Hier hast du ja deinen griechischen Gott! Reiß ihn doch aus den Federn.«

K. kann die eigenen Wünsche nach Annäherung nur als Kampf vorstellen, in dem es Sieger und Verlierer gibt. Dem griechischen Gott aus Stein, den K. erst zum Leben erwecken muß, rückt er dann mit Faustschlägen auf seine Blöße zuleibe, um enttäuscht festzustellen, daß es kein Kampf ist, denn der Sekretär, ein griechischer Gott, »piepste wie ein Mädchen, das gekitzelt wird«, und daß der Gott davonläuft. Auch die Gesellschaft verläuft sich, und K. zertritt in seiner einsamen Lust – wie im Schlitten von Klamm –, wie auf der Mauer –, das Champagnerglas am Boden, weil er sich nur im Schmerz fühlen kann, nicht aber im Gefühl des Sieges. Lust verkehrt sich in Leiden, weil er sie sich nur als Kampf vorstellen kann, der aber zugleich ihre Aufhebung ist. K. bekämpft seine Scham, er kann sie nicht als sein Gefühl achten, das zugleich sein Bedürfnis nach Achtung und Respektierung seiner Körperlichkeit durch den anderen ist. Er erwacht und »ihm war übel wie einem kleinen Kind, wenn es geweckt wird«. Übel ist einem kleinen Kind, wenn es geweckt wird, aber nur, wenn es sich bloßgestellt fühlt in seiner Befriedigung an sich selber, wenn es im Blick des Erwachsenen die Ablehnung seiner Sinnlichkeit spürt und sich als ›schlimm‹ erlebt. ›Von Übel‹ aber ist K.'s Sehnsucht, sichtbar zu werden mit seinen Bedürfnissen: »Hier hast du deinen griechischen Gott, reiß ihn doch aus den Federn«, denkt er beim Anblick von Bürgels entblößter Brust, aber dann würde K. als Subjekt seines Handelns sichtbar. K. anonymisiert sich in seiner Lust und läßt Bürgel für sich reden: »Klappere, Mühle, klappere, dachte er, Du klapperst nur für mich.«

8.3 Kafkas Schweigen als Schattenmund und Erkenntnisglück: eine ›kleine Theorie‹ der affektiven Struktur von Kafkas ›Schreiben als Verschweigen‹

Kafka tritt als Erzähler neben K., der schläft, und nimmt ihn lächelnd wahr:

»... und K. lächelte darüber sanft im Schlaf, ...«

»K. schlief, abgeschlossen gegen alles, was geschah. Sein Kopf, der zuerst auf dem linken Arm oben auf dem Bettpfosten gelegen war, war im Schlaf abgeglitten und hing nun frei, langsam tiefer sinkend; die Stütze des Armes oben genügte nicht mehr, unwillkürlich verschaffte K. sich eine neue dadurch, daß er die rechte Hand gegen die Bettdecke stemmte, wobei er zufällig gerade den unter der Decke aufragenden Fuß Bürgels ergriff. Bürgel sah hin und überließ ihm den Fuß, so lästig das sein mochte.«

Kafka beschreibt zärtlich die Berührung zweier Männer, die harmlos ist wie die zweier Kinder, die im Schlaf am Körper des

12. Februar 1922
»Die abweisende Gestalt, die ich immer traf, war nicht die, welche sagt: ›Ich liebe dich nicht‹, sondern welche sagt: ›Du kannst mich nicht lieben, so sehr du es willst, du liebst unglücklich die Liebe zu mir, die Liebe zu mir liebt dich nicht.‹ Infolgedessen ist es unrichtig, zu sagen, daß ich das Wort ›Ich liebe dich‹ erfahren habe, ich habe nur die wartende Stille erfahren, welche von meinem ›Ich liebe dich‹ hätte unterbrochen werden sollen, nur das habe ich erfahren, sonst nichts« (Kafka, Tagebücher 1910–1923).
Ich meine, daß Kafkas »Schloß«-Text mit dem erkennenden Blick, der zugleich der Blick der Liebe ist (40), wie eine Anamorphose zu entziffern ist.

Henry Kettle: Zylinderanamorphose: ›Die schlafende Venus wird von Amor enthüllt‹, ca. 1770, Öl auf Holz (37 × 48 cm), Amsterdam, Sammlung Schuyt.
In: Anamorphosen. Ein Spiel mit der Wahrnehmung, dem Schein und der Wirklichkeit. Text: Fred Leeman, Idee, Produktion und Fotografie: Jost Elffers und Mike Schuyt, Köln 1975.
Mit einer Spiegel-Folie, zusammengerollt zu einem Zylinder von etwa 3 cm Durchmesser, können Sie das Bild entzerren, indem Sie den Zylinder in den Kreis auf dem Bild stellen.

anderen Halt suchen. Kafka tritt in dieser Szene als Erzähler neben K., der schläft und somit als Perspektivfigur zurücktritt. Kudszus hat die Wirkung des distanzierten Erzählers bei Kafka einseitig als »bedrohlich-mysteriös«[234] festgeschrieben. In dieser Szene zeigt sich jedoch, daß Kafka als distanzierter Erzähler K. wohlwollend begleitet und den Leser vor Peinlichkeit und Scham schützt, indem er im Sprechen eine Distanz zum Erleben herstellt, so daß die Berührung mit dem anderen zugleich Selbsterkenntnis bedeutet. Bürgels Sprechen und Kafkas Sprechen als Erzähler in dieser Szene führen dem Leser vor, was K. fehlt: Die Verfügung über Sprache als trennendes Medium, das zugleich in der Distanz die Bedingung für Nähe als Beziehung zum anderen schafft. Während der Leser K. zurufen möchte: ›Sprich doch, sag, was Du fühlst, zeig Dich, nutze die einmalige Chance!‹, schweigt K. Sein Schweigen macht wütend und ratlos. Mecke brachte es sogar zur »Weißglut«. Zugleich aber spürte ich deutlich – und Kafkas wohlwollendes Erzählen bestätigt es –, daß K. im Sprechen von Bürgel als Schamschutz aufgehoben und bei sich ist. Was Sandbank inhaltlich betrachtet als Kafkas »paradox of the never-used-opportunity«[235] beschreibt, stellt zwischen Text und Leser die formale Bedingung für eine metakommunikative Funktion des Textes dar, insofern der Leser das Schweigen beredt macht. Kafkas an K. dargestelltes Schweigen beschreibt sowohl seine Glücksstörung als auch ihre Aufhebung in der Kommunikation mit dem Leser darüber, wenn er seine sinnliche Selbsterfahrung am Text sprachlich benennt. Mit meinem trauma-analogen Verstehen der Text-Leser-Interaktion grenze ich mich also von psychoanalytischer Literaturdeutung ab, die Kafka im familialen Kontext, d. h. innerhalb des Sprechtabus, festschreibt. Der Akzent meiner Deutung liegt auf der Beziehung Text-Leser und nicht auf der Pathologie. Bürgels Sprechen ist der Schamschutz, unter dem Kafka mit seinem Sprechen den Leser berührt. Daß Kafka K. die Gelegenheit, für sich zu sprechen, verfehlen läßt, stellt »das Beteiligungsangebot«[223] an den Leser dar. Isers Leerstellentheorie der Texte greift allerdings als kognitive Theorie der ästhetischen Wirkung von Texten zu kurz.

Ich meine, daß K.'s Schweigen im Text als Leerstelle Kafkas Beziehungsangebot an den Leser ist, als sinnlicher Partner der Szene nicht nur Zuschauer zu sein, sondern selber sichtbar zu werden. Was heißt das? Kafka hebt K. im Schweigen als Perspektivfigur der Szene auf. K. wird dadurch Luft – wie in den traumatischen Szenen. Kafka füllt aber K.'s Schweigen mit der Darstellung von Sinnlichkeit im Gestischen. Unter dem Schamschutz von Bürgels Sprechen findet heimliche Berührung statt: Kafkas Sprechen ist sinnliche Berührung auf dem Körper des Lesers. Kafkas Sprechen erregt den Leser, seine Worte sind der Samenerguß auf meinem Körper. Meine Lust ist Schattenmund des Textes, Antwort auf die Frage, die K. träumend als Angst vor Lächerlichkeit abwehren mußte. Sprechen macht Gefühle, Lust, so daß mein Körper »seinen Ideen folgt – denn der Körper hat nicht dieselben Ideen wie ich«[236]. In der Lust am Text begegne ich mir selbst und erkenne zugleich den anderen. Kafka zeigt sich dem Leser in der verbalen Lust an sich selber, so daß sich »ein Raum der Wollust«[236] zwischen Kafka und dem Leser eröffnet: der Text. Kafka gestaltet in K.'s Schweigen und Aufhebung als Perspektivfigur den Text als »intermediären Erfahrungsraum« (Winnicott) zwischen sich und dem Leser, in dem die Worte Übergangsobjekte (Winnicott[237]) sind, so daß der Gebrauch der Sprache als Aktion möglich wird. In diesem Illusionsraum wird K.'s Textphantasie, sich der Welt zeigen zu wollen, als Kafkas Opus-Phantasie sinnlich konkret am Leser. Dieser Textraum ist, wie Barthes sagt, »ein Fetisch-Objekt«, und »dieser Fetisch begehrt mich«[238]. »Wenn ich mit Lust einen Satz, eine Geschichte oder ein Wort lese, so sind sie in Lust geschrieben worden (diese Lust steht nicht im Widerspruch zu den Klagen des Schriftstellers)«[158]. Umgekehrt gilt für den Leser: Als Leser »begehre ich in gewisser Weise den Autor: Ich brauche seine Gestalt (die weder seine Darstellung noch seine Projektion ist), so wie er meine Gestalt braucht (außer, wenn er ›plappert‹)«[238].

Während K. also die Angst träumt, in seinem Gefühl des Sieges wie ein Mädchen verlacht zu werden – wie er es durch die Frau, das Mädchen vom Schloß, erfahren hat – gibt Kafka dem Leser im Sprechen den intimen Schutzraum für sinnliche Selbsterfahrung. Kafka begleitet den Leser mit Bürgels Sprechen über Scham und Lust. »Durch Abstinenz in Sachen Interpretation«[66] konnte ich die Berührung durch Kafkas Text als authentische Erfahrung zulassen. Die Lust, die ich als Frau am Text empfand, zeigte mir zweierlei zum metapsychologischen Verständnis des Textes. Einmal bestätigt sie, daß, wie Matt dargelegt hat, die Opus-Phantasie des Autors geschlechtsunspezifisch ist[239]. Es kann also nicht die

Frage sein, daß ich als Frau Kafkas Texten gegenüber die »unbetroffenere Partei«[90] bin, wie Mecke meint, und mir Kafkas Texte deshalb unzugänglicher wären als einem männlichen Interpreten. Ich erlebte die Szene gar nicht als »unreine Sache«, wie sie Mecke unter seiner triebdynamischen Verfolgerperspektive »Homosexualität« erscheinen mag. Zum anderen aber korrigiert meine Selbsterfahrung am Text Matts kommunikationstheoretischen Begriff der Opus-Phantasie, der eine konkretistische Verkürzung beinhaltet. Der vom Autor phantasierte Leser sei, so Matt, »unweigerlich einer, der zustimmt, ablehnt oder ignoriert«[240]. Matt unterstellt demzufolge, der von Kafka mitphantasierte Leser sei »möglicherweise der ablehnende Vater«[240]. Kafkas Schweigen verstanden als Kommunikation ist aber als sinnliche Selbsterfahrung am Text Schattenmund und Erkenntnisglück zugleich. Das von Kafka an K. inszenierte Schweigen antizipiert also weder den ablehnenden noch den zustimmenden Leser. Es schafft Körper und ist Selbsterfahrung, wenn der Leser die Erfahrung im Illusionsraum Text als Interaktionsfigur symbolisch benennt, den Text also als Übergangsobjekt benutzt (Lorenzer/Orban[241]). Kafkas Schweigen ist mit dem von Mecke angedeuteten, aber triebdynamisch interpretierten Schweigen autistischer Kinder vergleichbar. Mecke kennzeichnet sie durch ihre »neu-gierige Mitgerissenheit«[86] und beschreibt einen solchen Jungen, wie er sehend den Raum erforscht und sich dabei zugleich seines Körpers versichert. »Seine Augen wandern in die Augenwinkel, wenn ich ihn länger ansehe, hilft das nicht, so hält er sich am eigenen Penis fest, von Sex aber keine Rede«[86]. Mecke sagt von sich: »Durch solche Kinder begriff ich Kafka besser«[86]. Ich meine, daß Kafkas an K. – wie an einem autistischen Kinde – dargestelltes Schweigen den Text erst zum Organ der Lust zwischen sich und dem Leser macht. Barthes spricht vom Text als vom Fetisch-Objekt, das aber nicht im Sinne der Psychodynamik des Fetischismus als Negation des Selbst mißzuverstehen ist[242]. Vielmehr wird die Sprache selber zum Medium der Distanz zum anderen und dadurch zugleich zum Konstituens von Selbsterkenntnis als Selbstbefriedigung, zu der immer zwei gehören. Sprechen, Text, schafft Körper im Illusionsraum zwischen »Ich« und »Du«, so wie es auch im analytischen Raum geschieht.

Was heißt das nun für das Verständnis der K.-Bürgel-Szene? Während Bürgel über Scham und Angst spricht, hält sich K. im

Schlaf an Bürgels Fuß fest, so wie er sich auch an Friedas Fuß unter dem Schankpult Halt verschafft hatte, so wie der autistische Junge, von dem Mecke spricht, sich an seinem Glied festhält. Wenn Mecke sagt, »von Sex keine Rede«[86], dann wehrt er die Schamlosigkeit des autistischen Kindes in den Normen psychoanalytischer Triebtheorie als anödipal und pervers ab. Das autistische Kind ist aber zu verstehen als in seiner Körperlichkeit sprachlos-bewußtlos geblieben und deshalb schamlos und ungeschützt. Es brauchte die Erfahrung, sich im Sprechen des anderen als Berührung und Bestätigung seiner Sinnlichkeit aufgehoben und benannt zu fühlen. Darin besteht die metakommunikative Funktion des Sprechens bei Kafka im Moment von K.'s Schweigen. Als Teilhaber der Szene entsteht *im* Leser die sprachliche Benennung der Szene zwischen K. und Bürgel als Benennung der körperlichen Berührung mit dem Text.

Meine lustvolle Antwort auf den Text ist aber mehr als bloß die zustimmende Antwort des Lesers, sie ist sinnliche Selbsterfahrung als Spracheinfädelung am Text. Matt hält am Freudschen Wunschkonzept fest, so daß ihm nicht nur der Selbst-Aspekt der Opus-Phantasie entgeht, sondern auch die metakommunikative Funktion von Traum und Tagtraum. Die Opus-Phantasie des Autors wird von Matt in die Infantilgeschichte des Autors zurückgebunden.

Sebald, der das »Schloß« unter dem Gesichtspunkt von Freuds Thanatos-Hypothese interpretiert und damit Sinnlichkeit zur weltanschaulichen Sinnlosigkeit abstrahiert, deutet die Berührung zwischen K. und Bürgel auf dem textfernen Hintergrund jüdisch-orthodoxer Todesrituale. K. werden zudem im Schloß messianische Aufgaben unterstellt.

»Der in der Figur K.'s latente messianische Wunsch, als Lebender ins Reich der Toten einzudringen, mag freilich auch einer anderen Bedeutung noch offenstehen, dergemäß das Reich der Toten der Ort wäre, zu dem die Vorväter versammelt wurden. Für dieses Suchen nach der verschütteten Tradition der Ahnen steht eine jener unscheinbaren Gesten, die im Werk Kafkas als die tiefsinnigste Verschlüsselung des Geheimnisses erscheinen: ›... die Stütze des Armes oben genügte nicht mehr, unwillkürlich verschaffte K. sich eine neue dadurch, daß er die rechte Hand gegen die Bettdecke stemmte, wobei er zufällig gerade den unter der Decke aufragenden Fuß Bürgels ergriff.‹ Das *surreal* anmutende Detail ist eine Reminiszenz aus dem orthodoxen Judentum, in dem man sich der fortwährenden Verbindung mit einem eben Verstorbenen zu versichern suchte durch das Berühren der Füße des Toten.«

Aus dem szenischen Zusammenhang wissen wir, daß K. die Glücksbringerrolle der Familie gerade aufgekündigt hat. Darin aber bestand das in der K.-Bürgel-Szene zur Debatte gestellte Tabu der Selbstliebe. Interpreten, die wie Sebald oder Mecke Psychoanalyse als heterosexuellen Normenkodex verstehen, bejahen mit ihrer Interpretation implizit dieses Tabu. K.'s Berührung mit Bürgel wird als Versöhnungsgeste gedeutet, körperliche Berührung damit aber als Schuld hypostasiert, die entschuldigt werden muß. Indem Sebald den Text mit einer biographischen Erfahrung von Kafkas Mutter mit dem toten Großvater belegt, wird die Berührung der beiden Männer im Bett unausgesprochenermaßen zur Todsünde. Die Lust des Lesers am Text aber ist allemal tabuisiert. Sebald scheint vielmehr mit der depressiven Mutter und dem depressiven fünfjährigen Knaben Kafka identifiziert. Wie wir aus der Analyse von Mitscherlich-Nielsen wissen, hängen die frühen, seelisch nicht verarbeiteten Verlusterfahrungen der Mutter und der depressive Blick des fünfjährigen Kindes Kafka, den Sebald zum biographischen Angelpunkt seiner »Schloß«-Interpretation als Todesvision gemacht hat, zusammen. K.'s Schweigen in dieser Szene, das ich als Schweigen aus Scham aufgrund traumatischer Körpererfahrungen szenisch begriffen habe, bleibt für Sebald unter dem Blickwinkel des psychoanalytischen Triebdualismus im depressiv-familialen Kontext. Auf dem Hintergrund meines trauma-analogen Verstehens des Textes konnte ich hingegen als Leser, der in außerfamilialem Kontext Kafkas Text rezipiert, das Schweigen als Kommunikation verstehen und meine lustvolle Selbsterfahrung am Text sprachlich benennen und damit auf Kafkas paradoxes Beziehungsangebot eindeutig antworten. Literatur als Artikulation von Gefühlen, wie Langer »präsentative Symbolik« kennzeichnet, stellt als sekundäre Sozialisationsagentur mehr und anderes dar, als das Abbild familialer Interaktionsformen. An der Wirklichkeit von Realtraumen festhaltend, eröffnet das Verstehen des »Schloß«-Textes eine Versprachlichung in symbolisch vermittelte Interaktionspraxis. Mein trauma-analoger Deutungsansatz stellt im Sinne von Sontag eine »Erotik« von Literatur statt eine »Hermeneutik«[243] dar. Mit dem liebenden Blick als erkennendem Blick entsteht der Text als anamorphotisches Bild sinnlich-sprachlicher Selbsterfahrung im Leser.

Meiner Auffassung nach ist der Grund für Kafkas Weltberühmtheit gerade das erotisch-sinnliche Beziehungsangebot seiner Texte. Nicht allein, daß Kafka das Leiden traumatischer Kindheit beschrieben hat, bestätigt vornehmlich jungen Menschen ihre sprachlos-unbegriffenen Gefühle, wie Miller meint[244]. Vielmehr ist die der Kotsprache inhärente, aber ihr gegenläufige Kosesprache Kafkas Botschaft. Die kommunikative Situation zwischen Text und Leser wird als solche thematisch. In Szenen wie der K.-Bürgel-Szene, in der Kafka K. als Perspektivfigur und damit den Inhalt als Dritten exkommuniziert, wird die dyadische Sprechsituation selber zum Thema. Wie im analytischen Raum wird im Textraum sinnliche Praxis sprachlich neu formulierbar. Der mit dem Buch einsame Leser realisiert im Lesen das Sprechen des Textes an sich selber, so wie der Patient im Gehörtwerden Sprechen als Selbstkonstituierung seiner unbegriffenen Körperlichkeit in der sinnlichen Gegenwart des Analytikers erfährt.

Der Leser macht in Szenen wie der »Bürgel«-Szene, der »Aktenverteilung« oder »Warten auf Klamm«, also immer wenn K. allein ist oder aber im Sprechen mit dem anderen zögert, von sich zu sprechen, und statt dessen schweigt, am Text die paradoxe Erfahrung des Alleinseins, während noch jemand da ist (siehe Khan in Winnicott[245]). In dieser Seinserfahrung im Leseakt besteht der spielerische Lustgewinn des »Schloß«-Textes.

8.4 Der »Schloß«-Roman als Demontage des »falschen Selbst«

Aus meiner Analyse der K.-Bürgel-Szene ergab sich folgende *Arbeitshypothese:* Im »Schloß« insgesamt, aber insbesondere im 3. Teil gestaltet Kafka K.'s Sozialisationsverlauf im Rücklauf: K. erlebte sich mit Frieda in seiner Heterosexualität ungeschützt, es war ein sprachloser »Kampf um Mitleid«. Mit Bürgel erlebt sich K. in seiner Scham als Mann seinen Gefühlen sprachlos albern wie ein Mädchen ausgeliefert. In der folgenden Szene in den Beamtengängen wird K. dann lustvoll zum Kind, aber, als er in seiner Lust durch die Herrenhof-Wirtin erkannt wird, wird er sich seine Scham als Schuld einreden lassen. K. meint, die Empfindlichkeit der anderen mit seinem Schweigen schützen zu müssen. Tatsächlich schützt K. sich damit zugleich selbst in seiner Angst, »das wahre Selbst zu sein«[246]. Er sucht in den Kleidern der anderen den Schamschutz für seine Gefühle, bis er in der Szene mit der Herrenhof-Wirtin am Romanende die Sprache als Selbstschutz erkennt und benutzt. Im 3. Teil des »Schloß«-Romans erlebt der Leser also, wie K. sich selber das Tuch von den Augen nimmt, um zu sehen, und das heißt auch, sich selbst zu erkennen.

In der Kosesprache unter der Kotsprache legt Kafka an K. »einen starken Rest gesunder Kindlichkeit« offen, den K. glaubte aus Scham und Schuld mit Prügel niederhalten zu müssen. Darin aber hatte die Verschulung der Sinnlichkeit in der Familie bestanden. Meine These ist, daß Kafka im 3. Teil des »Schloß«-Romans den Leser teilhaben läßt an der Rückführung K.'s zu den Bedingungen der Einsozialisierung eines »falschen Selbst«[247] in der Familie. Ich stimme zwar Kreis zu, daß Kafka Erziehung als »Auszehrung«[248] verstand, meine aber gerade nicht, daß er Auszehrung an K. im Sinne einer »Degradationsmetamorphose«[249] beschrieben hat. Kafka führt vielmehr im »Schloß«-Roman K.'s Selbstbehauptung ohne Selbst vor, indem er sein »falsches Selbst« demontiert, um die Bedingungen seiner Herstellung aufzuzeigen und damit erst die Trasse zur Selbstverwirklichung diesseits des familialen Sprech- und Fühlverbots zu eröffnen. Der »Schloß«-Roman zeigt, wie K. den Bedingungen des »Infantilisierungsprozesses«[248] durch soziale Anpassungsmechanismen ausgesetzt ist, aber nicht mehr wehrlos. Er benennt sukzessive die paradoxen Beziehungsangebote und sprengt damit den von Kobs[250] als hermetische Totalität unterstellten paradoxen Zirkel. K. überwindet die traumatischen Klirrpunkte und schafft damit die Bedingungen dafür, sichtbar zu werden.

In der Szene zwischen K. und Bürgel hat Kafka die Bewältigung von K.'s traumatischem Schrecken inszeniert, nachts im Schulzimmer statt Frieda den Gehilfen berührt und dabei die eigene Erregung gespürt zu haben. Seine erwachte Sinnlichkeit – er hatte eigenhändig eingeheizt – hatte er zuvor mit einem »Faustschlag« »besinnungslos« niedergeprügelt und die blutige Bestrafung durch die Lehrerin akzeptiert, weil er die Berührung mit sich selber als sündhaft erlebte. Selbsterkenntnis und Selbstbefriedigung, die aneinander gebunden sind wie Bote und Adressat, stellen K.'s Sprech- und Fühlverbot dar. Während Bürgel sich zeigt und spricht, erlebt der Leser K.'s heimliche Lust als Kampf mit der Scham, als K.'s Angst, sich mit seinen Gefühlen als Mann lächerlich zu machen wie ein Mädchen. K. zeigt sich nicht und verpaßt die Gelegenheit, in gemeinsamem Sprechen mit Bürgel den Schutz für seine Scham zu finden: Sich selbst erkennend mit dem anderen sich im Sprechen als Trennendem und zugleich eine Beziehung erst Herstellendem aufgehoben zu fühlen, abgegrenzt in seiner Körperlichkeit und zugleich benannt in seiner Sinnlichkeit in Beziehung zum anderen. Bürgel beschreibt K.'s Glücksstörung als Störung der Selbstverwirklichung, wenn er sagt: »Es gibt Dinge, die an nichts anderem scheitern, als an sich selbst«. Als K. Bürgel verläßt, »hielt er sich die Stirn und sah hinab auf seinen Schoß«, aber er hat kein Selbstbewußtsein, keinen Namen für seine Sinnlichkeit gefunden, er ist haltlos. Kafka beschreibt das an der Art und Weise, wie K. das Zimmer verläßt:

K. erhob sich, »... stützte sich, wo er nur eine Stütze fand, am Bett, an der Wand, an der Tür, und ging, als hätte er sich längst von Bürgel verabschiedet, ohne Gruß hinaus.«

9. »Der Aufbruch im Hühnerstall« versus »Die unübersehbare Registratur der Verstorbenen«

9.1 »Das Vergehen«, nach Positivem bei Kafka zu suchen

19a. ›Aktenverteilung‹ 257-271

Im Gespräch mit Erlanger gibt K. umstandslos Frieda an Klamm zurück und denunziert seine Begegnung mit Bürgel vor sich selber, er habe sich auf seinen Körper nicht verlassen können. Er treibt sich nun in verbotener Weise und voller Lust in den Gängen des Herrenhofs herum, wo frühmorgens die Aktenverteilung vor den Zimmern der Beamten stattfindet. Kafka läßt abermals – wie in der Bürgel-Szene – den Code der erhabenen Beamtenwelt mit dem der verspielten Kinderwelt aneinanderstoßen, so daß die Sozialisationsbedingungen des Kindes als dialektisches Wechselspiel von Macht und Ohnmacht sichtbar werden. Die Scham der Ohnmächtigen ist zugleich die der Mächtigen. In den Beamtengängen zeigt sich K., unter der Bedingung, daß die Beamten in ihrer Scham sich in ihren Zimmern vor K. verborgen halten. Auf der Sprachebene wird die gemeinsame Scham als Schuld einsozialisiert. An der Fröhlichkeit der Szene erfährt der Leser die Bedeutung der Kosesprache als die implizite Textphantasie des »Schloß«-Romans, wenn er ausspricht, was er »Mit Augen hört«.

Ich habe gezeigt, daß K. mit seinem Schneeschaufeln zum handelnden Subjekt wird und daß die Entwicklung im Roman an ihm ablesbar ist als seine sprachlich-vermittelte Auseinandersetzung in szenischen Interaktionen. Sebald nun sieht im »Schloß« eine Allegorie von Thanatos und interpretiert die äußere Natur, die Schneelandschaft, als Sinnbild menschlicher Beziehungen. Er verdoppelt mit seiner Interpretation aber nur die im Text an K. sichtbar werdende Empathiestörung als Antropomorphisierung der Natur bei gleichzeitiger Verdinglichung der menschlichen Beziehungen.

Sebald verfehlt dadurch die von Kafka im »Schloß«-Roman vorgeführte ästhetische Bewältigung von K.'s Glücksstörung. Bei Sebald heißt es:

Die Landschaft sei »befallen von Frost und Schnee ... Die im paysage mort sich abspielende Geschäftigkeit, alles Hin und Her der Kutschen und der Parteien und jeder Versuch, im Amtsbezirk des Todes irgendein Ziel zu erlangen, trägt die Zeichen großer Vergeblichkeit, wie denn auch dem Volksglauben zufolge für diesen Bereich als Regel gilt, daß man in ihm jeweils ›drei Schritte vor und drei Schritte zurückgehen müsse‹.«

Die Folge von K.'s traumatischer Kindheitserfahrung als Individualtrauma narzißtischer Kränkung im Sinne einer tödlichen Erfahrung, die in seiner Handlungshemmung und Glücksstörung in sozialen Beziehungen ihren Niederschlag findet, wird bei Sebald zum kollektiven Stillstand totalisiert: Schloß und Dorf werden zum »Amtsbezirk des Todes«, und damit erübrigt sich jegliche Konfrontation mit Kafkas an K. dargestellter Sozialgeschichte als sinnlich-konkreter Herstellung von defizienten Interaktionsformen. Wie Bartosch sagt, hat der Todestrieb in der Psychoanalyse denselben Stellenwert wie der Teufel in der christlichen Mythologie. Das pauschale Ohnmachtsbekenntnis sei leichter abzugeben als die konkreten Punkte unseres Scheiterns zu benennen.

Genauso wie das »Handwörterbuch des Deutschen Aberglaubens« benutzt Sebald Kafkas Biographie als Plombe gegen andrängende Lebendigkeit am Text. Interessant ist nun, an welchen Punkten im Text Sebald mit seinem naturwissenschaftlich-erklärenden Verständnis von Psychoanalyse als Symbol- und Diagnosekatalog auf Kafkas Infantilgeschichte rekurrieren muß. Ausgangspunkt von Sebalds Arbeit war »der unendlich trostlose Blick des fünfjährigen Knaben« Kafka auf einem Atelierfoto; diesen unbeantwortet gelassen und sich statt dessen auf die Suche nach »Positivem«[251] in Kafkas Werken begeben zu haben, nennt Sebald ein »Vergehen«, dessen sich die Interpreten »schuldig« gemacht haben. Sebald fragt nun nicht nach der Kindheitsgeschichte des Autors als traumatischer etwa – wie der »Brief an den Vater« sie ausweist –, sondern bedarf nur eines biographischen Faktums, um daraus auf das Gesamtwerk und die Autorpersönlichkeit zu schließen, und zwar um endlich das Negative von Kafkas Texten zu Wort kommen zu lassen.

»Es ist ein Vergehen der Interpreten, eine Antwort auf diesen Blick schuldig geblieben zu sein, die in die Schriften Kafkas eingelassenen sehnsüchtigen und angstvollen Bilder des Todes überblättert zu haben, welcher der ebenso frühen wie ausdauernden Melancholie korrespondieren. Die Krankheit zum Tode, ...«[198]

Der Todestrieb als Urgrund »kollektiver Bildungsmechanik«[252] generiert Diagnose des Autors und Textallegorie in einem Atemzug. Alles weitere steht von allem Anfang an fest.
Gleich zu Beginn von Sebalds Arbeit heißt es: K. sei nicht Landvermesser, sondern Wanderer, und »die Psychoanalyse verzeichnet Reise und Wanderschaft als Symbole des Todes«[217]. Folglich stelle das »Schloß« K.'s Todesfahrt und Suche nach der Tradition der Ahnen, insbesondere ihrer Sterberituale, dar, freilich nicht ohne gelegentliche messianische Lichtblicke. Als Verhaltenspsychologie an Literatur in Ansatz gebrachte Psychoanalyse, wie Sebald sie betreibt, kann den Text aber nur in sich selbst bestätigende Weltbilder übersetzen und entdialektisiert damit die von Kafka an K. erzählte Sozialgeschichte, die Vergesellschaftung innerer Natur unter traumatischen Bedingungen äußerer Natur darstellt. Gerade aber an körperlich-traumatische Kindheitserfahrungen reicht eine biologistische Psychoanalyse mit ihrer Zeichensprache nicht heran. Hier müssen dann biographische Fakten zitiert werden, um das Interaktionsgeschehen sowohl im Text als auch zwischen Text und Leser als szenisches Geschehen zu entpersönlichen, so daß traumatisches Erleben am Text in objektiv betrachtbaren Zuständen sistiert wird.

Ich möchte beispielhaft für triebtheoretisch an Literatur praktizierte Psychoanalyse Sebalds Vorgehen herausgreifen, um zu zeigen, wozu unkontrollierte Gegenübertragung am »Schloß«-Text führen kann. Ich werde deshalb im folgenden meine szenische Analyse des 3. Teils des »Schloß«-Textes unter einer Doppelperspektive fortsetzen: meinem trauma-analog-szenischen Verstehen der Interaktionen als einer psychoanalytischen Sprachuntersuchung und Sebalds biographischer Perspektive »des unendlich trostlosen Blicks des fünfjährigen Knaben«, der Kafkas »angstvolle Bilder des Todes« bestimmt habe, was zugleich Kafkas »Krankheit zum Tode« gewesen sei.

K. erlebt die Aktenverteilung in den Gängen des Herrenhofs als heimlicher Zuschauer mit. Sebald spricht von »der dort herrschenden Unruhe ..., (dem) von diktierenden und sich unterhaltenden Stimmen, Gläserklirren und Hammerschlägen hervorgerufene(m) *Chaos der Geräusche*, das dem an einer *Lärmphobie laborierenden* Kafka wohl als das geeignetste *Abbild der Hölle* vorgekommen sein mag ...«[216].

Lesen wir nun im »Schloß«-Text nach, was Kafka schreibt, hören wir hin, was K. erlebt in den Beamtengängen, sehen wir uns mit an, wie die Aktenverteilung vor sich geht, die Sebald unter seiner thanatoiden Perspektive als »die unübersehbare Registratur der Verstorbenen«[216] bezeichnet, während Kafka vom »Aufbruch im Hühnerstall« spricht.

1. »Und es stimmte sehr damit überein, daß es jetzt um fünf Uhr schon überall zu seiten des Ganges lebendig wurde. Dieses Stimmengewirr in den Zimmern hatte etwas äußerst Fröhliches. Einmal klang es wie der Jubel von Kindern, die sich zu einem Ausflug bereitmachen, ein andermal wie der *Aufbruch im Hühnerstall*, wie die Freude, in völliger Übereinstimmung mit dem erwachenden Tag zu sein, irgendwo ahmte sogar ein Herr den Ruf eines Hahnes nach ... K. betrachtete das alles nicht nur mit Neugier, sondern auch mit Teilnahme. Er fühlte sich fast wohl inmitten dieses Getriebes, sah hier hin und dort hin und folgte – wenn auch in entsprechender Entfernung – den Dienern, die sich freilich schon öfters mit strengem Blick, gesenktem Kopf, aufgeworfenen Lippen nach ihm umgewandt hatten, und sah ihrer Verteilungsarbeit zu ... Dann begannen

erst die eigentlichen Schwierigkeiten. Derjenige (Beamte), welcher Anspruch auf die Akten zu haben glaubte, war äußerst ungeduldig, machte in seinem Zimmer großen Lärm, klatschte in die Hände, stampfte mit den Füßen, rief durch den Türspalt immer wieder eine bestimmte Aktennummer in den Gang hinaus. Dann blieb das Wägelchen oft ganz verlassen. Der eine der Diener war damit beschäftigt, den Ungeduldigen zu besänftigen, der andere kämpfte vor der geschlossenen Tür um die Rückgabe. Beide hatten es schwer. Der Ungeduldige wurde durch die Besänftigungsversuche oft noch ungeduldiger, er konnte die leeren Worte des Dieners gar nicht mehr anhören, er wollte nicht Trost, er wollte Akten; ein solcher Herr goß einmal oben durch den Spalt ein ganzes Waschbecken über den Diener aus ... Das Interesse an der Sache war ringsherum sehr groß, überall wisperte es, kaum eine Tür war ruhig und oben an der Wandbrüstung verfolgten merkwürdigerweise mit Tüchern fast gänzlich vermummte Gesichter, die überdies kein Weilchen ganz ruhig an ihrer Stelle blieben, alle Vorgänge ...«

2. »Von allen abseitigen Beobachtungen kehrte dann K. immer bald wieder zu dem Diener zurück; für diesen Diener traf das wahrlich nicht zu, was man K. sonst von den Dienern im allgemeinen, von ihrer Untätigkeit, ihrem bequemen Leben, ihrem Hochmut, erzählt hatte, es gab wohl auch Ausnahmen unter den Dienern oder, was wahrscheinlicher war, verschiedene Gruppen unter ihnen ... Besonders die Unnachgiebigkeit dieses Dieners gefiel ihm sehr. Im Kampf mit diesen kleinen, hartnäckigen Zimmern – K. schien es oft ein Kampf mit den Zimmern, da er die Bewohner kaum zu sehen bekam – ließ der Diener nicht nach. ... und es geschah, daß er zweimal und dreimal zurückgeschlagen wurde auf sehr einfache Weise allerdings, nur durch das verteufelte Schweigen, und dennoch gar nicht besiegt war. Da er sah, daß er durch offenen Angriff nichts erreichen konnte, versuchte er es auf andere Weise, z. B., soweit es K. richtig verstand, durch List. Er ließ dann scheinbar von der Tür ab, ließ sie gewissermaßen ihre Schweigsamkeit erschöpfen, wandte sich anderen Türen zu, nach einer Weile kehrte er wieder zurück, rief den anderen Diener, alles auffallend und laut, und begann auf der Schwelle der verschlossenen Tür Akten aufzuhäufen, so, als habe er seine Meinung geändert, und dem Herrn sei rechtmäßigerweise nichts wegzuneh-

men, sondern vielmehr zuzuteilen. Dann ging er weiter, behielt aber die Tür immer im Auge, und wenn dann der Beamte, wie es gewöhnlich geschah, bald vorsichtig die Tür öffnete, um die Akten zu sich hineinzuziehen, war der Diener mit ein paar Sprüngen dort, schob den Fuß zwischen Tür und Pfosten und zwang so den Herrn, wenigstens von Angesicht zu Angesicht mit ihm zu verhandeln, was dann gewöhnlich doch zu einem halbwegs befriedigenden Ergebnis führte. Und gelang es nicht so oder schien ihm bei einer Tür dies nicht die richtige Art, versuchte er es anders ...«

3. »Dann aber gab es Fälle, ein oder zwei, wo er freilich alle Versuche aufgab, aber auch hier glaubte K., daß es nur ein scheinbares Aufgeben oder zumindest ein Aufgeben aus berechtigten Gründen sei, denn ruhig ging er weiter, duldete, ohne sich umzusehen den Lärm des benachteiligten Herrn, nur ein zeitweises länger dauerndes Schließen der Augen zeigte, daß er unter dem Lärm litt. Doch beruhigte sich dann auch allmählich der Herr, wie ununterbrochenes Kinderweinen allmählich in immer vereinzelteres Schluchzen übergeht, war es auch mit seinem Geschrei; aber auch, nachdem es schon ganz still geworden war, gab es doch wieder noch manchmal einen vereinzelten Schrei oder ein flüchtiges Öffnen und Zuschlagen jener Tür. Jedenfalls zeigte es sich, daß auch hier der Diener wahrscheinlich völlig richtig vorgegangen war. Nur ein Herr blieb schließlich, der sich nicht beruhigen wollte, lang schwieg er, aber nur, um sich zu erholen, dann fuhr er wieder los, nicht schwächer als früher. Es war nicht ganz klar, warum er so schrie und klagte, vielleicht war es gar nicht wegen der Aktenverteilung ... Und so zogen sie wieder weg, wie sie gekommen waren, nur zufriedener und so schnell, daß das Wägelchen vor ihnen hüpfte. Nur einmal zuckten sie noch zusammen und blickten zurück, als der immerfort schreiende Herr, vor dessen Tür sich K. jetzt herumtrieb, weil er gern verstanden hätte, was der Herr eigentlich wollte, mit dem Schreien offenbar nicht mehr das Auskommen fand, wahrscheinlich den Knopf einer elektrischen Glocke entdeckt hatte, und, wohl entzückt darüber, so entlastet zu sein, statt des Schreiens jetzt ununterbrochen zu läuten anfing. Daraufhin begann ein großes Gemurmel in den anderen Zimmern, es schien Zustimmung zu bedeuten, der Herr schien etwas zu tun, was alle gern schon längst getan

hätten, und nur aus unbekanntem Grunde hatten unterlassen müssen ...«

4. »Aber das Läuten hatte doch sofort eine Wirkung. Schon eilte aus der Ferne der Herrenhof-Wirt selbst herbei, schwarz gekleidet und zugeknöpft wie immer; aber es war, als vergesse er seine Würde, so lief er: die Arme hatte er halb ausgebreitet, so, als sei er wegen eines großen Unglücks gerufen und komme, um es zu fassen und an seiner Brust gleich zu ersticken, und unter jeder kleinen Unregelmäßigkeit des Läutens schien er kurz hochzuspringen und sich noch mehr zu beeilen ... Aber der Wirt blieb gerade bei K. stehen, als sei dieser sein Ziel und gleich war auch die Wirtin da, und beide überhäuften ihn mit Vorwürfen, die er in der Eile und Überraschung nicht verstand, besonders, da sich auch die Glocke des Herrn einmischte und sogar andere Glocken zu arbeiten begannen, jetzt nicht mehr aus Not, sondern nur zum Spiel und im Überfluß der Freude. K. war, weil ihm viel daran lag, seine Schuld genau zu verstehen, sehr damit einverstanden, daß ihn der Wirt unter den Arm nahm und mit ihm aus diesem Lärm fortging, der sich immerfort noch steigerte, denn hinter ihnen – K. drehte sich gar nicht um, weil der Wirt und noch mehr von der anderen Seite her die Wirtin auf ihn einredeten – öffneten sich nun die Türen ganz, der Gang belebte sich, ein Verkehr schien sich dort zu entwikkeln, wie in einem lebhaften, engen Gäßchen, die Türen vor ihnen warteten offenbar geduldig darauf, daß K. endlich vorüber komme, damit sie die Herren entlassen könnten, und in das alles hinein läuteten, immer wieder angeschlagen, die Glokken, wie um einen Sieg zu feiern.«

Sebald nimmt die Szene als »Registratur der Verstorbenen« wahr und das Chaos der Geräusche als »Abbild der Hölle«, denn Kafka habe eine »Lärmphobie« gehabt ... Ich hingegen hörte in dieser Szene Kinderlärmen und Gezeter, Jubel und Tränen und Schluchzen, Türenschlagen und Glockenläuten, und nahm K.'s Kindwerden mit den ›Beamtenkindern‹ wahr.

Ich hörte auf die Fröhlichkeit ..., den Jubel der Kinder, den Aufbruch im Hühnerstall ..., sah den strengen Blick, gesenkten Kopf, die aufgeworfenen Lippen und K., der standhält ... ein Beamter klatscht in die Hände, stampft mit den Füßen ... ein anderer gießt ein ganzes Waschbecken über dem Diener aus ... verteufeltes Schweigen von Zimmertüren herrscht ... dann wispert es wieder überall, ein paar Sprünge werden getan, um von Angesicht zu Angesicht zu verhandeln ... ununterbrochenes Kinderweinen ist zu hören, das allmählich in immer vereinzelteres Schluchzen übergeht, vereinzelte Schreie ... flüchtiges Öffnen und Zuschlagen von Türen ... ein Wägelchen hüpft über die Gänge ... eine Glocke läutet ununterbrochen und daraufhin entsteht ein großes zustimmendes Gemurmel ... ein Spiel findet statt im Überfluß der Freude ... Glocken läuten, wie um einen Sieg zu feiern ...

Ich habe im Verlauf meiner Beschäftigung mit dem »Schloß«-Text verschiedene Phantasien und Gefühle zu dieser Szene gehabt. Solange ich sie auf der Inhaltsebene nach einem tieferen Sinn befragte, fühlte ich mich in diesem Chaos geängstigt und verwirrt, meinte, sie bedeute K.'s Wahn, aber auch einen Samenerguß. Ich war darauf gekommen im Vergleich mit dem 7. Kapitel »Beim Vorsteher«. Dort durchwühlen die Gehilfen und die Frau des Vorstehers einen Aktenschrank nach K.'s Landvermesserakte. Während der Vorsteher bemüht ist, K. die Existenzberechtigung als Landvermesser abzusprechen, und sich in umständliche Reden über Kontrollämter verwickelt, ist K.'s Akte tatsächlich auch nicht auffindbar in den überquellenden Aktenbergen, die wie Brennholz gebündelt sind. Ich hatte in dieser verrücktmachenden Zweigleisigkeit der Kommunikation – dem gestischen Vordialog der Frau und der Gehilfen und der Rede des Vorstehers – die Phantasie: ›K. frage die Eltern, ob er erwünscht war oder ein Versehen‹. Während die Frau als Antwort ihr Gesicht in den Aktenbergen vergräbt, kramt der Vorsteher in seiner Erinnerung und spricht über chaotisch-unkontrollierte Amtsvorgänge. Die Antwort lautet schließlich: Als Landvermesser werde K. nicht gebraucht, aber als Privatmann sei er im Dorf geduldet. Daß diese Antwort für K. befriedigend ist, zeigt sein fröhliches Verlassen der Vorsteher-Szene gemeinsam mit den Gehilfen. Sie entspricht der Wahrheit, daß er kein Landvermesser ist, und seinem Wunsch, als Mensch trotzdem geachtet und respektiert zu werden.

In der Szene der Aktenverteilung nun ist diese Zweigleisigkeit der Kommunikation aufgehoben, und das Chaos bzw. Durcheinander von Beamtenwelt und Kinderwelt wird als fröhlicher Exhibitionismus thematisch. In der anschließenden Interaktion zwischen K. und der Herrenhof-Wirtin wird die Szene dann wieder in ein verzerrtes Sprachspiel, in dem Denken und Fühlen aufgetrennt sind, eingepaßt werden.

9.3 Form wird zum Inhalt, Kindheit wird thematisch

Im Gegensatz zu den traumatischen Szenen, vor denen der Vordialog ›Kindergeschrei‹ abriß, weil K. sich – wie damals auf der Mauer – als das schuldige Kind fühlte, ist in dieser Szene der Aktenverteilung der Vordialog ›Kindergeschrei‹ zum szenischen Dialog selber geworden: Die Form wird zum Inhalt, Kindheit wird thematisch. K. ist schuldlos-schamlos mit den ›Beamtenkindern‹ identifiziert und versteht jetzt – anders als in den traumatischen Szenen »ihr schnelles Sprechen«, weil er sich selber lustvoll und lebendig erlebt: »... nicht nur mit Neugier, sondern auch mit Teilnahme. Er fühlte sich fast wohl inmitten des Getriebes.«
Ich konnte die Szene der Aktenverteilung erst in dieser Weise wahrnehmen, als ich sie im szenischen Zusammenhang mit der vorausgehenden Szene K.-Bürgel verstand. Dort hatte Bürgel von der Angst vor Scham und Kontrollverlust gesprochen, die die Beamten bei nächtlichen Verhören haben. K. selber, so haben wir gesehen, träumt seine Angst vor Scham als körperlichen Angriff und fürchtet sich, sich mit seinen Gefühlen lächerlich zu machen wie ein Mädchen. Für K. sind »Stirn« und »Schoß« nach der Szene mit Bürgel zwar verbunden: K. »... hielt sich die Stirn und sah hinab auf seinen Schoß«. Aber K. ist im gemeinsamen Erleben mit Bürgel ohne Namen für seine Männlichkeit geblieben. In der Szene der Aktenverteilung sucht K. also ›Mit Augen hörend‹ nach seinem Namen.
Ich meine, daß das unterschiedliche Textverständnis bei mir und Sebald mit dem unterschiedlichen Verarbeiten der Ängste, aber auch der Lust, zu tun hat, die Kafka dem Leser auch mit dieser quirlig-dramatischen Szene macht. Die kontrollierte Gegenübertragung und ein szenisches Verstehen des Textes läßt die Deutung der Szene als K.'s polymorph-perverses Kindwerden zu. Sebald abstrahiert von seinem Erleben und dem dargestellten *Kinder*lärm, indem er von Kafkas Lärm*phobie* spricht. Indem er die Sinnlichkeit im Text als »Abbild ... (von Kafkas) *Hölle*« interpretiert, entsinnlicht er sie unter der *Todestrieb*hypothese. Damit ›schüttet Sebald aber das Kind gleich zweimal mit dem Bade aus‹:

Zum einen, indem er die dargestellte Fröhlichkeit und Lebendigkeit verteufelt und sie Kafkas Pathologie zuschreibt; zum anderen, indem er den *szenischen* Zusammenhang ignoriert und somit die Bedeutung von Kafkas Inszenierung der Beamtenwelt als Kinderwelt exkommuniziert.

Ich meine nun, daß Kafka in dieser Szene zunächst ein Stück Bewältigung von K.'s narzißtischer Traumatisierung zeigt, insofern sich K. sinnlich-körperlich in diesem »Aufbruch im Hühnerstall« der Beamtenwelt erlebt, die sich ihm in ihrer Kindlichkeit und Schamhaftigkeit öffnet. Dann aber überläßt K. den anderen das Sagen über seine Gefühle. Und Kafka stellt mit seinem ›Schreiben als Verschweigen‹ dem Leser anheim, ob er zu seinem kontrollierten Miterleben am Text steht oder ob er sich – wie K. – aus Angst und Scham schuldig fühlt und sich sich selbst entfremden läßt, indem er seine *Kosesprache* durch die *Kotsprache* der anderen pervertieren läßt.

Betrachten wir noch einmal den Text:

1. K. hält dem »strengen Blick, gesenkten Kopf, aufgeworfenen Lippen« des Dieners stand. Er läßt sich nicht mehr – wie damals auf der Mauer durch den Lehrer oder in der Familie durch die Frau – davon abschrecken, sich zu zeigen und die morgendliche Aktenverteilung mit anzusehen. Meine Phantasie von der Aktenverteilung als einem Samenerguß ist bei genauerem Hinsehen gar nicht weit hergeholt, wenn wir den »Ruf eines Hahnes« ernst nehmen:

»Einmal klang es wie der Jubel von Kindern, die sich zu einem Ausflug bereitmachen, ein andermal wie der Aufbruch im Hühnerstall, wie die Freude in völliger Übereinstimmung mit dem erwachenden Tag zu sein, irgendwo ahmte sogar ein Herr den Ruf eines Hahnes nach.«

2. K. nimmt identifikatorisch an dem listenreichen Kampf des Dieners gegen das »verteufelte Schweigen« der Beamten teil. »Es gefiel ihm sehr«, wie der Diener »mit ein paar Sprüngen« zur Stelle ist, um die Herren zu zwingen, »wenigstens von Angesicht zu Angesicht mit ihm zu verhandeln«, was dann auch halbwegs befriedigende Ergebnisse zeitigt.

3. Diese hindernisreiche Verteilung der Aktenbündel an die Beamten stellt K.'s Bemühen um ein unvermitteltes Sprechen mit den Beamten dar. Es trägt die Züge verzweifelt-spielerischer Rechthaberei und leidvoller Enttäuschung, eines Riesenlärms um »ein Papierchen«, das K.'s Akte sein könnte, eines Zettels, den

der erschöpfte Diener dann »in kleine Stücke« zerreißt: »Es war wohl die erste Unregelmäßigkeit, die K. hier im Bürogetriebe gesehen hatte, allerdings war es möglich, daß er auch sie unrichtig verstand«. K. bleibt also weiterhin in seiner Landvermesseridentität ohne schriftlichen Nachweis. Aber das Zerreißen des Zettels kann auch heißen, daß seine Lüge, Landvermesser zu sein, nicht aktenkundig geworden ist. Das Schloß akzeptiert ihn als den, der er ist: Josef K., als der er auch zuvor bei Bürgel angekommen ist. Das zerrissene Zettelchen erinnert in szenischem Kontext an den obszönen Brief des Schloßbeamten an Amalia, den sie zerrissen hatte. Assoziationen an Entjungferung und Beschneidung begleiten für mich die Szene. Sichtbar zu werden, sich selbst bei seinem Namen zu nennen, heißt aktenkundig werden, sich als Mann veröffentlichen.

4. Was dann zählt, sind die Glocken, die ertönen, und das zustimmende Gemurmel, »wie um einen Sieg zu feiern«, wie K. es auch mit Bürgel erträumt hatte. K. läßt sich nun aber das Gefühl des Sieges, seine Gefühle von Freude und Ausgelassenheit, den kindlichen Jubel, aber auch Weinen und Schreien über »verteufeltes Schweigen«, seine Kosesprache also, in Kotsprache ummünzen. Die elterlich-besorgten Wirtsleute, die wir aus der Szene ›Zwischen Tür und Angel‹ kennen, kommen angelaufen und reden K. die Scham der Beamten als seine Schuld ein. Wie in der vorangegangenen Szene im Bett mit dem Beamten Bürgel, als K. für sich hätte sprechen können, statt dessen aber »eine große Abneigung gegen alle Dinge, die ihn betrafen« verspürt hatte und eingeschlafen war, zeigt sich auch in dieser Szene K.'s Tragik: Er ist »sozial sprachlos« (Kaliwoda), so daß er im Moment der Berührung mit sich, und das heißt seiner möglichen Selbstverwirklichung in der Kommunikation mit anderen »an nichts anderem als an sich selber scheitert«, weil er schweigt. Kafka stellt an K. die »Glücksgestörtheit« (Kohut) eines Menschen dar, der durch frühe Traumatisierung seiner körperlich-sinnlichen Existenz nicht »Ich« sagen kann, sondern den anderen über sich täuschen muß, um ihn aus Angst vor narzißtischer Kränkung und Scham von sich abzulenken. Der Leser erlebt in schmerzlicher Weise mit, wie K. sich aus Angst manipulieren läßt. Kafka fragt damit aber den Leser, mich, ob ich das Tabu der Selbstbefriedigung akzeptierte oder lustvolle Körpererfahrung angstfrei zulassen kann und ihr einen Namen gebe.

Was K. – und ich mit ihm – als »Spiel« und »Überfluß der Freude« der sinnlich-lebhaften, in den Gängen verkehrenden Beamten wahrgenommen hat, und woran er sich – heimlich – sättigte »wie ein Tier auf der Weide«, was dann von einer »Glocke ... wie um einen Sieg zu feiern« übertönt wird, wird ihm als Schuld eingeredet. Mit seiner bloßen Gegenwart habe er die schamhaften Beamten von ihren Geschäften abgehalten, gar »das Heraufkommen des Tages« verhindert. Die Beamten seien »... am Morgen, kurz nach dem Schlaf, zu schamhaft, zu verletzlich ..., um sich fremden Blicken aussetzen zu können; sie fühlen sich förmlich, mögen sie auch noch so vollständig angezogen sein, zu sehr entblößt, um sich zu zeigen«. K.'s narzißtischer Wunsch also, sich zu zeigen, und seine Lust an sich selber werden ihm zur Schuld, weil er die Scham und Verletzlichkeit der Beamten nicht respektiert habe. Er wird belehrt, daß er aus Rücksicht auf die Scham der Beamten zu einer »Nachtmotte« zu werden habe. »Sucht nicht selbst die Nachtmotte, das arme Tier, wenn der Tag kommt, einen stillen Winkel, macht sich platt, möchte am liebsten verschwinden und ist unglücklich darüber, daß sie es nicht kann? K. dagegen stellt sich dorthin, wo er am sichtbarsten ist, und könnte er dadurch das Heraufkommen des Tages verhindern, würde er es tun. Er kann es nicht verhindern, aber verzögern, erschweren kann er es leider.« K. hat seinen Wunsch, sich zu zeigen, verwirklicht, wird aber darüber belehrt, daß er damit das »Gesetz ... allergewöhnlichster menschlicher Rücksichtnahme«, das allerdings, so hören wir, nur einseitig für die Beamten gilt, gesprengt habe. Dieses Gesetz lautet: Respekt ›nach oben‹ zu haben, nicht aber Respektierung der sinnlich-körperlichen Bedürfnisse in wechselseitig-sinnlicher Spiegelung als wohlwollendes Aufgehobensein im anderen. So haben wir mit K. erlebt, daß die Beamten an der Angst vor Beschämung leiden, die auch K. kennt. Es ist der Grund für seine Sprunghaftigkeit in Beziehungen. Ich habe K.'s traumatische Interaktionsform ausführlich als ›Auf dem Sprung sein‹ beschrieben. Der von den ›Eltern‹ K. nun als Gesetz der Schuld eingeredete narzißtische Mißbrauch durch die Beamten hat seine Wurzel in deren narzißtischer Defizienz, ihrer Scham. Sie sind Menschen: ängstlich wie Kinder, fröhlich und ausgelassen, wenn sie unbeobachtet sind, in den öffentlichen Amtsgeschäften aber herrschen sie durch »verteufeltes Schweigen« aus Scham. – Wie mit Bürgel erkennt K. sich mit ihnen und

erlebt sich unter ihnen als der, der er ist, den er aber als »wahres Selbst« (Winnicott) verleugnen muß, weil er sich als Kind in seiner körperlichen Lust nicht liebevoll bestätigt fand und für seine Gefühle keinen Namen hat.
In der Szene der Aktenverteilung wird also traumatische Kindheit thematisch, zunächst als freundlichere Erfahrung. Aber ›der Absturz von der Mauer‹ bleibt nicht aus. K. findet keine Partner für seine Freude, denn K. blieb in seiner Freude stummer Teilhaber der lustvoll tönenden Szenerie – so wie K. zunächst an der traumatischen Szene 2 als Zuschauer beteiligt wurde – und die herbeieilenden Wirtsleute nehmen nicht wohlwollend an seiner Freude teil, sondern exkommunizieren sie – so wie die zwei Männer K. in der traumatischen Szene 2 vor die Tür gesetzt hatten. Sie verwerfen neidisch als Schuld, was sie selber nie wagen würden, sich aber sehnlichst wünschen: »Könnten sie doch nur einen Blick hineintun in das fröhliche Treiben der endlich von K. befreiten Herren!« K. hat diesen Blick gewagt, halten wir das fest, – so wie K. trotz des schmerzlichen Absprungs von der Mauer dennoch »dieses Gefühl des Sieges« für sein Leben festgehalten hatte.

19b. ›K.-Herrenhof-Wirtin‹ 270-271
K. hat den Durchbruch des »trübseligen Hausbewohners« gewagt, das Schweigen seiner anonymisierten Existenz gebrochen, das Kind in sich ›zu Wort kommen lassen‹. K. hat sich gezeigt, und *wir* waren an dieser Lust beteiligt. Dann erleben wir, wie K. abermals zum Ärgernis wird, weil die Mächtigen sich in ihrer Scham als ohnmächtig erweisen. Aus dieser Scham heraus müssen sie K. übersehen und mißachten, – so wie es der Lehrer tat und die Frau in der Familie. Daß K. dann schweigt und sein lustvoll-neugieriges Teilnehmen und Erleben auf den Gängen, das wir mit ihm erlebten, durch die Kotsprache der anderen entstellen läßt, rührt aus seiner narzißtischen Traumatisierung körperlicher Erfahrung her. Angesichts der erneuten Bedrohung, aus der Wärme in die Winterkälte und Einsamkeit hinausgeworfen werden zu können, anonymisiert er sich sofort wieder im Sinne der anderen. Unter dem Tabu der selbstbefriedigenden Darstellung macht sich K. selber zunichte, macht sich ›lieb-Kind‹ und wird zu ›man‹.

»War *man* hier in der *Wärme*, mußte *man* dankbar sein und Vorsorge treffen, daß *man* nicht vertrieben werde. ... lauernd sah er, zusammengekrümmt auf einem Faß, die beiden an, bis die Wirtin in ihrer ungewöhnlichen Empfindlichkeit, die K. längst aufgefallen war, plötzlich beiseite trat und – wahrscheinlich hatte sie mit dem Wirt schon von anderen Dingen gesprochen – ausrief: ›Wie er mich ansieht! Schick ihn doch endlich fort‹. K. aber, die Gelegenheit ergreifend, und nun völlig, fast bis zur Gleichgültigkeit davon überzeugt, daß er bleiben werde, sagt: *›Ich sehe Dich nicht an, nur Dein Kleid:‹* – ›Warum mein Kleid?‹ fragte die Wirtin *erregt*. K. zuckte die Achseln. ›Komm!‹ sagte die Wirtin zum Wirt. ›Er ist ja betrunken, der Lümmel. Laß ihn hier seinen Rausch ausschlafen!‹ Und sie befahl noch Pepi, die auf ihren Ruf hin aus dem Dunkel auftauchte, zerrauft, müde, einen Besen lässig in der Hand, K. irgendein *Kissen* hinzuwerfen.«

K. hatte zunächst zwar dem »strengen Blick« des Dieners standhalten können, so daß ihm ein stückweit die Bewältigung des Traumas mit dem Lehrer auf der Mauer glückte. Die paradoxe Bedingung war allerdings gerade die Sprachlosigkeit, wie sich nun im Anschluß mit der Wirtin herausstellt. Der Vordialog ›Kindergeschrei‹ war zum Dialog, die Kosesprache zur metakommunikativen Funktion des Textes geworden. Der »Empfindlichkeit« der Wirtin aber unterwirft sich K. sofort, indem er ihr das Sagen über seine Gefühle überläßt. Er duckt sich »lauernd«, wie ›Auf dem Sprung‹, nun aber nicht mehr, um sich zu zeigen und abermals eine »wegwerfende« Antwort zu riskieren, sondern um sie und sich zu schützen, indem er seinen Blick auf ihre Kleider ablenkt und sagt: »Ich sehe Dich nicht an, nur Dein Kleid.« Statt eines unmittelbaren Kontakts im Sinne gegenseitiger Wahrnehmung und Achtung entsteht aus Rücksicht auf »Empfindlichkeit« und Scham eine über Kleider und Kissen vermittelte Beziehung, die zudem durch Kotsprache getarnt ist, und dadurch vor Hinauswurf und Verwerfung schützt.
Kafka hat in dieser Szene K.'s Durchbruch als »trübseliger Hausbewohner« gestaltet, was für den Leser wahrnehmbar ist, wenn er K. begleitet und die eigene Lebendigkeit in diesem Durcheinander zuläßt, selbst wenn sie ihn ängstigt. Kafka inszeniert die verrückte Situation, indem er K. ›Nebendran-Sehen-und-Sprechen‹ läßt. Was K. tut, ist ein ›Seitensprung‹: Nur unter der Hand, subkutan, finden verschämte Berührungen statt, heimlich und deshalb ungeschützt, weil sie nicht in gemeinsamer Kosesprache benannt werden. Vielmehr tobt in der Kotsprache ein Rechtfertigungskampf um das Überleben, der das Ringen um narzißtische Spiegelung und Achtung übertönt.

9.4 Volksglaube versus sinnliche Erfahrung am Text

Während Sebald die Szene der Aktenverteilung als ein »Abbild der Hölle« des »an einer Lärmphobie laborierenden Kafka«[216] diagnostizierte und den Text als »unübersehbare Registratur der Verstorbenen« verstand, habe ich die traumatische Trasse im Romanverlauf verfolgt, die K. zwischen Scham und Schuld ›Auf dem Sprung‹ zeigt. Ich hörte dabei auf die Codeworte im Text, die ich weiter oben als Folge des transvestitischen Mechanismus gekennzeichnet habe, so daß ich die minuziöse Bewältigung der traumatischen Szenen im Text als Verwirklichung von K.'s Wunsch, sich zu zeigen, wahrnehmen konnte. Ich meine, daß der Leser sich von den Störungen und Brüchen im Text nicht irritieren lassen darf. Diese Irritation ist vielmehr die von Kafka an K. gestaltete Beziehungsform, die als strukturelle Empathiestörung im Textverstehen auf den Leser durchschlägt. Kafka hat K.'s ›Nebendran-Sehen-und-Sprechen‹ als Verschleppung des Subjekts derart gestaltet, daß kein unmittelbar sprachliches Verständigtsein zwischen Text und Leser entsteht. Kafka zeigt K. ›Auf dem Sprung‹. Der Leser muß zwar mit K. ›Auf dem Sprung sein‹, ohne ihn aber als Perspektivfigur aus den Augen zu verlieren, nur dann entgeht er der vom Text induzierten verrücktmachenden Wirkung durch die systematische Mystifizierung der Gefühle[225]. Nur wenn ich von K. her begreife, was ihn zur Mystifizierung seines Fühlens und Handelns treibt: das gesellschaftlich vermittelte Tabu der Selbstbefriedigung, kann ich begreifen, warum die dargestellte Praxis sich zum Prozeß einer unpersönlichen Kette von Ereignissen ohne Mitte, ohne Urheber, verwandelt. Die Szene wird polymorph pervers, weil die Gefühle nicht im Dialog eingebunden sind. Darin besteht die Lust und zugleich die leidvolle Erfahrung, weil K. dann durch die Wirtin in deren Kotsprache die erlebte Lust ausgetrieben und als Schuld eingeredet wird. Dieser verrückten Sprache entspricht K.'s Antwort: »Ich sehe Dich nicht an, nur Dein Kleid.« Wenn man wie Politzer K. die psychiatrische Diagnose »Depersonalisierter« anträgt, schreibt man an K. als Merkmal fest, was Kafka als szenisches Beziehungsgeschehen entfaltet hat. Das Begreifen aber der Art und Weise, *wie* defiziente Beziehungsstruktur in K. in Interaktionen eingeschrieben wird, macht dem Leser ein »Neubuchstabieren des Körperalphabets« (Pohlen) möglich.

So wie für Politzer, der K. psychiatrisch festschreibt, ist auch für Sebald über K. schon auf den ersten vier Zeilen des Romans alles gesagt: Als K. nämlich auf der Holzbrücke zwischen Dorf und Landstraße steht und zum Schloß emporblickt in »die scheinbare Leere«, gleiche er »den armen Seelen, die sich viel umtun, aber keine Geschichte haben«[217]. So jedenfalls Sebalds Stichwortgeber, das »Handwörterbuch des Deutschen Aberglaubens«. Tatsächlich zeigt sich, meine ich, daß K. Sehen und Fühlen lernt, denn »die scheinbare Leere«, in die er blickte, ist der leere Schein der anderen, und im Vordialog gestaltet Kafka zwischen K. und Leser spielerische Lebendigkeit, wenn der Leser hinhört und die Kosesprache als K.'s Geschichte der Kindheit wahrnimmt. Den Vordialog wahrnehmen heißt aber, die traumatischen Erlebnisse am Text als Leiden und Freuden der Kindheit fühlen und hinschauen, was Kafka über die Scham der Mächtigen sagt, die die Schläge verteilen, um sich davor zu schützen, in ihrer Ohnmacht und narzißtischen Bedürftigkeit erkannt zu werden. Sebald kürzt aber unter seiner thanatoiden Perspektive systematisch die Szenen um das dargestellte Interaktionsgeschehen, in dem K. sich als der ehemals »trübselige Hausbewohner« der Welt zeigt. Indem Sebald den traurigen Blick des fünfjährigen Knaben Kafka mit seiner theoretischen Thanatos-Perspektive identifiziert, kann er paradoxerweise Kindheitserfahrung verleugnen und damit die sowohl an den ›Eltern‹ als auch an K. dargestellte Hilflosigkeit und Gewalt ignorieren (s. die Hans-Szene). Sebald darf gerade die Ohnmacht als Voraussetzung grausamer Machtausübung nicht wahrnehmen. Er pocht auf Trennung, wo Kafka die narzißtische Defizienz der Mächtigen und Ohnmächtigen gleichermaßen offenlegt. Indem Sebald den szenischen Zusammenhang der Aktenverteilung außer Acht läßt, bleibt die von Bürgel benannte amtliche Scham außerhalb seiner Interpretation. Vielmehr spricht Sebald dann von dem »Traurigsten« im »Bezirk des Todes«:

»Daß auch hier wie einst im Leben, die Mächtigen und die Ohnmächtigen voneinander geschieden sind und daß, wie es wiederum der Volksglaube schon überliefert, ›die Toten des Dorfes unter der Erde in einer Stube beisammen‹ sitzen, während die irdischen Herren ›auch als Tote in einem Schloß hausen, wie sie es auf Erden getan haben‹.«[216]

Sebald glaubt dem Volksglauben mehr als einer möglichen sinnlichen Erfahrung am Text, sonst müßte er wahrgenommen haben, daß K. in der vorausgegangenen Szene mit Bürgel im Bett über die Scham und Ängste der Beamten gesprochen hat und daß er in der Szene der Aktenverteilung sich *in* den Gängen der Beamten befindet. K. hat einen Blick in die Beamtengänge gewagt und die Bestätigung von Bürgels Rede über die Scham der Beamten am eigenen Körper erfahren. Er war im ›kleinen Schloß‹ = Bürgel. Die von Sebald hypostasierte Trennung der Mächtigen und Ohnmächtigen ist eine textferne Phantasie, die er selbst als Volksglaube kennzeichnet. Sebald irrealisiert dargestellte traumatische Realität im »Schloß«-Text, weil er im Textverstehen seine eigene »trübselige« Kindheitsrealität nur verschämt, nach allen Seiten blickend, »– und wer erinnert sich nicht dessen? –«[216], wahrhaben darf. Sebald hält sich den Text vom Leibe, indem er an Unterschieden festhält, die Kafka gerade in der kindlichen Kosesprache als aufgehobene darstellt: Die Mächtigen sind in ihrer Ohnmacht und Scham den Ohnmächtigen gleich. Umgekehrt heißt das aber auch, der Ohnmächtige trägt nur solange Schuld an seiner Existenz, wie er sich die Scham der Mächtigen zu Herzen nimmt, um sie zu schonen und sich dabei zu verleugnen. K. entdeckt die seelische Mechanik von Macht und Ohnmacht als Manipulation mit Angst und Lust. Indem ich das vordialogische Sprechen als Gespräch unter den Worten, als Kosesprache, ernst nehme und die Berührung mit dem Text zulasse als Beziehung zwischen Text und Leser, gelingt eine Unbefangenheit vor der Blöße als emotionale Erfahrung am Text. Mit meinem trauma-analogen Verstehen als »Mit Augen hören«, wie ich meine, habe ich die metakommunikative Bedeutung der Aktenverteilung unter der traumatisierenden Kotsprache entziffert.

10. K. – Pepi: K. sieht ohne Belehrung, Sprechen ist die Botschaft

10.1 K.'s Interaktionsform ›Vernachlässigen‹ als Folge des Minimisiertwerdens zur Sonne des anderen

20a. ›K.-Pepi‹ 272-294
K.'s Interaktionsform ›Nebendran-Sehen-und-Sprechen‹ hat ihren formalen Niederschlag darin, daß Kafka K. erst in der nächsten Szene mit einem anderen Partner über sich sprechen läßt. Der *intra*szenischen Verschleppung des Subjekts korrespondiert die *inter*szenische Verschleppung der Rede. K. hatte zur Herrenhof-Wirtin gesagt: »Ich sehe Dich nicht an, nur Dein Kleid.« K. spricht jetzt mit Pepi, einem Mädchen, das Friedas Stelle als Ausschankmädchen eingenommen hatte, solange Frieda bei K. war. Als Frieda sich von K. getrennt hatte, um wieder in den Ausschank zurückzukehren, war für Pepi der unverhoffte soziale Aufstieg jäh beendet gewesen. Sowohl an ihrem Aufstieg als auch an ihrem Fall gibt sie K. ›die Schuld‹. K. hatte Pepi, als er auf der Suche nach Klamm war, kennengelernt. Er hatte auch ihr wie Frieda Beziehungen zum Schloß unterstellt, und K. war versucht gewesen, wie Kafka in einer gestrichenen Stelle schreibt, »das Geheimnis mit den gleichen Umarmungen an sich zu reißen ... wie er es bei Frieda hatte tun müssen.« [317]
Pepi, die K. als »Leidensgenosse«, »Held« und »Mädchenbefreier« feiert, minimisiert ihn gleichzeitig – wie ich es paradox bezeichnen möchte – zu ihrer Sonne. K. erfährt wieder in der Selbstbeklagung des anderen die verschleppte Rede über sich, aber jetzt zeigt er sich.

»Als K. in der Zufriedenheit, endlich einmal ausgeschlafen zu sein, und einen guten Kaffee trinken zu dürfen, heimlich nach einer Masche langte und sie zu öffnen versuchte, sagte Pepi müde: ›Laß mich doch‹, und setzte sich neben ihn auf ein Faß. Und K. mußte sie gar nicht nach ihrem Leid fragen, sie begann selbst gleich zu erzählen, den Blick starr in K.'s Kaffeetopf gerichtet, als brauche sie eine Ablenkung, selbst während sie erzählte, als könne sie, selbst wenn sie sich mit ihrem Leid beschäftigte, sich ihm nicht ganz allein hingeben, denn das ginge über ihre Kräfte.«

Bildlich gesprochen, ergießt Pepi ihre Selbstbeklagung in K.'s Kaffeetasse, und er trinkt ihre Enttäuschung »bis zum letzten

Bodensatz« aus, weil er noch im Kaffeesatz nach dem Geheimnis sucht. Seinen Gefühlen und seiner Männlichkeit läuft er in den Körpern der Frauen als ›Schloß-Geheimnis‹ nach. Frieda gegenüber hatte K. noch geglaubt, daß ihn »nur Enttäuschungen erwarten und daß (er) eine nach der anderen werde durchkosten müssen bis zum letzten Bodensatz ...« [136]. Vor Pepi spricht K. nun offen aus, was er auch Olga gegenüber noch nicht wagte: Er will weder als Glücksbringer vereinnahmt werden, noch sich als Betrogener schmeicheln.

»›Ich sei also mißbraucht und betrogen worden? Nein, liebe Pepi, ich bin so wenig mißbraucht und betrogen worden wie Du ... Ihr Zimmermädchen seid gewohnt, durch das Schlüsselloch zu spionieren, und davon behaltet ihr die Denkweise, von einer Kleinigkeit, die ihr wirklich seht, ebenso großartig wie falsch auf das Ganze zu schließen ... Das ist leider wahr, ich habe sie (Frieda) vernachlässigt, aber das hatte besondere Gründe, die nicht hierher gehören; ich wäre glücklich, wenn sie zu mir zurück käme, aber ich würde gleich wieder anfangen, sie zu vernachlässigen. Es ist so. Da sie bei mir war, bin ich immerfort auf den von dir verlachten Wanderungen gewesen; jetzt, da sie weg ist, bin ich fast beschäftigungslos, bin müde, habe Verlangen nach immer vollständigerer Beschäftigungslosigkeit.«

K. verzichtet auf Selbstmitleid und Rührung: Er habe Frieda vernachlässigt, weil er – so haben wir ihn auch im Romanverlauf erlebt – eben immer dort das Glück vermutet, wo er nicht ist. K. vergleicht sich dann mit einem Kind, das sich ungeschickt anstellt und durch Weinen, Kratzen, Zerren das Tischtuch heruntergerissen, dadurch aber die Pracht ein für allemal zerstört habe. K. sieht sich aus der Perspektive der Erwachsenen. Kafka überläßt den Leser unwidersprochen K.'s Selbstverständnis, das gerade rührend wirkt. Wie wir aber im Romanverlauf miterlebt haben, ist K. nur zwischen Verlangen und Verlassen, ›Auf dem Sprung‹, er selber, weil er sich in Beziehungen zu anderen nicht zeigen und benennen kann. Sprechen ist für K. kein Schamschutz, so daß er sich gerade in der Übereinstimmung mit dem anderen schutzlos ausgeliefert fühlt und von sich abrückt: Entweder, indem er sich verleugnet, also sich selbst vernachlässigt, oder, indem er flieht und damit den anderen vernachlässigt.

Während K. also das Minimisiertwerden zur Sonne des anderen durchschaut und benennt, bleibt er doch dem Selbstmißverständnis verhaftet, aus eigenem Verschulden gescheitert zu sein, er habe sich wie ein unartiges Kind betragen. Damit hält er an der Illusion fest, der andere habe letztlich das Sagen über ihn, verfüge über eine geheime Potenz.

10.2 Das Geheimnis ist leerer Schein, ›Sprechen ist die Botschaft‹

20b. ›K.-Herrenhof-Wirtin‹ 294-297

In der letzten Szene zwischen K. und Herrenhof-Wirtin ist eben dieses Geheimnis das Thema. Beide sprechen in einer verrückten Weise miteinander, weil sie im anderen ihre Gefühle verfolgen. Wieder schauen K. und Wirtin sich an, und das sprachlos-zärtliche Einvernehmen wird dann in Sprache denunziert. In der vorausgegangenen Interaktion hatte K. auf die Kleider der Wirtin abgelenkt, um sich ›lieb-Kind‹ zu machen und dadurch einem Hinauswurf in die Winternacht zu entgehen. Sein ›Nebendran-Sehen‹ hatte er als ›Nebendran-Sprechen‹: »Ich sehe Dich nicht an, nur Dein Kleid« ausgewiesen. Jetzt stellt ihn die Wirtin zur Rede, was er zu ihren Kleidern zu sagen habe, und zwingt K. dadurch, auszusprechen, was er sieht. K. sträubt sich vergeblich, er ist ›Auf dem Sprung‹, dreimal will er gehen, bis er sagt, was er »ohne Belehrung« sieht. Dann löst sich der Roman in Wohlgefallen auf: ›das Kind hat seinen Namen‹ und K. geht.
Hören wir den Text, sehen wir mit an, wie die Wirtin K. ihre Pracht vorführt:

»Und er verbeugte sich, um zu gehen. Die Wirtin sah ihn an, mit einem Blick, als träume sie. Durch den Blick wurde K. auch länger festgehalten, als er wollte. Nun lächelte sie auch noch ein wenig und erst durch K.'s erstauntes Gesicht wurde sie gewissermaßen geweckt; es war, als hätte sie eine Antwort auf ihr Lächeln erwartet und erst jetzt, da sie ausblieb, erwachte sie. ›Du hattest gestern glaube ich, die Keckheit, etwas über mein Kleid zu sagen.‹ K. konnte sich nicht erinnern.«

Die Wirtin will, daß K. über ihre Kleider spricht, und untersagt es ihm gleichzeitig, weil alles, was er darüber sagen könnte, »Keckheit«, »Unsinn« und »kindliches Geschwätz« sei. Überhaupt sage er nicht die Wahrheit, er sei kein Landvermesser. K. entgegnet in dem von mir beschriebenen Sinne von ›Ich nicht ... Du aber auch nicht!‹, auch die Wirtin sage nicht die Wahrheit:

»›Du bist nicht nur Wirtin, wie du vorgibst ... Ich weiß nicht, was du sonst bist, ich sehe nur, daß du eine Wirtin bist und außerdem Kleider trägst, die nicht für eine Wirtin passen, und wie sie auch sonst meines Wissens niemand im Dorf trägt ... Nun, sie sind aus gutem Material, recht kostbar, aber sie sind veraltet, überladen, oft überarbeitet, abgenützt und passen weder für deine Jahre noch deine Gestalt, noch deine Stellung. Sie sind mir aufgefallen, gleich, als ich dich das erstemal sah, es war vor einer Woche etwa, hier, im Flur.‹ – ›Da haben wir es also! Sie sind veraltet, überladen und was denn noch? Und woher willst du das alles wissen?‹ – ›Das sehe ich, dazu braucht man keine Belehrung.‹ –«

Als die Wirtin K. nun weitere Kleiderschränke mit ihren Kleidern eröffnet, beharrt K. weiterhin darauf: »... du zielst auf etwas anderes ab.« Die Wirtin benennt nun ihr Geheimnis:

»Ich ziele nur darauf ab, mich schön zu kleiden, und du bist entweder ein Narr oder ein Kind oder ein sehr böser, gefährlicher Mensch. Geh, nun geh schon!«

K. hatte die unmittelbare Berührung mit der Wirtin im Blickkontakt zunächst vermeiden wollen, es war unklar, ob aus eigener Scham oder aus Scham für sie. Er hatte auf ihre Kleider abgelenkt. Die Nichtbenennung von Selbst und Objekt in der traumatischen Szene auf der Mauer und mit der Frau hatte dazu geführt, daß für K. Dinge: Fahne, Kleider, Tuch, Schloß die szenische Bedeutung behielten von Selbst *und* Objekt, und als sprachlose Ungeschiedenheit Geheimnischarakter behielten. In dieser Szene nun zwischen K. und der Herrenhof-Wirtin erfährt K., daß es kein Geheimnis jenseits der Kleider gibt. War für K. ›Kleid‹ der bewußtlose Ausdruck einer Szene ohne Partner – so wie die Fahne Bedeutungsträger seines Siegesgefühls ohne Partner war –, so spricht die Wirtin jetzt ihren Narzißmus offen aus: Ihr Tun ist Selbstzweck, sie nimmt K. nicht als Beziehungspartner wahr. Er soll sie spiegeln, ohne daß sie ihn als Person respektiert, vielmehr depotenziert sie ihn zum Kind und Narr. K., der sich im Blick des anderen spiegeln will, um sich selbst darin zu finden, fällt abermals in das Loch, in das er von der Mauer durch den ärgerlichen Blick des Lehrers, in das er durch die wegwerfende – blicklose Antwort der Frau damals gestürzt war.

Die Wirtin hat kein Geheimnis, sie ist leerer Schein. Hatte K. zu Romanbeginn das Schloß als »scheinbare Leere« wahrgenommen und im Romanverlauf die Verkleidung der anderen als leeren Schein enthüllt, so benennt er am Romanende, zögernd zwar, was

er sieht, und findet im Sprechen Berührung. Gerstäcker, ein Dritter, hält ihn am Arm fest und eröffnet ihm die Trasse aus dem ›vampiristischen Zweieck‹. K. muß sich jetzt entscheiden, wenn er, bildhaft gesprochen, nicht verhungern will wie ein Esel zwischen zwei Heuhaufen[253].
In mehreren gestrichenen Stellen zum Romanende beschreibt Kafka Gerstäckers Interesse an K. genauer. K. habe Verbindungen zu Erlanger, bzw. Gerstäckers Mutter habe ihm gesagt: »Diesen Mann sollte man nicht verkommen lassen«. K. hatte Gerstäkker entgegnet: »Ein gutes Wort. Eben deshalb gehe ich nicht zu dir« [357]. In einer Variante des »Schloß«-Romanschlusses geht K. mit Gerstäcker und begrüßt dessen Mutter:

*»... sie reichte K. die zitternde Hand und ließ ihn neben sich niedersetzen, mühselig sprach sie, man hatte Mühe, sie zu verstehen, aber was sie sagte« (Ende des Manuskripts) [356]

Deutlich wird, daß Kafka K. *im anderen* um Worte ringen läßt. Die anderen bieten ihm Lösungen an, K. selber zeigt sich, aber er spricht nicht, er zögert noch immer.
In dieser Schlußszene des Romans wird in einem verwirrenden Wortgewitter das Geheimnis des Schlosses benannt. Es gibt keines. Was ein Kind verleugnen muß, um zu überleben: daß die Mutter es einzig zur Bestätigung ihrer narzißtischen Bedürfnisse nach Spiegelung und Echo mißbraucht, stellt für K., weil er es benennen kann, die Befreiung dar: er geht, das ist alles.

10.3 K.'s Seitenblicke werden intraszenisch wirklich und verlieren ihre Schrecken: Der Leser wird sichtbar

In der Deutung der K.-Herrenhof-Wirtin-Szene habe ich mich wieder »abstinent in Sachen Interpretation« verhalten. Ich hatte die Theorie-Phantasien gehabt, die Herrenhof-Wirtin sei eigentlich ein Transvestit. In der Telefon-Szene K. – Schloß hatte ich die Phantasie gehabt, die eindringliche Stimme sei ein mütterlicher Phallus. Ich verstand dadurch allerdings den Text nicht besser. Vielmehr war ich in meiner Gegenübertragung mit K. identifiziert, der in den Kleidern und im Sprechen der anderen eine geheime Potenz vermutet und ihr nachjagt. Die Analyse von K.'s Interaktionsform als ›Nebendran-Sehen-und-Sprechen‹ im Romanverlauf erwies dann, daß es im »Schloß«-Roman nicht um die Darstellung von Triebkonflikten geht, sondern gerade um die Bewältigung narzißtischer Traumatisierungen und Kränkungen durch sprachlose Gewalt bzw. Vergewaltigung durch liebloses Sprechen. K. ist »sozial sprachlos« und verkleidet deshalb seine Gefühle in der Sprache der anderen. In der Sprache der anderen aber taucht K. nur unter deren narzißtischer Defizienz, deren Selbstverachtung – wie in der traumatischen Szene 1 und 2 – auf. Genauso braucht die Herrenhof-Wirtin K. als Spiegel, ohne daß sie sich von ihm als wohlwollend spiegelnder Partner gebrauchen ließe. K. wird zur Sonne des anderen minimisiert und läßt es geschehen, in der Hoffnung, das Geheimnis der Überlegenheit der anderen zu ergründen.

Mein trauma-analoges Verstehen des Textes zeigt, daß das »Schloß« keine Botschaft hat[254], es hebt sich wie ein Mac Guffin (Hitchcock) auf. Das Schloß hat keine Botschaft, es ist eine: Sprechen ist die Botschaft. Kafka läßt K. sprechen lernen.

Betrachten wir noch einmal die Form des Romans: Kafka hat den Roman so gestaltet, daß K.'s Seitenblicke als ›Nebendran-Sehen‹ zum intraszenischen ›Nebendran-Sprechen‹ der anderen über K. werden. Der gestische Vordialog wird als K.'s Seitenblicke intraszenisch thematisch in der Rede des anderen über K. Derart inszeniert Kafka K.'s Sozialgeschichte als implizite Sozialisationsgeschichte. Der transvestitische Mechanismus ist die Textstruktur, die mit K.'s Demontage als »falsches Selbst« die defiziente Interaktionsform aller Figuren im »Schloß«-Text sichtbar werden läßt. Kafka läßt sukzessive die gestisch-vorsprachlichen Zwischenbilder (K.'s Seitenblicke, seine Körpersprache) zu sinnlicher Praxis in szenisch-sprachlichen Interaktionen werden. Darin besteht in der Formebene die Textbewegung. K. wird lebendig in sprachlichen Interaktionen, so daß die Strukturbedingungen von Sprachlosigkeit im Text sichtbar werden. Intraszenisch werden die Bilder dann in ihren traumatischen Konnotationen in Sprache eingeholt, und K. hebt sich als Perspektivfigur auf. Die Unübersichtlichkeit wird verstehbar, das Unheimliche verliert seine Schrecken. Besonders deutlich wird das Gesagte am Schloß als K.'s Bezugspunkt ›oben‹, als Geheimnishorizont (»scheinbare Leere«), der sich mit K.'s sprachlicher Selbstbenennung in den szenischen Interaktionen wie ein Mac Guffin aufhebt. Das Schloß erübrigt sich als Vorwand für K.'s Suche: K. spricht für sich.

Ich hatte gesagt, Kafka führe im 3. Teil des Romans K. zu den Bedingungen seiner defizienten Praxis zurück. In der letzten Szene erfahren wir dann, daß die Strukturlegung seiner narzißtischen Interaktionsform in dem Tabu der Selbstliebe, verkleidet als verrücktmachende Kommunikation, besteht. Im Sprechen zwischen K. und Wirtin verfolgt jeder seine Gefühle im anderen aus Angst und Scham, sich zu zeigen. Der Roman endet damit, daß K. und die Wirtin sich benennen, allerdings lieblos, und K. schweigend geht. Das kann sowohl Flucht als auch geglückte Trennung bedeuten. Im Leser entsteht ein Gefühl der Leere und der Unzufriedenheit. Das Benennen des Geheimnisses – es gibt kein Geheimnis hinter den Kleidern – ist die Aufhebung des Mac Guffin[255]: K. ist einer Formel nachgejagt, die sich in Nichts auflöst. Die sprachliche Benennung des Illusionsraumes sprengt diesen, und die Fiktion wird real. Das »Schloß« wird lesbar wie das Drehbuch für einen Stummfilm. K. hebt sich als Perspektivfigur auf, und ich werde als Leser sichtbar, und auch Kafka wird sichtbar. Schneider spricht von einer »Entzugs-Depression«[256], die der Leser als Folge des Auftauchens aus der Fiktion habe. Ich bin diesem Selbstmißverständnis so lange aufgesessen, bis ich mich selbst am »Schloß«-Text benennen konnte. Jetzt kann ich sagen: Ich schämte mich. Ich schämte mich, sichtbar zu werden neben Kafka mit meinem Verständnis seines Textes, obwohl mich Erkenntnisglück mit Freude und Stolz erfüllt. Obwohl? Nein, weil ..., weil ich stolz auf meine Arbeit bin. Was Kafka den Psychologen vorwarf, gelang ihm selber nur heimlich: »Arbeit als Freude, unzugänglich den Psychologen«[257]. Kafka versteht K., aber er anonymisiert sich selber dabei. Ich hatte mich für Kafka geschämt: Mit meiner Deutung des »Schloß«-Textes ist es mir gelungen, sowohl mich als auch den Text zu verstehen und den Grund von Kafkas Schreiben als »betrügen ohne Betrug« zu durchschauen und zu benennen. Ich habe gewagt, hinzuschauen und auszusprechen, warum Kafka K. mit der Wahrheit lügen läßt. Ich habe die Konfrontation mit Kafka ausgehalten, statt ihr mit textfernen Weltbildern zu begegnen, um letztlich Kafka als Denkmal zu retten. Ich habe mich in der Beziehung zu Kafka und seinem »Schloß«-Text selbst erfahren, aber auch relativieren gelernt. Ich brauche Kafka als Denkmal im Sinne des großen, aber unverständlichen Schriftstellers nicht mehr. Das Selbstverständliche an Kafka ist für mich das Besondere.

Mein trauma-analoges Verstehen des »Schloß«-Textes als »Mit Augen hören« machte mir an K. die Struktur des Textes sinnlich begreifbar, so daß ich für mich sagen kann: *Es gibt für Schnee keine Bleibe.*

Anmerkungen

Einleitung

1 Neumann, Gerhard: Umkehrung und Ablenkung: Franz Kafkas »Gleitendes Paradox«, in: DVjs. 42 (1968) H. 4, S. 724.
2 Truffaut, François: Mr. Hitchcock, wie haben Sie das gemacht? München 1973[6], S. 62 f.
3 Miller, Alice: Du sollst nicht merken. Variationen über das Paradies-Thema, Frankfurt 1981, vgl. S. 333.
4 Turk, Horst: »betrügen ... ohne Betrug«. Das Problem der literarischen Legitimation am Beispiel Kafkas, in: F. Kittler, H. Turk: Urszenen. Literaturwissenschaft als Diskursanalyse und Diskurskritik, Frankfurt 1977, S. 383.
5 Truffaut, F.: (2) S. 125 f. – Die Ziffern in Klammern verweisen auf die Anmerkung zurück, in der der Titel erstmals genannt wurde.
6 Schneider, Peter: Illusion und Grundstörung. Psychoanalytische Überlegungen zum Lesen. Psyche 36 (1982) S. 331.
7 Starobinski, Jean: Psychoanalyse und Literaturwissenschaft, in: Psychoanalyse und Literatur, Frankfurt 1973, S. 109.
8 Khan, M. Masud R.: Sein, Wissen und Erfahrung in der therapeutischen Situation, in: Selbsterfahrung in der Therapie, München 1977, S. 256.
9 Bauriedl, Thea: Beziehungsanalyse. Das dialektisch-emanzipatorische Prinzip der Psychoanalyse und seine Konsequenzen für die psychoanalytische Familientherapie, Frankfurt 1980, S. 53 f.
10 Cardinal, Marie: Schattenmund. Roman einer Analyse, München 1977.
11 Lorenzer, Alfred: Das Konzil der Buchhalter. Die Zerstörung der Sinnlichkeit. Eine Religionskritik. Frankfurt 1981, S. 155 ff.
12 Pohlen, Manfred, Wittmann, Lothar: ›Die Unterwelt bewegen‹. Versuch über Wahrnehmung und Phantasie in der Psychoanalyse, Frankfurt 1980, S. 102.
13 Bauriedl, Th.: (9) vgl. S. 61.
14 Lorenzer, Alfred: Zum Beispiel der ›Malteser Falke‹. Analyse der psychoanalytischen Untersuchung literarischer Texte, in: B. Urban und W. Kudszus: Psychoanalytische und psychopathologische Literaturinterpretation, Darmstadt 1981.

Kapitel 1

1 Diese Ziffern bezeichnen Seitenzahlen. Sie verweisen auf »Das Schloß«, Franz Kafka, Gesammelte Werke, hrsg. v. M. Brod, Frankfurt 1976, Band 3. Ziffern in [ ] verweisen auf Zitate aus dem »Schloß«, die jenseits der gerade analysierten Szene liegen, insbesondere aber auf gestrichene Stellen im Anhang des Textes. – Alle durch Kursivdruck gekennzeichneten Hervorhebungen stammen von mir.

2 Politzer, Heinz: Das entfremdete Selbst – ein Schlüssel zu Kafkas »Schloß«?, in: H. Politzer: Hatte Ödipus einen Ödipus-Komplex? München 1974, S. 10.

3 Sokel, Walter H.: Franz Kafka, New York 1966, S. 40.

4 Henel, Ingeborg: »Nachtrag 1970« zu »Die Deutbarkeit von Kafkas Werken«, in: Heinz Politzer (Hrsg.): Franz Kafka, Darmstadt 1973, S. 428.

5 Politzer, H.: (2) S. 10.

6 Politzer, H.: (2) S. 11.

7 Matt, Peter von: Die Opus-Phantasie. Das phantasierte Werk als Metaphantasie im kreativen Prozeß, Psyche 33 (1979) S. 193-212.

8 Cohn, Dorrit: K. enters the Castle. On the Change of Person in Kafka's Manuscript, in: Euphorion 62 (1968), H. 1, S. 28-45.

9 Kudszus, Winfried: Erzählhaltung und Zeitverschiebung in Kafkas ›Prozeß‹ und ›Schloß‹, in: DVjs. 38 (1964) Nr. 2, S. 192-207.

10 Politzer, H.: (2) S. 10.

11 Politzer, H.: (2) S. 10.

12 Goeppert, Herme u. Sebastian: Zum Verständnis von Sprache und Übertragung in Becketts »Endspiel«, in: B. Urban und W. Kudszus (Hrsg.): Psychoanalytische und psychopathologische Literaturinterpretation, Darmstadt 1981, S. 82.

13 Politzer, H.: (2) S. 14.

14 Politzer, H.: (2) S. 21.

15 Fish, Stanley: Literatur im Leser: Affektive Stilistik, in: R. Warning: Rezeptionsästhetik, München 1975, S. 225.

16 Iser, Wolfgang: Die Appellstruktur der Texte, Konstanz 1971.

17 Goeppert et al.: (12) S. 82.

18 Lorenzer, Alfred: Die Wahrheit der psychoanalytischen Erkenntnis, Frankfurt 1974, vgl. S. 293.

19 Bauriedl, Thea: Beziehungsanalyse, Frankfurt 1980, S. 53.

20 Lorenzer, Alfred: Das Sprachspielmodell und die Matrix individueller Praxis, in: Sprachspiel und Interaktionsformen, Ffm. 1977, S. 90.

21 Politzer, H.: (2) S. 15.

22 Politzer, H.: (2) S. 16.

23 Politzer, H.: (2) S. 21.

24 Reik, Theodor: Hören mit dem dritten Ohr. Die innere Erfahrung eines Psychoanalytikers, Hamburg 1976.
25 Politzer, H.: (2) S. 21.
26 Politzer, H.: (2) S. 25.
27 Habermas, Jürgen: Erkenntnis und Interesse, Frankfurt 1968, daraus Kapitel 10 und 11, S. 262-332.
28 Lorenzer, Alfred: Zum Beispiel ›Der Malteser Falke‹. Analyse der psychoanalytischen Untersuchung literarischer Texte, in: B. Urban et al. (Hrsg.): Psychoanalytische und psychopathologische Literaturinterpretation, Darmstadt 1981, S. 42.
29 Beicken, Peter U.: Franz Kafka. Eine kritische Einführung in die Forschung, Frankfurt 1974, S. 123-213.
30 Seidler, Ingo: »Das Urteil«: ›Freud natürlich‹? Zum Problem der Multivalenz bei Kafka, in: Psychologie in der Literaturwissenschaft (1971), S. 174-190 u. S. 221-222.
31 Beicken, P. U.: (29) S. 213.
32 Cremerius, Johannes (Hrsg.): Psychoanalytische Textinterpretation, Hamburg 1974, S. 11.
33 Goeppert, Sebastian: Über einige Schwierigkeiten der psychoanalytischen Kunst- und Literaturkritik, Freiburg 1978, S. 52.
34 Wolff, Reinhold: Nachwort: Versuch einer Systematik, in: R. Wolff (Hrsg.): Psychoanalytische Literaturkritik, München 1975, vgl. S. 444.
35 Bauriedl, Th.: (19) vgl. S. 79.
36 Groeben, Norbert: Literaturpsychologie, Stuttgart 1972, S. 112.
37 Wolff, R.: Baudelaires ›Chant d'Automne‹. Überprüfungsprobleme des traumdeutend-psychoanalytischen Verfahrens, in: (12) S. 65.
38 Dantlgraber, Josef: Analysierbarkeit und Gegenübertragung, Psyche 36 (1982), S. 198.
39 Bejarano, A.: zit. n. Cremerius, Johannes, Psyche 33 (1979), S. 58.
40 Starobinski, Jean: Psychoanalyse und Literaturwissenschaft, in: Psychoanalyse und Literatur, Frankfurt 1973, S. 109.
41 Khan, M. Masud R.: Schweigen als Kommunikation, in: Selbsterfahrung in der Therapie, München 1977, S. 209-225.
42 Green, André (1977): zitiert nach Dantlgraber, J. (38) S. 197.
43 Pohlen, Manfred und Wittmann, Lothar: ›Die Unterwelt bewegen‹. Versuch über Wahrnehmung und Phantasie in der Psychoanalyse, Frankfurt 1980, vgl. S. 52.
44 Pohlen, M. et al.: (43) S. 16.
45 Pohlen, M. et al.: (43) S. 60.
46 Kohut, Heinz: Narzißmus, Frankfurt 1973, S. 109 ff.
47 Argelander, Hermann (Hrsg.): Konkrete Seelsorge, Stuttgart 1973, S. 34.
48 Wolff, R.: (34) S. 444.

49 Freud, Sigmund: Erinnern, Wiederholen, Durcharbeiten, in: G. W. London, Bd. x, S. 126-136.
50 Kafka, Franz: Tagebücher, zitiert nach Turk, Horst: »betrügen ... ohne Betrug«. Das Problem der literarischen Legitimation am Beispiel Kafkas, in: F. A. Kittler et al.: Urszenen, Frankfurt 1977, S. 383.
51 Mecke, Gunter: Franz Kafkas Geheimnis, Psyche 35 (1981) S. 215.
52 Mecke, G.: (51) S. 215.
53 Miller, Alice: Du sollst nicht merken. Variationen über das Paradies-Thema, Frankfurt 1981, S. 19-58.
54 Parin, Paul und Parin-Matthey: Das obligat unglückliche Verhältnis der Psychoanalytiker zur Macht, in: H.-M. Lohmann (Hrsg.): Das Unbehagen in der Psychoanalyse. Eine Streitschrift, Frankfurt 1983, S. 20.
55 Winnicott, D. W.: Haß in der Gegenübertragung, in: Von der Kinderheilkunde zur Psychoanalyse, München 1976, S. 75-88.
56 Adorno, Theodor W.: Aufzeichnungen zu Kafka, in: Prismen, München 1963, S. 251.
57 Khan, M. Masud R.: »Mit Augen hören.« Anmerkungen zum Körper als Subjekt und Objekt, in: Selbsterfahrung in der Therapie, München 1977, S. 293-312.
58 Arnold, Heinz L.: Irritation – das literarische Kriterium?, in: Sprache im technischen Zeitalter, 43 (1972) S. 225.
59 Bauriedl, Th.: (19) S. 34.
60 Mecke, G.: (51) S. 209.
61 Mecke, G.: (51) S. 213.
62 Mecke, G.: (51) S. 304.
63 Mecke, G.: (51) S. 215.
64 Mecke, G.: (51) S. 209.
65 Pohlen, M. et al.: (43) S. 21.
66 Khan, M. Masud R.: (41).
67 Mecke, G.: (51) S. 213.
68 Cremerius, Johannes: Die Bedeutung des Dissidenten für die Psychoanalyse, in: Psyche 36 (1982) S. 501.
69 Cremerius, Johannes: Gibt es zwei psychoanalytische Techniken? in: Psyche 33 (1979) S. 593.
70 Cremerius, Johannes: Schweigen als Problem der psychoanalytischen Technik, in: Psychoanalytisches Jahrbuch Bd. VI (1969) S. 87.
71 Cremerius, J.: (70) S. 88.
72 Cremerius, J.: (70) S. 90.
73 Picasso, P.: Wie man die Wünsche beim Schwanz packt. Theaterstück o. O., o. J.
74 Sandler, Josef: Unbewußte Wünsche und menschliche Beziehungen, Psyche 36 (1982) S. 62.
75 Sandler, J.: (74) S. 63.

76 Orban, Peter: Subjektivität, Wiesbaden 1976, S. 110.
77 Kudszus, W.: (9) S. 204.
78 Mitscherlich-Nielsen, Margarete: Psychoanalytische Bemerkungen zu Franz Kafka, in: Psyche 31 (1977) S. 81.
79 Schmidbauer, Wolfgang: Die Ohnmacht des Helden. Unser alltäglicher Narzißmus, Hamburg 1981, S. 18 f.
80 Jahn, Wolfgang: Kafka und die Anfänge des Kinos, in: Jahrbuch der Dt. Schillergesellschaft 6 (1962) S. 359 u. S. 362.
81 Barthes, Roland: Die Lust am Text, Frankfurt 1974, S. 26.
82 Erdheim, Mario: Über das Lügen und die Unaufrichtigkeit des Psychoanalytikers in der Psychoanalyse, in: H.-M. Lohmann (Hrsg.): Das Unbehagen in der Psychoanalyse. Eine Streitschrift, Frankfurt 1983, S. 11.
83 Erdheim, M.: (82) S. 11.
84 Krüger-Zeul, Mechthild: Gegenübertragung – ein Stiefkind der Psychoanalyse, in: H.-M. Lohmann (Hrsg.): Das Unbehagen in der Psychoanalyse. Eine Streitschrift, Frankfurt 1983, S. 71-85.
85 Mecke, G.: (51) S. 209.
86 Mecke, G.: (51) S. 216.
87 Mitscherlich-Nielsen, M.: (78) S. 60.
88 Mitscherlich-Nielsen, M.: (78) S. 80.
89 Mitscherlich-Nielsen, M.: (78) S. 73.
90 Mecke, G.: (51) S. 211.
91 Schafer, Roy: Handeln in der psychoanalytischen Deutung und Theorie, in: Psyche 35 (1981) S. 909.
92 Lorenzer, A.: (28) S. 34.
93 Pohlen, M. et al.: (43) S. 64.
94 Lorenzer, A.: (28) S. 34.
95 Balint, Michael: Angstlust und Regression, Hamburg 1972, S. 17.
96 Lorenzer, Alfred: Sprachzerstörung und Rekonstruktion. Vorarbeiten zu einer Metatheorie der Psychoanalyse, Frankfurt 1971, S. 194.
97 Lorenzer, Alfred: Interaktion, Sprache und szenisches Verstehen. Sprache, Lebenspraxis und szenisches Verstehen in der psychoanalytischen Therapie, in: Psyche 37 (1983) S. 113.
98 Lorenzer, A.: (97) S. 114.
99 Lorenzer, A.: (20) vgl. S. 96.
100 Lorenzer, A.: (97) S. 114.
101 Freud, Sigmund: Der Dichter und das Phantasieren. G. W. Bd. VII, S. 211-223.
102 Starobinski, J.: (40) S. 106.
103 Starobinski, J.: (40) S. 106.
104 Loch, Wolfgang: zitiert nach Pohlen, M. et al.: (43) S. 59.
105 Chasseguet-Smirgel, Janine: Letztes Jahr in Marienbad. Zur Methodologie der psychoanalytischen Erschließung des Kunstwerks, in:

Psycho-Pathographien I, hrsg. v. A. Mitscherlich, Frankfurt 1972, S. 184.
106 Khan, M. Masud R.: Sein, Wissen und Erfahrung in der therapeutischen Situation, in: Selbsterfahrung in der Therapie, München 1977, S. 254-273.
107 Khan, M. Masud R.: (106) S. 256.
108 Lorenzer, A.: (96) S. 109.
109 Watzlawick, Paul: Die Möglichkeit des Andersseins. Zur Technik der therapeutischen Kommunikation, Bern 1977, S. 37-43.
110 Kafka, F.: (50) S. 383.
111 Adorno, Th. W.: (56) S. 250.
112 Kudszus, W.: (9) S. 204.
113 Freud, Sigmund: Das Unheimliche, in: G. W. London, Bd. XII, S. 237.
114 Mecke, G.: (51) S. 211.
115 Adorno, Th. W.: (56) S. 250.
116 Searles, H. F. (1958): zitiert nach Rohde-Dachser, Christa: Das Borderline-Syndrom, in: Psyche 33 (1979) S. 520-521.
117 Richter, Horst-Eberhard: Flüchten oder Standhalten, Hamburg 1976.
118 Bauriedl, Th.: (19) S. 56.
119 Bauriedl, Th.: (19) vgl. S. 42.
120 Pohlen, M. et al.: (43) S. 102.
121 Miller, A.: (53) S. 35.

Kapitel II

122 Starobinski, J.: (40) S. 99.
123 Goeppert, Sebastian: Vom Nutzen der Psychoanalyse für die Literaturkritik, in: Neue Zürcher Zeitung am 18. 3. 1977.
124 Miller, A.: (53) S. 35.
125 Miller, A.: (53) S. 273.
126 Freud, S.: (101) S. 211-223.
127 Vgl. u. a.: Holland, N. N.: The Dynamics of Literary Response, New York 1968.
Holland, N. N.: Einheit Identität Text Selbst, in: Psyche 33 (1979) S. 1127-1148.
Schönau, W.: Thomas Bernhards »Ereignisse« oder die Wiederkehr des Verdrängten, in: Psyche 30 (1976) S. 252-267.
128 Miller, A.: (53) S. 35.
129 Miller, A.: (53) S. 303.
130 Vgl. Sokel, W.: (3).
Altenhöner, F.: Der Traum (Diss. 1964).

Foulkes, A. Peter: Dream Pictures in Franz Kafka's Writings, in: GR 40 (1965) No. 1, S. 17-30.
Fromm, Erich: The Forgotten Language, London 1952.
131 Mitscherlich-Nielsen, M.: (78) S. 62.
132 Ciompi, Luc: Affektlogik, Stuttgart 1982.
133 Bezzel, Chris: Kafka Chronik, München 1975, S. 176.
134 Kudszus, W.: Literatur, Soziopathologie, Double-bind. Überlegungen zu einem Grenzgebiet, in: Literatur und Schizophrenie, hrsg. v. W. Kudszus, Tübingen 1977, S. 135-163.
135 Kreis, Rudolf: Die doppelte Rede des Franz Kafka, Paderborn 1976.
136 Goodman, Paul: Kafka's Prayers, New York 1947, S. 141-182.
137 Kafka, Franz: Briefe 1902-1924, Frankfurt 1958, S. 431.
138 Kudszus, W.: (134) S. 153.
139 Kafka, Franz: Brief an den Vater, zitiert nach Gesammelte Werke, Band 6, S. 119-162.
140 Kafka, Franz: Der Prozeß, Gesammelte Werke, Band 2, S. 194.
141 Benjamin, Walter: Franz Kafka, in: Über Literatur, Frankfurt 1969, S. 174.
142 Rattner, Josef: Kafka und das Vater-Problem, München 1964.
143 Lorenzer, Alfred: Die Funktion der Literatur und der ästhetische Genuß, Arbeitspapier, S. 22.
144 Binder, Hartmut: Franz Kafka. Leben und Persönlichkeit, Stuttgart 1983, S. 58.
145 Bezzel, C.: (133) S. 178.
146 Beck, Dieter: Krankheit als Selbstheilung, Frankfurt 1981. Insbesondere Kapitel II.2.: Andere Formen von Selbstheilungsversuchen: Drogensucht, Perversion, künstlerische Leistungen, Partnerbeziehungen, S. 74-82.
147 Adorno, Th. W.: (56) S. 253.
148 Binder, Hartmut: Kafka in neuer Sicht, Stuttgart 1976.
149 Hughes, Patrick und Brecht, George: Die Scheinwelt des Paradoxons, Braunschweig 1978, S. 1.
150 Adorno, Th. W.: (56) S. 259.
151 Neumann, Gerhard: Umkehrung und Ablenkung: Franz Kafkas »Gleitendes Paradox«, in: DVjs. 42 (1968) H. 4, S. 702-744.
152 Deleuze, Gilles und Guattari, Félix: Kafka. Für eine kleine Literatur, Frankfurt 1976, S. 32.
153 Deleuze, G. et al.: (152) S. 14.
154 Deleuze, G. et al.: (152) S. 37.
155 Deleuze, G. et al.: (152) S. 111.
156 Rangell, Leo (1954 u. 1975): zitiert nach Cremerius, J.: (69) S. 583.
157 Mitscherlich-Nielsen, M.: (78) S. 63.
158 Mitscherlich-Nielsen, M.: (78) S. 63/4.
159 Mitscherlich-Nielsen, M.: (78) S. 71.

160 Mitscherlich-Nielsen, M.: (78) S. 65.
161 Mitscherlich-Nielsen, M.: (78) S. 73.
162 Morgenthaler, Fritz: Über Perversionen, in: Kursbuch 49 (1977) S. 163.
163 Mitscherlich-Nielsen, M.: (78) vgl. S. 77.
164 White, J. S.: Psyche und Tuberculosis: The Libido Organization of Franz Kafka, in: Psa. Study Society 4 (1967) S. 185-251.
165 Wiederkehr-Benz, Katrin: Kohut im Überblick, in: Psyche 36 (1982) S. 15.
166 Searles, H. F. (1958): zitiert nach Rohde-Dachser, C.: (116) S. 519.
167 Schafer, R.: (91) S. 894.
168 Schafer, R.: (91) S. 895.
169 Schafer, R.: (91) S. 921.
170 Schafer, R.: (91) S. 919.
170a Watzlawick, P.: (109) S. 18/9.
171 Lorenzer, A.: (97) S. 111.
172 Wolf, Ernest S.: Empathische Resonanz, in: Psychoanalyse 2+3 (1982) S. 312.
173 Winnicott, D. W.: Vom Spiel zur Kreativität, Stuttgart 1969², S. 49.
174 Winnicott, D. W.: (173) S. 52.
175 Winnicott, D. W.: (173) S. 66.
176 Lorenzer, A.: (97) S. 111.
177 Bauriedl, Th.: (19) S. 61.
178 Lorenzer, A.: (96) vgl. S. 131.
179 Lorenzer, A.: (96) S. 132.
180 Kohut, Heinz: Vier Grundbegriffe der Selbstpsychologie, in: Psychoanalyse 2+3 (1982) S. 201.
181 Bauriedl, Th. (19) S. 61.
182 Sloterdijk, Peter: Kritik der zynischen Vernunft, Frankfurt 1983, S. 213.
183 Bauriedl, Th.: (19) S. 75.
184 Bauriedl, Th.: (19) S. 77.
185 Lorenzer, A.: (97) S. 98.
186 Lorenzer, A.: (97) S. 98.
187 Lorenzer, A.: (96) vgl. S. 194.
188 Dahmer, Helmut: Die eingeschüchterte Psychoanalyse. Aufgaben eines psychoanalytischen Forschungsinstituts, in: H.-M. Lohmann (Hrsg.): Das Unbehagen in der Psychoanalyse. Eine Streitschrift, Frankfurt 1983, S. 35.
189 Erdheim, M.: (82) S. 10-16.
190 Schafer, R.: Eine neue Sprache für die Psychoanalyse, Stuttgart 1982.
191 Bauriedl, Th.: (19) S. 90.
192 Sontag, Susan: Gegen Interpretation, in: Kunst und Antikunst, Hamburg 1968, S. 17.

193 Sontag, S.: (192) S. 13.
194 Moser, Tilmann: Spaziergänge eines Borderline-Patienten? Zu Peter Handkes »Die Stunde der wahren Empfindung« (1975), in: Psyche 35 (1981) S. 1154.
195 Moser, T.: (194) S. 1138.
196 Lorenzer, Alfred: IV. Psychoanalyse als Sprachuntersuchung. Sprachfiguren und Interaktionsformen, in: Über den Gegenstand der Psychoanalyse oder Sprache und Interaktion, Frankfurt 1973, S. 98.
197 Lorenzer, A.: (196) S. 92.
198 Sebald, W. G.: Thanatos. Zur Motivstruktur in Kafkas Schloß, in: Literatur und Kritik, 66/67 (1972) S. 404.
199 Lorenzer, A.: III. Vom »Eros-Todestrieb-Konzept« zur »psychosozialen« Einschätzung des Gegenstandes der Psychoanalyse, in: (196) S. 52-87.
200 Sebald, W. G.: (198) S. 403.
201 Lorenzer, A.: (196) S. 58.
202 Sebald, W. G.: (198) S. 408.
203 Bartosch, Erwin: Das narzißtische Negativ, in: Materialien zur Psychoanalyse und analytisch orientierten Psychotherapie 8 (1982) S. 14.
204 Orban, P.: (76) S. 108.
205 Adorno, Th. W.: Zum Verhältnis von Soziologie und Psychologie, in: Sociologica I, Frankfurter Beiträge zur Soziologie Bd. I, hrsg. v. Th. W. Adorno und W. Dirks, Frankfurt 1955, S. 34.
206 Kohut, H.: (46) S. 339 f.
207 Kohut, H.: Bemerkungen zur Bildung des Selbst, in: Die Zukunft der Psychoanalyse, Frankfurt 1975, S. 269 f.
208 Politzer, H.: Franz Kafka, der Künstler, Frankfurt 1965, S. 142 f.
209 Miller, A.: (53) S. 358.
210 Barthes, R.: (81) S. 13.
211 Schaufelberger, Fritz: Kafkas Prosafragmente, in: Trivium 7 (1949) S. 12.
212 Schaufelberger, F.: (211) S. 14.
213 Schaufelberger, F.: (211) S. 13.
214 Lorenzer, Alfred: Das Konzil der Buchhalter. Die Zerstörung der Sinnlichkeit. Eine Religionskritik, Frankfurt 1981, S. 152-167.
215 Sebald, W. G.: (198) S. 408.
215a Politzer, H.: (2) S. 24.

Kapitel III

216 Sebald, W. G.: (198) S. 409.
217 Sebald, W. G.: (198) S. 400.
218 Sebald, W. G.: (198) S. 401.

219 Khan, M. Masud R.: Die Rolle der Illusion im analytischen Raum und im analytischen Prozeß, in: (41) vgl. S. 324.
220 Pasley, Malcom: Zur äußeren Gestalt des »Schloß«-Romans, in: Kafka-Symposion, hrsg. v. J. Born et al., München 1969, S. 140 f.
221 Cohn, D.: (8) S. 38.
222 Iser, W.: (16) vgl. S. 8.
223 Iser, W.: (16) S. 16.
224 Cohn, D.: (8) vgl. S. 40.
225 Laing, Ronald D.: Mystifizierung, Konfusion und Konflikt, in: Bateson et al.: Schizophrenie und Familie, Frankfurt 1969, S. 284.
226 Adorno, Th. W.: (56) S. 261.
227 Bateson, Gregory (1969): zitiert nach Kudszus, W.: (83) S. 150.
228 Searles, Harold F.: Über Schizophrene Kommunikation, in: Psyche 5 (1963/4) S. 309.
229 Janouch, Gustav: Gespräche mit Kafka. Erinnerungen und Aufzeichnungen, Frankfurt 1951.
230 Miller, A.: Das Drama des begabten Kindes und die Suche nach dem wahren Selbst, Frankfurt 1979, S. 139.
231 Beicken, P. U.: (29) S. 336.
232 Adorno, Th. W.: (56) S. 248.
233 Kaiser, Hellmuth: Franz Kafkas Inferno. Eine psychologische Deutung seiner Strafphantasie, in: Imago XVII (1931) S. 41.
234 Kudszus, W.: (9) S. 195.
235 Sandbank, S.: Structures of Paradox in Kafka, in: Modern Language Quarterly 28 (1967) H. 4, S. 469.
236 Barthes, R.: (81) S. 10.
237 Winnicott, D. W.: (169) S. 10-36.
238 Barthes, R.: (81) S. 43.
239 Matt, P. von: (7) S. 193 f.
240 Matt, P. von: (239) S. 201.
241 Lorenzer, Alfred und Orban, Peter: Psychoanalyse als Sozialwissenschaft und das Konzept der Übergangsobjekte und Übergangsphänomene, in: Kindheit 1 (1979) S. 271-280.
242 Khan, M. Masud R.: Der Fetischismus als Selbstverneinung, in: J.-B. Pontalis (Hrsg.): Objekte des Fetischismus, Frankfurt 1972, S. 130-186.
243 Sontag, S.: (192) S. 18.
244 Miller, A.: (53) S. 348.
245 Winnicott, D. W.: Die therapeutische Arbeit mit Kindern, München 1973, darin Vorwort von Khan, M. Masud R., S. XLIII.
246 Khan, M. Masud R.: (106) S. 267 f.
247 Winnicott, D. W.: Die Theorie von der Beziehung zwischen Mutter und Kind, in: Reifungsprozeß und fördernde Umwelt, München 1974.

248 Kreis, R.: (135) S. 91.
249 Kreis, R.: (135) S. 71.
250 Kobs, Jürgen: zitiert nach Kreis, R.: (135) S. 91.
251 Sebald W. G.: (198) S. 399.
252 Orban, P.: (76) S. 55.
253 Bauriedl, Th.: (19) S. 32.
254 Muschg, Adolf: Literatur als Therapie? Ein Exkurs über das Heilsame und das Unheilbare, Frankfurt 1981, vgl. S. 51.
255 Truffaut, François: Mr. Hitchcock, wie haben Sie das gemacht? München 1973[6], S. 125 f.
256 Schneider, Peter: Illusion und Grundstörung. Psychoanalytische Überlegungen zum Lesen, in: Psyche 36 (1982) S. 328.
257 Kafka, Franz: Die acht Oktavhefte, in: Gesammelte Werke, Bd. 6 S. 113.

Literaturverzeichnis

Adorno, Theodor W.: Zum Verhältnis von Soziologie und Pathologie, in: Sociologica I, Frankfurter Beiträge zur Soziologie Bd. I, hrsg. v. Th. W. Adorno und W. Dirks, Frankfurt 1955

Adorno, Theodor W.: Aufzeichnung zu Kafka, in: Prismen, München 1963, S. 248-281

Altenhöhner, F.: Der Traum (Diss. 1964)

Argelander, Hermann (Hrsg.): Konkrete Seelsorge, Stuttgart 1973

Arnold, Heinz L.: Irritation – das literarische Kriterium? in: Sprache im technischen Zeitalter 43 (1972) S. 223-225

Balint, Michael: Angstlust und Regression, Hamburg 1972

Barthes, Roland: Die Lust am Text, Frankfurt 1974

Bartosch, Erwin: Das narzißtische Negativ, in: Materialien zur Psychoanalyse und analytisch orientierten Psychotherapie 8 (1982)

Bateson, Gregory (1969): Double-bind, in: G. Bateson: Steps to an Ecology of Mind, New York 1972

Bauriedl, Thea: Beziehungsanalyse, Frankfurt 1980

Beck, Dieter: Krankheit als Selbstheilung, Frankfurt 1981

Beicken, Peter U.: Franz Kafka. Eine kritische Einführung in die Forschung, Frankfurt 1974

Bejarano, A.: Gegenübertragung und Narzißmus (Beim Patienten und beim Analytiker), Europ. Psa. Förderation Nr. 12 (1977) S. 5-10

Benjamin, Walter: Franz Kafka, in: Über Literatur, Frankfurt 1969, S. 154-185

Bezzel, Chris: Kafka-Chronik, München 1975

Binder, Hartmut: Kafka in neuer Sicht, Stuttgart 1976

Binder, Hartmut: Franz Kafka. Leben und Persönlichkeit, Stuttgart 1983

Cardinal, Marie: Schattenmund. Roman einer Analyse, München 1977

Chasseguet-Smirgel, Janine: Letztes Jahr in Marienbad. Zur Methodologie der psychoanalytischen Erschließung des Kunstwerks, in: Psycho-Pathographien I, hrsg. v. A. Mitscherlich, Frankfurt 1972, S. 182-213

Ciompi, Luc: Affektlogik, Stuttgart 1982

Cohn, Dorrit: K. enters the Castle. On the Change of Person in Kafka's Manuscript, in: Euphorion 62 (1968), H. I, S. 28-45

Cremerius, Johannes: Schweigen als Problem der psychoanalytischen Technik, in: Psychoanalytisches Jahrbuch Bd. IV (1969) S. 69-103

Cremerius, Johannes (Hrsg.): Psychoanalytische Textinterpretation, Hamburg 1974

Cremerius, Johannes: Gibt es zwei psychoanalytische Techniken? in: Psyche 33 (1979) S. 577-599

Cremerius, Johannes: Die Bedeutung des Dissidenten für die Psychoanalyse, in: Psyche 36 (1982) S. 481-514

Dahmer, Helmut: Die eingeschüchterte Psychoanalyse. Aufgaben eines psychoanalytischen Forschungsinstituts, in: H.-M. Lohmann (Hrsg.): Das Unbehagen in der Psychoanalyse. Eine Streitschrift, Frankfurt 1983, S. 24-39
Dantlgraber, Josef: Analysierbarkeit und Gegenübertragung, in: Psyche 36 (1982) S. 193-225
Deleuze, Gilles und Guattari, Félix: Kafka. Für eine kleine Literatur, Frankfurt 1976
Erdheim, Mario: Über das Lügen und die Unaufrichtigkeit des Psychoanalytikers, in: H.-M. Lohmann (Hrsg.): Das Unbehagen in der Psychoanalyse. Eine Streitschrift, Frankfurt 1983, S. 10-16
Fish, Stanley: Literatur im Leser: Affektive Stilistik, in: R. Warning: Rezeptionsästhetik, München 1975, S. 196-227
Freud, Sigmund: Erinnern, Wiederholen, Durcharbeiten, in: G. W. London, Bd. x, S. 126-136
Freud, Sigmund: Der Dichter und das Phantasieren, in: G. W. London, Bd. VII, S. 211-223
Freud, Sigmund: Das Unheimliche, in: G. W. London, Bd. XII, S. 227-268
Foulkes, A. Peter: Dream Pictures in Franz Kafka's Writings, in: GR 40 (1965) No. 1, S. 17-30
Fromm, Erich: The forgotten Language, London 1952
Goeppert, Sebastian: Vom Nutzen der Psychoanalyse für die Literaturkritik, in: Neue Zürcher Zeitung am 18. 3. 1977
Goeppert, Sebastian: Über einige Schwierigkeiten der psychoanalytischen Kunst- und Literaturkritik, in: Sebastian Goeppert (Hrsg.): Perspektiven psychoanalytischer Literaturkritik, Freiburg 1978, S. 42-53
Goeppert, Herme und Sebastian: Zum Verständnis von Sprache und Übertragung in Becketts »Endspiel«, in: B. Urban und W. Kudszus (Hrsg.): Psychoanalytische und psychopathologische Literaturinterpretation, Darmstadt 1981, S. 72-86
Goodman, Paul: Kafka's Prayers, New York 1947, S. 141-182
Groeben, Norbert: Literaturpsychologie, Stuttgart 1972
Green, André: Psychoanalytische Theorien über den Affekt, in: Psyche 33 (1977) S. 681-732
Habermas, Jürgen: Erkenntnis und Interesse, Frankfurt 1968, daraus Kapitel 10 und 11, S. 262-332
Henel, Ingeborg: »Nachtrag 1970« zu »Die Deutbarkeit von Kafkas Werken«, in: Heinz Politzer (Hrsg.): Franz Kafka, Darmstadt 1973, S. 428
Holland, NN.: The Dynamics of Literary Response, New York 1968
Holland, NN.: Einheit Identität Text Selbst, in: Psyche 33 (1979) S. 1127-1148
Hughes, Patrick und George Brecht: Die Scheinwelt des Paradoxons, Braunschweig 1978
Iser, Wolfgang: Die Appellstruktur der Texte, Konstanz 1971

Jahn, Wolfgang: Kafka und die Anfänge des Kinos, in: Jahrbuch der Dt. Schillergesellschaft 6 (1962) S. 353-368

Janouch, Gustav: Gespräche mit Kafka. Erinnerungen und Aufzeichnungen, Frankfurt 1951

Kaiser, Hellmuth: Franz Kafkas Inferno. Eine psychologische Deutung seiner Strafphantasie, in: Imago XVII (1931) S. 41-103

Khan, M. Masud R.: Der Fetischismus als Selbstverneinung, in: J.-B. Pontalis (Hrsg.): Objekte des Fetischismus, Frankfurt 1972, S. 130-186

Khan, M. Masud R.: Sein, Wissen und Erfahrung in der therapeutischen Situation, in: Selbsterfahrung in der Therapie, München 1977, S. 254-273

Khan, M. Masud R.: »Mit Augen hören«. Anmerkungen zum Körper als Subjekt und Objekt, in: Selbsterfahrung in der Therapie, München 1977, S. 293-312

Khan, M. Masud R.: Die Rolle der Illusion im analytischen Raum und im analytischen Prozeß, in: Selbsterfahrung in der Therapie, München 1977, vgl. S. 313-335

Khan, M. Masud, R.: Schweigen als Kommunikation, in: Selbsterfahrung in der Therapie, München 1977, S. 209-225

Kobs, Jürgen: zitiert nach Kreis R.: Die doppelte Rede des Franz Kafka, Paderborn 1976

Kohut, Heinz: Narzißmus, Frankfurt 1973

Kohut, Heinz: Bemerkungen zur Bildung des Selbst, in: Die Zukunft der Psychoanalyse, Frankfurt 1975, S. 252-285

Kohut, Heinz: Vier Grundbegriffe der Selbstpsychologie, in: Psychoanalyse 2+3 (1982) S. 181-205

Kreis, Rudolf: Die doppelte Rede des Franz Kafka, Paderborn 1976

Krüger-Zeul, Mechthild: Gegenübertragung – ein Stiefkind der Psychoanalyse, in: H.-M. Lohmann (Hrsg.): Das Unbehagen in der Psychoanalyse. Eine Streitschrift, Frankfurt 1983, S. 71-85

Kudszus, Winfried: Erzählhaltung und Zeitverschiebung in Kafkas ›Prozeß‹ und ›Schloß‹, in: DVjs. 38 (1964) Nr. 2, S. 192-207

Kudszus, Winfried: Literatur, Soziopathologie, Double-bind. Überlegungen zu einem Grenzgebiet, in: Literatur und Schizophrenie, hrsg. v. W. Kudszus, Tübingen 1977, S. 135-163

Laing, Ronald, D.: Mystifizierung, Konfusion und Konflikt, in: Bateson et al.: Schizophrenie und Familie, Frankfurt 1969, S. 274-304

Loch, Wolfgang: Voraussetzungen, Mechanismen und Grenzen des psychoanalytischen Prozesses, Bern 1965, zitiert nach: Pohlen, Manfred und Wittmann, Lothar: ›Die Unterwelt bewegen‹, Versuch über Wahrnehmung und Phantasie in der Psychoanalyse, Frankfurt 1980, vgl. S. 59

Lorenzer, Alfred: Sprachzerstörung und Rekonstruktion. Vorarbeiten zu einer Metatheorie der Psychoanalyse, Frankfurt 1971

Lorenzer, Alfred: IV. Psychoanalyse als Sprachuntersuchung–Sprachfiguren und Interaktionsformen, in: Über den Gegenstand der Psychoanalyse oder Sprache und Interaktion, Frankfurt 1973, S. 88-112
Lorenzer, Alfred: Die Funktion der Literatur und der ästhetische Genuß. Arbeitspapier (1979) S. 1-26
Lorenzer, Alfred: Die Wahrheit der psychoanalytischen Erkenntnis, Frankfurt 1974
Lorenzer, A.: Das Sprachspielmodell und die Matrix individueller Praxis, in: Sprachspiel und Interaktionsformen, Frankfurt 1977, S. 75-101
Lorenzer, Alfred: Zum Beispiel ›Der Malteser Falke‹. Analyse der psychoanalytischen Untersuchung literarischer Texte, in: B. Urban und W. Kudszus: Psychoanalytische und psychopathologische Literaturinterpretation, Darmstadt 1981, S. 23-46
Lorenzer, Alfred: Das Konzil der Buchhalter. Die Zerstörung der Sinnlichkeit. Eine Religionskritik, Frankfurt 1981
Lorenzer, Alfred: Interaktion, Sprache und szenisches Verstehen (Sprache, Lebenspraxis und szenisches Verstehen in der psychoanalytischen Therapie), in: Psyche 37 (1983) S. 97-115
Lorenzer, Alfred und Peter Orban: Psychoanalyse als Sozialwissenschaft und das Konzept der Übergangsobjekte und Übergangsphänomene, in: Kindheit 1 (1979) S. 271-280
Matt, Peter von: Die Opus-Phantasie. Das phantasierte Werk als Metaphantasie im kreativen Prozeß, in: Psyche 33 (1979) S. 193-212
Mecke, Gunter: Franz Kafkas Geheimnis, in: Psyche 35 (1981) S. 209-236
Miller, Alice: Das Drama des begabten Kindes und die Suche nach dem wahren Selbst, Frankfurt 1979
Miller, Alice: Du sollst nicht merken. Variationen über das Paradies-Thema, Frankfurt 1981
Mitscherlich-Nielsen, Margarete: Psychoanalytische Bemerkungen zu Franz Kafka, in: Psyche 31 (1977) S. 60-83
Morgenthaler, Fritz: Über Perversionen, in: Kursbuch 49 (1977) S. 135-148
Moser, Tilmann: Spaziergänge eines Borderline-Patienten? Zu Peter Handkes »Die Stunde der wahren Empfindung« (1975), in: Psyche 35 (1981) S. 1136-1160
Muschg, Adolf: Literatur als Therapie? Ein Exkurs über das Heilsame und das Unheilbare, Frankfurt 1981
Neumann, Gerhard: Umkehrung und Ablenkung: Franz Kafkas »Gleitendes Paradox«, in: DVjs. 42, 1968, H. 4, S. 702-744
Orban, Peter: Subjektivität, Wiesbaden 1976
Parin, Paul und Parin-Matthey, Goldy: Das obligat unglückliche Verhältnis der Psychoanalytiker zur Macht, in: H.-M. Lohmann (Hrsg.): Das Unbehagen in der Psychoanalyse. Eine Streitschrift, Frankfurt 1983, S. 17-23

Pasley, Malcom: Zur äußeren Gestalt des »Schloß«-Romans, in: Kafka-Symposion, hrsg. v. J. Born et al., München 1969, S. 137-143
Picasso, Pablo: Wie man die Wünsche am Schwanz packt, o. O., o. J.
Pohlen, Manfred und Wittmann, Lothar: ›Die Unterwelt bewegen‹. Versuch über Wahrnehmung und Phantasie in der Psychoanalyse, Frankfurt 1980
Politzer, H.: Franz Kafka, der Künstler, Frankfurt 1965
Politzer, Heinz: Das entfremdete Selbst – ein Schlüssel zu Kafkas »Schloß«?, in: H. Politzer: Hatte Ödipus einen Ödipus-Komplex? München 1974, S. 9-25
Rangell, Leo: Similiarities and differences between psychoanalytic dynamic psychotherapy. J. Am. Psa. Ass. 2 (1954) S. 30-45
Rangell, Leo: Psychoanalyse und Veränderung, in: Psyche 29 (1975), S. 481-502
Rattner, Josef: Kafka und das Vater-Problem, München 1964
Reik, Theodor: Hören mit dem dritten Ohr. Die innere Erfahrung eines Psychoanalytikers, Hamburg 1976
Richter, Horst-Eberhard: Flüchten oder Standhalten, Hamburg 1976
Rohde-Dachser, Christa: Das Borderline-Syndrom, in: Psyche 33 (1979) S. 481-527
Sandbank, S.: Structures of Paradox in Kafka, in: Modern Language Quarterly 28 (1967) S. 462-472
Sandler, Josef: Unbewußte Wünsche und menschliche Beziehungen, in: Psyche 36 (1982) S. 59-74
Schafer, Roy: Handeln in der psychoanalytischen Deutung und Theorie, in: Psyche 35 (1981) S. 875-926
Schafer, Roy: Eine neue Sprache für die Psychoanalyse, Stuttgart 1982
Schaufelberger, Fritz: Kafkas Prosafragmente, in: Trivium 7 (1949) S. 1-15
Schmidbauer, Wolfgang: Die Ohnmacht des Helden. Unser alltäglicher Narzißmus, Hamburg 1981
Schneider, Peter: Illusion und Grundstörung. Psychoanalytische Überlegungen zum Lesen, in: Psyche 36 (1982) S. 327-342
Schönau, W.: Thomas Bernards »Ereignisse« oder die Wiederkehr des Verdrängten, in: Psyche 30 (1976) S. 252-267
Searles, H. F.: Positives feelings in the relationship between the schizophrenic and his mother. Int. J. Psycho.-Anal., 39 (1958) S. 569-586
Searles, H. F.: Über schizophrene Kommunikation, in: Psyche 5 (1963/4) S. 292-316
Sebald, W. G.: Thanatos. Zur Motivstruktur in Kafkas Schloß, in: Literatur und Kritik 66/67 (1972) S. 399-411
Seidler, Ingo: »Das Urteil«: ›Freud natürlich‹? Zum Problem der Multivalenz bei Kafka, in: Psychologie in der Literaturwissenschaft, Heidelberg 1971, S. 174-190 und S. 221-222

Sloterdijk, Peter: Kritik der zynischen Vernunft, Frankfurt 1983
Sokel, Walter H.: Franz Kafka, New York 1966
Sontag, Susan: Gegen Interpretation, in: Kunst und Antikunst, Hamburg 1968, S. 9-18
Starobinski, Jean: Psychoanalyse und Literaturwissenschaft, in: Psychoanalyse und Literatur, Frankfurt 1973, S. 83-109
Truffaut, François: Mr. Hitchcock, wie haben Sie das gemacht? München 1973[6]
Turk, Horst: »betrügen ... ohne Betrug«. Das Problem der literarischen Legitimation am Beispiel Kafkas, in: F. Kittler und H. Turk: Urszenen. Literaturwissenschaft als Diskursanalyse und Diskurskritik, Frankfurt 1977, S. 9-43
Watzlawick, Paul: Die Möglichkeit des Andersseins. Zur Technik der therapeutischen Kommunikation, Bern 1977
White, J. S.: Psyche und Tuberculosis: The Libido Organization of Franz Kafka, in: Psa. Study Society 4 (1967) S. 185-251
Wiederkehr-Benz, Katrin: Kohut im Überblick, in: Psyche 36 (1982) S. 1-16
Winnicott, D. W.: Vom Spiel zur Kreativität, Stuttgart 1969[2]
Winnicott, D. W.: Die therapeutische Arbeit mit Kindern, München 1973, darin Vorwort von Khan, M. Masud R., S. VII-XLVIII
Winnicott, D. W.: Die Theorie von der Beziehung zwischen Mutter und Kind, in: Reifungsprozeß und fördernde Umwelt, München 1974
Winnicott, D. W.: Haß in der Gegenübertragung, in: Von der Kinderheilkunde zur Psychoanalyse, München 1976, S. 75-88
Wolf, Ernest S.: Empathische Resonanz, in: Psychoanalyse 2+3 (1982) S. 306-314
Wolff, Reinhold: Nachwort: Versuch einer Systematik, in: R. Wolff (Hrsg.): Psychoanalytische Literaturkritik, München 1975, S. 414-452
Wolff, Reinhold: Baudelaires ›Chant d'Automne‹. Überprüfungsprobleme des traumdeutend-psychoanalytischen Verfahrens, in: B. Urban und W. Kudszus (Hrsg.): Psychoanalytische und psychopathologische Literaturinterpretation, Darmstadt 1981, S. 47-71